やわらかアカデミズム・〈わかる〉シリーズ

よくわかる 教育課程

第2版

田中耕治 編

ミネルヴァ書房

はじめに

　現代は，教育課程の時代といわれています。その大きな理由の一つは，もちろん学習指導要領の改訂の時期に当たっているからです。第二次世界大戦後に学習指導要領が作成されて以降，およそ四半世紀ごとに大きく学習指導要領の考え方が変化してきました。今回の改訂は，戦後第三番目の大きな改革として注目されています。

　このように教育課程の改革がなされる背景には，教育課程が学校の教育設計を意味するところから，まさしく学校における教育のあり方が問われていることにあります。事実，今日の学校をめぐる状況は，それこそ「学校とは何か」「教育とは何か」という問いをかつてないほどに深刻な響きを持って提起しています。まさしく，教育課程そのものが問い直されようとしているのです。

　加えて，地方分権化のなかで，教育課程を改革する主体として，学校や地方教育委員会の役割が重視されるようになっています。教師は日々の授業のみに専心していればよいというのではなく，学校や地域の教育課題を意識しつつ，まさしく教育課程を改革する方法論を身につけなくてはならないのです。その意味でも，現代は教育課程の時代と呼んでよいでしょう。

　本書は，教育課程をはじめて学ぼうとする学生や先生たち，教育課程の編成や組織を実際に担っているスクール・リーダーの皆さん，教育課程の運営や経営に責任を持つ校長先生や教育委員会の皆さんを対象として，教育課程に関する基本的な考え方や方法原理をわかりやすく述べたものです。読者の皆さんは，まずは関心のある分野や項目から読み始めてください。それぞれの項目は，他の項目とつながりながら，最終的には教育課程の全体を理解できるように工夫されています。本書によって，それこそ教育課程の時代が力強く切り拓かれることを期待しています。

　最後になりましたが，本書の刊行にあたって，ミネルヴァ書房と編集担当者の寺内一郎さん，吉岡昌俊さんに大変お世話になりました。ここに記して，深く感謝申し上げます。

2009年7月

田中　耕治

　前回の学習指導要領の改訂（2008年3月）にあわせて，2009年9月に本書が刊行されました。幸いにも，本書の初版は多数の読者を得て，増刷を重ねることになりました（2016年11月段階で11刷）。このたび，新しい学習指導要領の改訂（2017年3月）が行われ，それを受けて本書の改訂版を出すことになりました。

　したがって，改訂版である本書の特徴は，まず何よりも今回の改訂の内容を紹介し，教育課程論としていかに読みとくのかを提示することにあります。さらには，この間の教育課程研究の成果を反映して，教育課程論の最前線を開示しようとしています。

　本書は，初版と同じく，教育課程をはじめて学ぼうとする学生や先生たち，教育課程の編成や組織を実際に担っているスクール・リーダーの皆さん，教育課程の運営や経営に責任を持つ校長先生や教育委員会の皆さんを対象として，教育課程に関する基本的な考え方や方法原理をわかりやすく述べたものです。読者の皆さんは，まずは関心のある分野や項目から読み始めてください。それぞれの項目は，他の項目とつながりながら，最終的には教育課程の全体を理解できるように工夫しています。本書によって，それこそ教育課程を編成する力量が力強く育成されることを期待しています。

　最後になりましたが，本書の刊行にあたって，ミネルヴァ書房と編集担当者の吉岡昌俊さんに大変にお世話になりました。ここに記して，深く感謝申し上げます。

2017年12月

田中　耕治

もくじ

やわらかアカデミズム・〈わかる〉シリーズ

よくわかる
教　育　課　程
第 2 版

1 教育課程（カリキュラム）とは何か

1 「カリキュラム」の語源

「教育課程」の原語にあたる「カリキュラム」という言葉は，16世紀後半にカルヴァン派の影響を受けたライデン大学（オランダ）やグラスゴー大学の文書に登場すると言われています。[1]

「カリキュラム」の語源を定評のある『オックスフォード英語辞典』で調べてみますと，二つの意味があることがわかります。その一つは，学校や大学で「学習する正規のコース」であり，もう一つは curriculum vitae（履歴書）に象徴されるように「人生のコース」であり，学生がそれに沿って進んでいかなければならない課程であるとともに，それによって学びとった課程という意味が含まれています。「カリキュラム」を定義する場合，教える立場を重視する立場からは前者（教育意図の計画性）に，学ぶ立場を重視する立場からは後者（学習経験の全体像）に力点が置かれることになります。

2 「カリキュラム」と「教育課程」

この二つの用語は，もちろん「カリキュラム」が邦訳されて「教育課程」となったという関係です。しかしながら，日本では，通例，前者は研究的な用語（たとえば，「日本カリキュラム学会」のように）として，後者は公式の用語として，[2] 使い分けられています。日本では「カリキュラム」の研究は，例外的な時期を除いて，必ずしも活発であったとは言えません。その大きな理由は，日本ではナショナル・カリキュラムの制度が長く続き，しかも法的な拘束力を持ったカリキュラムであったことから，そこに研究が立ち入ることを厳しく規制していたという歴史によります。したがって，「カリキュラム」は研究的な用語として，「教育課程」は公式・公的な用語として使い分けられていました。ただし，本書では，「カリキュラム」と「教育課程」を同じ意味で用いて，必要に応じて使い分けてみたいと思います。

3 教育課程の定義

それでは，教育課程をどのように定義すべきでしょうか。教育用語の多くがそうであるように，教育課程を定義する場合にも，それこそ立脚する立場に応じて，様々に定義されてきました。ここでは，教育課程に関する最近の研究成

▷1　ディヴィッド・ハミルトン著，安川哲夫訳『学校教育の理論に向けて』（原著1989年）世織書房，1998年。

▷2　文部省『カリキュラム開発の課題』1975年は，国際セミナーの記録であるために，「カリキュラム」を使用した例外的なケース。

果も踏まえて，次のように定義しておきましょう。「子どもたちの成長と発達に必要な文化を組織した，全体的な計画とそれに基づく実践と評価を統合した営み」。

▷3 Danielson, C., *The Outcome-Based Curriculum* (2nd ed.), Outcomes Associates, 1989.

この定義には少なくとも次の三つの意味が込められています。

一つ目は，教育課程とは，何よりも子どもたちの成長と発達に必要な文化を意図的に「組織」したものであるということです。ここではまず，教育課程とは子どもたちの学習経験や学校体験の総体であるとは考えずに，教える側の目的意識性を明確にしようとしています。それは，教育課程の組織や編成に埋め込まれている「意図」や「目的」を照射するためであり，また教育課程の評価規準を自覚するためでもあります。

二つ目は，「子どもたちの成長と発達に必要な文化」という場合，子どもたちにとって必要な文化とは何かをめぐって，教育課程のあり方は大きく異なるということです。たとえば，経験カリキュラムと学問中心カリキュラムの違いがそれに相当します。また，その文化は教科教育のみならず，教科外教育をも射程に入れているということでもあります。

▷4 Ⅲ-1参照。
▷5 Ⅲ-3参照。

三つ目は，教育課程とは「計画（Plan）」することのみならず，その計画に基づいて「実践（Do）」し，「評価（Check）」する営みであるということです。さらには，その評価を踏まえて，計画を「改善（Action）」しなくてはなりません。この営みは，一般的に「PDCA サイクル」と呼ばれています。もちろん，実際の場面では，「計画」「実践」「評価」「改善」は順番に一方向的に進行するのではなく，「実践」途上において「評価」「計画」「改善」がダイナミックに関係しつつ展開されることでしょう。

④ 教育課程の固有性

したがって，教育課程は授業実践と結びつつも，授業研究には解消されない固有の検討課題を持っています。

根本原理として，課程編成の主体（中央集権か地方分権か），課程編成の原理（平等性か卓越性か，生活・経験重視か科学・学問重視かなど）を解明しつつ，以下のようなことを検討します。

- 学校論（学校・学級経営のあり方，社会や地域連携のあり方など）
- 共通・選択論（共通必修，選択必修，選択などの区分など）
- 領域論（教科と教科外，道徳科と総合的な学習の位置づけなど）
- 教科論（それぞれの教科の存在理由と新しい教科の可能性など）
- 編成論（各教科の内容の系統性など）
- 進級論（履修原理，進級・卒業原理など）
- 接続論（各学校階梯のカリキュラムの接続，入試制度など）
- 施設・設備論（学校建築，校具・教具の設置など） （田中耕治）

参考文献
中内敏夫『教育学第一歩』岩波書店，1988年。

教育課程の編成主体と学習指導要領

 学習指導要領と指導要録

　戦後の日本において，教育課程は一貫して，各学校において編成されるものとされてきました。2017年改訂の小学校・中学校学習指導要領でも，「各学校においては，教育基本法及び学校教育法その他の法令並びにこの章以下に示すところに従い，児童／生徒の人間として調和のとれた育成を目指し，児童／生徒の心身の発達の段階や特性及び学校や地域の実態を十分考慮して，適切な教育課程を編成するものとし，これらに掲げる目標を達成するよう教育を行うものとする」と明記されています。

　学習指導要領とは，文部科学省が，教育課程の基準として作成している文書です。学習指導要領では，教育課程編成の方針や配慮すべき事項などを記した「総則」，各教科やその他の領域等の目標と内容などが示されています。学習指導要領はおよそ10年ごとに改訂されており，そこには，それぞれの時代の教育課程政策の意図を読み取ることができます。改訂にあたっては，文部科学大臣が中央教育審議会（以前は教育課程審議会）に諮問し，その答申に示された方針に基づいて学習指導要領が作られます。学習指導要領は，教科書検定の基準としても機能しています。

　一方，指導要録は，「児童生徒の学籍並びに指導の過程及び結果の要約を記録し，その後の指導及び外部に対する証明等のために役立たせるための原簿」です。指導要録の「観点別学習状況」欄の観点は，目標設定を評価の側面から規定するものともなっています。

 **「試案」と「告示」**

　第二次世界大戦後に最初に作成された学習指導要領（1947年）は「試案」，すなわち参考資料でした。その冒頭では，次のように述べられていました。「この書は，学習の指導について述べるのが目的であるが，これまでの教師用書のように，一つの動かすことのできない道をきめて，それを示そうとするような目的でつくられたものではない。新しく児童の要求と社会の要求とに応じて生まれた教科課程をどんなふうにして生かして行くかを教師自身が自分で研究して行く手びきとして書かれたものである」。この方針に基づき，終戦直後の日本においては，地域や学校，民間教育研究団体などで各種の教育課程開発の試

▶ 1　学習指導要領については，文部科学省のウェブサイトで見ることができる（http://www.mext.go.jp/a_menu/01_c.htm　2017年12月10日閲覧）。過去の学習指導要領については，学習指導要領データベース（https://www.nier.go.jp/guideline/　2017年12月10日閲覧）参照。

▶ 2　文部科学省初等中等教育局長「小学校，中学校，高等学校及び特別支援学校等における児童生徒の学習評価及び指導要録の改善等について（通知）」2010年。

みが活発に行われました。この時期の教育を，戦後新教育と言います。

しかし，1958年の改訂以降，学習指導要領は「告示」されるようになりました。すなわち学習指導要領は，学校教育法施行規則に基づき，文部（科学）大臣が「告示」する，法的拘束力を持つものとして位置づけられることとなりました。このように法的拘束力が強まったことに対しては，学校や教師の自主的で創造的な営みを阻害するものになるという批判がなされました。たとえば，日本教職員組合は，教育課程の自主編成運動を展開しました。しかし，その後は長らく，学習指導要領の法的拘束力が強調される時代が続きました。

ところが，1998年改訂学習指導要領では，「学校の教育活動を進めるに当たっては，各学校において，児童／生徒に生きる力をはぐくむことを目指し，創意工夫を生かし特色ある教育活動を展開する中で，自ら学び自ら考える力の育成を図るとともに，基礎的・基本的な内容の確実な定着を図り，個性を生かす教育の充実に努めなければならない」と記されました。各学校の「創意工夫」「特色ある教育活動」が推進されるようになったのです。

学校の「創意工夫」や子どもたちの「個性」を尊重する改革動向は，戦後新教育を想起させます。しかし2000年代のそれは，教育におけるインプット（目標）とアウトプット（成果）に対する規制を強化する新自由主義的政策の下で進行している点で，戦後新教育とは様相が異なります。

③ 「チームとしての学校」

創意工夫を凝らした特色ある学校づくりを推進するために，近年では「チームとしての学校」が提唱されています。具体的には，「個々の教員が個別に教育活動に取り組むのではなく，校長のリーダーシップの下，学校のマネジメントを強化し，組織としての教育活動に取り組む体制を創り上げるとともに，必要な指導体制を整備することが必要である。その上で，生徒指導や特別支援教育等を充実していくために，学校や教員が心理や福祉等の専門家（専門スタッフ）や専門機関と連携・分担する体制を整備し，学校としての機能を強化していくことが重要である」とされています。

現代の学校は，いじめや不登校，貧困問題など複雑化・多様化する課題に直面しています。一方では，新しい時代に求められる「資質・能力」の育成に向けて，「社会に開かれた教育課程」の実現，「アクティブ・ラーニング」の視点を踏まえた授業改善，「カリキュラム・マネジメント」を通した組織運営の改善が推進されています。そうした中，教職員の指導体制の充実，心理や福祉等の専門スタッフの参画や，地域との連携体制の整備により「専門性に基づくチーム体制」を構築し，学校のマネジメント機能を強化することが推進されています。このことが，教員一人ひとりが力を発揮できる環境の整備につながるのか，今後，注視していく必要があるでしょう。

（本宮裕示郎）

▷3 XⅢ-4 参照。

▷4 教育課程の自主編成運動の成果の一つとして，日本教職員組合『教育課程改革試案』（一ツ橋書房，1976年）がある。

▷5 中央教育審議会「新しい時代の義務教育を創造する（答申）」2005年。

▷6 中央教育審議会「チームとしての学校の在り方と今後の改善方策について（答申）」2015年。

（参考文献）

天野正輝『カリキュラムと教育評価の探究』文化書房博文社，2001年。

水原克敏『学習指導要領は国民形成の設計書——その能力観と人間像の歴史的変遷』東北大学出版会，2010年。

3 # カリキュラム・マネジメント

① カリキュラム・マネジメントとは何か

　カリキュラム・マネジメントとは，「各学校が学校の教育目標をよりよく達成するために，組織としてカリキュラムを創り，動かし，変えていく，継続的かつ発展的な，課題解決の営み」です。

　日本においてカリキュラム（教育課程）は，各学校が編成するものとされています。とくに，1998年の学習指導要領改訂以降は，各学校において「創意工夫を生かし特色ある教育活動を展開する」ことが推奨されるようになりました。それに伴い，各学校のカリキュラム・マネジメントの実践や研究も本格化しています。2017年改訂学習指導要領では，「教育課程に基づき組織的かつ計画的に各学校の教育活動の質の向上を図っていくこと（以下「カリキュラム・マネジメント」という）に努めるものとする」と述べられています。

　図1.3.1に示した通り，カリキュラム・マネジメントには，教育目標に対応して教育活動を行うことに加え，それを支えるリーダーシップや組織構造・組織文化，さらには家庭・地域社会等との連携や教育課程行政との関係など，多様な要素が関連しています。

▷ 1　田村知子「カリキュラムマネジメントのエッセンス」田村知子編『実践・カリキュラムマネジメント』ぎょうせい，2011年，2頁。

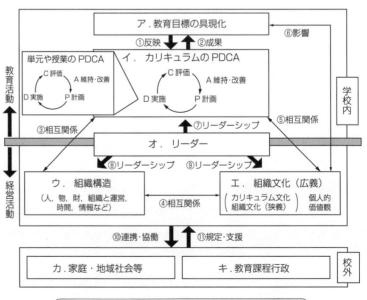

図1.3.1　カリキュラム・マネジメントのモデル図

出所：田村，2014年，16頁。

② カリキュラム・マネジメントの進め方

○実態把握にもとづき目標・課題を設定する

　カリキュラム・マネジメントの中核には，カリキュラムのP（計画）・D（実施）・C（点検・評価）・A（改善）が位置づいています。まず学校として取り組むべき目標・課題を明確にすることが求められます。その際，PDCAのC（評価）から始めることが重要だと指摘されています。「学校を基礎にしたカリキュラム開発（School-based curriculum development: SBCD）」の提唱者であるスキルベック（Skilbeck, M.）も，（a）状況分析，（b）目標の決定，（c）教授─学習プログラムの決定，（d）教授─学習プログラムの解釈と実施，（e）評価という5段階でカリキュラム開発を捉えました。

　近年では，前年度までの成果や課題を踏まえ，今年度の教育目標やめざす子ども像，重点的な取り組みなどを端的に示した学校経営計画（学校マニフェスト）を公表する学校も増えています。

○具体的な取り組みを進める

　重点的な目標が設定できたら，それに対応する具体的な方策を明確にし，取り組みを進めます。その際，とくに重要になるのは，教師たちの力量を高める校内研修です。たとえば，「思考力・判断力・表現力の育成」「アクティブ・ラーニングの充実」が課題であれば，どのような単元を開発すればよいのか，どのような指導方法や評価方法を用いればよいのかについて，理解を深め共有するような研修を行うことは，カリキュラム改善の具体策となります。

　なお，教育政策においては，「①各教科等の教育内容を相互の関係で捉え，学校教育目標を踏まえた教科等横断的な視点で，その目標の達成に必要な教育の内容を組織的に配列していくこと」，「②教育内容の質の向上に向けて，子供たちの姿や地域の現状等に関する調査や各種データ等に基づき，教育課程を編成し，実施し，評価して改善を図る一連のPDCAサイクルを確立すること」，「③教育内容と，教育活動に必要な人的・物的資源等を，地域等の外部の資源も含めて活用しながら効果的に組み合わせること」が，カリキュラム・マネジメントの「三つの側面」として強調されています。

○点検・評価し，改善につなげる

　カリキュラム・マネジメントを進める過程では，年度ごとに点検・評価し，改善につなげるだけでなく，具体的な方策の実施中・実施直後に点検・評価を行い，改善につなげることが重要です。たとえば，年間指導計画が一覧できるような文書を用いて，教育目標に照らして活動の取捨選択を行ったり，単元間の関連を考慮して単元の時数や順序を検討したり，実践を踏まえた反省点を共有したり，といった作業を校内研修で行うことは，カリキュラムを点検・評価し，改善につなげる有効な方策と言えるでしょう。　　　　　　（本宮裕示郎）

▷2　田村，前掲書，13頁。

▷3　Skilbeck, M., *School-Based Curriculum Management*, Harper & Row, 1984, p.238.

▷4　西岡加名恵『教科と総合学習のカリキュラム設計──パフォーマンス評価をどう活かすか』図書文化社，2016年。

▷5　中央教育審議会「幼稚園，小学校，中学校，高等学校及び特別支援学校の学習指導要領等の改善及び必要な方策等について（答申）」2016年。

▷6　盛永俊弘『子どもたちを"座標軸"にした学校づくり──授業を変えるカリキュラム・マネジメント』日本標準，2017年。

▷7　田村知子『カリキュラムマネジメント──学力向上へのアクションプラン』日本標準，2014年，28-35頁。

（参考文献）
　田村知子『カリキュラムマネジメント──学力向上へのアクションプラン』日本標準，2014年。
　田村知子・村川雅弘・吉冨芳正・西岡加名恵編著『カリキュラムマネジメント・ハンドブック』ぎょうせい，2017年。

コンピテンシー・ベースと現代の教育課程改革

 コンピテンシー・ベースの教育課程改革の世界的展開

　2000年代を越えたあたりから，社会の変化に伴う学校への能力要求の変化を背景に，先進諸国の教育目標において，内容知識と相対的に独自なものとして，教科固有，あるいは教科横断的な，知的・社会的能力を明確化する動きが見られるようになってきました。そこでは，批判的思考，意思決定，問題解決，自己調整といった認知的スキルに加え，非認知的な要素，すなわち，コミュニケーションと協働等の社会的スキル，自律性，協調性，責任感等の人格特性・態度も挙げられています。そしてそれは，初等・中等教育から高等教育，職業教育にわたって，共通に見られる傾向です。

　OECD の DeSeCo プロジェクトが示した「キー・コンピテンシー（key competency）」は，①相互作用的に道具を用いる力，②社会的に異質な集団で交流する力，③自律的に活動する力の三つで構成されています。また，アメリカで提起された「21世紀型スキル（21st century skills）」では，各教科の内容知識に加えて，学習とイノベーションのスキル（創造性とイノベーション，批判的思考と問題解決，コミュニケーションと協働），情報・メディア・テクノロジースキル，生活とキャリアのスキルが挙げられています。

　日本でも，初等・中等教育においては，2004年の PISA ショック以降，PISA リテラシーを意識して，知識・技能を活用して課題を解決する思考力・判断力・表現力等の育成に重点が置かれるようになりました。また，高等教育でも，「学士力」や「社会人基礎力」といった形で，汎用的スキルの重要性が提起されました。そして2017年改訂の学習指導要領で内容のみならず教科横断的な資質・能力の育成が強調されるなど，教育課程編成とその評価において，内容ベースからコンピテンシー・ベース，資質・能力ベースへとシフトする動きが本格的に進もうとしているのです。

②　コンピテンシー・ベースという考え方が学校教育に投げかけるもの

　「コンピテンシー」とは，社会で求められる実力（職業上の実力や人生における成功を予測する，社会的スキルや動機や人格特性も含めた包括的な資質・能力）のことです。企業が人を採用する段階で，学歴や知識があっても，面接などをしてみて社会性や粘り強さの有無を見ないと，その人が将来成功するかどうかが

見えないといった具合です。コンピテンシー概念が強調される中で，非認知的能力の重要性が叫ばれている理由もそこにあります。

　一方で，職業人や社会人としての実力を意味するコンピテンシーが，「汎用的」というキーワードと結びついて提起されているところに，現代社会の特徴を見て取ることができます。職業人としての実力というと，職業に特化した知識・技能を意味するはずです。実際，もともと「コンピテンシー」概念は，職業に固有の専門技能というニュアンスも強かったのです。それが今，「コンピテンシー」概念が「汎用的」という言葉と結びついて提起されていることが，現代社会の特徴を反映しているわけです。

　人工知能（AI）の発達に伴い，20年後には今ある職業の半分がなくなるだろうという未来予想が示すように，一つの職種で生涯にわたって専門性を積み上げていくことが難しくなり，転職することが前提となる社会となりつつあります。こうした背景ゆえに，一つの専門性に閉じずに領域を横断していくことや，能力の一般性や汎用性が重視されているわけです。

　以上のように，コンピテンシー・ベースのカリキュラムをめざすということは，社会が求める「実力」との関係で，学校の役割を，学校で育てる「学力」の中身を問い直すことを意味します。そして，能力の汎用性が求められる背景を考えるなら，「汎用的スキル」を指導することが唯一の道ではなく，一つの専門性に閉じずに学び直していける幅の広さを大事にしていくこと（知の一般性・総合性の追求），そして，非認知的な部分も含めて，トータルな人間形成を大事にしていくこと（全人的・統合的な学びの追求）こそが重要だとわかるでしょう。それは，広くて深い学識と鳥瞰的視野を持った「教養ある人間」を育てるという意味での，「一般教育（general education）」としての教養教育の復権によってこそ，成し遂げられるものかもしれません。

　さらに言えば，実力との関係で学力を問い直すということは，目の前の子どもたちが学校外での生活や未来社会をよりよく生きていくこととつながっているのかという観点から，既存の各教科の内容や活動のあり方を見直していく課題を提起しているとみるべきでしょう。たとえば，受験準備という目的を外してみたときに，中学や高校は何のためにあるのか。とくに18歳から選挙権が認められた今，市民としての自立につながるような各教科の教育になっているのかどうか，教科外活動も含めて一人前の人間を育てる教育になっているのかどうか，そこをもう一度考え直していくこと，それこそが，「コンピテンシー・ベース」ということで本来考えなければいけないことであり，「汎用的スキル」以上に「社会に開かれた教育課程」という改革のキーワードにこそ注目すべきでしょう。問われているのは，受験準備教育により空洞化した中等教育の，普通教育としてのヴィジョン（めざす学校像・生徒像）なのです。

③　資質・能力の育成をめざす2017年版学習指導要領

　資質・能力ベースをうたう2017年改訂の学習指導要領は，総則部分で教科横断的な視野に立った教育活動の必要性を説くとともに，資質・能力の三つの柱（「何を理解しているか，何ができるか（生きて働く「知識・技能」の習得）」「理解していること・できることをどう使うか（未知の状況にも対応できる「思考力・判断力・表現力等」の育成）」「どのように社会・世界と関わり，よりよい人生を送るか（学びを人生や社会に生かそうとする「学びに向かう力・人間性等」の涵養）」）で，各教科や領域の目標を整理しています。

　資質・能力の三つの柱の意味は，教科の学力・学習の質の三層構造を踏まえて考えるとより明確になります。ある教科内容に関する学びの深さ（学力・学習の質）は，下記の三層で捉えることができます。個別の知識・技能の習得状況を問う「知っている・できる」レベルの課題（例：穴埋め問題で「母集団」「標本平均」等の用語を答える）が解けるからといって，概念の意味理解を問う「わかる」レベルの課題（例：「ある食品会社で製造したお菓子の品質」等の調査場面が示され，全数調査と標本調査のどちらが適当かを判断し，その理由を答える）が解けるとは限りません。さらに，「わかる」レベルの課題が解けるからといって，「真正の学習」（学校外や将来の生活で遭遇する本物の，あるいは本物のエッセンスを保持した活動）の中で知識・技能の総合的な活用力を問う「使える」レベルの課題（例：広島市の軽自動車台数を推定する調査計画を立てる）が解けるとは限りません。学力・学習の各階層は，それぞれ何らかの知識，スキル，情意（資質・能力の要素）の育ちを含んでいます（表1.4.1）。

　資質・能力の三つの柱は，学校教育法が定める学力の3要素（「知識・技能」「思考力・判断力・表現力等」「主体的に学習に取り組む態度」）それぞれについて，「使える」レベルのものへとバージョンアップを図るものとして捉えることができます。「社会に開かれた教育課程」，いわば各教科における「真正の学習」をめざすことで，「できた」「解けた」喜びだけでなく，内容への知的興味，さらには自分たちのよりよき生とのつながりを実感するような主体性が，また，知識を

表1.4.1　教科の学力・学習の三層構造と資質・能力の要素

学力・学習活動の階層レベル（カリキュラムの構造）		資質・能力の要素（目標の柱）			
		知識	スキル		情意（関心・意欲・態度・人格特性）
			認知的スキル	社会的スキル	
教科の枠づけの中での学習	知識の獲得と定着（知っている・できる）	事実的知識，技能（個別的スキル）	記憶と再生，機械的実行と自動化	学び合い，知識の共同構築	達成による自己効力感
	知識の意味理解と洗練（わかる）	概念的知識，方略（複合的プロセス）	解釈，関連付け，構造化，比較・分類，帰納的・演繹的推論		内容の価値に即した内発的動機，教科への関心・意欲
	知識の有意味な使用と創造（使える）	見方・考え方（原理，方法論）を軸とした領域固有の知識の複合体	知的問題解決，意思決定，仮説的推論を含む証明・実験・調査，知やモノの創発，美的表現（批判的思考や創造的思考が関わる）	プロジェクトベースの対話（コミュニケーション）と協働	活動の社会的レリヴァンスに即した内発的動機，教科観・教科学習観（知的性向・態度・思考の習慣）

出所：石井，2015年から一部抜粋。

構造化する「わかる」レベルの思考に止まらず，他者とともに持てる知識・技能を総合して協働的な問題解決を遂行していけるような，「使える」レベルの思考が育っていく。その中で，内容知識も表面的で断片的な形ではなく，体系化され，さらにはその人の見方・考え方として内面化されていくのです。

❹ コンピテンシー・ベースのカリキュラム改革の危険性と可能性

価値観やライフスタイルの多様化，社会の流動化・不確実性の高まりを前にすると，どのような社会になっても対応できる一般的な「○○力」という目標を立てたくなります。しかし，「○○力」自体を直接的に教育・訓練しようとする傾向は，学習活動の形式化・空洞化を呼び込む危険性をはらみ，教育に無限責任を負わせることにもなりかねません。さらに，資質・能力やコンピテンシーの重視が，アクティブで社交的であること等，特定の性向を強制したり，日々の振る舞いすべてを評価・評定の対象にしたりすることにつながるなら，学校生活に不自由さや息苦しさをもたらしかねません。

他方，コンピテンシー・ベースへのカリキュラム改革は，内容項目を列挙する形での教育課程の枠組み，および，各学問分野・文化領域の論理が過度に重視され，生きることとの関連性や総合性を欠いて分立している各教科の内容や形式を，現代社会をよりよく生きていく上で何を学ぶ必要があるのか（市民的教養）という観点から問い直していく機会とも取れます。

ただし，そうした現代社会が求める資質・能力は，学校だけで育成できるものではなく，公教育としての学校でできること・すべきこと（「学力」）という観点から，社会からの能力要求にふるいをかけ，その内実を議論していく必要があります。その際，資質・能力として挙げられる協働や自律にかかわる社会的能力の育成について，日本では特別活動等の教科外活動の中で取り組まれてきたことにまずは注目すべきです。現代社会が求める資質・能力という観点から，そして，学校外の地域の人間形成機能で弱まっている部分（例：子ども会の異年齢集団での自治や学び）を可能な範囲で補うという観点から，教科外活動の実践を再検討し，その現代的なあり方を探ることが必要です。

また，カリキュラム全体で実生活や社会に開かれた学びをめざす一方で，ICTの活用や異質な他者とのアクティブな対話によるイノベーション等が大人社会で求められるからといって，学校教育の全過程でそれを強調する必要はないという点に留意しておかねばなりません。安定した関係性の下で，継続的に系統的に認識を深め，自分らしさ（認識枠組みや思想の根っこ）をゆっくりと構築していく，そうした静かな学びの意味（深い思考がもたらす沈黙や間）にも目を向けねばなりません。この両面が保障されることで，社会に適応し生き抜くだけでなく，その中で自分らしさを守り，生き方の幅を広げ，社会をより善く生きていく力が育まれていくのです。　　　　　　　　　　（石井英真）

（参考文献）

安彦忠彦『「コンピテンシー・ベース」を超える授業づくり』図書文化社，2014年。

石井英真『今求められる学力と学びとは──コンピテンシー・ベースのカリキュラムの光と影』日本標準，2015年。

石井英真『増補版・現代アメリカにおける学力形成論の展開』東信堂，2015年。

石井英真『中教審「答申」を読み解く』日本標準，2017年。

国立教育政策研究所『資質・能力（理論編）』東洋館出版社，2016年。

奈須正裕編『知識基盤社会を生き抜く子どもを育てる』ぎょうせい，2014年。

松下佳代編著『〈新しい能力〉は教育を変えるか──学力・リテラシー・コンピテンシー』ミネルヴァ書房，2010年。

松尾知明『21世紀型スキルとは何か』明石書店，2015年。

教育目的と教育目標

 教育目標を明確化する必要性

　「教育目標（educational objectives）」という用語は，教育実践の主体が教育活動を通して実現しようと意図する価値内容を指します。「目標（objectives）」という用語はとくに，教科・学年レベルや単元・授業レベルで学習者に習得させたい内容，および育てたい能力（例：「かけ算の意味がわかる」「現実世界の問題を数学の問題としてモデル化できる」）を表現するものです。これに対し，「民主的な人格を形成する」「生きる力を育む」といった具合に，学校教育全体を通じて実現したい全体的・究極的な教育理念を表現する際には，「目的（aims）」という用語が用いられます。なお，学校教育目標や学級目標（目指す学習者像）など，「目的（aims）」と「目標（objectives）」の中間のレベルの長期的・包括的な実践的見通しを表現するものとして，「ゴール（goals）」という用語が用いられることもあります。

　目標が明確に認識・吟味されていない場合，教育実践は，子どもたちによる活発な活動のみがあって知的な学びが成立していない活動主義的傾向や，教科書の内容をただなぞるだけの網羅主義的傾向に陥るでしょう。この場合，「この活動をさせることで何をつかませたいのか。」「このテスト問題でどんな力をみたいのか。」と問うてみることが，目標を自覚する第一歩となります。

 「行動目標」論の提起

　教育目標を明確に認識した上で課題となるのは，指導と評価の有効な指針となるよう教育目標を叙述することです。こうした目標叙述の形式として，タイラー（Tyler, R. W.）は，教育目標を「内容的局面（content aspect）」と「行動的局面（behavioral aspect）」とで規定することを提案しました。たとえば，「三平方の定理（内容的局面）を応用することができる（行動的局面）」という形で目標は叙述されなければならないというわけです（「行動目標（behavioral objectives）」論）。すなわち，「（教師の側で）意図された学習成果（intended learning outcomes）」，いわば教育活動の出口の学習者イメージとして教育目標は明確化されなければならないのです。こうして，「何を教えるか」を示す内容面のみならず，「教えた内容を子どもがどう学んだか」を示す行動・認知過程面にも着目することで，子どもの視点から，その思考過程に即して教育実践を想像し吟味することが促

されます。

③　教育目標の諸類型

　行動目標論に対しては，しばしば批判がなされてきました。行動目標，言い換えれば，授業前に観察可能な行動として表現できる内容は限られたものでしかない。むしろ，そこから漏れる部分にこそ，教育において価値を置くべき内容が含まれている。それゆえ，行動目標の使用は，その形式になじむ学習成果のみを重視する傾向を生み出し，その結果，より創造的で価値ある学習経験を生み出す道を閉ざしてしまうというのです。

　しかし，教育目標を明確化するといっても，その具体化の程度は様々です。到達・未到達で点検できるもののみに教育の対象を狭めないためにも，表2.1.1のような教育目標の類型を意識することが有効です。

　到達目標（達成目標）とは，「二次関数のグラフが書ける」「江戸時代の産業構造がわかる」というように，子どもたちが獲得しなければならない内容と能力を実体的に明示した目標を指します。この到達目標は，その目標と関連する諸目標との間に構造と系統があり，教材・教具を用いて子どもたちに分かち伝えることが可能なものです。他方，「数学的に考える力を育む」「自ら解決する態度を養う」というように，最低限これだけという限定を持たず，ただ方向を示す形で設定されている目標を方向目標（向上目標）と言います。

　到達目標を習得する前提として，また，学習のスタートを揃える必要のために，到達目標と方向目標に加え体験目標が設定される場合もあります。体験目標とは，学習者側における何らかの変容を直接的なねらいとするものではなく，特定の体験の生起自体をねらいとするような目標です。ここでは，知的・精神的成長の土台となる触れ合い，感動，発見などの体験そのものが目標化の対象となります。社会科におけるものづくりの経験などがその一例です。

　これらの目標は，目標化の対象とする学力要素を異にしており，目標の類型に応じて評価方法や目標の実現状況を確かめるタイミングや方法を工夫することが必要です。

（石井英真）

参考文献

　石井英真『増補版・現代アメリカにおける学力形成論の展開』東信堂，2015年。
　梶田叡一『教育評価（第2版）』有斐閣，1992年。
　田中耕治『教育評価』岩波書店，2008年。
　中内敏夫『中内敏夫著作集1：「教室」をひらく──新・教育原論』藤原書店，1998年。

表2.1.1　三つの目標類型と目標到達性

目標類型		達成目標	向上目標	体験目標
領域	認知的領域	知識 理解　等	論理的思考力 創造性　　　等	発見　等
	情意的領域	興味 関心　等	態度 価値観　等	ふれ合い 感動　　等
	精神運動的領域	技能 技術　等	練達　等	技術的達成　等
目標到達性	到達性確認の基本視点	目標として規定されている通りにできるようになったかどうか	目標として規定されている方向への向上が見られるかどうか	目標として規定されている体験が生じたかどうか
	目標到達性の性格	特定の教育活動の直接的な成果	多様な教育活動の複合的総合的な成果	教育活動に内在する特定の経験
	到達性確認に適した時期	授業中 単元末 学期末，学年末	学期末，学年末	授業中 単元末

（注）この表で言う「達成目標」と「向上目標」は，それぞれ「到達目標」と「方向目標」にほぼ対応している。
出所：梶田叡一『教育における評価の理論Ⅰ──学力観・評価観の転換』金子書房，1994年。

2 学力モデル

1 学力モデルと態度主義

　学力モデルとは，教師が授業実践を行う際に想定する望ましい学力の姿であり，教育目標としての学力が学習者の中に定着した様子やそのプロセスをモデル化したものです。戦後，たびたび展開された学力論争の主な争点は，学力を形成する際の態度の位置づけにあり，学力モデル研究においても，知識と態度の関係が繰り返し問われてきました。

▷1　中内敏夫『中内敏夫著作集1：「教室」をひらく──新・教育原論』藤原書店，1998年。

　戦後はじめて学力モデルを提示したのは広岡亮蔵です（図2.2.1）。広岡は学力モデルをいくつか提示したものの，基本的には学力を三層構造でとらえ，望ましい学力については，「高い科学的な学力を，しかも生きた発展的な学力を」求めるべきであると主張しました。これは，戦後初期の学力論争を踏まえて主張されたものです。「高い科学的な学力を」という表現には，戦後の「経験教育」では体系性や抽象性といった知識の客観的な側面が軽視されたという反省，対照的に，「生きた発展的な学力を」という表現には，「経験教育」を批判した「科学教育主義」が，学習者による知識の獲得という視点，いわば，知識の主体的な側面を欠いたという反省がそれぞれ生かされています。これらの反省をもとにして，「知識層と態度層の二重層でもって学力構造をとらえる」（知識層はさらに外層と中層に分化）学力モデルが提唱されました。

　広岡モデルは，戦後初期の学力論争をバランスよく整理した点や，教師のもつ望ましい学力像をうまく説明した点で，広く支持を得ました。その一方で，知識層と態度層との関係について，態度主義に陥る危険性が指摘されました。

　知識層を背後で支えるものとして態度層を位置づけることで，知識が身につかないことの原因が学習者の態度にあるとみなされるようになったためです。教師が知識を軽視し，学習者に態度の改善を強く求めることが危惧されたのです。

学力の層構造

感受表現態度　環境　環境

図2.2.1　広岡モデル

出所：広岡亮蔵「学力，基礎学力とはなにか──高い学力，生きた学力」『現代教育科学』1964年2月臨時増刊号，1964年。

2 態度主義を乗り越えるために

　広岡モデルが抱える態度主義を乗り越えるために，様々な学力モデルが提唱されました。中内敏夫が提示した段階説（図2.2.2）と京都を中心とする到達度評価実践の中で生み出された並行説（図2.2.3）が代表的なものとされます。

◯中内モデル＝段階説

中内は，「態度」という主観的な語感の強い用語を使うことを避け，「習熟」という概念を使用しました。中内が提示した段階説では，学力が範疇（概念・形象・方法・テーマなど）・知識・習熟の三要素から構成されます。中内は，学校教育で培われる態度や生き方，思想といった人格価値を，学習者によって習得された教育内容が十分にこなされた状態としてとらえ，その状態を「習熟」という言葉で語り直したのです。つまり，知識を獲得する延長線上にあるものとして態度が位置づけられました。

◯京都モデル＝並行説

知識と態度の関係を一元的にとらえた中内モデルに対して，京都を中心に到達度評価研究を行っていた理論家や実践家によって並行説と呼ばれる学力モデルが提唱されました。この京都モデルでは，ブルーム（Bloom, B.S.）による教育目標の分類学に影響を受けつつ，知識と態度の関係が並行関係としてとらえられました。知識と態度が不可分の関係にあり，お互いがお互いを手段としながら発展していくものとみなされたのです。

図2.2.2 中内モデル

出所：中内敏夫『増補 学力と評価の理論』国土社，1976年。

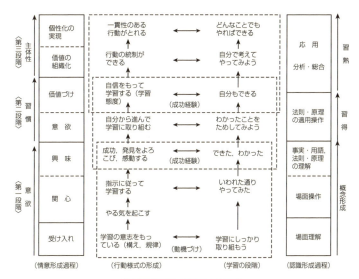

図2.2.3 京都モデル

出所：中原克己「到達度評価の実践」『現代教育科学』1983年7月号。

3 「資質・能力」のための新しい学力モデル

2000年代に入ってから，教育目標としての学力に関する議論は，PISAやTIMSSといった国際的な学力調査などの影響を受けて，「資質・能力」に関する議論へと展開しています。この展開にあわせて，新たな学力モデルが提案されています。石井英真は，ブルームによる分類学の改訂版を提示したマルザーノ（Marzano, R.J.）らの知見に学びながら，学校教育で育成する「資質・能力」をとらえるための二つの枠組みを提示しています。従来の学力モデル研究では，学力を獲得するプロセスよりも，学力が定着した様子のモデル化が重視され，教育目標となる学力自体も，学校教育全般で培う一般的なものとしてとらえられていました。石井モデルでは，教科学習や特別活動といった領域ごとに獲得される「資質・能力」の特徴が明らかにされつつ，「知っている・できる」「わかる」「使える」といった学力・学習の質の違いに着目して，知識を獲得するプロセスがモデル化されています。従来の学力モデル研究に比べて，教育目標の構造化が図られている点に特徴があると言えるでしょう。　（本宮裕示郎）

参考文献

田中耕治『教育評価』岩波書店，2008年。

松下佳代編著『〈新しい能力〉は教育を変えるか——学力・リテラシー・コンピテンシー』ミネルヴァ書房，2010年。

石井英真『日本標準ブックレットNo.14　今求められる学力と学びとは——コンピテンシー・ベースのカリキュラムの光と影』日本標準，2015年。

3　リテラシーとコンピテンシー

▷1　PISA の初回（2000年）において32か国であった参加国・地域数は，6回目（2015年）には72か国・地域へと増加し，調査対象者は約54万人に上る。国立教育政策研究所編『生きるための知識と技能6』明石書店，2016年。なお，国際比較調査は PISA 以外にも実施されている。代表的なものとして，1960年代に始まった IEA（国際教育到達度評価学会）の調査がある。IEA は算数・数学と理科を具体的な調査分野とし，各国のカリキュラムとの関連において子どもたちの到達度を測るものである。

▷2　たとえば，読解リテラシーの定義（PISA2015年版）は，「自らの目標を達成し，自らの知識と可能性を発達させ，社会に参加するために，書かれたテキストを理解し，利用し，熟考し，これに取り組むこと」となっている。国立教育政策研究所編『生きるための知識と技能6』明石書店，2016年。

▷3　国立教育政策研究所編『生きるための知識と技能』ぎょうせい，2002年。

▷4　岩川直樹「誤読／誤用される PISA 報告」『世界』第56巻第10号，2005年。

▷5　佐藤学「リテラシーの概念とその再定義」『教育学研究』第70巻第3号，2003年。19世紀末に公教育制度が普及していく中で用いられるようになったとされる。

▷6　たとえば，Gray, W. S., *The Teaching of Reading and Writing*, UNESCO, 1956.

▷7　たとえば，フレイレ，

1　リテラシーとは

リテラシー（literacy）とは，どんな意味を持つ言葉でしょうか。学校の教育課程のあり方をめぐって，日本でリテラシーという言葉がとくに注目されるようになったのは，21世紀に入ってからのことです。

○ OECD の PISA リテラシー

リテラシーという言葉が注目を集めるきっかけをつくったのは，OECD（経済協力開発機構）の国際比較調査 PISA（Programme for International Student Assessment）だと言えるでしょう。PISA は2000年に始まり，その後も3年ごとに継続実施されているものです。15歳の子どもたちを対象に，これからの社会を生きるための知識と技能をどの程度身につけているかを国際比較調査によって明らかにすることが試みられています[1]。

リテラシーという言葉は，具体的な調査分野に用いられています。たとえば，読解リテラシー（reading literacy），数学的リテラシー（mathematical literacy），科学的リテラシー（scientific literacy）という分野が設定されています[2]。

PISA の調査問題は，ドリル型の初歩的なスキルや知識の再現にとどまらず，日常生活のリアルな文脈の中で子どもたちが様々な知識を「関連づけ」たり「熟考・評価」したりすることを求めるという点で高く評価されました。これまでに学んだ内容を生かしながら，「建設的で関心をもった思慮深い市民」として実際の社会に参加するための力を調査していると紹介されたことから[3]，PISA リテラシーとは，社会生活への「応用力」「活用力」であるという理解が広まっていきました。それは，従来の日本の「脱文脈的・記号操作的・認知主義的な学力観」を克服する可能性を持ち，「文脈的・包括的・参加的」であるという点にも光が当てられました[4]。

しかしながら，リテラシーとは，もともと文字の読み書き能力を意味する言葉です[5]。リテラシー概念の歴史的な展開に照らし合わせてみると，「応用力」「活用力」としての PISA リテラシーのとらえ方は，あくまで一つのものであることが浮き彫りとなります。

○機能的リテラシーと批判的リテラシー

リテラシー概念の展開においては，機能的リテラシー（functional literacy）論と批判的リテラシー（critical literacy）論の相克が見られます。機能的リテラシ

一論とは，読み書きのスキルの習得が日常生活の実際の文脈の中で生きてはたらく機能的なものとなっているかどうかを問うものです[6]。それに対して，批判的リテラシー論は，読み書きを学ぶことを通して，既存社会に潜む矛盾や問題点に対する批判的意識を獲得し，社会変革へとつなげていくことを重視します[7]。機能的リテラシー論が既存社会への効果的な適応に光を当てるとするならば，批判的リテラシー論は既存社会の矛盾を告発し，その変革に重きを置くものとして対比されることが多いのです。

OECD の PISA リテラシーは，機能的リテラシー論に比重を置いたものとして解釈できるのではないでしょうか[8]。

2 コンピテンシーへの注目

PISA リテラシーの背景には，OECD のプロジェクト DeSeCo (Definition and Selection of Competencies[9]) によるキー・コンピテンシーという概念が関係しています。OECD の考えるコンピテンシーとは，「人生の成功」と「正常に機能する社会」のために必要な鍵となる重要な「能力」のことです。具体的には，①「相互作用的に道具を用いる」，②「異質な集団で交流する」，③「自律的に活動する」という三つのカテゴリーとともに，それらを横断する核心として「反省性（省みて考える力）」が位置づけられています（図2.3.1）。このうち，とくに「相互作用的に道具を用いる」能力を PISA リテラシーはとらえようとしているわけです。

学校で教えられる教科内容の枠組みに閉じることなく，「個人が職場や日常生活の中で直面する複雑な需要や挑戦」に応えることができるような，実社会で生きて働く機能的な能力とは何かという発想が OECD には色濃く見られます。

また，認知面とともに，自律性や協調性，反省性・思慮深さ（reflectiveness）など，対人関係能力や人格特性も含み，幅広いホリスティック（包括的）な能力概念となっているという特徴もあります。

最近では，PISA リテラシーの背後にあって，より射程範囲の広いキー・コンピテンシーへの関心が高まる中，様々な国家・地域がそれぞれの状況に即したコンピテンシーの中身を検討しています[10]。日本では，「資質・能力」という言葉としてコンピテンシーをとらえなおした上で，「資質・能力」にもとづくカリキュラムのあり方が模索されています[11]。

（樋口とみ子）

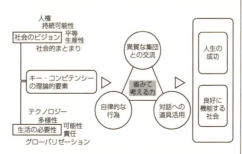

図2.3.1　OECD の DeSeCo における
キー・コンピテンシー

出所：ライチェン・サルガニク，2006年，196頁。

P. 著，里見実ほか訳『伝達か対話か』亜紀書房，1982年（原著は1967年）。フレイレ，P. 著，小沢有作ほか訳『被抑圧者の教育学』亜紀書房，1979年（三砂ちづる訳『新訳 被抑圧者の教育学』亜紀書房，2011年）（原著は1970年）。

▷8　樋口とみ子「リテラシー概念の展開」松下佳代編著『〈新しい能力〉は教育を変えるか』ミネルヴァ書房，2010年。

▷9　OECD は，PISA 実施に先駆け，1997年，今後の社会で求められる能力を選択し定義するプロジェクトに着手した。詳細については，ライチェン，D.S.・サルガニク，R.H. 著，立田慶裕監訳『キー・コンピテンシー』明石書店，2006年（原著は2003年）。なお，OECD は「市場原理を尊重する民主主義の先進国の集まり」であり，「同質性」の高い国際機関とされる。村田良平『OECD』中公新書，2000年。

▷10　なお，PISA 中止を求める書簡（2014年5月6日ガーディアン紙掲載）も公開されている。http://www.theguardian.com/education/2014/may/06/oecd-pisa-tests-damaging-education-academics（2014年12月15日閲覧）。詳細については，八木英二「PISA と全国学力テスト」『人間と教育』第84号，2014年 冬号。OECD には「能力の普遍性」と「個別文脈的な内容構成論」という二つの異なるものを内在させようとする矛盾があると指摘されている。

▷11　動向については，松尾知明『教育課程・方法論』学文社，2014年。国立教育政策研究所編『資質・能力［理論編］』東洋館出版社，2016年。資質・能力ベースのカリキュラム改革については，石井英真『中教審「答申」を読み解く』日本標準，2017年に詳しい。

生活経験を重視するカリキュラム

❶　子どもたちの「生活」「経験」に光を当てる

　学校で子どもは何のために何を学ぶのでしょうか。この問いに対して，子どもたちの日常的な生活から出発して，その生活の改善をめざすことを重視する立場があります。これは，経験カリキュラムと呼ばれ，デューイ（Dewey, J.）の教育論の影響を受けました。

　デューイは，19世紀後半のアメリカにおいて，産業の集中化と労働の分業によって，以前には子どもたちの日常生活の中にあった生産活動（糸つむぎや金工・木工など）が工場という塀の中に入って見えにくくなりつつある状況を目の当たりにしていました。そこで，失われつつある家庭や地域の教育力を学校で復権させることによって，デューイは，学校を，家庭生活・社会生活と結びついた「小型の共同社会」「萌芽的な社会」にしようとしたのです。

　「結局，教育とは経験を絶え間なく再組織ないし改造することである」。デューイはこう述べて，学校と家庭や地域での子どもたちの生活との連続性を重視します。「学校生活は，子どもがすでに家庭において慣れ親しんでいる諸活動を取り上げて，これらを継続していくべきもの」とされるのです。その背景には，「教育は生活の過程であって，将来の生活に対する準備ではない」という生活準備説批判が関係しています。

　デューイはいま生起している具体的な問題に学校で取り組むことを重視しました。その際，実験的経験主義とされるデューイの思想においては，問題解決における「省察（reflective thinking）」がキーワードとなります。具体的には，①疑念が生まれる問題状況，②問題の設定，③仮説の構成，④推理作用による仮説の吟味，⑤仮説の検証があげられます。

　さらに，デューイは，教科分立カリキュラムにおける伝統的な知識伝達型の「書物学校」との対比で，自らの教育思想を次のように述べています。

　　　旧教育は，これを要約すれば，重力の中心が子どもたち以外にあるという一言に尽きる。重力の中心が，教師・教科書，その他どこでもよいが，とにかく子ども自身の直接の本能と活動以外のところにある。…（中略）…いまやわれわれの教育に到来しつつある変革は，重力の中心の移動である。それは，コペルニクスによって天体の中心が地球から太陽に移されたときと同様の変革であり革命である。このたびは，子どもが太陽となり，

▷1　デューイ（Dewey, J.）
　アメリカの哲学者（1859-1952）。1894年にシカゴ大学哲学心理学教育学科主任となる。
▷2　デューイ, J. 著, 市村尚久訳『学校と社会・子供とカリキュラム』講談社学術文庫，1998年，77頁。
▷3　デューイ, J. 著, 松野安男訳『民主主義と教育（上）』岩波文庫，1975年，127頁。
▷4　デューイ, J. 著, 大浦猛編, 遠藤昭彦・佐藤三郎訳『実験学校の理論』明治図書出版，1977年，13-14頁。
▷5　同上書，13頁。
▷6　デューイ, J. 著, 植田清次訳『思考の方法』（普及版）春秋社，1955年，109-117頁。魚津郁夫『現代アメリカ思想』放送大学出版会，2001年，170-194頁。
▷7　デューイ, J. 著, 宮原誠一訳『学校と社会』岩波文庫，1957年，45頁。
▷8　実験学校でのカリキュラムは，実際の運用・実施の中で変遷している。詳細については，たとえば，森久佳「デューイ・スクール（Dewey School）におけるカリキュラム開発の形態に関する一考察」『教育方法学研究』第28巻，2002年，22-32頁を参照。

その周囲を教育のもろもろの営みが回転する。[7]

このようなところから、経験を重視するカリキュラムは、「子ども中心主義」と特徴づけられることもあります。

デューイは、1896年に開設したシカゴ大学附属実験学校において、「仕事」(occupation) を中軸に据えたカリキュラムを実践しました。衣食住にかかわる料理や裁縫、木工・金工などの仕事がカリキュラムの中心に位置づけられていました（図3.1.1を参照）。[8]仕事に対する子どもたちの「興味」、換言すれば「構成および生産の本能」を尊重し、学校でそれらの活動を経験することを通して、子どもたちが再構成していくことをめざしたのです。ただし、こうした仕事の学習は、技能の上達ではなく「科学的な洞察力」の育成が重視されていた点に注意が必要です。たとえば、子どもたちは、羊毛に触れ、それが衣類になる工程を探る中で、繊維の研究、産地の地理的特徴、生産機械装置に含まれる物理学などの法則を学びました。[9]

デューイの教育論は、その後ウィネトカ・プランやドルトン・プランといった示唆的な教育プランへと影響を及ぼしていき、日本の学校にも影響を与えました。

② 経験主義を反映したカリキュラム

日本では、第二次世界大戦後から1950年代初めにかけて、経験を重視する発想が顕著にみられました。このことは、当時作成された各教科の教科書にもみることができます。たとえば、算数では、収穫したいもの重さから、重さの概念や測定方法を学ぶ単元「いもほり」が示されました。[10]

また、カリキュラム全体を子どもの生活経験から見直した事例も数多く展開されました。子どもの生活課題の解決を志向する代表的なカリキュラムとして、「奈良プラン」が挙げられます。戦後に入り、奈良女子大学文学部附属小学校（現在は奈良女子大学附属小学校）において、カリキュラムは児童の生活調査に基づいて、「しごと」「けいこ」「なかよし」という生活時間から構成され、子どもの興味関心から出された問題の追究として学習が展開されました。[11]とくに、「しごと」において問題解決学習が展開されました。[12]この方針は、子どもが授業を自ら進め、追究を深める自律的学習として、現在でも展開されています。[13]

子どもの生活経験は、教育内容を選択する基準として重要な視点です。とくに幼児教育における原体験は、非認知能力などの人格の形成に重要な役割を果たします。幼児教育との円滑な接続が求められる小学校はもちろん、中学校や高等学校でも、教科学習や教科外学習で、子どもの生活経験にもとづいてカリキュラムを設計する視点が、一人ひとりの教師に求められています。

（大下卓司）

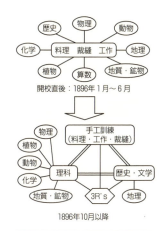

開校直後：1896年1月〜6月

1896年10月以降

図3.1.1 シカゴ大学附属実験学校のカリキュラムの形態

出所：森久佳「デューイ・スクールのカリキュラムにおける「仕事 (occupation)」の位置づけについて」『愛知江南短期大学紀要』第36号、2007年、47-66頁。

▷9 デューイ、1998年、前掲書、80-81頁。
▷10 『算数 三 第三学年用』東京書籍、1948年。
▷11 小原友行『初期社会科授業論の展開』風間書房、1996年、211-221頁。
▷12 伊藤実歩子「第3章 経験主──教育課程の編成原理1」西岡加名恵編著『教職教養講座 第4巻 教育課程』協同出版、2017年。
▷13 田中耕治編著『「総合学習」の可能性を問う──奈良女子大学文学部附属小学校の「しごと」実践に学ぶ』ミネルヴァ書房、1999年。

（参考文献）

加賀裕郎・高頭直樹・新茂之『プラグマティズムを学ぶ人のために』世界思想社、2017年。
森久佳『「共同体中心」学校を目指したデューイ実験学校の学習活動の体制とその特色に関する研究』『教育方法学研究』第36巻、2011年、97-107頁。
山田英世『J・デューイ 新装版』清水書院、2016年。

社会の要求を重視するカリキュラム

▷1　Ⅲ-1 参照。

▷2　佐藤学『米国カリキュラム改造史研究』東京大学出版会，1990年，80頁。

▷3　デューイ，J. 著，大浦猛編，遠藤昭彦・佐藤三郎訳『実験学校の理論』明治図書出版，1977年，13頁。

▷4　佐藤学『カリキュラムの批評』世織書房，1996年，9頁。

▷5　テイラー，F. W. 著，有賀裕子訳『新訳　科学的管理法』ダイヤモンド社，2009年。

▷6　Bobbit, J. F., "The Elimination of Waste in Education", *The Elementary School Teacher*, Vol. 12, No. 6, 1912, pp. 259-271. なお，この論文については，中谷彪『アメリカ教育行政研究序説』泰流社，1988年，147-170頁において解説されている。

▷7　同時に，ゲーリー・プランは，学校を中心とした住みよいコミュニティづくりや地域と密着した教育内容を学び，生徒に共同体の一員としての自覚を促した実践という側面も持っていた。そのため当時，「新教育」を代表する取り組みとしても評価された。宮本建市郎『アメリカ進歩主義教授理論の形成過程』東信堂，2005年，284-286頁。

1　大人の社会生活への着目

　子どもたちの生活経験を重視するカリキュラム[1]が提唱される一方で，「大人の社会生活」に着目するカリキュラムのあり方も模索されてきました。そこでは，社会からの要求が重視されることになります。とりわけ，その代表例とされるのが「社会的効率主義（social efficiency）」と呼ばれる立場です。

　社会的効率主義にもとづき，大人の理想的な社会生活に光を当ててカリキュラムを編成する立場においては，「大人の社会生活を完成体とみる」という特徴があります[2]。それは，家庭や地域における子どもたちの現在の生活との連続性を重視するところから学校のカリキュラムを構想したデューイ（Dewey, J.）の主張，すなわち「（教育は）将来の生活に対する準備ではない」という生活準備説批判とは対照的と言えます[3]。

　社会効率主義によるカリキュラム編成の動きは，とくに1910〜1920年代のアメリカで顕著となりました。その背景には19世紀後半から20世紀初頭にかけて，アメリカで展開された教育の科学化などが指摘できます。こうした立場の代表的な人物としてボビット（Bobbit, J. F.）を挙げることができます。ボビットは「産業主義の大量消費と企業経営をモデルとする効率性の原理」にもとづき，「実用性の高い知識や技能を効率的に学習する教育」を志向していました[4]。

2　「科学的管理法」と教育

　1910年代，テイラー（Taylor, F. W.）の「科学的管理法」（工場における労働者の作業を分析し，最適な動作をさせ，労働効率を最大化することで生産の最適化を行う方法。テイラー・システムと呼ばれる）がアメリカの産業界を席巻しました[5]。ボビットは，この「科学的管理法」を学校教育のカリキュラムに導入しようとしました。学校教育を工場での効率的な生産にたとえた結果，子どもは「原料」，教育目的となる理想の大人は「完成した製品」，教師は「作業員」，そして，「生産目標」に対し「教育目標」が，「品質管理」に対しテストが対応するというアナロジーが用いられました[6]。

　ボビットは，こうした効率のよい教育を行う学校として，インディアナ州ゲーリー市のゲーリー・スクールに注目しました。人口急増と学校経費の増加に直面したゲーリー市は，学校施設の能率的な使用，教員の労働能率の最大化と

いった効率化によって，教育の質を維持しようとしました。こうした試みはゲーリー・プランと呼ばれました[7]。

またボビットは，こうした学校経営に関する研究だけでなく，当時の伝統的な教科のカリキュラムが社会生活から遊離していることを問題視しました。そこで，大人の社会生活を分析することで，実用性の高い内容をカリキュラムに取り入れようとしました。たとえば，新聞や雑誌，百科事典などの資料を分析して，①言語活動，②健康活動，③市民活動，④一般社会活動，⑤余暇活動，⑥精神衛生活動，⑦宗教活動，⑧家庭的保護活動，⑨一般実際活動，⑩職業活動を抽出しました。これらの活動を組み込んでカリキュラム編成をしました。より具体的には，「職業効率の訓練」「公民制の教育」「身体的効率性の教育」「余暇活動の教育」「社会的相互コミュニケーションの教育」という5領域で構成されるカリキュラムが提起されました[8]。

社会的効率主義の主張は1930年代にピークを迎えた後，タイラー（Tyler, R. W.）をはじめとする研究者にその影響を与えました[9]。

3 効率性への傾斜と疑問

他方で，現実社会を批判的に検討することを重視する動きも生まれました。その代表が社会改造主義（social reconstructionism）です。背景には，1930年代のアメリカにおいて産業主義の矛盾（たとえば生産と配分の不均衡，資本家と労働者との利害の対立など）が浮き彫りとなった点が指摘できます。社会改造主義に立つ代表的人物の一人がカウンツ（Counts, G. S.）です。カウンツは，産業主義の進展に伴って生じた社会問題の中でも，資本主義経済の矛盾を問題視し，めざすべき社会改造の理想として集産主義（collectivism）を掲げました[11]。個人主義的になりつつある当時の産業主義の経済秩序を，子どもたちにも相対化させ，社会の共同的性質にもとづいた集産主義経済への移行を認識させることの重要性を指摘しています。こうした係争問題を学校教育の中で批判的に検討することで，経済秩序の変革を通した社会改造がめざされました。なお，社会改造主義の思想は，係争問題の解決の仕方や教育的価値の選択にかかわる問題点も指摘されるところですが[12]，1970年代以降に台頭する批判的教育学にその影響を与えています。

以上でみてきた，社会の要求を重視するカリキュラムは，公教育の成立と切り離せない関係にあるという点には留意が必要でしょう。現代においてもキャリア教育や情報教育，プログラミング教育といった内容[13]，そして，コンピテンシーの育成を重視する考え方は，現代社会からの要求を踏まえるものととらえることができるでしょう。たしかに，既存の社会に適応することも大切ではありますが，めざすべき社会を構想し，既存の社会を変革しうる子どもを育成することも，学校に求められている役割だと言えるでしょう。　　　　（大下卓司）

▷8　佐藤学『米国カリキュラム改造史研究』東京大学出版会，1990年，89頁。またチャーターズ（Chaters, W. W.）も，9万5000人の1週間の仕事の記録を分析することで，7300の教育目標のカテゴリーを決定し，実用性を重視したカリキュラムの編成を提案した。その後，1930年代になると，アメリカのキャズウェル（Caswell, H. L.）とキャンベル（Cambell, D. S.）が社会的機能法を提起する。そこでは現実の社会問題を，「生命や財産の保護」「商品とサービスの生産と配分」「輸送とコミュニケーション」などの社会的機能との結びつきにおいてとらえるカリキュラム編成の方法がとられた。詳細は，佐藤，同上書，276-317頁。

▷9　佐藤学『教育方法学』岩波書店，1996年，26頁。

▷10　佐藤，同上書，21頁。

▷11　カウンツ，G. S. 著，中谷彪ほか訳『地域社会と教育』明治図書出版，1981年。中谷彪『アメリカ教育行政研究序説』泰流社，1988年，267頁。

▷12　なお，カウンツの思想の変遷については，毛利陽太郎「カウンツの教育思想の変化に関する一考察——1932年と1962年との比較を中心にして」『教育哲学研究』第14号，1966年を参照。

▷13　Ⅻ-4 参照。

（参考文献）

　佐藤学『米国カリキュラム改造史研究』東京大学出版会，1990年。
　中尾彪『アメリカ教育行政学』渓水社，1998年。
　宮本健市郎『アメリカ進歩主義教授理論の形成過程』東信堂，2005年。

3　科学を重視するカリキュラム

1　カリキュラムをめぐる立場

　カリキュラムを編成する上では，子どもたちの直面する生活や社会の問題の解決を通して，興味の伸長をめざす立場や社会への適応や変革をめざす立場が存在します。このような立場について，子どもたち自身による問題解決や子どもの自由と自己表現が過度に重視されることで，問題解決の基盤となる読み書き算などの基礎学力が低下したり，系統的な知識の習得が困難になったりするのではないかと批判する立場も存在します。それが，教師による共通の知識や価値の伝達を重視し，科学や学問を背景として，それらの内容の系統的な教授を行うことをめざす立場です。

2　学問中心のカリキュラム（discipline-centered curriculum）

　学問を重視したカリキュラム（学問中心のカリキュラム）を編成し，日本を含む諸外国の教育課程に影響を与えてきた取り組みとして，アメリカのカリキュラム改革運動が挙げられます。アメリカでは1950年代に入ると，子どもの個性や興味，社会的な要求を重視する教育課程を経て，大学に入学する学生の学力低下が叫ばれるようになりました。また，1957年のスプートニク・ショックに代表される国際宇宙競争や技術革新などに見られるように，学問研究の進展を背景とした知識の量や質の飛躍的な増加現象（知識爆発）が生じました。

　科学や数学の分野では，この社会や学問研究の変化に対応し，知的に卓越した子どもを育成することをめざして，学問に立脚した教育課程が編成されました。大学の研究者を中心とした「学校数学研究会（School Mathematics Study Group）」の集合論を軸とした高校の数学の教育課程や「物理科学研究委員会（Physical Science Study Committee: PSSC）」の高校の物理の教育課程はその一例であり，日本の教育内容の現代化にも影響を与えました。

　学問中心のカリキュラムでは，教科内容は学問の論理や系統に沿って編成され，教授も学問の方法に倣って展開されます。子どもは，研究者が使用する科学的認識の論理や学問研究の方法（探究一発見の様式）に従い，知識を獲得することが企図されます。とくに，ブルーナー（Bruner, J. S.）がPSSCの取り組みに学び，知識爆発で増加した知識をまとめ，体系的に組織するために提起したものが，学問の「構造（structure）」という考え方でした。

▷1　Ⅲ-1参照。

▷2　Ⅲ-2参照。

▷3　このほか，CBA(Chemical Bond Approach) 化学やBSCS (Biological Science Curriculum Study) 生物，ホルト社会科カリキュラム (Holt Social Studies Curriculum) などが挙げられる。

▷Ⅺ-5，Ⅺ-4 参照。

▷5　ブルーナー(Bruner, J. S.)
　アメリカの認知心理学者(1915-2016)。1959年に全米の著名な科学者を集めて開催されたウッズホール会議の議長を務めた。子どもたちは，程度の違いはあれど，科学者と同じ性質の探究を行うことが可能であるとし，発見学習を提唱した。主著には，ブルーナー，J. S. 著，鈴木祥蔵・佐藤三郎　訳『教育の過程』岩波書店，1963年がある。

　この「構造」とは，学問領域における基本的な観念や概念を指します。科学の物理領域であれば，保存の概念が挙げられます。保存の概念は，エネルギーや電荷，運動量などの内容を一つの枠組みとしてまとめ上げることができます。

　ブルーナーは，この学問の構造を子どもの知的発達の段階に合わせて翻案し[7]，繰り返し教授する教育課程（螺旋型教育課程：spiral curriculum）の考え方を提起しました。そしてこれらの考え方の上に立って「どの教科でも知的性格をそのままに保って，発達のどの段階のどの子どもにも効果的に教えることができる」[8]という仮説が提起されました。カリキュラム改革運動では，この仮説を基盤に，理数系を中心とする各教科において学問中心の教育課程が編成されました。

3　学問中心の教育課程の実際

　学問中心の教育課程の一例としてPSSCの教育課程をみてみましょう。PSSCの教育課程は，「宇宙」「光学と波」「力学」「電気と原子構造」の四つのテーマから構成されています。PSSCでは，教育課程全体で繰り返し用いられる物理学の基本的概念として時間・空間・運動・物質の概念を挙げています。これらは，その後の学習の基礎となるため，教育課程上，もっとも早期に導入されています。

　PSSCでは，学問の論理を基調として教育内容が配列されています。たとえば，時間と空間の概念を学習した後に，それらを組み合わせて運動の概念を学習する形で内容が組織されています。とくに，PSSCでは原子物理学の論理を基盤に教育課程が編成されています。具体的には，教育課程の後半に原子構造の探究を位置づけ，それまでに学習した光の粒子性と波動性の考え方を，水素原子の安定性やエネルギー準位と結びつけるような形で教育内容が配列されています。

　またPSSCでは，一部の内容について実験を通した学習を取り入れています。具体的には，ヤングの実験による光の干渉の学習や，求心力の測定を通した円運動の理解などが教育内容に含まれています。PSSCでは，このような科学者が行うような実験を経る中で，物理学の営みを理解したり，経験に裏打ちされた形で概念や定義を獲得したりすることが志向されています[9]。

　学問中心の教育課程では，このように子どもの経験を重視する教育課程が軽視しがちな学問の論理を軸として，基本的概念を教えるように編成されました。しかし，PSSCをはじめとする当時の教育課程では，物理学や化学など基礎科学を基調としており，学問の生活的側面が捨象される傾向にありました。その結果，子どもが学習に対して十分に動機づけされず，必ずしも広く普及されるには至りませんでした。これらを背景に，1960年代後半には，個人的・社会的適切性（レリヴァンス：relevance）を重視した教育課程が求められるようになります[10]。

　このように学問を重視した教育課程を編成する上では，編成の基盤となる学問やその体系に意識を向けることや，その内容を社会や生活との関連性の中で問い直し，再構成した上で論理的に組織することが必要でしょう。（大貫　守）

▶6　ブルーナー，J. S. 著，鈴木祥蔵・佐藤三郎訳『教育の過程』岩波書店，1963年，7-9頁。こうした「名辞的構造」（科学的な概念）のほかに，「構文的構造」（それぞれの学問領域に固有の探究や認識の仕方）に光を当てた人物として，シュワブ（Schwab, J. J.）を挙げることができる。

▶7　ピアジェ（Piaget, J.）に学びながら，ブルーナーは行動的表象・映像的表象・記号的表象の3段階で子どもの知的発達の段階をとらえた（ブルーナー，J. S. 著，田浦武雄訳『教授理論の建設』黎明書房，1966年，68頁）。

▶8　ブルーナー，J. S. 著，鈴木祥蔵・佐藤三郎訳『教育の過程』岩波書店，1963年，42頁。

▶9　Physical Science Study Committee，山内恭彦・平田森三・富山小太郎監訳『PSSC 物理〈上〉〈下〉』岩波書店，1962-1963年。

▶10　ブルーナー，J. S. 著，平光昭久訳『教育の適切性』明治図書出版，1972年。

（参考文献）
　ブルーナー，J. S. 著，鈴木祥蔵・佐藤三郎訳『教育の過程』岩波書店，1963年。
　柴田義松『教育課程』有斐閣，2000年。

人間性を重視するカリキュラム

▷1　稲葉宏雄『現代教育課程論』あゆみ出版，1984年，249-273頁。シルバーマン，C.E.著，山本正訳『教室の危機（上）』サイマル出版会，1973年，201-226頁。

▷2　ブルーナー，J.S.著，平光昭久訳「『教育の過程』を再考する」『現代教育科学』第195号，1974年，67-83頁。ブルーナー，J.S.著，平光昭久訳『教育の適切性』明治図書出版，1972年，193-209頁。

▷3　全米教育協会著，伊東博訳『人間中心の教育課程』明治図書出版，1976年，54-63頁。なお，執筆したのはかつて学問中心カリキュラムに携わっていた教育学者フォシェイ（Foshay, A.W.）である。

▷4　カリフォルニア大学附属小学校の実践は，グッドラード，J.I.ほか著，伊東博訳『人間中心の教育を求めて』誠信書房，1977年を参照。また，グッドラードのカリキュラムについては，八田幸恵「ジョン・グッドラッドの『人間化カリキュラム』論について」『京都大学大学院教育学研究科紀要』第52号，2006年，334-346頁が詳しい。なお，六つの領域とは，「物理学的体系としての世界」「生物学的体系としての世界」「価値と概念の体系」「伝達と表現の体系」「人間という種」「地球的共同体，社会的・政治的・経済的体系」である（八田，同上論文，336頁）。

1 カリキュラムにおける人間性への着目

　教育の中で子どもの人間性を育むことは，今日では当たり前のように言われます。2017年版学習指導要領でも，「育成すべき資質・能力の三つの柱」に人間性という言葉が見受けられます。人間性は，カリキュラムづくりにおいては1960年代ごろから注目されるようになった概念です。日本にも大きな影響を与えた1970年代のアメリカのカリキュラムを，事例としてみてみましょう。

　当時のアメリカの教育界では，学問中心カリキュラムが厳しい批判にさらされていました。学問中心カリキュラムは，学者が取り決めた学問的知識の体系にもとづくものであり，子どもにとっては学ぶ意味が見出せないもの，教師にとっては主体性を喪失させるものに陥っていました。また，環境問題による科学技術への不信感も，批判の背景にあったとされています[1]。

　学問中心カリキュラムを牽引していたブルーナー（Bruner, J.S.）は，こうした事態に際して自己批判を行い，科学的認識の形成と学習者の切実な問題を中心とする学習との統合を重視するようになります。その結果，学習者や社会にとってのカリキュラムの意味・関連性を問う適切性（レリヴァンス：relevance）という概念を打ち出しました[2]。

　さらに，人種差別やベトナム戦争といった非人道的な問題に抗する運動を背景として，学校教育においても「人間性（humanity）」が重視されるようになりました。また，人種の多様性や若者文化の興隆によって多文化化が進む中で，子どもの多様なニーズに対応することが求められるようにもなりました。

　こうした流れから，人間中心カリキュラム（humanistic curriculum）が打ち出されます。それは，子どもや社会にとってのレリヴァンスに配慮し，個性や適性，ニーズ，要求に応えようとするものでした。具体例をみてみましょう。

2 人間中心カリキュラムの具体例

　全米教育協会（National Education Association）が掲げた人間中心カリキュラムは，カリキュラムⅠ・カリキュラムⅡ・カリキュラムⅢという三つの領域を設定するものです。カリキュラムⅠは，伝統的な教科のカリキュラムでありつつも，学問中心カリキュラムへの反省からレリヴァンスに注意を払うものとなっています[3]。カリキュラムⅡは，人間の社会的な側面を扱うもので，個人と権

威の関係や，意思決定への参加といった，人間が集団として生きるということについて体験的に学ぶものとされます。それに対してカリキュラムⅢは，人間の個人的な側面を扱うもので，美術や文学の力を借りながら，今ここに生きている自分自身にかかわる自己意識を発達させようとします。

　もう一つ代表的なものとして，教育学者グッドラッド（Goodlad, J. I.）が唱えた人間中心カリキュラムが挙げられます。グッドラッドは，カリフォルニア大学附属小学校での実践にもとづき，教師が詳細なカリキュラムを作っていくための概念装置となるモデルを提示しています。このモデルは，学習者を中心として，その周囲に六つの領域を配置したものです。六つのシステムから構成される世界において，その中心にいる学習者が，自らの経験の範囲を広げることで世界に対する認識を作り上げていき，その認識を他者と交流し合うという学習を念頭に置いたモデルとなっています。経験の機会均等を保障するために，グッドラッドは，発達段階や到達目標を想定せず，学年や等級を取り去る「無学年制（non-grading）」のもとでの学習の個性化を重視しました。

③ オルタナティブな教育の追求

　学校のあり方そのものを問い直す近代学校批判がなされたのもこの時期です。イギリスの教育者ニイル（Neil, A. S.）の実践に触発された教師たちによる自由教育運動が，その先駆けとなりました。ニイルに倣い，子どもの自由と自治を重んじる実践が行われました。

　子どもを抑圧的な学校や社会から解放するために，従来とは異なる新たな学校（オルタナティブ・スクール）が設立されるようになります。たとえば，フィラデルフィア市のパークウェイ・プログラム（Parkway Program）は，地域の施設（美術館や競技場など）や会社を学びの場とするものであり，学校を地域社会から隔離する物理的・心理的な障壁を取り払うという意味で「壁のない学校（school without walls）」と呼ばれました。

　公立学校では，オープン・エデュケーション運動が展開されました。教室間の壁を取り壊して教室をオープンにするとともに，教科を細切れにし，選択科目を増やし，卒業要件を縮小するという方策がとられました。しかしこうした運動は，知的要素の乏しい自由選択科目（自動車の運転，結婚に関すること，タイピングなど）の氾濫による学問的知識と規律の欠落，そして親からの反発を呼んだことで，急速に廃れていきました。

　以上のように，1970年代のアメリカでは，学校内外に自由で人間的な雰囲気を実現するための方途が探求されました。その後，基礎学力の低下が問題視され，批判にさらされることとなりました。しかしながら，個性や学ぶ意味，また学校と地域社会との関係に光を当ててきた点は，学校教育にとって重要な遺産であると言えるでしょう。

（福嶋祐貴）

▷5　Ⅳ-1 参照。

▷6　ラヴィッチ，D. 著，末藤美津子・宮本健市郎・佐藤隆之訳『学校改革抗争の100年──20世紀アメリカ教育史』東信堂，2008年，419-428頁。

▷7　ハイスクールで選択できる科目の数は，1922年時点で175あったのが，1973年時点では2,100以上となっていた（ラヴィッチ，同上書，441頁）。

▷8　「基礎に戻れ（Back to Basics）」運動
　1970年代半ば以降，主として貧困層・マイノリティの人々が，子どもたちに3R's（読み書き算）などの基礎的な知識やスキルを教えることを学校に要求した。人間中心の教育の実態を目にした親たちの不平不満がその原因とされる（佐藤三郎『アメリカ教育改革の動向』教育開発研究所，1997年，8頁）。

（参考文献）
　伊東博『人間中心の教育』明治図書出版，1975年。
　全米教育協会編，山本正訳『よみがえる学校』サイマル出版，1976年。
　今村令子『永遠の「双子」の目標』東進堂，1990年。
　永田佳之『オルタナティブ教育』新評論，2005年。
　スポーデク，B.・ウォルバーグ，H. J. 編著，佐伯正一・栗田修訳『オープン・エデュケーション入門』明治図書出版，1977年。

経験主義

① 経験主義とは

　経験主義とは，子どもの生活経験における気づきや疑問を前提として，その発展として教育の内容や方法を決定する立場のことです。教育内容が子どもによって決定されることを強調する場合には児童中心主義と呼ばれ，また自由を大事にし教師が子どもを押さえつけない点での前衛的な性格や，社会を変えようという展望を持つ点を強調する場合には進歩主義と呼ばれます。背景となる教育哲学の違いにより，いくつかの立場に分かれます。

○自然主義[1]

　植物の種が自然のうちに育って花を咲かせるように，子どもは自然のうちに発達する力を持っているのだから，これを邪魔せずに守り育てていくのが教育であるという考え方です。子どもを小さい大人とみる伝統的な教育観を批判し，子どもが特有の認識を持っていることや，子どもの興味・関心が学習の原動力となることを気づかせました。

○改造主義[2]

　子どもを社会に生きる存在ととらえ，社会改造の主体へと育てていこうとする考え方です。すでに存在する学問を学ぶだけでは，社会のあり方に疑問を持たない人間しか育たず，進歩が生まれません。これを批判し，社会の持つ問題や矛盾に取り組み解決する活動の中で，社会を発展させる人間を教育することを期待しました。

② 経験主義のカリキュラム

　経験主義では，その時々の環境に対してより適切な答えを求める経験が，正しい発達につながると考えられます。この原則を徹底すれば，学習者の置かれた状況が様々であり，未来がどう変わるのか予測できない以上，あらかじめ教科や教育内容を用意することはできません。そのため，カリキュラムは計画ではなく，子どもが辿った「学びの履歴」であるとも解釈されます[3]。

　実際には，子どもの発達を促すのに適切だとされる活動や，子どもが生活する中で気づくであろう問題，現実社会に存在する問題に取り組む活動によって構成されるのが，経験主義のカリキュラムの特徴です。いわゆる教科は，この活動に役立つ知識や認識を育てるものとして位置づけられます。

▷1　その古典的な代表として，ルソー（Rousseau, J-J.）の『エミール』（今野一雄訳，岩波文庫，1962年）が挙げられる。また，大正期の自由教育もこの影響を受けている。Ⅹ Ⅳ-2参照。

▷2　甲斐進一『ブラメルド教育哲学の研究』名古屋大学出版会，1984年。

▷3　佐藤学『カリキュラムの批評』世織書房，1996年。

3 経験学習論

経験主義は，子どもたちの学校や家庭での生活，あるいは望ましいとされる生活から学習の題材（教材）を拾いあげ，それを要素に分解せず，全体性を保ったまま教え学ぶようにします。原則として，具体的な経験から抽象的な概念へと進むため，経験学習と呼びます。たとえば，地理を勉強するときには，まず「町探検」をします。そこで見つけたものを整理し，地図を作る中で気づいた川の形や家の配置などから，自然地理や町村の形成史へと発展していくのです。

経験学習は大正期にも一部の私立学校で導入されましたが，全国的な展開が見られたのは戦後の占領期でした。アメリカから経験主義のカリキュラムが紹介され，戦前の教育に疑問を抱いていた日本の教育者たちに受け容れられたのです。[4] 生活を題材に，経験のまとまりを一つの単元とする生活単元学習やコア・カリキュラムは，一時的にもてはやされたものの，ごっこ遊びに代表される単元が牧歌的だと批判され衰退しました。しかし，問題解決学習に根ざした多くの実践が生み出された成果を見逃してはなりません。[5] 現在，子どもの生活から教材を選ぶ生活科や，学校ごとで内容を決めることができる「総合的な学習の時間」など，活動を主軸に授業を作る機会は少なくありません。そんなとき，経験学習が積み重ねてきた歴史から学ぶことができるでしょう。

4 現代にも生きる経験主義のカリキュラム

きのくに子どもの村学園[6]は，現在の日本で，もっとも徹底した経験主義を採用している私立学校の一つです。この学校で，子どもたちは年度ごとに工作や地域研究，園芸といったプロジェクトを行うクラスを選択します。小学校では，1年生から6年生までが混在したクラスで一年間に何をするかは，自分たちで話し合って決めるのです。国語や算数も，できる限りこのプロジェクトと関連させて学習され，中学校に上がって教科が多様化していきます（図4.1.1参照）。

この学校ではニイル（Neil, A. S.）[7]やデューイ（Dewey, J.）に学び，三つの原則を掲げています。大人ではなく子どもたちが決める「自己決定」，個人差や個性を尊重する「個性化」，教科書の記憶ではなく具体的な仕事に取り組む「体験学習」です。これらの原則は，経験主義の考え方をじつにうまくまとめたものです。

（中西修一朗）

時刻	月 小	月 中（1・2・3）	火 小	火 中（1・2・3）	水 小	水 中（1・2・3）	木 小	木 中（1・2・3）	金 小	金 中（1・2・3）
9:10–9:55–10:40			自由選択	1・2 社会（地理）／3 英語	プロジェクト	プロジェクト	ことば	1 個別／2 国語／3 数学	かず	1 数学／2・3 体育（女）・体育（男）
11:00–11:45–12:30	プロジェクト	1・2 個別学習／3 国語	自由選択	1 自由選択／2 英語／3 社会（公民）	プロジェクト	プロジェクト	プロジェクト	1 国語／2 数学／3 理科	自由選択	1 体育／2 英語・数学／3 数学・英語
1:30–2:15–3:00（3:45）	プロジェクト	プロジェクト	ことば	1 数学・英語／2・3 個別，2 理科／3 社会（地理）	プロジェクト	プロジェクト	かず	1 英語／2・3 個別	プロジェクト	1 理科／2・3 自由選択
2:15–3:00							全校集会（学年集会）			
3:20 / 4:00									3:20 帰宅（1便） 4:00 帰宅（2便）	
6:30	夕	食	夕	食	夕	食	夕	食	（夕	食）
9:30	消灯		消灯		消灯		消灯		消灯	
10:30	消灯		消灯		消灯		消灯		消灯	
11:00		消灯		消灯		消灯		消灯		消灯

図4.1.1 きのくに子どもの村小中学校時間割

出所：堀真一郎『自由学校の設計』黎明書房，1997年，17頁。

▶4 XIV-4 参照。

▶5 III-1 参照。

▶6 VIII-5，XV-7 参照。

▶7 **ニイル（Neil, A. S.）**
（1883-1973）
イギリスのサマーヒルに学校（Summerhill School）を設立し，子どもと大人が同等な立場にある自治会によって学校生活に関する事柄のほとんどを決める，自由主義的な実践を行った。1960年に出版された主著 *Summerhill: A Radical Approach to Child Rearing*（邦訳は霜田静志訳『人間育成の基礎――サマーヒルの教育』誠信書房，1962年）は，欧米諸国をはじめ広く影響を与えた。日本では，「きのくに子どもの村学園」がニイルの思想を受け継いでいる。他の主著として，ニイル，A.S.著，堀真一郎訳『問題の子ども』黎明書房，2009年。

参考文献

稲葉宏雄・佐藤三郎『学校と教育課程』第一法規出版，1984年。

2　系統主義

　系統主義とは

　系統主義とは，科学や学問などにもとづいた知識体系を前提として，教育の内容や方法を決定する立場のことです。前に学習したことが後の学習にスムーズに発展し，学習によって得た知識が一本の糸のようにつながっていることを理想とするため，系統の名が与えられています。系統主義にもとづいて構成されたカリキュラムを教科カリキュラム，系統主義に基づく学習論を系統学習と呼ぶことができます。

　この立場は，歴史的には大きく二つの教育哲学によって支えられてきました。

○永遠主義[1]

　人間は永遠の真理に至ることができると信じ，真理の伝達によって知性を開発することが教育の使命であるという考え方です。教育内容として，西洋の知的遺産，とくに書物（Great Books）を重視します。それは，偉大な書物には永遠の真理が刻み込まれているからです。未熟な存在である学習者の興味や関心は，無価値なものとして無視されます。

○本質主義[2]

　人間の知性を訓練することを目的とする点で永遠主義と共通しますが，数学や科学などの学問を重視する点で異なります。学問の進展が人類の知性の成果であると考えるからです。学問の本質こそが与えられる価値ある目標であり，この目標を達成する能力を育てることが，教育の役割だと考えられます。ブルーナー（Bruner, J.S.）の構造化理論[3]などによって支持されました。

2　系統主義のカリキュラム（教科カリキュラム）

　系統主義は，学習を「将来のための準備」だと考えます。そのため，知性を育み将来役に立つかもしれない知識や技能を，一定のまとまりに分けて効率よく伝達するカリキュラムが作られます。このまとまりを教科と呼びます。

　教科の分け方は，時代とともに変わってきました。古代ローマから続く七自由科（文法・修辞・論理・算術・幾何・音楽・天文）に，中世では神学が加えられました。物理学や化学などの自然科学が加えられたのは，近代に入ってからのことでした。このように細分化した教科を見なおし，カリキュラム全体のバランスを保つように，統合しようという動きもあります。[4][5]

▷1　アドラー，M. J. 著，佐藤三郎訳『教育改革宣言』教育開発研究所，1984年などが代表的である。

▷2　田浦武雄・潮木守一・日比裕編『現代教育の原理』名古屋大学出版会，1990年が参考になる。

▷3　構造化とは，ブルーナーによって提唱された教材を選択・組織する方法である。ある学問の基本的な概念を抽出して，他の多くの教科内容をそれと関連づけて理解することで，学習効率が改善し，さらに他の状況への転移も容易になることが期待された（ブルーナー，J.S. 著，鈴木祥蔵訳『教育の過程』岩波書店，1971年を参照）。Ⅲ-3 参照。

▷4　ホプキンス，L. T. 著，勝田守一・白根孝之訳『インテグレーション──カリキュラムの原理と実際』桜井書店，1950年。

▷5　Ⅳ-7 参照。

③ 系統学習論の発展

　系統主義は，授業で教える内容を組織・配列するにあたって，最初に日常生活に向かうのではなく，科学や技術等の成果としての知識体系に目を向けます。

　教科内容の学年配当にせよ，各単元・授業の展開の計画にせよ，抽象から具体へと進む学習を，系統学習と呼びます。たとえば，自然地理学的な概念（山，平野とは何か）を説明する自然地理や自然史を先に教えたのち，個別具体的な地名や地形，地域史に進むといったことが典型です。

　戦後，系統学習の考え方は，経験主義への批判として登場してきました。子どもの生活に根ざした教育をめざす経験主義が，ややもすると行き当たりばったりな学習となり，読み・書き・計算といった基礎的な力さえ身につかないことが心配されたのです。その後，あいまいであった「何をどの順番で教えるか」という具体的な研究を進めたのが，「教育内容の現代化」でした。ここでは，アメリカでの議論も参考にしながら，教科内容を，基本的なものを中心に「構造化」することがめざされました。代表的なものとして，水道方式や，仮説実験授業が挙げられます。

④ 現代の系統主義

　系統主義は，教えたい教科内容はいったい何で，どうすれば学習者が習得できるかを，教師が意識的に考えるように促します。原則として学問の体系を重視するとはいえ，実際には子どもの生活経験や思考の発達も踏まえて内容を構成しなければなりません。学習者がどのように考えるかを踏まえて，系統をつくることが求められているのです。

　たとえば，単元を通して学んでほしいことのうち，もっとも重要なことを目標にすえれば，それに対応した「本質的な問い」が考えられます。図4.2.1の社会科の例のように，各単元の「本質的な問い」は，いずれ教科全体を貫く問いへとつながるでしょう。ここには一種の系統性をみることができますが，永遠主義や本質主義に根ざした古典的な系統主義とは異なり，学習される個々の内容は柔軟であることが許されます。この変化の背景には，学力観や学習観の移り変わりがありました。「何をどのように教えるか」を考える際，系統主義のあり方も変化していることを忘れないようにしておくことが大事でしょう。

（中西修一朗）

▷6　この批判は，矢川徳光『新教育への批判』刀江書院，1950年に代表される。

▷7　XV-5，XV-4参照。

▷8　III-3，XV-5参照。

▷9　II-2，IV-10参照。

（参考文献）
　稲葉宏雄・佐藤三郎『学校と教育課程』第一法規出版，1984年。

社会科全体を貫く包括的な「本質的な問い」
（例）私たちはどうすればより良い社会を形成することができるのか？

地理的分野を貫く包括的な「本質的な問い」
（例）人々は，どのような地理的条件のもとで，暮らしているのか？それはなぜか？

歴史的分野を貫く包括的な「本質的な問い」
（例）社会はどのような要因で変わっていくのか？

単位ごとの「本質的な問い」
（例）明治維新はなぜ起こったのか？どのような改革が求められていたのか？

単位ごとの「本質的な問い」
（例）なぜ戦争が起こるのか？どうすれば戦争を防げるのか？

主発問　主発問　主発問　主発問　主発問　　主発問　主発問　主発問　主発問

公民的分野を貫く包括的な「本質的な問い」
（例）どのような政治・経済の仕組みが良いのか？

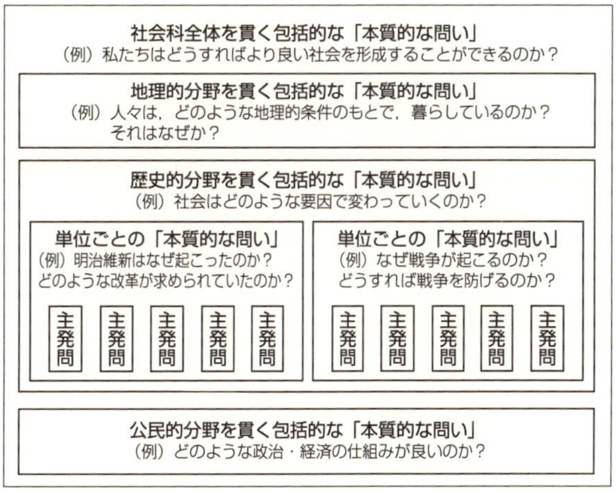

図4.2.1 「本質的な問い」の入れ子構造

出所：西岡加名恵『教科と総合学習のカリキュラム設計——パフォーマンス評価をどう活かすか』図書文化社，2016年，94頁。

3 スコープとシークエンス

 スコープとシークエンスとは

○ヴァージニア・プログラム

スコープ（scope）とシークエンス（sequence, シーケンスとも表記）は，カリキュラムや単元を計画・組織していくときに用いられる二つの代表的な指標です。教科カリキュラムから経験カリキュラムへの移行を図ろうとする1930年代のアメリカのカリキュラム開発運動の中で提唱され，普及していきました。この時期に開発されたヴァージニア・プラン（1934年）に沿って，スコープとシークエンスという手法を用いたカリキュラム開発の実際を見ていくことにしましょう。

▷1 Ⅳ-7 参照。

○スコープとしての「社会生活の主要な機能」

ヴァージニア・プランでは，生活改善と社会適応を担える「人格の統合」を教育目的として設定し，それに即応するために，子どもをとりまく社会生活を直接的に学習対象にするコースを構想しました。そして，学習対象をどのようなまとまりで教えるのかという課題に対し，ヴァージニア・プランが採用したのが，「社会生活の主要な機能」という観点でした。この観点をもとにして，このコースは，生活・財産・天然資源の保護保全，生産と分配，消費，交通・輸送，余暇などの11領域に区分されました。これをスコープと呼びます。日本では，「領域」や「範囲」などと訳されています。

○シークエンスとしての「興味の中心」

ヴァージニア・プランでは，11の領域内にある学習対象を，各学年段階に割り振る作業を行うために，「興味の中心」という観点が導入されました。各学年段階にある子どもの社会的興味の拡大に対応して，各領域での学習対象を決めていくという方法です。こうして各学年段階の「興味の中心」は，「家庭と学校の生活」（第一学年），「村や町の生活」（第二学年），「自然環境への適応」（第三学年），「開拓者の生活の適応」（第四学年）のように定められていきました。これをシークエンスと呼びます。日本では，「系列」や「配列」などと訳されています。

○スコープとシークエンスによるカリキュラムの開発

ヴァージニア・プランでは，以上のようなスコープとしての「社会生活の主要な機能」と，シークエンスとしての「興味の中心」を軸とする表を作成し，それぞれのセルについて，子どもが実際に学習対象とする「作業単元」を割り

社会生活の主要な機能	第 一 学 年家庭と学校の生活（興味の中心）	第 二 学 年村や町の生活（興味の中心）	第 三 学 年自然環境への適応（興味の中心）
	強調のために選ばれた興味の中心の諸相		
生活や財産や天然資源の保護保全	私たちは家庭や学校で生命や健康をどのように保護しているか	私たちは社会において生命や健康や財産をどのように保護しているか動植物は郷土の人々をどのように助けまたどのように保護されているか	私たちとは随分ちがった自然環境のもとで，人間や動植物はどのようにして自然の威力から自分たちを保護しているか
物や施設の生産と分配	私たちが作ったり飼育したり栽培したりするものはどのように私たちを助けているか	私たちの郷土では物や施設を生産するためのどんなことがなされているか	自然環境は各地の生産物にどんな影響を与えているか
物や施設の消費	お家の人々はどのようにして衣食住をととのえているか	私たちは私たちの国で与えられる物や施設をどのように使っているか	私たちとは著しくちがった社会は，なぜ私たちの生産できない品物を供給してくれることができるか

図4.3.1 ヴァージニア・プラン（一部）

出所：倉澤剛『近代カリキュラム』誠文堂新光社，1948年，36頁折り込みより一部抜粋。なお，漢字表記等を一部変更した。

当てていきました。たとえば，第三学年（自然環境への適応）の「物や施設の生産と分配」の領域では，「自然環境は各地の生産物にどんな影響を与えているか」を主題とした単元を構成していきます（図4.3.1参照）。こうした割り当てを全学年，全領域で行っていくことで，ヴァージニア・プランでは，コース全体の学習対象を体系化するカリキュラムを開発していきました。

❷ スコープとシークエンスのその後の展開

以上のように，もともとは経験カリキュラムの開発に用いられた指標がスコープとシークエンスでした。しかし，現在ではそれぞれの意味内容はかなり一般化し，各教科のカリキュラムでの教える内容についての一定のまとまりをスコープ，その学年系列をシークエンスと呼ぶこともしばしばあります。

なお，戦後日本のカリキュラム開発の歴史的展開の中では，とりわけシークエンスのほうに注目が集まった感があります。1947年にはじめて設置された社会科では，ヴァージニア・プランでの「興味の中心」シークエンスをさらに徹底し，子どもの身近で具体的な社会生活を起点にする「同心円（的）拡大法」が導入されました。一方で，こうしたシークエンスの問題を指摘する中で，徹底的に分析し，もっとも一般的・抽象的なものから特殊的・具体的なものへと内容を並べ替えるというシークエンスも提唱されました。このシークエンス法は，とくに自然科学系の教科を中心に，1960-70年代の「教育内容の現代化」期のカリキュラム開発に影響を与えました。

1998-99年の学習指導要領改訂に伴い，「総合的な学習の時間」が新設されました。「現代版の経験カリキュラム」とも評される「総合的な学習の時間」では，子どもの印象に残る直接体験を準備することに意識が向くあまり，「経験あって学びなし」と批判されることもままあります。このため，「総合的な学習の時間」のカリキュラム開発にあたっては，スコープやシークエンスの手法を十分に取り入れながら，子どもにどのような力を育むために（コンピテンシー），何を（コンテンツ）教えるのかについて，明確にしていく必要があります。（赤沢早人）

▷ 2 ⅩⅣ-5, ⅩⅣ-4 参照。

（参考文献）

倉澤剛『米国カリキュラム研究史』風間書房，1985年。

佐藤学『米国カリキュラム改造史研究』東京大学出版会，1990年。

木村博一「スコープ（領域）とシークエンス（系列）」日本カリキュラム学会編『現代カリキュラム事典』ぎょうせい，2001年。

柴田義松『教育課程——カリキュラム入門』有斐閣，2000年。

領 域 論

① カリキュラム（教育課程）の類別化

学校とは一体何を教え／学ぶ場所なのでしょうか。大別して，学校には二つの機能的な側面があると言われています。

一つは，人類が蓄積してきた文化財（科学，技術，芸術など）を次世代の子どもに継承していくという側面です。知識や技能という形で実体化した文化財を教え／学ぶという教育的営みは，教育学の言葉で「陶冶」と言われています。

もう一つは，ある社会の中での価値体系や信念体系を子どもに継承していくという側面です。その社会の中で正しいとされている価値観・道徳観や，社会的行動のための基準や能力を教え／学ぶことは，「訓育」と言われています。

学校のカリキュラム（教育課程）は，これらの二つの機能的側面に即応する形で教育活動を大きく二つに類別化します。おもに「陶冶」を担当するのが教科カリキュラム（教科教育）であり，おもに「訓育」を担当するのが教科外カリキュラム（教科外活動）です。このように，学校のカリキュラムは，①特徴的な指導と学習の質，②固有な指導計画，③一連のまとまった学習時間数を持った「領域」をいくつか有しています。

さて，以上の話を総合すると，学校のカリキュラムは，教科カリキュラムと教科外カリキュラムの２領域から構成されることには異論がないように感じられるでしょう。しかし，歴史的に，日本の各学校で，必ずしもこうしたわかりやすい２領域論を採用してきたわけではありません。次に，領域論という観点から学習指導要領の歴史的展開を見ていくことにしましょう。

② 日本における領域論の展開

○学習指導要領における領域論の展開

日本で最初に作成された学習指導要領（1947年版）は，教科外カリキュラムを設定していませんでした（ただし，「自由研究」は教科として位置づけられてい

▷1　田中耕治・西岡加名恵『総合学習とポートフォリオ評価法・入門編』日本標準，1999年，15-16頁。

▷2　Ⅺ-1 参照。

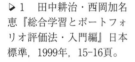

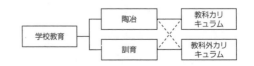

図4.4.1　学校教育の機能とカリキュラム（モデル）

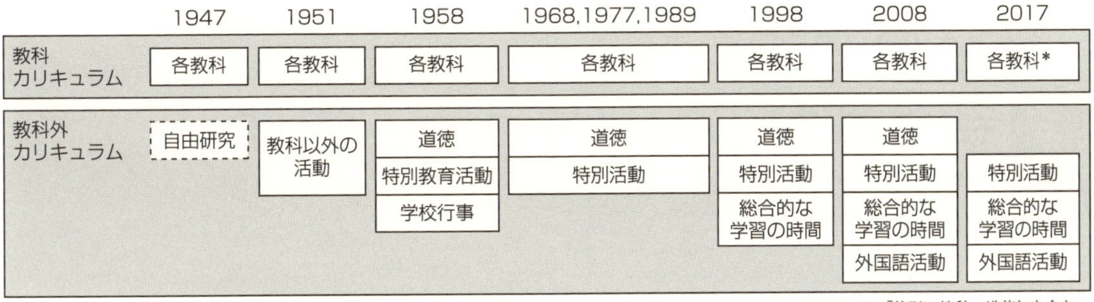

	1947	1951	1958	1968,1977,1989	1998	2008	2017
教科カリキュラム	各教科	各教科	各教科	各教科	各教科	各教科	各教科*
教科外カリキュラム	自由研究	教科以外の活動	道徳	道徳	道徳	道徳	特別活動
			特別教育活動	特別活動	特別活動	特別活動	総合的な学習の時間
			学校行事		総合的な学習の時間	総合的な学習の時間	外国語活動
					外国語活動	外国語活動	

＊『特別の教科　道徳』を含む。

図4.4.2　戦後日本の小学校カリキュラム（教育課程）の領域構成の変遷

たものの，その活動のうち「クラブ活動」「自治活動」は，実質的には教科外活動に相当）[92]。

　教科-教科外の2領域がはじめて明確に規定されたのは，1951年改訂の学習指導要領においてです。ここで，「自由研究」の活動内容に学級活動や児童会活動などが加えられて，「教科以外の活動」という領域が成立しました。このときは，教科と教科外とからなるシンプルな教育課程が編成されていたことがわかります。

　しかし，学習指導要領が改訂される中で，各時代の教育課題に応じるかたちで，教科外カリキュラムの領域が「拡張」していきます。1958年改訂では「道徳」（小，中学校）が，1998年改訂では「総合的な学習の時間」（小学校3年〜高等学校3年）が，そして2008年改訂では，小学校に「外国語活動」（5〜6年）が設置されました。さらに，2015年の小・中学校学習指導要領の一部改正に伴って，教科外の一領域であった「道徳」が「特別の教科　道徳」（いわゆる道徳科）として再編されるとともに，2017年改訂では，「外国語科」（5〜6年）の新設に伴って「外国語活動」の配当学年が変更されることになりました（5〜6年から3〜4年へ）。

○カリキュラムの多様化

　学習指導要領の展開と並行して，それ以外の領域論も様々に提案・実施されています。たとえば，私立の和光小学校では，教科-総合学習-自治文化行事活動という3領域論を長く採用しています。また，近年では，研究開発学校[93]や教育課程特例校[94]において，新しいカリキュラムの開発が積極的に進められています。たとえば，「総合的な学習の時間」と各教科とを「市民性」「探究」「協働」の視点で編み直した「探究的市民科」（東京大学教育学部附属中等教育学校）や，「総合的な学習の時間」「特別活動」「生活科」の一部を組み替えて「生きる力」や「ふるさと創生」に関する資質・能力の育成をめざす「ふるさと科」（岩手県大槌町内の小・中学校）など，教科等の各領域を横断した教育課程を編成する取り組みが全国各地で試みられています。

（赤沢早人）

▷3　「学校における教育実践の中から提起されてくる教育上の課題や急激な社会の変化・発展に伴って生じた学校教育に対する多様な要請に対応するため」（文部科学省ウェブサイト「研究開発学校制度」http://www.mext.go.jp/a_menu/shotou/kenkyu/　2018年1月19日閲覧）に，文部科学省が指定する学校のこと。学習指導要領など現行の教育課程の基準によらない，実験的な編成・実施を行うことが認められている。
▷4　「学校教育法施行規則第55条の2等に基づき，学校又は地域の特色を生かし，学習指導要領等によらない特別の教育課程を編成し実施することができる学校」のこと（文部科学省ウェブサイト「教育課程特例校の指定等に係る申請手続等について」http://www.mext.go.jp/a_menu/shotou/tokureikou/1284958.htm　2018年1月19日閲覧）。

参考文献

田中耕治・水原克敏・三石初雄・西岡加名恵『新しい時代の教育課程　第3版』有斐閣，2011年。
柴田義松『教育課程——カリキュラム入門』有斐閣，2000年。
天野正輝『教育課程編成の基礎研究』文化書房博文社，1989年。
肥田野直・稲垣忠彦編『教育課程　総論』東京大学出版会，1971年。

5 初等教育のカリキュラム原理

▷1　Ⅳ-6 参照。

▷2　**国際標準教育分類** (International Standard Classification of Education : ISCED)

ユネスコ（UNESCO：国際連合教育科学文化機関）が策定している教育レベルの分類。就学前教育のレベル0から，博士課程のレベル8まである。

▷3　**識字教育**

文字の読み書きができない人を対象にした，文字の読み書き能力を身につけるための教育のこと。ユネスコなどを中心に，20世紀半ばから世界的に識字率の向上や「万人のための教育（Education for All）」に向けた取り組みが行われてきている。

▷4　Ⅵ-1，ⅩⅤ参照。

▷5　**基礎学力論争**

第二次世界大戦後の新教育に対して，「読・書・算」の「基礎学力」を低下させているという強い批判がなされた。この批判に対して新教育推進派は，新しい観点から「基礎学力」を定義することを主張し，「基礎学力」とは何かという論争が起こった。（谷川とみ子「戦後初期における基礎学力論争の展開──『読・書・算』の位置づけに焦点をあてて」『教育方法の探究』第5号，2002年，66-73頁。）Ⅱ-2 も参考のこと。

 初等教育とは

　教育は，その内容や性格によって，初等教育，中等教育[1]，高等教育という3段階に分けられます。初等教育は，教育系統の最初の段階に位置し，日本では6歳から6年間の小学校段階にあたります。国際的に用いられる国際標準教育分類（ISCED[2]）では，レベル1に区分され，読み書きや計算の基礎的なスキルを学ぶ段階とされています。通常5〜7歳から開始されますが，広い意味では，学習者の年齢や教育機関が公的か否かといったことにかかわらず，識字教育[3]などの基礎的な教育が初等教育に含まれます。

2 **すべての子どもたちに対する教育**

○普通教育

　多くの国で初等教育は義務教育とされています。それは，成人する前に必要な知識やスキルの習得をすべての人に保障するためです。このように，万人を対象に行われる教育を普通教育と言います。日本では，初等教育段階では基礎的な普通教育を行うとされており，こうした普通教育に関して，全国的にすべての子どもたちに一定水準の教育を保障するために，学習指導要領で教育の目標や内容を共通に定めています[4]。

○基礎学力の保障

　すべての子どもたちに必要な基礎的な教育のカリキュラムを編成しようとすると，何を基礎と考えるかが問題になります。学力における基礎については，1950年前後の日本で行われた「基礎学力論争」[5]の検討をもとに，表4.5.1にあげた4種類の解釈が整理されています。

　これらは，どれか一つを唯一の正解とするというものではなく，重心を変えながらもどれも初等教育の中で重要なものとして混在し，相互に関連し合って

表4.5.1　学力における基礎の4種類の解釈

①すべての学習の基礎となる3R's（読み・書き・算）としての基礎学力
②それぞれの教科学習にとって基礎となる教育内容としての基礎学力
③国民的教養の基礎として少なくとも義務教育段階までに共通に獲得してほしい教育内容（ミニマム・エッセンシャルズ）としての基礎学力
④学力構造（知識・理解，問題解決学力，関心・態度など）における基礎的部分としての基礎学力

出所：田中耕治『教育評価』岩波書店，2008年，100頁。

育まれていると言えます。

③　初等教育カリキュラムの特徴

○遊びや活動の中での学習から，学習のための各教科へ

学校では多くの場合，学習内容は複数の教科に分けられ，各教科内容を系統的に学習します。しかし初等教育の前段階にあたる就学前教育では，子どもたちは教科に分かれていない活動や遊びを行い，その中で様々な事柄を学んでいます。この土台の上に，初等教育のとくに前期の段階では，合科的で子どもに身近な活動から各教科につながるように学習が組み立てられます。具体的にはたとえば，小学校1・2年生の「生活科」は，幼児期の遊びとの接続が考慮されると同時に，3年生以降の「理科」「社会科」につながっていきます。

○言葉による学習と発達

文字や数字を学ぶことによって，子どもたちは具体的な現実やイメージを言葉で概念的に認識・説明できるようになります。初等教育では，識字能力を身につけることが一つの重要な目標になりますが，学んだ言葉を用いることで，他の分野についてもさらに深い学習が可能になり，また同時に，そうした各教科の学習を通して，言葉の認識をさらに深めることにもなるという相互関連があります。このような関連は，子どもの認知的・社会的・情緒的発達に大いに影響します。

そして，10歳前後には，思考が質的に変化すると言われます。ピアジェ（Piaget, J.）の発達段階論においては，見たり聞いたりしたものを具体的に認識して考える「具体的操作期」から，抽象的・体系的に思考できる「形式的操作期」に移行します。この変化は学習面のみではなく，人との関係性や自己認識にも影響していることから，10歳前後が大きな「壁」や「つまずき」あるいは「飛躍」の時期として注目されてきました。

○生涯学習の土台を育む

現在，すべての人に必要な能力の一つとして，生涯にわたって学習を続ける姿勢やスキルが挙げられます。初等教育では，子どもたちの興味ある分野や身近な生活の問題を取り上げて学びを深めていく学習がよく行われますが，こうした学習によって，自発的に現実世界から課題を設定して学習する素地がつくられていきます。このように，学習への意欲・姿勢や学び方を学ぶことも大切な点です。

また，子どもたちの社会的・情緒的側面の教育も，児童会活動やクラブ活動など教科外の領域に位置づけられています。

（本所　恵）

▷6　木村吉彦監修，茅野市教育委員会編『育ちと学びをつなぐ「幼保小連携教育」の挑戦 実践接続期カリキュラム――長野県茅野市発』ぎょうせい，2016年などを参照。

▷7　V-2 参照。

▷8　現代社会で生きるすべての人に必要な能力として，キー・コンピテンシーや21世紀スキルなど様々な能力が提起されている。EC（欧州委員会：European Commission）が2006年に勧告した「生涯学習のためのキー・コンピテンシー」の中には，生涯学習を続ける態度や知識やスキルである「学ぶことの学習」が含まれる（本所恵「EUにおけるキー・コンピテンシーの策定とカリキュラム改革」『金沢大学人間社会学域学校教育学類紀要』第7号，2015年，23-32頁）。

▷9　なお，例示したのは教科外活動の中の「特別活動」である。IV-4，XII 参照。

（参考文献）

安彦忠彦『新版 カリキュラム研究入門』勁草書房，1999年。

青木秀雄『現代初等教育課程入門』明星大学出版部，2014年。

ユニセフ『世界子供白書2016』日本ユニセフ協会，2016年。

渡辺弥生『子どもの「10歳の壁」とは何か？――乗り越えるための発達心理学』光文社，2011年。

中等教育のカリキュラム原理

1　中等教育とは

▷1　Ⅳ-5 参照。

　公教育は教育内容や性格によって三つの段階に区分されます。小学校にあたる初等教育と，大学等にあたる高等教育の中間にあり，中学校や高等学校などが当てはまるのが中等教育です。中等教育は，さらに前期中等教育と後期中等教育に分けられ，日本では，12～15歳の中学校段階が前期中等教育を，その後3年間の高等学校段階が後期中等教育を担っています。国際標準教育分類(ISCED) では，前期中等教育がレベル2，後期中等教育がレベル3に分類されます。

▷2　Ⅳ-5 参照。

　中等教育は，高等教育の準備段階という性格と初等教育の発展段階という二重の性格をもっています。歴史的には，ヨーロッパをはじめ多くの国において，大学入学準備教育を行う学校がまず発展しました。19世紀後半にすべての子どもたちを国民として教育する初等教育が普及した後，それに後続する教育が求められるようになり，中等教育がより多くの人を対象として発展しました。

▷3　志水宏吉「中等教育の社会学——研究動向の整理と展望」大阪教育大学教育学教室『教育学論集』第18号，1989年，1-21頁。

2　普通教育と専門教育

　日本の学校教育法は，義務教育段階の中学校では，小学校教育の基礎の上に心身の発達に応じた「普通教育」を行い，高等学校では「高度な普通教育」と「専門教育」を行うと規定しています（図4.6.1）。中等教育では，専門教育が開始され，それまで共通の学習をしていた生徒たちがそれぞれの専門分野にわかれて異なる分野の学習をすることが大きな特徴と言えます。

▷4　Ⅻ-4 参照。

　専門教育が始まるのは後期中等教育段階ですが，前期中等教育段階においても，その準備として，生徒が自分自身の個性や関心を知り，将来を見据えて専門分野の選択に備える必要があります。

小学校	中学校	高校	大学
基礎的な普通教育	普通教育	高度な普通教育	一般教育
		専門教育	専門教育
《初等教育》	《中等教育》		《高等教育》
	（前期）	（後期）	
（義務教育）			

図4.6.1　学校教育法で定められている各学校段階の性格

③ 後期中等教育の多様性

　すべての子どもに共通の教育を行うのではなく，様々な専門教育を行う後期中等教育段階では，多様なカリキュラムが用意されています。その多様性は，学校種や学科の多様性として表れます。日本では，義務教育修了段階の学校種として，大多数の生徒が入学する高等学校のほか，5年制の高等専門学校（高専）があり，工学・技術・商船に関する専門教育を行っています。

　また，高等学校には大きく3種の学科（「普通科」「専門学科」「総合学科」）があり，専門学科には，農業や工業等の職業教育をはじめとして，理数，体育，音楽など多様な専門教育が用意されています。[5]総合学科では，様々な分野の専門教育を幅広く学んで生徒が自分の進路を探ることができるようなカリキュラムが用意されています。普通科には主に中学校と同じ教科があり，高等教育への進学準備や社会で必要な一般的な教育が行われています。

④ 教育体系の分類

　中等教育段階をどう取り扱うかによって，学校教育の体系は三つの類型に区分されます。上述したような，共通の初等教育があり，中等教育段階で異なる専門教育を施すそれぞれの学校に生徒がわかれて入学する教育体系を，「分岐型」と呼びます。これに対して，各学校段階にすべての生徒が入学する一つの学校種が用意されている制度を「単線型」と呼びます。第二次世界大戦後に日本で採用された6-3-3制は，[6]単線型であると言えます。しかし，高等専門学校や中等教育学校をはじめ様々な学校制度がつくられ，分岐型になってきました。また，初等教育段階から複数の教育系統が並行して用意され，交わらないような形態を「複線型」と呼びます。

⑤ 中等教育カリキュラムの特徴

　中等教育のカリキュラムの特徴として，「個性に対する対応」と「社会的自立への準備」が指摘されています。[7]具体的には，前者については，選択教科や選択コースが設置されています。量的にも質的にも，選択が少ない状態からだんだんと拡大され，多様な個性への対応が行われているのです。後者については，将来の職業につながる学習があります。最近では，市民的リテラシーや，生涯学習の基盤となる学習する姿勢や学び方の習得も，自立への準備として重視されています。

　また，このような中等教育までを，世界中のすべての子どもたちに無償で提供することが世界的な目標の一つに掲げられています。[8]

（本所　恵）

▷5　Ⅹ-9参照。

▷6　6-3-3制
　小学校6年，中学校3年，高校3年の単線型学校教育制度。詳しくは，三羽光彦『六・三・三制の成立（岐阜経済大学研究叢書9）』法律文化社，1999年参照。

▷7　安彦忠彦『中学校カリキュラムの独自性と構成原理——前期中等教育課程の比較研究』明治図書出版，1997年，24頁。

▷8　UNESCO "Incheon Declaration. Education 2030：Towards inclusive and equitable quality education and lifelong learning for all（World Education Forum 2015）" 2015.

（参考文献）
　太田和敬『統一学校運動の研究』大空社，1992年。
　佐々木享『高校教育論』大月書店，1976年。
　宮原誠一『青年期の教育』岩波書店，1966年。
　吉田昇ほか編『中等教育原理』有斐閣，1980年。

カリキュラムの類型

 ## カリキュラムの類型とは

　カリキュラムの設計にあたっては，設計者が学習をどのようにとらえているかという思想が反映されます。そのため，知的文化の伝達を目的とするのか，認識に変化をもたらすことを目的とするのか，学習者の興味・関心を探り伸ばすことを目的とするのかなど，大きくいくつかの類型に分けることができます。類型を踏まえておくことは，そのカリキュラムが何をめざしているのか，どのような学習を理想としているのかを理解する手助けとなるでしょう。ただし，現実に実施されるカリキュラムは，歴史的に様々な教育思想を反映しています。そのため，いずれかの類型を紋切り型に適用することはできないことには注意すべきでしょう。たとえば学習指導要領は，全体として教科カリキュラムの体をなしながらも，「生活科」や「総合的な学習の時間」など経験カリキュラムに近い学習を想定した時間も含んでいます。

② 教科カリキュラムと経験カリキュラム

　カリキュラムの類型は，教科カリキュラム（separate subject curriculum）と経験カリキュラム（experience curriculum）の大きく二つに分けられます。学習を「将来のための準備」だと考えるのが，教科カリキュラムの立場です。この立場からは，将来役に立つかもしれない知識や技能を，多くの教科に分けて用意することが適切だとみなされます。各教科は，それぞれの学問領域の歴史を根拠として，学習者や社会とは無関係に存在し，独自の授業を展開します。古代ローマ以来の七自由科[1]がこれにあたります。

　一方，学習とは現在の自分を更新しつづけることだと考えるのが，経験カリキュラムの立場です。それぞれの学習者の置かれた状況が決まっていない以上，あらかじめ学習内容や教科を用意することはできません。その時々の環境に対して，より適切な答えを求める経験が，正しい発達につながるのです。この立場を厳密にすると，カリキュラムを計画すること自体が否定されます。

　個々バラバラな知識の習得になりかねない教科カリキュラムが，経験カリキュラムの幻影を追い求める過程において，歴史上いくつかのカリキュラムの類型が見出されてきました。このことは，分化から統合へ，という原理でも説明されています[2]。

▷1　七自由科
　三学四科より構成される，ヨーロッパの古典的カリキュラムである。三学とは文法・修辞学・論理学，四科とは算術・幾何・音楽・天文を指す。中世ではスコラ学によって，これらの上に神学が置かれた。

▷2　ホプキンス，L. T. 著，勝田守一・白根孝之訳『インテグレーション──カリキュラムの原理と実際』桜井書店，1950年。

③　様々なカリキュラム

　教科カリキュラムと経験カリキュラムを両極端として様々な類型があり，教科カリキュラムに近いものから順に並べると，次のように挙げられます。

○相関カリキュラム（correlated curriculum）

　基本的には教科の独自性を保ちながら，それぞれのつながりを意識して教えることを提案したものです。たとえば，公民科で歴史上の人物を取り上げる際，歴史科での既習事項かどうかを確認する，といったことが考えられます。1990年代に，クロス・カリキュラムという考え方が広まりました。健康などのテーマによって，理科や体育，国語などの教科内容を結びつけるものです。これも相関カリキュラムの一種だと言えるでしょう。

○融合カリキュラム（fused curriculum）

　いくつかの教科に共通の要素を見出して，教科の垣根を低くしたり，壁をなくしてしまったりするものです。たとえば，物理科・化学科などを自然科学という共通の要素でくくり，理科という一つの科目とみなすことが考えられます。教科内容を相互に関連づけることで，より総合的な取り組みが可能となります。ただし，関連性を意識しなければ，名前を変えただけで実質的にはバラバラに教えていることになりかねないため，注意が必要です。

○広域カリキュラム（broad-field curriculum）

　融合カリキュラムをいっそう発展させたもので，各教科を前提とせず，テーマによってカリキュラム全体を編成しなおしたものです。社会科の成立に影響を与えたと言われる，アメリカのヴァージニア・プランがこれにあたります。そこでは，通信と輸送，物質の消費，教育といった11のテーマによってカリキュラム[3]が組み立てられました。

○コア・カリキュラム（core curriculum）

　ある一つの学習領域を中心として，それと関連づけることでカリキュラム全体を統合しようとする考え方です。古くは，ヘルバルト派のツィラー（Ziller, T.）が唱えた中心統合法にルーツを辿ることができます。そこでは，地理も理科も算数も，聖書の歴史に関連づけて教えようと計画されました。日本でも，第二次世界大戦後の10年ほど，コア・カリキュラムがもてはやされた時期がありました。ごっこ遊びやものづくりを通して，社会科を中心に学校での学習経験を統合しようとしたのです。[4]

　この考え方は，現在では医学教育や看護教育などにおいて，実習科目を中心に据える形で残っています。また，小学校の低学年において，生活科での遊びを中心としたスタートカリキュラムが推奨されていることも，コア・カリキュラムの一種とみてよいでしょう。

（中西修一朗）

▷ 3　IV-3 参照。ヴァージニア・プランについては，佐藤学『米国カリキュラム改造史研究』東京大学出版会，1990年が参考になる。

▷ 4　戦後新教育期のコア・カリキュラムについては，梅根悟『コア・カリキュラム』光文社，1949年に詳しい。

【参考文献】

　天野正輝『教育課程の理論と実践』樹村房，1993年。
　長尾彰夫『新カリキュラム論』有斐閣，1989年。

8　タイラー原理

1　カリキュラム編成の基礎

　タイラー原理とは，タイラー（Tyler, R. W., 1902-1994）が，「八年研究（the Eight-Year Study）」（1933-1941）の成果にもとづいて，シカゴ大学の講義シラバス（Basic Principles of Curriculum and Instruction, 1949）の中で定式したカリキュラムの編成原理です。その影響力は大きく，アメリカにおいて20世紀に発表されたカリキュラム論は何らかの形でタイラー原理を意識しているとされ，最近ではウィギンズ（Wiggins, G.）がカリキュラム編成論として提唱した「逆向き設計（backward design）」論にその洗練された構想を読み取ることができます。

　「タイラー原理」とは，そのシラバスの冒頭において，つぎのような四つの根本的な問いが提示されていることが有名です。きわめて重要な問いですので，原文も一緒に引用してみましょう。

　Ⅰ〈目標の選択〉「学校はどのような教育目的を達成するように努めるべきか（What educational purposes should the school seek to attain?）」，

　Ⅱ〈学習経験の選択〉「どのような教育的経験を用意すれば，これらの目的は達成できるか（What educational experiences can be provided that are likely to attain these purposes?）」，

　Ⅲ〈学習経験の組織〉「これらの教育的経験は，どのようにすれば効果的に組織できるか（How can these educational experiences be effectively organized?）」，

　Ⅳ〈結果の評価〉「これらの目的が達成されているかどうか，どのようにして判定できるか（How can we determine whether these purposes are being attained?）」，

という四つの問いを提案しました。その問いの意義は，カリキュラム編成において，教育目標-授業-評価を一貫したものとして把握することを求めたものです。とりわけ，「タイラー原理」によって，「エバリュエーション」とは，たんに評価方法のみにかかわるのではなく，カリキュラムや授業の改善のために機能するものであることがより明確にされました。

2　教育目標の二つの次元

　タイラー原理の特徴は，何よりも教育目標の規準性を明記したことです。すなわち，その規準性とは，いかに学習経験を選択し組織するのか，さらにはい

▷1　Kridel, C., "Tyler Rationale", In C. Kridel (Ed.), *Encyclopedia of Curriculum Studies 2*, Sage, 2010, pp. 907-908.

▷2　Ⅺ-11 参照。

かに教育評価するのかを，教育目標のあり方が基本的に規定するというものです。その際，タイラーは教育目標を二つの次元で記述すべきであると主張します。その一つは教育目標の内容（content）の次元であり，もう一つは行動（behaviour）の次元です。その行動をもって目標を記述する意義について，以下の３点を挙げることができます。[3]

まず第一点は，目標の内容面だけの記述では，教師のねらいを語ったにすぎません。目標の行動的側面，つまりその目標に達した人に期待できる反応（the reactions）を叙述することによって，教育目標は生徒にどのような能力を期待しているのかが明確になるのです。そのことによって，第二に，その教育目標が達成されたか否かを評価する際に，いかなる評価の方法を採用するのかを決める際に有効になります。ただし，タイラーの「行動」とは，精神的（mental），肉体的（physical），情緒的（emotional）な側面を含むものであって，いわゆる活動（action）に限定してはいません。

タイラーによる教育目標論は，後にブルーム（Bloom, B.S.）のタクソノミー（taxonomy）に継承されていきます。[4] この行動によって目標を記述する方法は，1950年代に流行する行動目標論と混同され，タイラー自身もその混同を批判することになります。[5]

③ 教育内容の源泉

タイラー原理のもう一つの特質として，教育目標（内容の次元）の源泉を「社会性」「児童性」「学問性」という三つの源泉として整理し，教育哲学と学習心理学の成果を媒介しつつ，各々の意味内容と相互連関の態様によってカリキュラムの性格を規定しようとしたことです。この分析的で総合的な視点は，カリキュラム形態を「教科カリキュラム」と「経験カリキュラム」に類型化し，[6] それにもとづいて当該のカリキュラムの性格を規定していた従来のカリキュラム研究の方法論を明らかに克服したものと言えましょう。ただし，タイラーは教育目標の三つの源泉を指摘したものの，シラバスという性格もあって，自らの立場を積極的に語ってはいません。

④ タイラー原理の相対化

先に指摘したように，アメリカにおける20世紀のカリキュラム研究は，多かれ少なかれ，タイラー原理に言及しています。このカリキュラム編成におけるタイラー原理を相対化するものとして，アトキン（Atkin, J.M.）が提起した「羅生門的アプローチ」[7] が日本では有名です。

（田中耕治）

▶3 Tyler, R. W., *Constructing Achievement Tests*, The Ohio State University, 1934, pp. 18-19.

▶4 **タクソノミー**
　タクソノミーとは「教育目標の分類学」と称されるように，ブルームたちが，認知面と情意面に分けて，目標を分類したものである。このブルーム・タクソノミーは，近年になって，改訂版が出されるようになる。

▶5 Tyler, R. W., "The Father of Behavioral Objectives Criticizes Them：An Interview with Ralph Tyler", *The Phi Delta Kappan*, Vol. 36, No. 3, 1973, pp. 55-57.

▶6 Ⅳ-7 参照。

▶7 Ⅳ-9 参照。

（参考文献）
　石井英真『現代アメリカにおける学力形成論の展開』東信堂，2011年。
　ウォーカー，D. F.・ソルティス，J. F. 著，佐藤隆之・森山賢一訳『カリキュラムと目的』玉川大学出版部，2015年。

9　工学的アプローチと羅生門的アプローチ

1　カリキュラム開発に関する国際セミナー

　日本において，教育課程は各学校で編成されるものとされてきました。しかし1958年に学習指導要領が告示されて以降，その法的拘束力が強調され，学校を基盤とした教育課程編成の方略に関する研究は十分になされてきませんでした。

　この中で，文部省が1974年に OECD の教育研究革新センターと共同で開催した国際セミナーでは，学校を基盤としたカリキュラム開発の考え方とその具体的なアプローチが提案されました。そこでは，教育目標の設定や教材・教授過程・評価方法の計画を行う側面と，それらを継続的に検討し，再構成していく側面の二つの側面を有するものとしてカリキュラム開発の考え方が紹介されました。また，カリキュラム開発のモデルとして，工学的アプローチと羅生門的アプローチと呼ばれる二つの対照的なアプローチが提案されました（図4.9.1）。

2　工学的アプローチと羅生門的アプローチ▷1

　工学的アプローチは，カリキュラム開発における教育目標の合理的な達成とその実証的な検証を重視します。そこでは，具体的な行動の形で目標を設定し，教材や教具を計画的に配置し，既定の道筋に沿って教授過程を展開し，目標に準拠した量的な評価によって厳密に精査されるプロセスを経ることでカリキュラムが開発されます。ここでは，合理性・効率性・計画性に価値が置かれます。

　このように分析的で教材配列の綿密な計画を重視する工学的なアプローチに対して，授業場面における創造性や即興性を阻害するものであるという限界が指摘されます。つまり，現実の教授・学習過程は，教師の臨機応変な対応や，子どもと教材・仲間・教師との相互作用が織りなす複雑で実践的な営みであり，そこで生み出される成果も事前に計画されたものに留まりません。このような工学的アプローチの限界を踏まえて提起されたものが羅生門的アプローチです。

　羅生門的アプローチでは，教室における教師の即興性やそこで生み出される事実や子どもの姿などを重視します。そこでは，一般的目標を設定し，創造的な教授・学習活動の中で教材の価値を発見し，一連の教育活動で生成された現象を記述し，質的な評価を行うことでカリキュラムが開発されます。ここでは，

▷1　この工学的アプローチと羅生門的アプローチという名称は，イリノイ大学のアトキン（Atkin, J. M.）によって命名されたものである。工学的アプローチは，工場で工業製品を生産するように学校のカリキュラムや教室の授業を行っていこうとする思想・方法を指す。一方で，「羅生門的」という名称は，著名な日本映画『羅生門』（1950年）に由来している。教室の事実が多様な角度から多義的な解釈を可能にする事実であるという認識における相対主義的な立場を示すものである。

▷2　このような目標にとらわれない評価（goal-free evaluation）のことを，直訳してゴールフリー評価と呼ぶことがある。ゴールフリー評価とは，目標がないという意味ではない。もともとは，計画段階で設定した目標にとらわれない（目標から逸脱した事象にも柔軟に対応する）という意味である。

保護者や専門家を含む多様な立場の者が，教室に生起する事象を目標にとらわれずに異なる視点で認識することで，新たに教育的に価値ある成果を見出したり，それによりカリキュラムを再構成したりしていくことが企図されています。

　この二つの対照的なアプローチは，カリキュラム開発における論点を浮かび上がらせるものとなります。たとえば，目標は行動目標まで具体化すべきか，一般目標にとどめるべきか，教授・学習過程は，教材の開発や選択による計画的で制作的な営みか，それとも教師の臨機応変さによる即興的で実践的なものであるのか，カリキュラム評価は，「目標に準拠した評価」か「目標にとらわれない評価」か，量的な評価か質的な評価か，などといった論点が挙げられます。

　しかしながら，これらはあくまで理論的なモデルに過ぎません。創造的な教育実践においても，何らかの形で教師の中に目標が意識されていたり，「目標に準拠した評価」を実施する一方で，その目標にとらわれずに平素の子どもの姿から成長を多面的にとらえたりするなど，現実的にはこれらは二者択一のものではなく，むしろ相互に補完的に用いられています。カリキュラムや授業を開発・実践する主体である教師は，カリキュラム開発において，綿密な計画を立てるだけでなく，これらの対立する立場を十分に意識した上で，計画されたカリキュラムを批判的に再構成することが必要であると言えます。

（大貫　守）

参考文献

　文部省『カリキュラム開発の課題——カリキュラム開発に関する国際セミナー報告書』大蔵省印刷局，1975年。

　佐藤学『教育方法学』岩波書店，1996年。

（一般的手続）	
工学的アプローチ (technological approach)	羅生門的アプローチ (rashomon approach)
一般目標 (general objectives) ↓ 特殊目標 (specific objectives) ↓ 「行動目標」 (behavioral objectives) ↓ 教材 (teaching materials) ↓ 教授・学習過程 (teaching-learning processes) ↓ 行動目標に照らした評価 (evaluation based upon behavioral objectives)	一般目標 (general objectives) ↓ 創造的教授・学習活動 (creative teaching-learning activities) ↓ 記述 (description) ↓ 一般目標に照らした判断評価 (judgement against general objectives)
（評価と研究）	
工学的アプローチ 目標に準拠した評価 (goal-reference evaluation) 一般的な評価枠組 (general schema) 心理測定的テスト (psychometric tests) 標本抽出法 (sampling method)	羅生門的アプローチ 目標にとらわれない評価 (goal-free evaluation) 様々な視点 (various perspectives) 常識的な記述 (common sense description) 事例法 (case method)
（目標，教材，教授・学習過程）	
工学的アプローチ 目標： 「行動目標を」(behavioral objectives) 「特殊的であれ」(be specific) 教材： 教材のプールからサンプルし，計画的に配置せよ (sampling from material pool and "planned allocation") 教授学習過程： 既定のコースをたどる (predecided) 強調点： 教材の精選，配列 (design of teaching materials)	羅生門的アプローチ 目標： 「非行動目標を」(non-behavioral objectives) 「一般的であれ」(be general) 教材： 教授学習過程の中で教材の価値を発見せよ (discovering the value of materials in teaching-learning processes) 教授学習過程： 即興を重視する (impromptu) 強調点： 教員養成 (teacher training, in service training)

図4.9.1　工学的アプローチと羅生門的アプローチの対比

出所：文部省，1975年，50-54頁。引用者が一部改変した。

10 構成主義的学習観にたつ カリキュラム設計

1 行動主義的学習観から構成主義的学習観へ

　20世紀中頃まで，人間の学習については，大きく二つの枠組みが提起されてきました。一つが，外界からの刺激とそれに対する反応の間に新しい結びつきが形成される（条件づけ）ことを学習と考える見方（行動主義的学習観），もう一つが，学習者が外界に応じて能動的に意味を構成することを学習と考える見方（構成主義的学習観）です。ここでは，主に後者の視点から学習をみていきます。

　1950年代には，動物実験や人間の概念形成過程に関する研究により，行動主義的学習観の限界が指摘されるようになりました。具体的には，ブルーナー（Bruner, J. S.）の『思考の研究（*A Study of Thinking*）』（1956年）に見られるように，人間はたんに外的刺激に応答するだけではなく，自ら能動的に仮説を形成し，それを検証・修正できると主張されるようになります。

　1956年には，チョムスキー（Chomsky, N.）が生成文法の考え方を提案し，サイモン（Simon, H. A.）とニューウェル（Newell, A.）が数学の定理を証明する人工知能プログラムを，ミラー（Miller, G. A.）が短期記憶を用いて大量の情報を頭の中で処理していることを発表しました。これを一つの契機として，その後，人間の内的な認知過程を説明する認知科学という学問が誕生しました。[2]

　1970年代後半からの情報処理アプローチに立脚し，認知科学の成果は，教科教育研究に影響力を持つようになります。たとえば，子どもの計算間違いをコンピュータのバグに見立てて，それを修正する計算問題を自動的に算出するシステムが提案されるようになります。同時期には，誤概念（misconception）や素朴概念（naive conception）についての研究もさかんに行われました。[3]

　素朴概念の例として，コップの水に砂糖が溶けている場面を考えてみましょう。一般に，ある物質が溶液に溶けている場合には，溶けた物質の粒子が溶液の中で均一に拡散しています。しかし，多くの子どもたちは，日常生活の経験（味噌汁について混合と溶解の状態を勘違いすることなど）から，砂糖が水に一様に存在しているとは考えず，砂糖は底の部分に多く存在していると考えがちです。素朴概念とは，このように学習者が学習前に，生活経験などから構成する，専門家からは通常誤りとみなされる，現象や事象に関する素朴な理解を指します。[4]

　構成主義的学習観では，学習者が外部環境への働きかけを行い，素朴概念など彼らに固有の考え方を変容し，知識や論理体系を自分自身が再構成すること

▷1　Ⅲ-3参照。『思考の研究』では，概念形成過程における思考の役割について研究されている。

▷2　佐伯胖「『理解』はどう研究されてきたか」佐伯胖編『理解とは何か（認知科学選書４）』東京大学出版会，1985年を参照。

▷3　この素朴概念や誤概念以外にも，前概念（pre-conception）や子どもの科学（children's science）などと呼ばれることもある。これらの名称には，子どものもつ考え方についての考え方や立場が表現されている。

▷4　滝沢武久・東洋『教授・学習の行動科学』福村出版，1991年，61頁。

によって科学的概念を獲得することを前提としています。それに向けて，子どもたちが持つ素朴概念の内実を詳らかにするとともに，その素朴概念を変容する手段が研究されました。そこでは，子どもが素朴概念と相反する教材に出会うことで，自身のもつ素朴概念の限界や矛盾を自覚し，吟味することで，より高次な概念へと調整・更新を行う認知的葛藤法などの方法が登場してきました。

近年では，知識の構成は個人的な営みではなく，社会的・歴史的・文化的な状況の下で人々の相互行為を通じて行われるとする考え方も登場しています。国語科において，教材文の解釈をお互いに共有し合うことでより豊かな解釈を生み出す営みは，その一例と言えます。この他者を含む社会的なかかわりの中で主体が知識や理解を構成するという考え方を，社会的構成主義と呼びます。

2 構成主義的学習観にもとづくカリキュラムの編成

1980年代には，カリキュラム編成を通して素朴概念を変容する方略も提案されました。ここでは，物理学の中心概念の一つである力と運動の概念を例にみてみましょう。力と運動に関して，子どもたちの多くは，空中に投げ上げられた球には，重力や空気抵抗以外に進行方向にも力が働いているという素朴概念を持っています。これは，走っている人がなかなか止まれない経験や，台車をつねに押し続けなければ停止してしまうという経験などに根差したものです。

この素朴概念には，物体を動かし続ける「何か」が物体内に存在するため前に動くという考えが根底にあります。この何かに該当するものが運動量です。そのため素朴概念を変容するには，力と運動量を区別して学習することが必要です。そこでまず，子どもの素朴概念とその考えの理由を明確にし，運動量を用いて「何か」について説明し，次に物体に作用する力を運動量と区別する形で導入し，運動量の変化と力の関係を学習するという形で内容を配列します。

学問中心カリキュラムをはじめ，多くのカリキュラムでは，学問の論理とその内容を子どもの知的能力に応じて翻案することに力点を置いています。具体的には，変位と速度の考え方を加速度の前に導入したり，運動量の前に力や質量・速度について学習したりするように編成されています。そこでは，学問の論理が強く反映され，内容の構成は唯一の論理的な順序を持っていると考えられ，必ずしも素朴概念が学習に与える影響を十分に加味してはいませんでした。

素朴概念を変容することに向けてカリキュラムを編成する上では，学問の論理だけでは不十分であり，子どもの発想の根底にある考え方を考察し，単元等を展開することが必要です。そこでは，子どもの素朴概念に関する研究や，教室での診断的評価をもとに目の前の子どもたちの持つ素朴概念を把握し，彼らのつまずきやすい地点で形成的評価を行うという一連の行為を通して学問内容やその系統に準拠した配列をつねに問い直し，子どもの考えと科学的概念を接近させていくことを意識する必要があると言えます。 （大貫　守）

▷5　**認知的葛藤法**
　自己の既有知識や素朴概念が新たな事象（認識対象）と矛盾することが自覚化され，吟味され，これまでの経験や知識では説明できないという認知的葛藤を生じさせることで，高次の概念への調整・更新が行われていくことを期待する方法。

▷6　オズボーン，R・フライバーグ，P.編，森本信也・堀哲夫訳『子ども達はいかに科学理論を構成するか』東洋館出版社，1988年の事例を参照した。

▷7　この素朴概念の変容に向けて，摩擦のない環境をコンピュータシミュレーションで作り出す方法や，真空状態に近づけた形で演示実験するという方法もある。しかし，これらの方法で示される状況は，日常から切り離された例外的な状況であり，学校でのみ通用するものだと考える恐れがある。

▷8　Ⅲ-3 参照。

（参考文献）
波多野誼余夫『認知心理学5　学習と発達』東京大学出版会，1996年。

教育と発達

▷1　これまでに，障害の
ある子どもの発達も，健常
な子どもと同じ発達の道筋
を歩んでいくことが明らか
にされてきた（田中昌人
『人間発達の理論』青木書店，
1987年など）。

▷2　**ゲゼル（Gesell, A.
L.）**
アメリカの児童心理学者
（1880-1961）。乳幼児の発
達について詳細に観察・分
析し，成熟説を唱えた。主
な著書に，『狼にそだてら
れた子』（ゲゼル，A. L. 著，
生月雅子訳，家政教育社，
1967年）などがある。

▷3　**ゴールトン（Galton,
F.）**
イギリスの優生学創始者
（1822-1911）。遺伝に関す
る統計学的研究を進めた。
主な著書に，『天才と遺伝』
（ゴールトン，F. 著，甘粕
石介訳，岩波書店，1935
年）などがある。

▷4　**ロック（Locke, J.）**
イギリスの哲学者（1632-
1704）。経験論の代表者。
人間はどのような字を書く
こともできる白紙（タブ
ラ・ラサ）であると唱えた。
主な著書に，『子どもの教
育』（ロック，J. 著，北本正
章訳，原書房，2011年）な
どがある。

▷5　**ワトソン（Watson,
J. B.）**
アメリカの心理学者
（1878-1958）。行動主義を
提唱し，客観的に観察でき
る刺激と反応の関係を研究
すべきことを主張した。主

 遺伝か環境か

　どんな国に生まれても，生後3～4か月ごろになると赤ちゃんの首がすわる，
1歳前後に自分の足で立つようになり，指さしから言葉でのコミュニケーショ
ン手段を獲得していくなど，人間の成長や発達は一定の筋道を辿ることが知ら
れています。その一方で，遺伝的にほぼ同じ一卵性双生児でも，異なる言語環
境で育てられれば異なる言語を獲得するように，発達において環境が重要な意
味を持つことは言うまでもありません。こうしたことから，人間の発達につい
ては，「遺伝的に決められたプログラムが成熟によって作動することで生じる」
という遺伝（生得）説と，「個人の経験によるものであり，社会的・環境的要因
が重要」という環境（経験）説から様々に論じられてきました。前者ではゲゼ
ル（Gesell, A. L.）やゴールトン（Galton, F.）らが，後者ではロック（Locke, J.）
やワトソン（Watson, J. B.）らがその代表的な論者と言えます。

　しかしながら，「遺伝か環境か」という二分法的な問いの立て方では，人間
の発達を本質的に理解することは難しいと言えるでしょう。古くからの諺にも，
「蛙の子は蛙」「瓜の蔓に茄子はならぬ」など生来の素質が発達を規定するとい
う考え方と，「鳶が鷹をうむ」「氏より育ち」など生まれや出自よりも育った環
境の影響を重視する考え方があるように，人間の発達には遺伝的要因と環境的
要因が分かちがたく結びついています。シュテルン（Stern, W.）は，「遺伝も環
境も」というように両者の折衷的な輻輳説を唱えました。今日では，人間の発
達は遺伝的な要素と環境的な要素が単純に加算されて成されるものではなく，
双方の要素が相互に影響を及ぼし合い，複雑に絡み合いながら織りなされるも
のと考えられています（相互作用説）。人間は，遺伝的な要素に規定される側面
を持ちながらも，一方的にその制約を受けるのではなく，矛盾や葛藤を経て，
願いや要求という形で自ら「育とう」という内面を豊かにしていきます。また，
環境の影響を受けながらもつねに受身的というわけではなく，周囲に能動的に
働きかけ，自分の内に取り込みながら自己を形成し，新しい世界を創り出して
いきます。このように，“発達の主人公”として主体的に発達する存在として
人間をとらえる視点が重要だと言えるでしょう。

② 教育と発達の関係

　発達観について諸説あることに呼応して，発達と教育の関係をめぐってもこれまで様々な説が唱えられてきました。代表的なものの一つは，発達の原動力を個人の遺伝的な成熟に還元し，教育の役割を重要視しない立場です。この考え方の下では，発達過程や発達段階についての基礎的な研究が進みましたが，教育におけるカリキュラムは，子どもの発達を後追いするものになりやすいという欠点があります。もう一つは，発達における環境の影響を重視し，教育によって発達を促そうとする立場です。この考え方の下では，目標と行動に着目した働きかけの精緻化が進められる一方で，「教える」ことが「詰め込み」に陥る危険性があります。

　これらに対して，今日注目されているのは，ヴィゴツキー（Vygotsky, L.S.）[7]の説に代表されるように，発達と教育の関係について，発達は内的要因の成熟に規定されながら，適切な教育的働きかけによって促されるという考え方です。ヴィゴツキーは，「発達に先回りするように教育を組織する」ことを主張し，発達の最近接領域（zone of proximal development）[8]という概念を提起しました。発達の最近接領域とは，「子どもが一人で成し遂げられること（現在の発達水準）と，大人や年長者との共同で成し遂げられること（潜在的発達水準）との間の隔たり」として定義されます。ヴィゴツキーは，子どもが「今」できることの水準に合わせて働きかけるのではなく，この「発達の最近接領域」に水準を合わせ，子どもが自分一人の力では解決できなくても，少し先のモデルを提示したり，援助したりすることが，子どもの発達にとって重要な教育であると主張しました。このように，成熟した機能だけでなく，成熟しつつある機能を考慮しながら働きかけることが発達の源泉となり，より主体的な発達が成し遂げられていくことが，教育と発達の本質的な関係と言えるでしょう。[10]

③ 発達と教育をめぐる今日的課題

　発達と教育の関係についてこれまで多くの議論がなされてきましたが，実際の学校教育現場に目を向けると，ともすれば発達が「できる」「できない」といった能力的な視点からとらえられがちな現状があります。とりわけ，学年や学校階梯にとらわれると，発達と教育の相互的な関連性よりも，「2年生になったから」「もう中学1年生だから」という表層的な子ども理解に陥り，発達を促す教育が実現できないことも考えられます。また，成熟のアンバランスさを持つ発達障害の子どもの存在や，子どもの貧困が注目されるように，発達と教育をめぐる状況はより多様かつ複雑になっています。その中で，一人ひとりの発達の過程や学びの履歴が有機的に織りなされている教育のあり方，ひいてはカリキュラム編成のあり方を考えていくことが重要です。　　　　（窪田知子）

▷6　シュテルン（Stern, W.）

　ドイツの心理学者（1871-1938）。発達は，遺伝的要因と環境的要因の加算的な影響によるとする輻輳説を提唱した。

▷7　ヴィゴツキー（Vygotsky, L.S.）

　ロシアの心理学者（1896-1934）。ソビエト心理学の基礎を築いた。主な著書に，『思考と言語』（ヴィゴツキー，L.S. 著，柴田義松訳，新読書社，2001年）や『「発達の最近接領域」の理論──教授・学習過程における子どもの発達』（ヴィゴツキー，L.S. 著，土井捷三・神谷栄司訳，三学出版，2003年）などがある。

▷8　V-2，V-3参照。

▷9　藤野友紀「発達可能性と教育」玉村公二彦・清水貞夫・黒田学・向井啓二編『キーワードブック特別支援教育』クリエイツかもがわ，2015年，154-155頁。

▷10　ヴィゴツキー，L.S. 著，柴田義松訳『思考と言語』新読書社，2001年。

（参考文献）

　大田堯ほか編著『岩波講座　子どもの発達と教育3　発達と教育の基礎理論』岩波書店，1979年。

　勝田守一『能力と発達と学習』国土社，1990年。

　遠藤利彦編著『発達心理学の新しいかたち』誠信書房，2005年。

　中村隆一・渡部昭男編『人間発達研究の創出と展開』群青社，2016年。

2　人間発達の理論

▷1　ピアジェ（Piaget, J.）

スイスの心理学者（1896-1980）。主な著書に、『知能の心理学』（ピアジェ, J. 著, 波多野完治・武沢滝久訳, みすず書房, 1960年）や『知能の誕生』（ピアジェ, J. 著, 谷村覚・浜田寿美男訳, ミネルヴァ書房, 1978年）などがある。

▷2　エリクソン（Erikson, E. H.）

アメリカの心理学者（1902-1994）。主な著書に、『幼児期と社会』1, 2（エリクソン, E. H. 著, 仁科弥生訳, みすず書房, 1977年, 1980年）や『アイデンティティとライフサイクル』（エリクソン, E. H. 著, 西平直・中島由恵訳, 誠信書房, 2011年）などがある。

1　カリキュラム構成の基礎となる人間発達の理論

　ここでは、子どもの発達を理解し、教育におけるカリキュラムを構成していく上で影響を与える代表的な発達理論をいくつか紹介します。

○ピアジェの認知発達理論

　教育や保育などの分野において、今日もなお大きな影響力を及ぼしている発達理論に、ピアジェ（Piaget, J.）の認知発達理論があります。ピアジェは、乳幼児の縦断的な観察や実験などを通して、子どもの認知・思考能力の発達過程を明らかにしました。彼は、「発達とは構造から構造へと質的に変わっていくこと」だと考え、そのプロセスを感覚運動的段階と表象的思考段階とに大別し、さらに後者を前操作的段階と操作的段階に分けて発達段階の理論を構築しました。さらに、前操作的段階は象徴的思考と直観的思考、操作的段階は具体的操作と形式的操作の段階に分けられます（図5.2.1）。直観的思考段階と具体的操作段階での子どもの思考の特徴は、図5.2.2のように説明されます。算数の指導において、おはじきなどの具体物を使いながら1対1対応で数える経験を通して、見かけが変わっても数や量の本質は変わらないことを学んでいくのは、こうした認知・思考の発達のプロセスに沿った教育のあり方の一例と言えるでしょう。

○エリクソンの人格発達理論

　エリクソン（Erikson, E. H.）は、フロイトの精神分析論に基づく自我の発達理論を基礎として、人間の一生（ライフサイクル）を視野に入れた人格発達理論を提唱しました。彼は、人間の生涯を乳児期・幼児期前期・幼

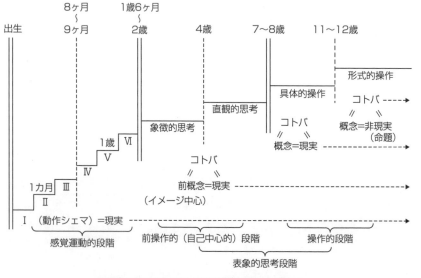

図5.2.1　ピアジェによる認識の発達段階

出所：内田伸子「世界を知る枠組みの発達」内田ほか、1991年を一部修正（浦上昌則「成長するこころ」浦上ほか、2008年、112頁より転載）。

児期後期・学童期・青年期・成人期初期・成人期・老年期という八つの発達段階に分けました。そして，それぞれの段階において乗り越えなければならない心理社会的な危機（発達課題）として，〈基本的信頼 対 不信〉〈自律性 対 恥・疑惑〉〈自主性 対 罪悪感〉〈勤勉性 対 劣等感〉〈ア

	ピアジェの課題	直観的思考段階	具体的操作段階
数の保存	○○○○ ○ ○ ○ ○	子どもは2つの列の長さや密度の違いに惑わされて，並べ方しだいで数が多くも少なくもなると判断する。	子どもは，2つの列は長さと密度が異なるが，ともに同じ数であることを理解する。
液量の保存	A　B　C	子どもはA，Bの容器に等量の液体が入っていることを認める。それからBをCに移しかえると液面の高さに惑わされCのほうを「たくさん」と答えたり，容器の太さに惑わされCのほうが「少しになった」と答える。	子どもはA，Bの容器に等量の液体が入っていることを認める。それからBをCに移しかえると，液面の高さはかわるが，CにはAと等しい液体が入っていることを理解する。

図5.2.2　直観的思考段階と具体的思考段階での子どもの思考の特徴

出所：内田伸子「世界を知る枠組みの発達」内田ほか，1991年，135頁。

対 アイデンティティ拡散〉〈親密性 対 孤立〉〈生殖性 対 停滞〉〈統合性 対 絶望〉があると説きました。エリクソンの発達理論は，その課題を解決することを通して自分らしさを発揮しながら発達していくアイデンティティの発達過程に着目していることが特徴的です。

○ヴィゴツキーの発達理論（発達の最近接領域）

　ヴィゴツキー（Vygotsky, L. S.）は，発達過程と教育の可能性との関係を規定するためには，子どもの発達の二つの水準（現在の発達水準と潜在的な発達水準）に着目する必要があることを説き，その相違が子どもの「発達の最近接領域」であると説明しました。「子どもが今日共同でできることは，明日には独力でできるようになる」という言葉に象徴されるように，彼は，「教育の可能性は子どもの発達の最近接領域によって決定される」「教育は，成熟した機能よりも，成熟しつつある機能を根拠としなければならない」という考えを提唱し，今日の発達理論に大きな影響を与えたと言えます。

② 人間発達の理論の今日的継承

　2017年版学習指導要領では，子どもたちに求められる資質・能力とは何かを社会と共有し連携する「社会に開かれた教育課程」が重視されています。各学校におけるカリキュラム・マネジメントの確立も重要です。その中で，これまでのカリキュラム編成に影響を及ぼしてきた種々の人間発達の理論は過去の遺産ではなく，今日に通じる多くの示唆を私たちに与えてくれるでしょう。障害のある子どもや外国籍の子ども，不登校の子どもなど，発達をめぐる状況が複雑になってきているからこそ，子どもの，ひいては人間の豊かな発達を保障するために必要な教育とは何かが，今あらためて問われています。　（窪田知子）

▷ 3　V-1 参照。

▷ 4　V-3 も参照。

▷ 5　守屋慶子「ヴィゴツキー，L. S.」村井潤一編『別冊発達4　発達の理論をきずく』ミネルヴァ書房，1986年。

▷ 6　I-3 参照。

（参考文献）

　村井潤一編『別冊発達4　発達の理論をきずく』ミネルヴァ書房，1986年。

　内田伸子・臼井博・藤崎春代『ベーシック現代心理学2　乳幼児の心理学』有斐閣，1991年。

　浦上昌則・神谷俊次・中村和彦編著『心理学』ナカニシヤ出版，2008年。

　中村隆一・渡部昭男編『人間発達研究の創出と展開』群青社，2016年。

学習のレディネス

 学習のレディネスとは

　生まれたばかりの赤ちゃんに文字の読み書きを教えても，十分に習得させることができないように，物事を学ぶのには適した発達の状態があると考えられています。このような，ある内容を学習することが可能な精神的，身体的成熟に達した状態のことを，学習のレディネス（readiness）と呼びます。子どもたちにいつ，何を教えるのかを見極めて教育課程を作っていくためには，学習のレディネスを的確にとらえる必要があります。

　これまで子どもの発達に関する研究が進められる中で，指導とレディネスとの関係について異なる二つの考え方が見られるようになりました。レディネスの形成を学習に先行するものと考える立場と，指導によってレディネスの形成が促されると考える立場の二つです。

❍**レディネスの形成を学習に先行するものと考える立場：ゲゼル**

　アメリカの心理学者であるゲゼル（Gesell, A.）は，子どもの行動発達を詳細に観察し，発達過程においてどのような行動がどのような順序で出現するのかを明らかにしました。ゲゼルが子どもの観察に用いた検査方法や検査器具は，日本で用いられている発達検査にも受け継がれています。[1] 研究を通してゲゼルは，発達に伴う行動の変化は中枢神経系の成熟によるものであり，このような成熟によって自然と学習のレディネスが成立するとみなしました。また，レディネスが成立していない状態で指導を行っても，その効果は薄いと考えました。ここには，個体の成熟によるレディネスの成立を学習に先行するものと考えるレディネス観が表れています。

❍**指導によってレディネスの形成が促進されると考える立場：ヴィゴツキー，ブルーナー**

　学習のレディネスに関して，ゲゼルとは異なる立場に立つのが，旧ソ連の心理学者であるヴィゴツキー（Vygotsky, L. S.）です。ヴィゴツキーは，観察や知能テストによって子どもの発達を検討した結果，子どもが一人で課題に取り組むよりも，集団で取り組んだり，大人の指導を受けながら取り組んだときのほうが，より高いレベルに到達できることを発見しました。彼は，子どもが独力で到達することはできないものの，周囲の手助けを受けながらであれば到達できる水準を指して，「発達の最近接領域（zone of proximal development[2]）」とい

▷1　ゲゼルの開発した検査方法の継承
　乳幼児健診のために複数の自治体が用いている新版K式発達検査は，検査項目の選定にあたって，ゲゼルの検査方法を参考にしている。
　服部敬子「発達検査」玉村公二彦・清水貞夫・黒田学・向井啓二編『キーワードブック特別支援教育』クリエイツかもがわ，2015年，174-175頁。

▷2　Ⅴ-2 も参照。

う概念を提唱しています。このようなヴィゴツキーの発達観に立つとき，発達と学習の関係は，前者が後者に先行するものとしてではなく，後者によって前者が促進されるものと解することができます。

　さらに，アメリカの心理学者であるブルーナー（Bruner, J.S.[3]）は，ヴィゴツキーの「発達の最近接領域」に関する知見を深め，学習における「足場かけ（scaffolding）」の重要性を提唱しています。ここでいう足場とは，子どもが現時点で独力でできる段階と，次にめざすべき段階との間をつなぐ部分を指します。このように，適切な支援によって子どもたちが学ぶ可能性を重視したブルーナーは，「どの教科でも，知的性格をそのままに保って，発達のどの段階のどの子どもにも効果的に教えることができる[4]」とも述べており，この考え方がアメリカにおけるカリキュラム改革や，日本の1968年改訂学習指導要領にも影響を与えました（教育内容の現代化[5]）。

② 学習のレディネスを生かした教育実践に向けて

　学習のレディネスという概念は示唆に富むものであり，その存在は，前述のような心理学者たちによって，観察や実験を通して研究的に解明されてきました。しかしながら，その知見を教育実践の場で生かしていくためには，学校で学習する各教科の内容について，どのくらいの年齢の子どもたちが学習に適しているのか，どのような足場かけが必要なのかを吟味していく必要があります。

　日本においては，戦後の教育研究の初期より，国語や算数における学習のレディネス研究が行われており，レディネス・テストも開発されてきました。また，家庭科や体育科などの実技系教科の学習のレディネスも探究されています。一方で，乳幼児期の早期教育に注目が集まることで，レディネスを考慮せずに，幼い子どもに高度な内容を指導することへの危惧も示されています[6]。

　またアメリカでは，学力底上げを実現する方策の一つとして，就学前にスクール・レディネスが十分に形成されるような対策を行っています。とくに，低所得家庭などの不利な条件に置かれている子どもたちは，他の子どもたちと比べて十分にスクール・レディネスが形成されていない傾向にあることが見出され，支援の必要性が指摘されています[7]。このような取り組みからは，学習のレディネスの成立が個々の子どもの成熟や学習指導だけではなく，その生育環境にも影響され得るものであるという見方がうかがえます。

　このような，子どもたちが個々に抱える要因も踏まえながら，すべての子どもに学習のレディネスを形成し，そして効果的な学びへとつなげていくような教育課程や指導の構想が求められます。

（羽山裕子）

▷3　Ⅲ-3 参照。

▷4　ブルーナー，J.S. 著，鈴木祥蔵・佐藤三郎訳『教育の過程』岩波書店，1963年。

▷5　ⅩⅣ-5，ⅩⅣ-4 参照。

▷6　丸山美和子「教科学習のレディネスと就学期の発達課題に関する一考察」『佛教大学社会学部論集』第32号，1999年，195-208頁。

▷7　中島千恵「アメリカにおける就学前からの言語教育強化政策とその根拠」『京都文教短期大学研究紀要』第50号，2011年，115-124頁。

（参考文献）

　ヴィゴツキー，L.S. 著，土井捷三訳『「発達の最近接領域」の理論──教授・学習過程における子どもの発達』三学出版，2003年。

　ゲゼル，A. 著，山下俊郎訳『改訂 学童の心理学──5歳より10歳まで』家庭教育社，1983年。

特別支援教育

　2007年4月より開始された特別支援教育は，大きく二つの点で従来の特殊教育とは異なります。一つ目は，障害種ごとに特別な場で教育を受けるという体制の見直しです。特別支援教育開始以前は，障害に応じた教育を受けるためには，盲学校，聾学校，養護学校や，通常学校内の特殊学級のように，障害のない子どもたちとは異なる場が主に想定されていました。これに対して，特別支援教育においては，通常の学校や学級にも障害や様々なニーズを持つ子どもたちが在籍しているという前提に立ち，適切な支援を提供していくことがめざされるようになりました。二つ目は，支援対象の拡大です。自閉症，ADHD，学習障害といったいわゆる発達障害の子どもたちが，通常学級に在籍して通常の教育課程に即した学習を進めながら，週に数時間程度は通級指導教室で特別の教育課程による指導を受けることができるような，「通級による指導」の対象として明記されました。

　このような特別支援教育の背景には，世界的な障害児教育理念の発展があります。1994年にスペインのサラマンカにおいて行われたユネスコの「特別なニーズ教育に関する世界会議」では，「サラマンカ声明」が採択され，特別な教育的ニーズを持つ子どもたちの，通常学校にアクセスする権利が主張されました。通常学校が，多様な子どもたちのニーズに応じられるような，インクルーシブな志向性を持つことが求められたのです。さらに2006年には，国連総会において障害者権利条約が採択され，障害児者に対する「合理的配慮」の必要性が主張されました。障害児者に対して故意に差別的な言動を行うことが問題であるのはもちろん，適切な「合理的配慮」を提供しないことも，広い意味での差別に含まれると考えられるようになったのです。この障害者権利条約批准に伴って，日本国内においても2014年4月に「障害を理由とする差別の解消の推進に関する法律（障害者差別解消法）」が施行されました。今後の特別支援教育においては，学校現場における合理的配慮の具体的なあり方について，探究していくことが求められています。

② 障害特性の理解と指導

　学校現場において，障害のある子どもたちに必要な支援とはどのようなもの

▷1　特殊教育
　2006年の学校教育法改正以前は，障害のある子どもたちへの教育は特殊教育と呼ばれており，主に特殊教育諸学校（盲学校，聾学校，養護学校），特殊学級，通級による指導によって教育が行われていた。
▷2　発達障害
　発達障害という語は，知的障害を含む概念として用いられる場合もあるが，ここでは主に発達障害者支援法で対象とされるような，自閉症，学習障害，ADHDを指して用いる。
▷3　通級による指導
　通常の学級に在籍する子どもたちの中で，障害による困難の改善のために特別な指導を必要とする者は，一定時間（年間35〜280単位時間）を通級指導教室において特別の教育課程による指導を受けることにあてることができる。通級指導の場では，各教科の補充指導に加えて障害による困難の改善・克服を目的とした「自立活動」が提供される。この「自立活動」は，特別支援学校学習指導要領において定められている教育課程上の領域である。
▷4　合理的配慮
　障害者権利条約に示された reasonable accommodation の訳語。合理的配慮とは，「障害者が他の者との平等を基礎として全ての人権及び基本的自由を享有し，又は行使することを確保す

でしょうか。たとえば教室内での座席配置を例に考えてみましょう。様々な刺激によって注意が散漫になりやすいADHDの子どもの場合は，他の子どもたちのざわめきが届きにくい，教室の中央前方の座席が落ち着いて過ごせる場所であると考えられます。一方で，場面緘黙等の情緒面での課題を抱える子どもの場合は，教室全体が目に入る教室後方の座席のほうが安心して過ごせます。このように，一口に障害といっても，それによって生じる困難は様々です。適切な支援を提供するためには，それぞれの障害の特性を理解する必要があります。

　また，ある障害特性を持つ子どもが，学校という場において具体的にどのような困難に直面するのかを読み解く力量も，適切な支援を提供するためには必要です。たとえば自閉症の子どもたちが持つ「感覚過敏」という障害特性を考えてみると，教室では空調機器の機械音が，理科の時間には理科室の薬品臭が，体育の時間には体操服の肌触りがそれぞれ問題になる可能性があります。教科ごとの学習内容や学習環境の違いによって，生じる問題は変わってくるのです。支援を提供していく上では，医学や心理学の分野で明らかにされていく様々な障害のメカニズムや障害特性について，たんに知識を得るだけではなく，それを学校現場での具体的な問題に翻訳していく力量が必要であると言えます。

③ 特別支援教育の課題と展望

　特別支援教育開始から10年以上が経過しましたが，より一層の充実を図るために，まだ検討の必要な課題がいくつもあります。一つ目は，教師たちの専門性向上と多職種連携の問題です。通常学級に在籍する障害のある子どもたちの中には，対応次第では命にかかわるような疾患を持つ子どももいます。このような子どもたちとかかわる教師の専門性向上の機会を確保する一方で，教師が担うべき範囲を無制限に拡大するのではなく，他の専門職との協働も視野に入れながら，支援提供の体制を構築していくことが必要となるでしょう。

　二つ目は，対象となる子どもたちの範囲の問題です。たとえば先述のサラマンカ声明では，学校が「すべての子ども」を受け入れることを求めており，その具体例としては言語的，民族的，文化的マイノリティの子どもやストリートチルドレンなど，成育環境によって学校教育に困難を抱えている子どもたちも挙げられています。日本においても，経済的に不利な状況にある子どもたちや，ニューカマー[5]の子どもたちへの学校現場での対応が進みつつあります。また，不登校を経験した子どもたちに特別支援学級（情緒障害）で支援を提供している自治体も見られます。このような新たな取り組みの成果を汲みながら，特別支援教育のより一層の拡充が求められるでしょう。

（羽山裕子）

るための必要かつ適当な変更及び調整であって，特定の場合において必要とされるものであり，かつ，均衡を失した又は過度の負担を課さないもの」であるとされている。合理的配慮の具体例は，内閣府の合理的配慮等具体例データ集（合理的配慮サーチ）によって収集・例示されている（http://www8.cao.go.jp/shougai/suishin/jirei/ 2017年12月14日閲覧）。

▶5　**ニューカマー**
　ベトナム戦争による難民やアジア諸国からの留学生など，1970年代以降に新たに外国から来日した人々のことを，ニューカマーと呼ぶ。1990年以降は出入国管理法改正に伴い，日本国内での就労を目的として家族とともに来日する人も増加している。これらニューカマーの人々の子どもたちの中には，学校教育を受けるための日本語能力が十分ではなかったり，日本の学校文化に戸惑いを感じる子どももいる。このような子どもたちに対して，学校教育法施行規則の一部改正により，2014年4月以降は，在籍学級以外の場において，「特別の教育課程」による日本語指導を行うことが認められている。

（参考文献）

　日本特別ニーズ教育学会編著『テキスト特別ニーズ教育』ミネルヴァ書房，2007年。

　渡部昭男編著『日本型インクルーシブ教育システムへの道――中教審報告のインパクト』三学出版，2012年。

　玉村公二彦・清水貞夫・黒田学編著『キーワードブック特別支援教育』クリエイツかもがわ，2015年。

個に応じた指導

 「個に応じた指導」への要求

　子どもたちは一人ひとりが異なる興味・関心を持ち，異なる発達の段階にあります。そのため，それぞれの子どもたちの能力をよりよく伸ばすためには，「個に応じた指導」を行うことが必要になります。

　2017年3月改訂の小学校学習指導要領においても，これまでと同様に「個に応じた指導」の充実が求められ，その具体的な方法として，「個別指導やグループ別指導，繰り返し指導，学習内容の習熟の程度に応じた指導，児童の興味・関心等に応じた課題学習，補充的な学習や発展的な学習などの学習活動を取り入れた指導，教師間の協力的な指導」といったものが示されました[1]。ここに挙げられた例からは，学習指導要領において求められている「個に応じた指導」とは，個別指導という狭い意味ではなく，広く個々の子どもたちのニーズに応じるような指導を含む概念であることがわかります。

 「個に応じた指導」に関する研究

　学び方の多様性を認め，教育効果をより高めるような指導のあり方については，アメリカ合衆国で様々な研究が進められ，日本にも紹介されてきました。そのうちの一つが，マスタリー・ラーニング（完全習得学習）を提唱したブルーム（Bloom, B. S.）の取り組みです。「すべての子どもに確かな学力を」保障することをめざしたブルームは，系統化かつ明確化された目標を設定し，単元の最初に行う診断的評価と，単元の途中に行う形成的評価を活用して，目標の習得状況を把握していきました。そして，目標に未到達の子どもには補充学習を，十分到達している子どもには発展学習を行うよう求めました。

　また，クロンバック（Cronbach, L. J.）は，「適性処遇交互作用」（Aptitude Treatment Interaction：ATI）を提起しました。これは，子どもたちはそれぞれに学び方の適性があることを踏まえ，このような学び方の適性に合わせて教授方法を変えることで，効率的な学習の実現をめざすものです。

　一方，日本でも「個に応じた指導」に関する研究が，1980年代以降積極的に行われてきました。中でも，学校現場での実践を踏まえて論を展開してきた加藤幸次は，「個に応じた指導」の土台となる個人差を，たんなる学力差としてとらえるのではなく，学習にかかる時間の違い，適した学習スタイルの違い，

▷1　小学校学習指導要領 http://www.mext.go.jp/component/a_menu/education/micro_detail/_icsFiles/afieldfile/2017/05/12/1384661_4_2.pdf（2017年12月14日閲覧）

興味・関心の違い，生活経験の違いなど複数の側面からとらえることを提起しています。

③ 「個に応じた指導」の実践と課題

「個に応じた指導」は，いわゆる個別指導の形態で実践されることもありますが，一方で，学級集団の中での学びにおいて，一定の共通性を確保しながらも，個々の発達や興味・関心に応じるような実践も行われています。このような実践は，特別支援教育の分野で豊富に蓄積されています。たとえば，ある知的障害児を対象とする特別支援学級では，だんごむしという共通の題材を用いて，だんごむしの行動の特徴を劇にして発表する子，観察や図鑑での調べ学習の成果をまとめて発表する子，だんごむしマップを作成する子など，各自の興味関心や読む，書く，話す能力に応じた学習が行われました。ここでは，学習の目標やプロセスは個別化されながらも，共通の題材にもとづいて学ぶことで，学びの成果を共有する契機が確保されています。

なお，このような充実した実践を進めていくためには，一学級を一人の教員が指導する状態では困難な場合が出てきます。この点に関して，「公立義務教育諸学校の学級編制及び教職員定数の標準に関する法律」の第6次改善計画（1993年～2000年）において，個に応じた多様な教育を行うためのティーム・ティーチング加配が認められました。

加えて，「個に応じた指導」においては，実践を行う場の工夫も必要です。それぞれの子どもが興味・関心に応じて調べ学習を行ったり，同じ課題に取り組む子ども同士でグループ学習を行ったりするとき，たとえばオープンスペース方式の教室環境や，学校図書館などの教室以外の施設，さらには学校外の施設の活用などは，学習を促す効果が期待できます。

ところで，「個に応じた指導」の実践を進める上で注意しなければならない点もあります。たとえば，子どもたちの現在の学力格差や興味関心の偏りを固定化してしまう危険性です。とくに，学習のプロセスだけではなく目標を個別化したり，習熟度別授業を行うといった方法を用いる際には，どこまでが全員に共通して保障すべき教育内容で，どこからが個々の選択に委ねてよい部分なのかを吟味する必要があります。

また近年では，言語的・文化的背景の違いや性的マイノリティ（LGBT 等）など，様々な理由から学校での共通の価値に居心地の悪さを感じ，適応に困難を抱えている子どもたちの存在にも光が当てられつつあります。画一的な対応の押しつけによってこのような子どもたちのニーズを蔑ろにしてしまうことがないよう，教科学習以外の生活面も含めて，「個に応じた指導」の充実を図っていくことが必要でしょう。

（羽山裕子）

▷2 大高一夫・糟谷京子・伊藤裕子・森博俊編『先生は，お花に水をあげるような勉強をしてくれた——知的障害学級の子どものねがいと教育実践』群青社，2007年。

▷3 渡部昭男「義務標準法第7次改善計画初年度（2001年度）における「少人数指導」の実施状況——T県内中学校の場合」『鳥取大学教育地域科学部教育実践総合センター研究年報』第12号，2003年，113-122頁。

▷4 2014年に学校教育法施行規則が一部改正されたことにより，日本語能力が十分ではない児童生徒に対して，在籍学級の教育課程の一部の時間に替えて，別教室で「特別の教育課程」による日本語指導を実施することが認められるようになった。また，2016年には『性同一性障害や性的志向・性自認に係る児童生徒に対するきめ細かな対応等の実施について（教職員向け）』が文部科学省によって作成され，LGBT（レズビアン，ゲイ，バイセクシャル，トランスジェンダーの略）など性的マイノリティであることによる困難を抱える子どもたちへも，学校の教育活動の中で配慮を行うことが求められている。

(参考文献)
加藤幸次・安藤慧『個別化・個性化教育の理論』黎明書房，1985年。
文部科学省『個に応じた指導に関する指導資料——発展的な学習や補充的な学習の推進（小学校算数編）』教育出版，2002年。

学習指導要領とは何か

1　教育課程の基準としての学習指導要領

2017（平成29）年度学校基本調査によると，日本には，2万95の小学校，1万325の中学校，48の義務教育学校，4907の高等学校，53の中等教育学校，1135の特別支援学校があります。これら全国の学校において，どの地域でも一定の水準の教育が受けられることを保障するために，各教科や教科外活動の目標や大まかな教育内容を定めているものが学習指導要領です。[▷1]

学習指導要領は，これらの学校にとって，教育課程を編成する上での基準となります。各学習指導要領では冒頭部分に，教育課程の編成主体は学校にあると書かれていますが[▷2]，編成の大綱的な基準は国によって定められているという関係です。また，この学習指導要領自体は法律ではありませんが，学校教育法施行規則における規定を根拠に，法的拘束力を持つとされています。[▷3]具体的に言えば，学校教育法施行規則第52条において，「小学校の教育課程については，この節に定めるもののほか，教育課程の基準として文部科学大臣が別に公示する小学校学習指導要領によるものとする」とされています（中学校は第74条，高等学校は第84条に同様の規定があります）。なお，学習指導要領は戦後すぐに試案として作られましたが，現在のような大臣告示の形で定められたのは1958（昭和33）年からです。

小学校で新たに英語が必修化されたり，中学校で体育に武道やダンスという必修領域が加わったりするような教科・科目や領域の規定だけでなく，従来の教科内容や授業時数の変化などで，学習指導要領の改訂は各学校の教育活動に大きな影響を与えます。また，民間各社が作成する教科書についても，この学習指導要領および，これをより明確に説明した学習指導要領解説を参考に作られており，この点でも教師は大きな影響を受けていると言えるでしょう。

2　学習指導要領の構成

学習指導要領は，それぞれ表6.1.1のような構成となっています。[▷4]

いずれも，総則から教科，教科外活動へと展開します。また，2017年の改訂では，第1章総則の前に，前文が新たに加えられました。この前文では学習指導要領を定める目的が明らかにされますが，とくに「社会に開かれた教育課程」の実現を重視している点が注目されます。これに続く総則とは，一般的に

▷1　種類としては，小学校，中学校，高等学校，特別支援学校学習指導要領がある。特別支援学校については，小学部・中学部学習指導要領と，高等部学習指導要領に分かれている。このほかに，幼稚園には教育要領（特別支援学校には幼稚部教育要領）がある。

▷2　Ⅰ-2参照。

▷3　全国一斉学力調査の実施を阻止しようとした教師が公務執行妨害等に問われた「旭川学力テスト事件」と，学習指導要領から逸脱した授業・考査を行った教師の懲戒免職処分をめぐる「伝習館高校事件」の最高裁判決（前者は1976年，後者は1990年）によって，学習指導要領は大綱的基準で，法的拘束力があるとされている。しかし，学習指導要領が拘束力を持つことは，憲法で保障された学問の自由に反するといった主張のように，対立する様々な意見や学説があり，その後も論争が続いた。

	小学校	中学校	高等学校	特別支援学校小学部・中学部	特別支援学校高等部
第1章	総則	総則	総則	総則	総則
第2章	各教科	各教科	各学科に共通する各教科	各教科	各教科
第3章	特別の教科　道徳	特別の教科　道徳	主として専門学科において開設される各教科	特別の教科　道徳	道徳
第4章	外国語活動	総合的な学習の時間	総合的な学習の時間	外国語活動	総合的な学習の時間
第5章	総合的な学習の時間	特別活動	特別活動	総合的な学習の時間	特別活動
第6章	特別活動			特別活動	自立活動
第7章				自立活動	

表6.1.1　各学習指導要領の構成

は「全体を通じての規則」を意味する言葉です。たとえば中学校学習指導要領の総則では，①中学校教育の基本と教育課程の役割，②教育課程の編成，③教育課程の実施と学習評価，④生徒の発達の支援，⑤学校運営上の留意事項，⑥道徳教育に関する配慮事項が全11ページにわたって重要な共通事項として記されています。

③　学習指導要領の改訂とその過程

　時代によって求められる学習内容が変化することもあって，学習指導要領は，およそ10年ごとに改訂されています。学習指導要領の作成主体は文部科学省ですが，図6.1.1のようなプロセスを経て作成されており，とくに中央教育審議会（中教審）での議論が大きな意味を持っていると言えます。中教審の教育課程部会は，小学校・中学校・高等学校の教師（校長・元教師を含む）や教育行政関係者，PTAの代表者，研究者などから構成されています。

　たとえば，2017年3月31日に公示された学習指導要領の改訂に向けては，2014年11月20日に文部科学大臣より諮問があって議論が始まり，2016年8月26日に審

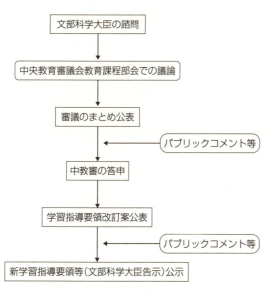

図6.1.1　学習指導要領改訂のプロセス

出所：http://www.mext.go.jp/a_menu/shotou/new-cs/idea/1304373.htm（2017年7月17日閲覧）

▷4　小・中学校および特別支援学校小学部・中学部については2017年，高等学校および特別支援学校高等部については2009年公示の学習指導要領の構成を表にしたものである。

▷5　2008年に公示された中学校学習指導要領では総則は全5頁だったため，内容が倍増している。

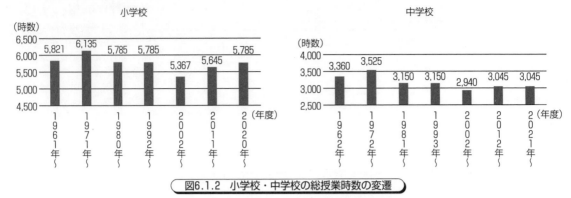

図6.1.2　小学校・中学校の総授業時数の変遷

(注) 小学校 6 年間，中学校 3 年間の総授業時数。1 単位時間は小学校45分，中学校50分。小学校の1971年〜のグラフにおける総授業時数 (6,135) については，学習指導要領において特別活動の一部に充てることが望ましいとされていた時数を含む。

議のまとめ，9 月 9 日〜10月 7 日にパブリックコメント（意見募集），12月21日に中教審答申，2017年 2 月14日に学習指導要領改訂案が公表され，2 月14日〜3 月15日に再びパブリックコメントを行っています。

　また，この学習指導要領の改訂に合わせて学校教育法施行規則も改正され，総授業時数と各教科および教科外活動の標準授業時数が見直され，法令として明確に規定されます。たとえば総授業時数については，これまで図6.1.2のように改められてきました。

　このほか，およそ10年ごとの学習指導要領改訂の間に，一部で追加や変更が行われることもあります。近年では，2014年に中学校と高等学校の学習指導要領解説が一部改訂され，領土と自然災害に関する記述が増やされています。また，2015年に小学校と中学校の学習指導要領および解説が，道徳の特別の教科化に伴い一部改められました。

④　近年における性質の変化

　学習指導要領の性質については，近年三つの大きな変化がありました。

　まず，基準としてのとらえ方の変化です。1998年版までの学習指導要領においては，「（…の）事項は扱わないものとする」「（…）のみを扱う」等と定められており，学習内容の上限を制限するような記述が見られました（いわゆる「はどめ規定」）。しかし，「ゆとり教育」に対する大きな批判も受けて行われた2003年の学習指導要領一部改訂と2008年の学習指導要領改訂以降は，「最低基準」であることが明確に示されるようになっています。学習指導要領で学習内容に制限を設けているのは，発展的な内容を教えてはならないという趣旨ではなく，すべての子どもに共通に指導すべき事項ではないという趣旨であると説明されています。これに応じて，たとえば中学校学習指導要領の数学（3 年生）では，表6.1.2のように記述が改められました。

　次に，学習指導要領等によらない特別の教育課程の編成・実施を可能とする特例（教育課程特例校制度）が2008年に制度化されました。この特例校の指定を

表6.1.2　「はどめ規定」見直しの例──中学校学習指導要領 数学（3学年）

1998年	2008年
3. 内容の取扱い 　（4）内容の「A 数と式」の（3）のイについては，$ax^2 = b$（a，b は有理数で，実数解をもつもの）の二次方程式及び $x^2 + px + q = 0$（p，q は整数で，実数解をもつもの）の二次方程式のうち内容の「A 数と式」の（2）のイに示した公式を利用し因数分解を用いて解くことのできるものを取り上げることを原則とする。因数分解を用いて解くことができない二次方程式については，x の係数が偶数である簡単な例を取り上げ，平方の形に変形して解く方法があることを知ることにとどめるものとする。解の公式は取り扱わないものとする。	3. 内容の取扱い 　（3）内容の「A 数と式」の（3）のイについては，$ax^2 = b$（a，b は有理数）の二次方程式及び $x^2 + px + q = 0$（p，q は整数）の二次方程式を取り扱うものとする。因数分解して解くことの指導においては，内容の「A 数と式」の（2）のイに示した公式を用いることができるものを中心に取り扱うものとする。また，平方の形に変形して解くことの指導においては，x の係数が偶数であるものを中心に取り扱うものとする。

出所：文部科学省，新教育課程に対応した教科書改善に関するワーキンググループ（第6回）合同会議における配付資料「新学習指導要領における，いわゆる『はどめ規定』について」2008年7月25日をもとに作成。

受けると，たとえば小学校低学年から英語を導入したり，学校や地域の特性を生かした教科を新設したりするといった，より柔軟な教育課程が考えられるようになります。ただし，「学習指導要領等において全ての児童又は生徒に履修させる内容として定められている内容事項が，特別の教育課程において適切に取り扱われていること」や「総授業時数が確保されていること」といった条件があり，まったく自由に編成できるというわけではありません。とはいえ，各地域や各学校の実態に照らし，より豊かな発想で教育課程を編成するならば，それを積極的に許可するという方針が打ち出されているということが指摘できます。

　最後に，2017年の改訂において，学習指導要領が「何を学ぶか」という教育内容にとどまらず，「どのように学ぶか」という教育方法を意識的に盛り込ませるようになったという変化です。とくに，「何ができるようになるか」という観点で示された資質・能力育成のために，「主体的・対話的で深い学び」の実現に向けた授業改善を行うことが強調されています。しかし，このように教育方法に焦点を当てることによって指導法を一定の型にはめ，教育の質の改善のための取り組みが，狭い意味での授業の方法や技術の改善に終始することにつながるのではないかといった懸念もあります。この点を踏まえ，「主体的・対話的で深い学び」は，1単位時間の授業中にすべてが実現されるものではなく，単元や題材のまとまりの中で実現されるものであり，その本質は従来からの学習活動の改善・充実をはかるための「視点」であるとの注意も示されています。[6]

　これら学習指導要領の性質の変化はいずれも，学校や教師が主体的かつ柔軟に，社会の要請に応えた教育課程の編成および実施に取り組むことを期待する点で共通しています。学習指導要領は，守るべき大綱的基準とされる一方で，児童・生徒に直接相対する教師がつねに自律的であることも求めています。

（次橋秀樹）

▷6　中央教育審議会（第109回）配布資料3-4「幼稚園，小学校，中学校，高等学校及び特別支援学校の学習指導要領等の改善及び必要な方策等について（答申（案））【概要】」8-9頁。

参考文献

　田中耕治・水原克敏・三石初雄・西岡加名恵『新しい時代の教育課程 第3版』有斐閣，2011年。

　石井英真『中教審「答申」を読み解く──新学習指導要領を使いこなし，質の高い授業を創造するために』日本標準，2017年。

教科書のあり方と生かし方

 教科書とは何か

　一般的に使われる教科書という言葉にはどのようなイメージが込められているでしょうか。私たちは，肯定的な意味を込めて「教科書通りの○○」という言い回しを使います。ここには物事はこうあるべきという規範を示すものが教科書であるというイメージが込められています。一方で，否定的な意味を込めて「教科書通りの○○」という言い回しを使うときもあります。こちらには現実からずれた規範であるといったイメージが込められています。「教科書通り」という言葉が二重のイメージでとらえられていることからもわかるように，教科書には物事の規範を示すという側面と，その規範が現実からずれているという側面があると言えます。

　次に，実際に教科書を使う場面を想定して考えてみましょう。学校教育に限らず，教科書は教育を補助するものとして幅広く使われています。教育者は教科書を使って教えることで，学習者に何かをつかませようとします。教科書は教育の現場のみで使われるものではありません。本屋に行けば『○○の教科書』と銘打たれた本も多数並べられています。それらは教育者に代わって学習者を教育する役割を担います。このように考えると，学習を支援するという役割が教科書にとってまず大事なものであると言えます。

　さらに，その内容から教科書の性質を考えてみましょう。教科書には，これから学ぼうとすることが網羅的かつ体系的に記述されています。記述されている内容に脈絡がなければ，それを教科書と呼ぶことはできないでしょう。この網羅的かつ体系的であるという性質は，カリキュラムの持つ性質と同じものです。よって，教科書について考えることは，カリキュラムについて考えることと関連づけることができます。

2 **学校における教科書**

　教科書を学校という場において考えると，それは公的な性格を帯びてきます。文部科学省によって，教科書は教科の主たる教材として位置づけられており，すべての児童・生徒に無償で提供されることが，「義務教育諸学校の教科用図書の無償措置に関する法律」によって定められています。つまり，教科書はすべての児童・生徒が所有している教材であり，それゆえに教育の公平性を担保

しているものであると言えます。

　無償給付の対象となるのは，文部科学省による検定によって，学習指導要領に準拠したと認められたもののみです。検定によって教科書の質が担保されているという見方ができる一方で，教育の自由や学問の自由を脅かすものとして議論の対象となることもあります。とくに歴史教育にかかわる教科書は，家永三郎教科書裁判[1]をはじめとして，教育という範疇を超えた社会的な関心を集めることもあります。一方で，国と国との歴史認識をすり合わせるような道具になることもあります[2]。

　では，教師にとって教科書とはどのような存在でしょうか。教師は教科書によって，教科内容や指導方法の体系をつかんだり，授業の具体的なイメージを摑んだりすることができます。体系的に教科内容を摑むことは，カリキュラムの編成にも示唆を与えてくれるでしょう。こうした特徴を踏まえると，教科書は教師の専門性を補助する役割も果たしていることがわかります。これから専門性を高めていく必要がある若年の教師にとっては，専門性を補助するという役割がより強くなります。

③　教科書研究

　教科書が主たる教材として位置づけられ，それが一般的な認識になっているからこそ，教科書はどのようにあるべきであり，またどのように生かしていくべきかについて，様々な研究や議論が行われてきました。教科書を使うのか使わないのか，という単純な二元論に陥らず，教科書を教育のための道具として有効に活用していくためには，こうした研究や議論に学んでいく必要があるでしょう。

　教育のための道具という教科書の役割に着目するとき，「教科書を教える」のではなく，「教科書で教える」という言葉が私たちにヒントを与えてくれます。教育学者の小川太郎は，「教科書で教える」ためには教科書研究が重要であるという主張をしました[3]。

　小川は，教科書自体を「文化遺産を正しく伝えながら子どもの人間的な能力を全面的に発達させるために，欠くことができないもの」ととらえる一方で，教科書研究を行って，その内容を十分に吟味しなければ，「教科書で教える」ことはできないとしています。冒頭で述べたように，教科書は，規範を示すとともに，それが現実にそぐわないという二重性を帯びるものですから，教科書研究の結果，子どもたちの学習に教科書がそぐわないとなれば，独自の教材を開発する必要があるでしょう。小川も「教科書で教える」という態度のうちに独自の教材を開発して使用することを含めています。

　これまでの日本の教育実践には，教科書を離れて独自の教材を作るだけではなく，新たな教科書を作ろうとする取り組みもありました。板倉聖宣を中心と

▷1　Ⅵ-3 参照。

▷2　ドイツはフランスやポーランドとの間で，教科書に歴史をどう記述するのかの対話を行っている（近藤孝弘『国際歴史教科書対話──ヨーロッパにおける「過去」の再編』中央公論社，1998年）。

▷3　小川太郎『教育と陶冶の理論』明治図書出版，1963年，205-213頁。

▷4　[ⅩⅣ-5]参照。

▷5　久津見宣子『人間っ
てすごいね先生——子ども
たちとともにつくった人間
の歴史の授業』授業を創る
社，1988年。

する仮説実験授業のテキスト作り，白井春男の『人間の歴史』，それにもとづ[44]
いた久津見宣子のものをつくる実践などはその代表例です。[45]

　教科書研究は子どもの学習としても有効です。OECD による PISA 調査が日
本の教育政策に影響を与えるようになってから，テキストを批判的に読む力が
求められるようになりました。教科書は，多くの子どもが慣れ親しんでいるテ
キストであり，批判的に読む対象として格好のものです。

　では，どのようにすれば教科書を批判的に読んでいくことができるのでしょ
うか。その手法として有用だと思われるのが，教科書同士の比較を行う方法で
す。たとえば，古い社会科教科書の目次と，今使っている社会科教科書の目次
を比べると，タイトルのつけ方，学習する範囲，学習する順番などの違いがわ
かり，教科書の意図というものを考えることができます。中学校社会科の歴史
分野と高校の世界史，日本史を比較することも考えられます。

　本文自体に着目するのも有効でしょう。鶴田清司は PISA 調査が提起した①
情報の取り出し，②解釈，③熟考・評価，という枠組みを意識した上で，テキ
ストの熟考・評価を促す授業を試みています。小学校2年生を対象としたレ
オ・レオニの『スイミー』を取り上げた授業では，2社の教科書を比較し，そ
れぞれのテキストにどのような違いがあるのかを話し合わせています。[46]

▷6　鶴田清司「PISA 型
『読解力』と国語科教育の
課題——〈比べ読み〉によ
る批評の可能性」科学的
『読み』の授業研究会編
『PISA 型「読解力」を超え
る国語授業の新展開——新
学習指導要領を見通した実
践提案』学文社，2008年，
21-30頁。

　鶴田の授業では，文だけではなく絵も比較の対象となっています。世界初の
教科書と言われるコメニウスの『世界図絵』は，イラストとテキストを組み合
わせることで様々なことが説明されていましたので，イラストも教科書を分析
する際の重要な手がかりになります。イラストからも作り手の意図について考
えてみることができます。

　たとえば，高校世界史の教科書に載っている宗教家マルティン・ルターの肖
像画を見てみると，ルターだけを掲載している教科書と，ルターを庇護したザ
クセン選帝侯フリードリヒ3世とその背後にいるルターが一緒に描かれている
ものを掲載している教科書があることがわかります。この比較から肖像画が描
かれた意図を探ることもできますし，教科書の作り手がルターの肖像画を通し
て何を伝えたかったのかを読み取ることもできます。上述した古い社会科教科
書との比較をイラストや写真を主に取りあげて行っても面白いでしょう。

　子どもの学習として教科書研究を取り入れていくことは，教師の教科書研究
にも有用です。子どもならではの教科書の読み方は，教師が気づかなかった新
たな視点を提供することになるでしょう。

④　デジタル教科書の登場

　これまで教科書は，基本的に紙媒体のものが想定されていました。しかし，
近年になって学校現場にデジタル教科書が普及しつつあります。教師が電子黒
板等やデジタル教科書を使い，子どもは紙の教科書を使っているケースもあり

ますし，子どもの持つ教科書も含めてすべてデジタル化しているケースもあります。ここでは，すべての子どもに給付される学習の道具という観点から，後者のケースを想定して考えていきます。

デジタル教科書の利点はどこにあるのでしょうか。西林克彦は，項目間の関係をつけたり有意味化したりすることが学習を促進するという立場から，「教科書は厚いほうがいい」とセミナーで発言したとき，学習内容の削減が叫ばれた時代だったので聴衆に笑われたというエピソードを紹介しています[7]。デジタル教科書であれば，関連項目のページにすぐに移動することで，項目間の関連性を強化したり，紙幅という制限ゆえに教科書には収まらないネット上の情報にアクセスしたりすることも可能になりますので，教科書の大きさを変えずに，西林が構想したような項目間を関連づけるような学習が可能になります。また，デジタル・ネイティブという言葉があるように，幼いころからデジタル機器に慣れ親しんだ世代にとっては，紙の教科書よりもデジタル教科書の方が認知構造に合致し，より理解しやすいものとしてとらえられるかもしれません。さらに，学習者へのレスポンスやフィードバックを組み込みやすいのもデジタル教科書の特徴です。冒頭で述べた学習者を支援するという役割がより強化されています。こうした機能に着目し，自宅で学習して知識や技能を身につけ，学校で協同的な学習などを通じて知識・技能を深めていくような授業，すなわち反転授業が実施されています。

では，デジタル教科書の欠点はどこにあるのでしょうか。新井紀子はデジタル教科書について，その弱点をいろいろと述べていますが，その中から二つの弱点を取り上げたいと思います[8]。一つは，デジタル機器の性能やネット環境の充実などにはコストがかさむという問題です。もう一つは，すべてをデジタル機器で行おうとすると，作業をすべてモニター上で行わなければならず，資料を横に並べて見比べたりするような学習が難しくなるということです。

新井の指摘を踏まえてデジタル教科書とどう向き合うのかを考えると，デジタル教科書を使った方が子どもの学習が進むのかどうかを，学校はコスト面も踏まえて丁寧に吟味する必要があります。デジタル教科書を使うことで，これまで紙の教科書を使って行うことができていた学習ができなくなるかもしれません。さらにコストがかさめば，無償給付によって教育の公平性を実現するという教科書が持つ役割が果たされなくなるという危険性についても認識しておかなければなりません。

（徳永俊太）

▷7 西林克彦『間違いだらけの学習論──なぜ勉強が身につかないか』新曜社，1994年，184頁。

▷8 新井紀子『ほんとうにいいの？ デジタル教科書』岩波書店，2012年。

（参考文献）

板倉聖宣・上廻昭・庄司和晃『仮説実験授業の誕生』仮説社，1989年。

小川太郎『教育と陶冶の理論』明治図書出版，1963年。

コメニウス，J. A. 著，井ノ口淳三訳『世界図絵』ミネルヴァ書房，1988年。

近藤孝弘『国際歴史教科書対話──ヨーロッパにおける「過去」の再編』中央公論社，1998年。

白井春男『人間の歴史1～3巻，6～8巻』授業を創る社，1977～1984年。

新井紀子『ほんとうにいいの？ デジタル教科書』岩波書店，2012年。

教科書検定制度

▷1　高等学校における農業,工業,水産,家庭および看護の教科書の一部や,特別支援学校用の教科書に関しては,文部科学省が著作・編集した「文部科学省著作教科書」が用いられている。
▷2　教科書検定を経た教科書や文部科学省著作教科書に代わって用いることが認められている図書もある(学校教育法附則第9条)。点字版の教科書や拡大版の教科書といった「教科用特定図書」がその一例である。
▷3　基準は公示されており,具体的には,教育基本法・学校教育法および学習指導要領への適合性,発達段階への適応,政治・宗教などに対する扱いの公正性,引用資料の信頼性・公正性とその適切な取り扱い,構成・排列の系統性・発展性・適切性,学習指導要領の趣旨を逸脱しない範囲での発展的な学習内容の明示,記述内容および表記・表現の正確性などがある。
▷4　認可制は,各府県の教科書採択に許可を与えるものである。一方,検定制は教科書それ自体に対して審査を行うものであり,教科書の体裁および内容の統一化につながった。
▷5　**教科書疑獄事件**
教科用図書検定条例のもとで,1902(明治35)年,ある教科書会社と採択を担う審査委員との間で贈収賄が発覚したのをきっかけに一斉摘発が進められ,審査委員・教科書会社関係者を含む200名以上のうち116名が有罪となる事態へと発展した。

教科書検定制度の趣旨と手続き

　教科書は,学校で使用されるまでに,著作・編集→検定→採択→発行→使用という過程をたどります。著作・編集は,多くの場合民間に委ねられています。これは民間の著作者による創意工夫を期待するためです。しかし,いかに趣向を凝らしたものでも,教科書としてふさわしい質を備えていなければなりません。そこで文部科学大臣による審査が行われます。民間の著作・編集による図書の中で,教科書として認められるのは,この審査に合格した図書のみです。こうした仕組みを教科書検定制度(検定制)と言います。

　教科書検定制度は,国民の教育を受ける権利を保障するために,教育水準を全国的に維持・向上させること,教育の機会均等を実質的に保障すること,適正な教育内容を維持すること,教育の中立性を確保することなどを目的としています。検定は,教科用図書検定基準にもとづいて,文部科学大臣の諮問機関である教科用図書検定調査審議会の審議を経て行われます。

　発行者から検定の申請があると,大学教授や学校の教師などから選ばれた教科用図書検定調査審議会の委員が調査にあたります。また,文部科学省の教科書調査官による調査もなされます。調査の結果をもとに審議がなされ,その答申から,文部科学大臣が合否の決定を行います。

　合格の通知を受けた申請者は,見本を完成させ,文部科学大臣に提出します。一方,修正が必要であると判断された場合,合否は留保され,申請者に検定意見が送られます。申請者はそれに従って修正を行い,「修正表」を提出し,再度審議を受けます。検定意見に異議を申し立てることも可能です。また,不合格と判断された場合,申請者には理由が予め通知され,反論の機会が与えられます。

日本の教科書制度の変遷

　1872(明治5)年の「学制」発布当時は,民間は自由に教科書を編集・発行でき,採択者は自由に教科書を選択できました(自由発行・自由採択制)。ところが,就学者が増加し,近代教育に相応しい教科書が求められるにつれ,国の統制が強まっていきます。1880(明治13)年に使用禁止書目が発表されたのち,1881(明治14)年には開申制(採択する教科書を文部省に報告しなければならない)へ,1883(明治16)年には認可制(教科書の採択に関して文部省の認可を得なけれ

ばならない）へと移っていきました。さらに1886（明治19）年，小学校令によって義務教育制度が確立し，教科書の質の向上を意図して教科用図書検定条例が公布されたことで，検定制が登場しました[14]。こうした国家統制の強化は，採択をめぐる汚職事件[15]をきっかけとして，1903（明治36）年，国定制（国が著作・編集した図書，あるいは特定の教科書を使用させる）の導入へと至ります。教科書は子どもや教師，教育研究者に神聖視され，その内容や目的が問題になることはほとんどありませんでした。

　戦後，国定制は廃止されます。学校教育法の公布を契機として，1948年に教科用図書検定規則が発効され，検定制が導入されました。この時点では，各学校がそれぞれのカリキュラムに適した教科書を選べるような制度が目指されており，文部省が検定権限を公選の都道府県教育委員会に委譲する「地方検定」の制度も構想されました。しかし，教育の保守化や中央集権化が進む中で，1958年に学習指導要領が改訂されると，教科用図書検定基準が全面改正され，文部大臣の検定権限が固定化・強化されました。以来，検定基準は数度改正され，現在に至っています。

③　教科書検定制度をめぐる論点と近年の動向

　教科書検定制度では，民間の創意工夫と国による統制・質保障とのバランスが問題となります。とくに統制的側面が強くなりがちで，これまでも歴史教科書における戦争の記述の仕方などをめぐって政治的介入が行われてきました。また，1965年から32年間にわたる家永三郎教科書裁判[16]では，検定制が憲法の禁止する「検閲」行為にあたらないかについて争われました。

　近年では，「道徳の時間」の教科化に伴い，「特別の教科　道徳（道徳科）」の検定教科書のあり方が検討されています。具体的には，学習指導要領に示された題材をすべて取り上げていることや，取り扱いにかかわる配慮事項を踏まえていることの必要性が提示されています[17]。

　「デジタル教科書[18]」との関係も問われています。とくに，デジタル教科書によって検定教科書の使用義務の一部履行を認めるかどうかという問題から，多くの課題が指摘されています。つまり，検定教科書の使用義務がある中で，デジタル教科書のほうが有効であるような場合において，現行法制上は教科書とみなされないデジタル教科書を検定教科書の代わりに用いてもよいかどうかという問題です。コンテンツが同一であれば，拡大教科書などと同様に検定不要とするのが適切とされていますが，一方で，デジタル教科書に特徴的な動画・音声教材は，検定による質の確保が困難であるとされています[19]。

　以上のように，教科書検定制度は，依然として多くの問題を含んでいると言えるでしょう。検定制度が元来，教育の機会均等の保障と不可分のものであったという点から，さらなる検討が望まれます。　　　　　　　　　　　（福嶋祐貴）

▷6　**家永三郎教科書裁判**
当時，高校日本史教科書を執筆していた歴史学者家永三郎（当時東京教育大学教授）が，教科書検定の不当性を訴えた。1997（平成9）年8月に最高裁判所が，日本の侵略戦争の事実を教科書から削除しようとした検定の違法性を認めたことで，裁判は終結した。なお，1993（平成5）年にも高嶋伸欣（琉球大学教授）によって，いわゆる第二の教科書裁判が提起されているが，従来の判例を覆すには至っていない。

▷7　教科用図書検定調査審議会「『特別の教科　道徳』の教科書検定について（報告）」，2015年。http://www.mext.go.jp/a_menu/shotou/kyoukasho/seido/1362359.htm（2017年5月8日閲覧）

▷8　Ⅵ-2参照。

▷9　「デジタル教科書」の位置付けに関する検討会議「最終まとめ」2016年。http://www.mext.go.jp/b_menu/shingi/chousa/shotou/110/houkoku/1380531.htm（2017年5月8日閲覧）

（参考文献）
文部科学省初等中等教育局「教科書制度の概要」2016年。http://www.mext.go.jp/a_menu/shotou/kyoukasho/gaiyou/04060901.htm（2017年5月8日閲覧）
石山久男『教科書検定』岩波書店，2008年。
海後宗臣・仲新・寺崎昌男『教科書でみる近現代日本の教育』東京書籍，1999年。
土屋基規「教育課程と教科書の法制」土屋基規編著『現代教育制度論』ミネルヴァ書房，2011年，123-146頁。
森川金寿『教科書と裁判』岩波書店，1990年。
山住正己『教科書』岩波書店，1970年。

教科書の採択

 教科書採択制度

　民間で著作・編集され，検定を通過した教科書は，教科ごとに複数種類存在するのが一般的です。そのため学校は，いずれの教科書を用いるかを決めなければなりません。これが教科書採択というプロセスに当たります。

　しかし，すべての学校が自由に採択できるわけではありません。国立・私立学校であれば，学校ごとに，都道府県教育委員会が選定した教科書の中から校長が採択します。一方，公立学校では，基本的に学校を設置する教育委員会に採択の権限があります。市町村立の義務教育諸学校の場合，都道府県教育委員会が教科用図書採択地区を設定しています。複数の市町村から共同採択地区が構成されることもあります。2017年4月現在，採択地区は全国で585地区あり，一つの地区は平均して三つの市町村から構成されています。共同採択地区では，地区内の市町村が採択地区協議会を設置しており，この協議会に学校の教員などからなる調査員を置いて調査・研究を行い，協議した結果にもとづき，種目ごとに同一の教科書を採択しています（広域採択方式）。

　採択の仕組みを詳しく見てみましょう。まず，発行者が文部科学大臣に検定教科書の書目（種目・使用学年・書名・著作者名など）を届け出ます。これをもとに，文部科学大臣が教科書目録を作成します。教科書目録は，都道府県教育委員会を通じて国立・私立学校や市町村教育委員会に送付されます。この際，発行者は，採択の参考となるよう，教科書見本と，新規に検定を受けた教科書があるときはその編集趣旨を，各教育委員会，国立・私立学校に送付します。

　目録と見本が送付されると，都道府県教育委員会は，教科用図書選定審議会を設置し，諮問を行います。この審議会には，教員や学識者などが委嘱され，対象となる教科書の調査・研究を担います。その結果をもとに，都道府県教育委員会は，採択権者に指導・助言・援助を行います。具体的には，選定審議会の調査・研究を踏まえて選定資料を作成したり，教科書センターなどで教科書展示会を開催したりして，採択関係者をサポートします。

　以上ののち，採択権者は，独自の調査・研究も踏まえながら，種目ごとに一種類の教科書を採択します。採択は，使用年度の前年度の8月31日までに行うこととされています。また，義務教育諸学校では，原則4年間，同一の教科書を採択することになっています。

▷1　教科用図書検定申請受理種目
　文部科学省の告示による，教科ごとに分類された単位のことであり，この種目ごとに教科書検定の申請や教科書の採択が行われる。具体的には，中学校の「社会（地理的分野）」や「社会（歴史的分野）」，高等学校の「日本史A」「世界史B」など。

▷2　教科書センター
　各都道府県が学校の教職員や住民の教科書研究のために設置している常設展示場。2017年4月現在，全国に949か所が設置されている。教科書展示に関しては，国民の教科書に対する高い関心に応えるため，公立図書館や学校図書館での教科書の整備も進められている。

▷3　八重山教科書採択問題
　2011年，沖縄県八重山地区の八重山地区協議会による教科書採択をめぐって発生した問題。同採択地区は，石垣市・八重山郡竹富町・八重山郡与那国町からなっていた。このうち竹富町の教育委員会は，協議会の採択しようとする中学校公民教科書は保守色が強いとし，協議会決定に反して独自に別の発行者の教科書を採択した。文部科学省は，石垣市・与那国町には教科書の無償給付を行い，竹富町は「協議の結果」に基づいて

採択が決定すると，都道府県教育委員会は，採択権者から報告された教科書の需要数を取りまとめ，文部科学大臣に報告します。文部科学大臣は需要数を集計したうえで，発行すべき教科書の種類・部数を発行者に指示します。発行者は指示をもとに教科書を発行し，各学校まで供給します。こうしたプロセスを経てようやく，教科書が学校現場で使用されることになります。

② 自由採択と共同採択

戦後初期の教科書制度では，教科書は学校単位で自由に採択されており，実質的に現場の教師が主体的に判断を行っていました。ところが，義務教育の「無償」の範囲が問われる中，1963年に「義務教育諸学校の教科用図書の無償措置に関する法律」（教科書無償措置法）が公布され，教科書採択の手順や権限が細かく規定されました。これにより，自由採択から共同採択へと，教科書採択制度が大きく変化したのでした。

③ 教科書採択制度をめぐる課題

広域採択方式によって，採択過程で行われる調査・研究に地区内の多くの教員が協働で参画できる仕組みが整い，教科書の円滑な供給と価格の低廉化も期待されます。一方で，自由採択方式の時期に比べて発行者や発行される教科書の種類が減少し，教育の画一化を起こしているという問題もあります。

広域採択方式をめぐっては，近年，採択権の所在や，採択地区の規模，市町村教育委員会と採択地区の関係などが問われています。たとえば，沖縄県八重山地区においては，採択に関する意見が，採択地区協議会と地区内の自治体の教育委員会とで食い違うという問題が表面化しました。[3]

「デジタル教科書」[4]も採択制度のあり方に問題提起をしています。たとえば，デジタル教科書を使用するかどうかを決定するのは採択権者なのか，個々の学校なのかという問題があります。また，紙の教科書との併用を視野に入れるために，教科書会社がデジタル教科書版を制作しているかどうかを教科書目録に記載することが，採択制度の方向性として提起されています。[5]

また教科書は，授業や学習のあり方を大きく規定するものであるにもかかわらず，その採択権が教師や保護者から離れたところにあるということにも自覚的であるべきです。2014年の教科書無償措置法改正などに見られるように，「開かれた採択」の重要性が認識されてきています。同改正によって，義務教育諸学校については，採択する教科書の種類・理由や関連資料を公表することが，市町村教育委員会の努力義務として定められました。

採択権者が説明責任を果たすことは重要です。それにとどまらず，地域や保護者の意見を取り入れ，教師の専門的判断を生かせるような教科書採択のあり方が，今後課題となると言えるでしょう。　　　　　　　　　　（福嶋祐貴）

採択していないとして無償給付の対象に含めず，竹富町は自ら教科書を購入して生徒に無償給与を行うこととなった。この問題から，2014年に教科書無償措置法が改正され，それまで法的根拠のなかった協議会に対する規定を設けた。これにより，採択地区内の市町村教育委員会は，規約を定めて協議会を設置し，その結果にもとづいて種目ごとに同一の教科書を採択しなければならないようになった。

▷4　VI-2参照。

▷5　「デジタル教科書」の位置付けに関する検討会議「最終まとめ」2016年。http://www.mext.go.jp/b_menu/shingi/chousa/shotou/110/houkoku/1380531.htm（2017年5月8日閲覧）

（参考文献）

文部科学省初等中等教育局「教科書制度の概要」2016年。http://www.mext.go.jp/a_menu/shotou/kyoukasho/gaiyou/04060901.htm（2017年12月13日閲覧）

石山久男『教科書検定』岩波書店，2008年。

海後宗臣・仲新・寺崎昌男『教科書でみる近現代日本の教育』東京書籍，1999年。

土屋基規「教育課程と教科書の法制」土屋基規編著『現代教育制度論』ミネルヴァ書房，2011年，123-146頁。

浪本勝年・大槻健・永井憲一『教科書制度改革への提言』あずみの書房，1989年。

山住正己『教科書』岩波書店，1970年。

近代学校批判

▷1　キューバ革命による社会主義路線とアメリカの援助・改革路線との激しい対立が背景にあった。
▷2　フレイレ（Freire, P.）
　ブラジル生まれ（1921-1997）。裕福なミドルクラスの出身であったが，農民の悲惨な生活環境に接する中で成人識字教育へと情熱を傾けていった。
▷3　フレイレ, P. 著，小沢有作ほか訳『被抑圧者の教育学』亜紀書房，1979年，70頁。さらに矛先は，民衆を運動へと扇動しようとするエリート革命指導者にも向けられた。フレイレは，被抑圧者である民衆の理性に働きかける「文化革命」を通しての変革をめざしたのであった（花崎皐平「『対話』と文化革命」『情況』1976年8月号）。
▷4　フレイレ，前掲書，87頁。

1　近代学校批判の展開

　1970年代は，公害問題や南北問題など，社会に伏在してきた諸矛盾が広く人知のもとに晒された時代でした。それと歩を同じくするように，近代を支えてきた有力な装置の一つである学校をめぐる批判的言説が，進歩や開発といった近代的価値観を相対化しえたラテンアメリカを発信源として登場してきます[1]。

○フレイレ（Freire, P.）[2]

　フレイレは，1960年代より，ブラジル北東部で土地を持たない貧農に対する成人識字教育を展開し大きな成果を収めました。その実践から彼は，「沈黙の文化」に閉じ込められている被抑圧者をみずからの状況を対象化し変革する主体として成長させること，すなわち「意識化」こそ人間解放の道に通じることを見出しました。こうした社会変革の理念は，彼の教育観へと結実します。

　『被抑圧者の教育学』（1970年）においてフレイレは，「教師がすべてを知り，生徒は何も知らない」といった関係を前提とし，学習者という金庫への教師による預金行為に擬せられる「銀行型教育（banking education）」を厳しく批判します。「銀行型教育」は被抑圧者を「援助の対象」として「温情主義的」に社会に取り込もうとしますが，本来あるべき道とは「かれらを抑圧構造に統合することにあるのではなく，かれらが自分自身のための存在になれるようにその構造を変革すること」なのです[3]。そこで対案となるのが，人間を「世界のなかに，世界とともにあり，そしてそこで自分自身を発見する方法を，批判的に知覚する能力を発展」させる存在ととらえ[4]，学習者を教師と対等に議論する「批判的共同探究者」と位置づける「問題提起教育（problem-posing education）」です。

　この「問題提起教育」は，民衆と教育者からなるグループにおいて，民衆の生活に根ざした「生成テーマ」について絵を素材としながら対話するという方法を採ります。それによって，「生成語」が生活に必要不可欠な文字として獲得されていくのです（表7.1.1）。

表7.1.1　生成テーマと生成語

●「生成テーマ」
・自然と文化の相違
・自然のなかにいてそれとともにある人間の積極的な役割
・人間同士の関係と交流において，自然が果たす媒介機能
・人間の労働，人間の創造と再創造の所産としての文化
・文化の民主化
・文字を媒介とする交流の世界へと扉を開く，読み書きの学習
●「生成語」（かっこ内はその「生成語」に関連ずる課題の例）
・スラム（住宅，食糧，衣服，保健，教育）
・鋤（人間労働の価値，人間と技術，労働と資本，農地改革など）
・アフロ・ブラジル・ダンス（民衆文化，学識者の文化，文化的疎外など）
・給料（経済的側面：報酬，最低賃金など）
・職業（社会的側面：社会階級と階層移動，労働組合など）
・政府（政治的側面：政治権力，権力組織における民衆の役割，民衆参加）
・沼地（温情主義，援助主義，客体から主体への転換など）
・富，財産（富者と貧者，先進国と低開発国の対立，民族解放など）

出所：フレイレ，1979年，265，275-276頁。

○イリイチ（Illich, I.）[5]

イリイチは，1960年代よりメキシコを活動拠点としながら，近代産業社会が生み出した諸制度への批判を展開します。そこで交通，病院とともに照準となったのが学校でした。私たちは，加速化によって自分の足で歩くことを，医療化によってみずから癒すことを忘れつつあるのと同様に，学校化によって自分で学ぶことを忘れつつあると告発したのです。『脱学校の社会』（1971年）においてイリイチは，学校を通してこの非自立化する現代社会の像を描き出し，教育だけでなく社会全体の「脱学校化（deschooling）[6]」の必要性を訴えました。

この学校化された社会の洞察として次の二点が重要です。第一は学校と教会の共通性，すなわち教会という制度が聖俗の区分によってその威光を得るように，学校は教育的と非教育的という区分を社会に持ち込むことで存在感を増すという点です。第二は学校と市場の共通性，すなわち教授が学習を生むという「神話」によって学校の存在自体が学校教育の需要を生み出すこと，それによって学校という専門的制度に価値を置く消費者がつくり出されることです。

こうした学校化の現状に対し，イリイチは次のような具体的対案を提出します。「最も根本的に学校にとって代わるものは，一人一人に，現在自分が関心をもっている事柄について，同じ関心からそれについての学習意欲をもっている他の人々と共同で考えるための機会を，平等に与えるサービス網といったものであろう[7]」。これが学習ネットワークの構想です（表7.1.2）。

② 近代学校批判のゆくえ

イリイチは，1974年のフレイレとの対談において，「意識化」が教育行為として受けとられている現状は，教育の意味領域を不必要に拡大し，教育という営みの対象化を困難にしてしまうと語っています。すなわち，『脱学校の社会』[8]当時のイリイチは，フレイレに共鳴しながら，「学校の近代性が教育の普遍性を腐食させている」ととらえ，「この教育の普遍性を足場に学校の近代性を批判し，これをつうじて近代を病理として告発」していました。しかし，この対談時においては，「教育がむしろ学校の近代性の内部から生成してきた言葉であり事態である」という認識へと至り，教育を「意識化」と同一視して，階級支配という社会的権力からの解放のための他律的営みととらえるフレイレを批判したのです[9]。

しかし一方で，この二人が共通に語ったことがあります。それは生きることそのものへの肯定，希望でした。あなたは「闇の中を生きること」を勧めているのかという問いかけに対し，イリイチはこう応えています。「（わたしが勧めているのは）闇の中にろうそくの明かりを運ぶこと，闇の中のろうそくの明かりになること，自分こそ闇の中の炎であると知ることなのです[10]」。（樋口太郎）

表7.1.2　学習ネットワークの構想

①学習したいと思えば，人生のいかなる時期でも必要な手段や教材が利用できること
②自分の知っていることを他の人と分かち合いたい人には，その知識を学びたいと思う人を見つけ出せるようにすること
③公衆に問題を提起しようと思う人には，そのための機会を保障すること

出所：イリイチ，1977年，140-141頁。

▷5　イリイチ（Illich, I.）
ウィーン生まれ（1926-2002）。カトリック教会の司祭などを務め，1967年にメキシコにおいて CIDOC（国際文化資料センター）の設立に参加。オルタナティブな社会を構想する人々に注目を浴びた。

▷6　山本哲士『学校の幻想　教育の幻想』ちくま学芸文庫，1996年に別訳あり。

▷7　イリッチ，I. 著，東洋ほか訳『脱学校の社会』東京創元社，1977年，44頁。

▷8　イリイチ，I.・フレイレ，P. ほか著，島田裕巳ほか訳『対話』野草社，1980年，99-100頁。

▷9　森重雄「近代・人間・教育」田中智志編『〈教育〉の解読』世織書房，1999年，82-83頁。その後イリイチが向かったのは，支配─被支配といった主体間の社会的権力とは次元を異にする産業化社会そのものが生み出す象徴的権力を読み解き，人々が土着（ヴァナキュラー）の生活を基盤としながら自律的な生を互いに拡充していく生き生きとした共生（コンヴィヴィアリティ）を追求するという道であった（玉野井芳郎「解説」イリイチ，I. 著，玉野井芳郎訳『シャドウ・ワーク』岩波現代文庫，2006年）。

▷10　イリイチ，I. 著，ケイリー，D. 編，高島和哉訳『生きる意味』藤原書店，2005年，220頁。フレイレ，P. 著，里見実訳『希望の教育学』太郎次郎社，2001年も参照。

（参考文献）
森重雄『モダンのアンスタンス』ハーベスト社，1993年。

2 カリキュラムの社会理論

1 教育の社会理論の展開

　1970年代は，進歩や開発の恩恵に浴してきた国々でも，その推進力の一翼を担ってきた教育を社会理論によって説明，変革しようとする潮流が登場します。

○対応理論（correspondence theory）

　アメリカでは，コールマン報告（1966年）[1]や『不平等』（1972年）[2]を通じて，1960年代の再分配政策が教育の不平等の是正に何ら寄与しなかったことが明白となりました。こうした状況の中，経済成長と社会との幸福な相関を前提とし，個人や集団の行為は社会の維持という目的への合意のもとにあるとみなすパーソンズ（Parsons, T.）の機能主義の影響力は失墜します。これに対し，合意ではなく葛藤や対立という契機を重視する対応理論の提唱者ボウルズとギンタス（Bowles, S./Gintis, H.）は，『アメリカ資本主義と学校教育』（1976年）において，「教育制度は，経済の社会的関係との対応を通じて，経済的不平等を再生産し，人格的発達を歪めるという役割を果たしている」ことを告発します。[3]

　こうした潮流は再生産論と総称され，下部構造（経済）と上部構造（政治，文化）双方を視野に入れるという共通性のもと，アルチュセール（Althusser, L.）[4]を嚆矢とする資本主義による階級構造の再生産メカニズムを直接に解明しようとする立場（対応理論も含む）と，階級的不平等の世代的再生産における教育や文化の役割の解明から再生産メカニズムに迫るブルデュー（Bourdieu, P.）[5]やバーンスティン（Bernstein, B.）らの立場という二つの系譜が見出せます。[6]

○抵抗理論（resistance theory）

　アップル（Apple, M. W.）は，『学校幻想とカリキュラム』（1979年）[7]の段階では再生産論の影響下にありましたが，グラムシ（Gramsci, A.）のヘゲモニー論[8]への傾斜を強めた『教育と権力』（1982年）では，権力作用の形態を直接的な支配よりも文化や教育の有する非強制的影響力の浸透ととらえ，ゆえに権力を経済，政治，文化による複合的な闘争の場とみなします。そして，イギリスの労働者階級の生徒たちによる学校文化への抵抗は「経済的装置が要求するものを再生産しながら，それとも対立する」というウィリス（Willis, P.）の『ハマータウンの野郎ども』（1977年）[9]における洞察に着目しつつ，経済との対応関係の強調により再生産メカニズムを突き崩すという契機を見失ってしまう対応理論に対して，主体による抵抗を重視する抵抗理論を提唱します。[11]

▷1　コールマン報告
　アメリカ教育省が教育学者コールマン（Coleman, J.）に委嘱して1966年に行った教育の階層間格差に関する大規模な調査。
▷2　ジェンクス，C. ほか著，橋爪貞雄ほか訳『不平等』黎明書房，1978年。
▷3　ボウルズ，S.・ギンタス，H. 著，宇沢弘文訳『アメリカ資本主義と学校教育Ⅰ』岩波書店，1986年，86頁。
▷4　アルチュセール（Althusser, L.）
　フランスのマルクス主義哲学者（1918-1990）。労働力の再生産には，労働における技能の再生産だけでなく，支配的なイデオロギーに対する労働者の服従の再生産が含まれることを示し，国家のイデオロギー装置としての学校の機能を指摘した（小内透『再生産論を読む』東信堂，1995年，7-8頁）。
▷5　ブルデュー（Bourdieu, P.）
　フランスの社会学者（1930-2002）。この後者の立場はとくに文化的再生産論と呼ばれる。ブルデューについてはⅦ-5を参照。
▷6　小内透『教育と不平等の社会理論』東信堂，2005年，6-7頁。
▷7　アップル，M. W. 著，門倉正美ほか訳『学校幻想とカリキュラム』日本エディタースクール出版部，1986年。
▷8　アップルは，自身の理論に欠けていたものが，「再生産と並んで，矛盾，

70

○社会システム論

上述のマルクス主義の流れとは異なる系譜に，パーソンズを批判的に乗り越えようとしたルーマン（Luhmann, N.）がいます[12]。まず，近代社会とは，地位や職業が身分によって規定される近代以前の階層分化社会に比して，政治・経済などの分化した各領域においてその機能を専門的に遂行する組織が形成される機能分化社会と特徴づけられます。そして，社会はコミュニケーションによって成り立つシステムとされ，分化した各機能システムに固有のメディアの存在が指摘されます（紙幣がたんなる紙切れでないと認識されるのは，〈貨幣〉が経済システムにおいてコミュニケーション・メディアとして機能しているため）[13]。

教育システムも，政治，経済，家族，学問などの各システムと相互浸透する一機能システムととらえられます。この教育システムがシステムとして自律できるのは，未来への可能的存在として「発見」された〈子ども〉がメディアとして機能し，教育というコミュニケーションを無限に接続していくからなのです[14]。

2 カリキュラムの社会理論へ

教育の社会理論におけるカリキュラムへの注目の高まりは，資本主義による再生産の実態を把握する際，社会全体への構造的でマクロな視点だけでなく，身近な現実に対する関係的でミクロな視点こそ不可欠とする「新しい教育社会学」の登場と軌を一にしています。この提唱者の一人ヤング（Young, M. F. D）は編著『知識と統制』（1971年）において，社会的統制，文化的支配の手段としての教育知の影響力に着目し，顕在的・潜在的に学校において何が教えられているかというミクロな視点を重視して，カリキュラムを社会学の俎上に載せます。

一方，文化伝達における言語の媒介機能，そして社会構造と認識構造を媒介する解釈手続きとしてのコードの影響力に着目して，マクロとミクロの統合理論を提唱したのがバーンスティン（Bernstein, B.）です。彼は，文化伝達の一装置である学校に焦点を当て，『知識と統制』に所収の論文において，教育知の間の境界を維持，再生産する類別（classification）と，知識の伝達過程を規制する枠づけ（framing）という二つのコードが，学校における知識の伝達体系を成すカリキュラム，教授法，評価を条件づけるとしました。ここでカリキュラムは類別とかかわり，強い類別による収集型は各教科が独立した状態を，弱い類別による統合型は複数の教科の統合した状態を指します[15]。

さらに，先述の社会システム論によれば，カリキュラムは知識のたんなる集合体ではなく，社会と個人にとってリアリティを構成し，社会と個人を媒介しているとみなせます。これにより，「カリキュラムを政治的なイデオロギー的視点から分析するのではなく，それ自体世界を構成する装置してとらえる」こと，つまりカリキュラムを政治化することなく，それ自体自律したシステムとして観察することが可能となるのです[16]。　　　　　　　　　　（樋口太郎）

対立，媒介，そしてレジスタンスに焦点を当てた分析であった」と述べ，文化の相対的自律性を示そうとしたにもかかわらず，「理論的には未熟にも経済決定論の概念を保持してきた」ことを反省している（アップル，M. W. 著，浅沼茂ほか訳『教育と権力』日本エディタースクール出版部，1992年，37頁）。

▷9　グラムシ
(Gramsci, A.)
イタリアのマルクス主義思想家（1891-1937）。

▷10　ウィリス，P. 著，熊沢誠ほか訳『ハマータウンの野郎ども』ちくま学芸文庫，1996年。

▷11　アップル，M. W. 著，浅沼茂ほか訳，前掲書，42頁。

▷12　ルーマン
(Luhmann, N.)
ドイツの社会学者（1927-1998）。

▷13　保田卓「教育システムの構造」稲垣恭子編『子ども・学校・社会』世界思想社，2006年。

▷14　ルーマンは，アリエス，P. 著，杉山光信ほか訳『〈子供〉の誕生』みすず書房，1980年に着想を得ている。

▷15　田中統治「カリキュラムとイデオロギー」柴野昌山ほか編『教育社会学』有斐閣，1992年。さらに，新中間層の台頭が統合型の知識構造を要求するため，類別や教授法とかかわる枠づけが弱化している点も指摘されている。

▷16　石戸教嗣『教育現象のシステム論』勁草書房，2003年，82頁。

（参考文献）

ルーマン，N. 著，村上淳一訳『社会の教育システム』東京大学出版会，2004年。

バーンスティン，B. 著，久冨善之ほか訳『〈教育〉の社会学理論』法政大学出版局，2000年。

3　教育と平等

▷1　ロールズ (Rawls, J.)

アメリカの政治哲学者 (1921-2002)。

▷2　ロールズ, J. 著, 川本隆史ほか訳『正義論』紀伊國屋書店, 2010年, 84頁。

▷3　同上書, 114頁。

▷4　仲正昌樹『集中講義！　アメリカ現代思想』日本放送出版協会, 2008年, 100-101頁。

▷5　瀧川裕貴「〈平等〉の論理」土馬学ほか編著『正義の論理』勁草書房, 2006年, 82頁。

▷6　ドゥオーキン (Dworkin, R.)

アメリカの法哲学者 (1931-2013)。

▷7　ドゥオーキン, R. 著, 小林公ほか訳『平等とは何か』木鐸社, 2002年。

▷8　セン (Sen, A.)

(1933-　)

故郷ベンガル地方で大飢饉に直面し, 経済学と倫理学の融合を志向。

▷9　セン, A. 著, 池本幸生ほか訳『不平等の再検討』岩波書店, 1999年。

▷10　若松良樹『センの正義論』勁草書房, 2003年。

▷11　広井良典『『持続可能な福祉社会』の構想』『思想』2006年3月号。「事前の保障」の内容としては, ①労働に関する資産の所有, ②住宅所有, ③子どもの養育, ④学校教育がある（ボウルズ, S.・ギンタス, H. 著, 遠山弘徳訳『平等主義の政治経済学』大村書店, 2002年, 61-75頁）。

▷12　ギデンズ, A. 著, 佐和隆光訳『第三の道』日本経済新聞社, 1999年。一方,

1　平等理論の展開

　戦後の福祉国家群は, 生産力増大を至上命題とし, 国民多数の生活向上を一定程度達成しました。しかし1970年代, 福祉国家体制が低成長時代の到来とともに危機に陥ります。この事態は社会全体の正統性の危機へと波及し, 諸価値の対立が深刻化します。こうした社会が有すべき価値の危機的状況に, 社会主義とは違う形で応答したのがロールズ (Rawls, J.)[1] の『正義論』(1971年) です。

○ロールズの平等理論

　ロールズは, 福祉国家体制を暗黙のうちに支え, 個々人の主観的な満足の平均を望ましい社会の指標とする功利主義に対して, 個人間の不平等を等閑視するものと批判します。そして,「正義 (justice)」を「公正さ (fairness)」としてとらえ直し, まだルールが確立をみない状況下で, 人々があるルールを「フェア」なものと合意しうる条件を正義の二原理として定式化します。

　まず正義の第一原理では,「各人は, 平等な基本的諸自由の最も広範な制度枠組みに対する対等な権利を保持すべきである[2]」とされ, 権利と自由, 機会と権力, 富や所得, 自尊心などの「基本財 (primary goods)」を他者の基本的自由と両立しうる限りで保障することが合意されうる価値として示されます。その上で, ロールズが力点を置くのは正義の第二原理,「社会的・経済的な不平等は次の二条件を充たすように編成されなければらない——(a)そうした不平等が最も不遇な人びとの期待便益を最大に高めること, かつ(b)公正な機会の均等という条件のもとで全員に開かれている職務や地位に付随すること[3]」です。これは, 劣位の側に置かれる可能性が条件(b)（公正な機会均等原理）のように「全員に開かれている職務や地位に付随する」ものであれば,「最大多数の最大幸福」という平均的な満足度の向上ではなく,「最も不遇な人びと」にとっての幸福を最大化すべきという条件(a)（格差原理）に合意しうるということです。つまり, 功利主義が前提とする利益追求という合理性を意訳した,「最も不利な者としての私」に陥るリスクを想像するという意味での合理性を想定し, そうした想像力を「私」とともに社会を構成する他の市民に対する配慮へと「自然に」移行させるための枠組みが提案されているのです。[4]

○ポスト・ロールズの平等理論

　ロールズの「基本財の平等」論が有する「平等理論は人々の選択の結果その

ものではなく，その選択を規制，統制する評価基準の構築を行うべき」[5]という前提を継承したのがドゥオーキン（Dworkin, R.）[6]の「資源（resource）の平等」論[7]です。ドゥオーキンは，平等理論の課題を社会での重要な資源配分の平等性に限定して，功利主義が唱える結果としての厚生（welfare）の充足ではなく，選択の前提となる背景的事実としての資源の平等化を志向します。

　一方，こうした正（right）の善（good）に対する優位の立場を堅持し，中立性（善への介入の忌避）を重視するロールズ，ドゥオーキンに比して，個人の善の領域に属する厚生の充足を理論構築の契機としたのがセン（Sen, A.）の「潜在能力（capability）の平等」論[8]です。センは，人々が社会生活において営む具体的な機能（functionings）に着目し，その機能を実現する機会を提供しうる基本的な潜在能力を平等に備える必要性を唱えます。[9]そして，足の不自由な人は車椅子などの移動手段がなければ基本的自由の享受が難しいように，資源の潜在能力への変換には個人間で差異が存在することを考慮に入れ，たんなる資源配分の平等性を超えて，諸個人が資源を用いて達成する何らかの望ましい状態の実現，すなわち現実に享受する福祉（well-being）の平等をめざすのです。こうした立場の相違は，平等理論の課題として「制度の設計」と「不平等の是正」のどちらを重視するかによって生じているとも言えるでしょう。[10]

❷ 平等理論における教育の位置

　現在の社会政策の議論において，教育はその重要性を増しています。経済成長のもとで富の源泉が土地などの資産よりも個人の労働にあった時期は，「事後の保障」（所得の再分配）によって一定の平等を実現していましたが，低成長社会への移行に伴ってもともとの資産の影響力が増すため，教育を含む「事前の保障」（資産の再分配）が重要となるのです。また，ギデンズ（Giddens, A.）の「包含（inclusion）としての平等」論[11]では，機会を十分に生かす可能性を平等に保障し，人々の社会参加を促進するために教育が重視されています。[12]

　上述の財，資源から潜在能力へという平等理論の展開においても，個人の可能性としての能力の保障，すなわち「内側からの盛り上がりを促すように外側の条件を整えていく」という「教育の視点」「教育の分配論」が重要性を増しているととらえられます。[13]そしてここに，「階層的な存在秩序が失われた今，人間の自然的価値は平等以外でありえない」こと，すなわち自然や神として表象される客観的理性，存在の秩序が崩壊した近代においては，すべての人間の主観に対して理性が普遍的に平等に賦与されたという「物語」を拠り所とする，「能力」を理論的契機とする平等理論の構築が戦略の一つとして浮上するはずです。[15]その際，平等理論が想定する「独立した大人からなる社会」という前提とは異なり，子どもを対象とする教育の独自性も考慮に入れる必要性，[16]さらに「大人と子供の関係史」[17]という視座が不可欠となるでしょう。　　（樋口太郎）

社会的経済的格差への対処法を教育に過剰に求める傾向を「教育学的誤謬」と指摘したものとして，橋本健二『階級社会』講談社，2006年，191-193頁を参照。

▷13　宮寺晃夫『教育の分配論』勁草書房，2006年，5-6頁。また，教育の平等に関して，結果の平等化を忌避する「形式論的解釈」，様々な集団が経験した不利益を補償することによって結果の平等化を指向する「補償論的解釈」，どのような教育機会が実際に求めるに値するのかを決める際に，すべての集団，とくに歴史的に排除されてきた集団の要求を含めようとする「参加論的解釈」という三つの分類もある（ハウ，K. 著，大桃敏行ほか訳『教育の平等と正義』東信堂，2004年，8-9頁）。

▷14　渡辺幹雄『ロールズ正義論とその周辺』春秋社，2007年，18頁。

▷15　次の文章も参照。「財領域での相対性，社会的構築性を認めつつも，能力（capability）という本質的領域を設定し，そこでの絶対性を主張することで，普遍的基準の構築を模索するセンの営為に，私たちも関与（commitment）していくことが要請され」る（山森亮「貧困・社会政策・絶対性」川本隆史ほか編『応用倫理学の転換』ナカニシヤ出版，2000年，156頁）。

▷16　盛山和夫『リベラリズムとは何か』勁草書房，2006年，301頁。

▷17　宮澤康人『大人と子供の関係史序説』柏書房，1998年。

（参考文献）

　宮寺晃夫『教育の正義論』勁草書房，2014年。

　ジョンストン，D. 著，押村高ほか訳『正義はどう論じられてきたか』みすず書房，2015年。

4 隠れたカリキュラム

▷1　ⅩⅤ-5，ⅩⅤ-4 参照。

▷2　たとえば，「教育内容の現代化」をめざした高校物理科目のカリキュラムがあまりに高度だったため，物理科目を履修する学生が減少し，エリート選抜の機能を果たすようになったというようなことである。

▷3　この立場の研究者としては，ドリーベン（Dreeben, R.）やウィリス（Willis, P.）が挙げられる。ウィリス，P. 著，熊沢誠・山田潤訳『ハマータウンの野郎ども』（ちくま学芸文庫，1996年）は，イギリスの中学校の「おちこぼれ」文化を丁寧に分析し，労働階級の文化が既存の社会体制を再生産する仕組みを解明している。日本におけるこの立場の研究の代表としては，柴野昌山『教育現実の社会的構成』（高文堂出版，1990年）が挙げられる。異なるタイプの学校の学級風土や進路指導の相違を分析しており，参考になる。

▷4　この立場の研究者としては，ヤング（Young, M. F. D.）やアップル（Apple, M. W.）が挙げられる。アップル，M. 著，浅沼茂・松下晴彦訳『教育と権力』（日本エディタースクール出版部，1992年）は，経済関係のみならず，性・人種・文化などの再生産も考慮に入れ，文化や政治の主体としての学習者像を中

1 「顕在的カリキュラム」と「潜在的カリキュラム」

　子どもたちは学校で何を学習しているのでしょうか。理科の時間には光合成の仕組みを学習したり，国語の時間には文章の読み方を学習したりします。これらは学校が意図的・明示的に組織したカリキュラムに沿って達成されるものです。しかし，子どもたちは，たとえば教師が示した課題に忍耐強く取り組むこと，チャイムに従って行動すること，教科書に書かれた内容を信じることなども学習しています。このような，学校生活全体を通して実際に子どもたちが学習している内容を，明示的に組織されたカリキュラム＝「顕在的カリキュラム（official curriculum）」とは区別して，「隠れたカリキュラム（hidden curriculum）」と呼びます。「潜在的カリキュラム」と訳される場合や，ヒドゥン・カリキュラムと片仮名表記される場合もあります。

　「隠れたカリキュラム」という概念が発明され，その研究が積極的に行われるようになったのは，1970年代以降のことです。なぜなら，1950〜60年代を通して開発された「教育内容の現代化」をめざしたカリキュラムが，意図したように成果をあげない，あるいは意図しない成果をあげてしまうといったことが，1970年代に入って本格的に問題視されたからです。また，1970年代は，ベトナム戦争反戦運動や貧困・格差・差別を告発する社会運動が展開された時代でもあります。このような時代状況の中で，学校のカリキュラムは，各教科の「顕在的カリキュラム」の総和ではなく，無意図的な人間形成作用や学校文化まで含むという認識が共有され，「潜在的カリキュラム」が研究されるようになりました。日本においては，校内暴力・いじめ・不登校などといった「学校の病理」現象が広がり，その原因究明が求められたという背景もありました。

2 「隠れたカリキュラム」と「隠されたカリキュラム」

　広い意味での「隠れたカリキュラム」研究は，さらに，「隠れたカリキュラム（latent curriculum）」研究と，狭い意味での「隠されたカリキュラム（hidden curriculum）」研究に大別することができます。

　前者の「隠れたカリキュラム」研究は，生徒が「顕在的カリキュラム」を学習する様式に着目し，規則・規範・規律を守る忍耐強さ・従順さといった価値内容を「隠れたカリキュラム」の成分として分析しました。そして，忍耐強さ

や従順さを価値あるものとする社会階層の子どもたちが，学校でよりよく成功することになると主張されました。さらに，忍耐強さや従順さは企業における労働生活に必要とされるものであり，「顕在的カリキュラム」よりも「隠れたカリキュラム」の習得が将来の経済的成功を導いていると指摘されました。

　一方で，後者の「隠されたカリキュラム」研究は，「顕在的カリキュラム」そのものの検討へと向かいます。この立場は，「顕在的カリキュラム」の編成や内容の選択に「隠された」社会の支配的イデオロギーに着目します[4]。たとえば日本の理科の教科書では，阪神淡路大震災以前には，地震は断層活動による岩盤の破壊であることを示す記述はなく，地震とは地面が揺れることであるという「常識的な見方」のもとで，縦揺れを引き起こすP波と横揺れを引き起こすS波という個別の知識が提示されていました。このように，学校の教育内容は取捨選択されているにもかかわらず，そのことが巧妙に隠されているために，学校はある特定の集団にとっての「常識的な見方」を再生産する装置になっているのです。

❸　「隠れたカリキュラム」と高次の学力

　ところで，「隠れたカリキュラム」という言葉を最初に使用したのは，ジャクソン（Jackson, P. W.）です。彼は，「顕在的カリキュラム」が伝えられる様式まで視野に入れてカリキュラム改善を行うことをめざしていました[5]。このことは，高次の学力を育成しようとする際に非常に重要になります。

　たとえば，「論理的文章を批判的に読む」という高次の読む力は，「結論は前提から正しく導かれているか」「省略されている隠された前提や仮説はないか」「比喩や例は適切に使われているか」といったスキルへと分節化・言語化することができます[6]。しかし，言語化されたスキルが伝達教授されれば，どのような文章・文脈においても批判的に読むことができるようになるかといえば，そうではありません。批判的思考とは，言語化できる特定のスキルというよりも，批判的に思考すべき文脈に置かれたときに自然と発揮されるような性向（disposition）ととらえるべきでしょう。そして，性向としての批判的思考は，批判的思考を実践する文化に浸ることによって徐々に身についていきます。「批判的に読む力」は，まさに「批判的に読む」ことが日々実践されている教室文化の中で，長期的に発達していくのです。

　このように考えたとき，「顕在的カリキュラム」が伝えられる様式，つまり授業過程の特徴（教師だけでなく子どもたちにも問いを出す権利があるか，発問した後にどれくらいの時間をかけて考えることができるか，ノートに正解ではなく自分の考えを書くことができるか……等々）によって生まれる教室文化こそが，高次の学力を育んでいるということになります。高次の学力の育成がめざされる現在，ジャクソンの問題意識に立ち返ることが必要です。　　　　　　（八田幸恵）

心にすえた議論を展開している。経済格差と学力格差の関係のみが注目される現在，アップルの主張は重要性を帯びる。

▷5　Jackson, P., *Life in Classrooms*, Teachers College Press, 1968.
　ジャクソンは長期的な授業への参与観察を通して「隠れたカリキュラム」を分析したのだが，これは実験室での教授＝学習研究が主流であった当時としては画期的な営みであった。「隠れたカリキュラム」研究の勃興以降，フィールド・ワークやアクション・リサーチ，そして談話分析など，様々な研究方法がカリキュラム研究に持ち込まれるようになった点も重要である。

▷6　井上尚美『思考力育成への方略』明治図書出版，1998年。
　井上は，伝達すべき思考スキルを特定する努力を継続しつつも，スキル指導に対する批判を積極的に紹介することで，つねにその是非を問うた。

（参考文献）
　安彦忠彦編著『新版カリキュラム研究入門』勁草書房，1999年。
　佐藤学『教育方法学』岩波書店，1996年。
　柴野昌山・菊池城司・竹内洋『教育社会学』有斐閣ブックス，1992年。
　石井英真『今求められる学力と学びとは』日本標準，2015年。

5 社会・文化的再生産とカリキュラム

1 学力と社会階層

　教育学，とくに教育の社会学研究では，学校教育を通じて獲得する学力と子どもたちの社会経済的な背景には相関関係があることが，実証的に明らかにされてきました。たとえば，図7.5.1，図7.5.2は，学力調査によって明らかにされた，その一例です。この調査結果が示すように，子どもたちの間に生まれる学力差は，子どもたちの家庭が持つ経済的豊かさや文化と密接に関連しているのです。

▷1　小林雅之『進学格差——深刻化する教育費負担』ちくま新書，2008年。

▷2　小内透『再生産論を読む』東信堂，1995年。

2 文化資本と文化的再生産

　学校での学力獲得と家庭の経済的・文化的背景との相関関係の原因については，様々な理由が考えられます。たとえば，家庭の教育費負担が高い日本では，塾や習い事に子どもたちを通わせるための費用はもちろんのこと，高等教育への進学に多額の経済的負担がかかるため，家庭の経済的状況が，学業達成や進学に大きな影響を与えます。事実，家庭の所得が，子どもや親の高等教育への進路希望に影響を与えていることが指摘されています[1]。

　こうした家庭の経済的背景に加え，学校教育そのものに内在する理由として，学校教育での学習内容と家庭文化との親和性という問題が指摘されてきました。人種問題や階級・階層問題に関心が高い欧米では，人種・民族文化や階級文化と子どもたちの学力獲得の相関関係が研究されています。たとえば，イギリスの社会学者バーンスティン（Bernstein, B.）は家庭文化，なかでも家庭で使われている言葉に着目し，家庭での文化の違いが子どもたちの学力獲得に与える影響を考察しました[2]。

　家庭で使われている言葉を調査する中で，バーンスティンは，労働者階級の家庭では「限定コード」，中産階級の家庭では「精密コード」という言語コードが支配的であることを見出しました。「限定コード」とは，複雑な構文を用いず，文というよりも単語での発話に近い単純な言語コードを指し，たとえば「今日は大きなかぶにしよう」というように状況に依存する言葉遣いとして現れます。これに対して「精密コード」とは，従属節や副詞節を伴う複雑な構文を用いた言語コードを指し，「昨日ははらぺこ青虫を読んでもらっ

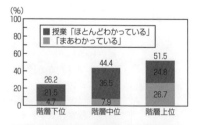

（%）

	～400	400～600	600～800	800～1200	1200～
成績上	15.4	24.7	37.6	45.6	37.8
成績中	39.7	37.4	26.2	31.5	24.4
成績下	44.9	37.9	36.2	23.0	37.8

（年収）単位：万円

成績下　成績中　成績上

図7.5.1　成績と家庭の収入（中学2年生）

出所：苅谷剛彦『大衆教育社会のゆくえ』中公新書，1995年，81頁。

（%）

授業「ほとんどわかっている」
「まあわかっている」

	階層下位	階層中位	階層上位
	26.2	44.4	51.5
	21.5	36.5	24.8
	4.7	7.9	26.7

図7.5.2　社会階層別にみた小学校5，6年生の授業の理解度

出所：苅谷剛彦『学力と階層』朝日文庫，2012年，23頁。

たから，今日は大きなかぶを読んでほしい」というように，状況に依存しない言葉遣いとして現れます。書字文化にもとづく知識を教える学校では，「精密コード」による言語の使用が求められます。そのため，家庭生活の中で「精密コード」に慣れ親しんでいる中産階級出身の子どもたちは，労働者階級の子どもたちに比べ，学校での学習に速やかに適応できるとバーンスティンは指摘するのです。

　フランスの社会学者ブルデュー（Bourdieu, P.）も，バーンスティンと同様の主張を，「文化資本」という包括的な概念を用いて展開しています。[3]

　ブルデューは，親から子どもへと受け継がれる文化を「文化資本」と名付け，それを「経済的資本」や「社会関係資本」とともに，家庭の中で継承される資本の一つとして位置づけました。それは，具体的には，家庭でのマナーや言葉遣い，所持されている書物や聞かれる音楽などを指します。ブルデューは，この概念によって学校で学ぶ知識と親和性の高い文化を持つ家庭で育った子どもが，学校での学習に成功しやすいことを指摘すると同時に，「文化資本」が世代を超えて継承されていくことにより，それを媒介に社会階層や階級が再生産されていく社会構造を明らかにしました。

　バーンスティンやブルデューが，言語コードや「文化資本」によって明らかにしようとしたことは，社会的再生産という学校の機能でした。彼らは学校のこうした機能を明らかにすることで，学校のカリキュラムが文化的に無色透明ではないこと，むしろ特定の社会階層や階級に親和的であることを指摘したのです。

③　社会的再生産に立ち向かう学校教育

　しかしながら，この再生産という機能にのみ注目してしまうと，決定論・宿命論に陥ってしまいます。そのため，再生産という鎖を断ち切る学校の機能についても，眼が向けられてきました。近年，注目されている「効果のある学校」論は，その一例です。[4]人種や社会階層といった社会的要因に由来すると考えられる学力格差を克服している学校を，欧米では「効果のある学校」と呼んでいます。そして，そうした学校でのカリキュラムや授業実践を分析することで，再生産という鎖を断ち切る学校像が模索されています。また，最近では，非認知能力や社会スキルと呼ばれる「やりぬく力」や「自制心」などを育むことで，格差に挑もうとしている学校も生まれてきています。[5]

　そうした階層格差に立ち向かうことを意識した教育実践は，日本にも存在します。生活綴方や岸本裕史の実践は，そうした戦後の数多くの教育実践の中の代表例です。[6]たとえば，岸本裕史は，家庭生活や文化を通して養われる能力を「見えない学力」ととらえ，それと学校教育を通じて獲得される「見える学力」との関係に着目しつつ，学力保障論を実践的に展開しました。学校教育の持つ社会的・文化的再生産の機能を認識すると同時に，それに立ち向かう教育実践の遺産を継承し，発展させる取り組みが望まれます。　　　　　　（二宮衆一）

▷3　ブルデュー，P. 著，宮島喬訳『再生産論』藤原書店，1991年。

▷4　日本での研究例としては，志水宏吉『公立小学校の挑戦』岩波書店，2003年や同編『格差をこえる学校づくり』大阪大学出版会，2011年などがある。

▷5　タフ，P. 著，高山真由美訳『私たちは子どもに何ができるのか』英治出版，2017年。

▷6　岸本裕史『改訂版　見える学力，見えない学力』大月書店，1996年。

（参考文献）

　苅谷剛彦・志水宏吉『学力の社会学』岩波書店，2004年。

　小内透『教育と不平等の社会理論』東信堂，2005年。

開かれた学校づくり

 ## ① 開かれた学校づくりとは何か？

　開かれた学校づくりとは，外の社会に対して閉じられがちな学校を，家庭や地域社会の人々などに開き，よりよい学校づくりを進めようとするものです。学校を開く際には，一般的に，次の二つの方向性があります。一つめは，家庭や地域社会をある意味で教育の資源ととらえて，学校教育へのサポートを得ようとする方向性です。たとえば，総合的な学習の時間に，子どもたちが地域の歴史や特徴などを学ぶ際に，学校の先生たちだけで授業を進めるのではなく，保護者や地域住民にゲスト・ティーチャーとして教室に来てもらうといった事例が考えられます。二つめは，家庭や地域社会の人々が学校教育にかかわる道を開き，参加を促すことによって，家庭や地域社会の人々のニーズを学校教育に反映させようとする方向性です。国によっては，どんな先生を配置してほしいといった人事の決定にも，保護者が参加できるところもあります。

　日本でも，早くは1960〜70年代から，学校は社会に開かれていることが望ましいという考え方は示されてきました。ただし，当時は，社会教育や生涯教育といった視点から，年齢などに関係なく学ぶ機会を持てるようにするために，学校教育の開放をめざすものでした。その後，1987年の臨時教育審議会の答申で開かれた学校の必要性が強調され，1996年の中央教育審議会答申（以下，答申）や1998年の答申で「開かれた学校づくり」が推進されます。こうした背景から，2000年代に入ると，保護者や地域住民の学校参加を促す制度が次々に打ち出されていきます。2000年の学校評議員制度，2004年の学校運営協議会制度，2008年の学校支援地域本部事業や2015年答申の地域学校協働本部などが挙げられます。2015年答申では，「開かれた学校」からさらに一歩踏み出し，目標やビジョンを地域住民等と共有し，地域と一体となって子どもたちを育む「地域とともにある学校」への転換もめざされています。2017年版学習指導要領でも，「社会に開かれた教育課程の実現が重要となる」とされ，学校を開くことが一層求められていると言えるでしょう。

② 開かれた学校に対する危惧

　学校を開くことは望ましいととらえられがちな一方で，次のような課題も指摘されています。一つ目は，保護者や地域住民が一定の権限や責任を伴う形で

▷1　中央教育審議会答申「今後における学校教育の総合的な拡充整備のための基本的施策について」（1971年6月11日）。

▷2　中央教育審議会答申「21世紀を展望した我が国の教育の在り方について」（1996年7月19日）や中央教育審議会答申「今後の地方教育行政の在り方について」（1998年9月21日）。

▷3　Ⅸ-6 参照。これらの制度は，学校評価とも密接にかかわっている。

▷4　中央教育審議会答申「新しい時代の教育や地方創生の実現に向けた学校と地域の連携・協働の在り方と今後の推進方策について」（2015年12月21日）。

▷5　大桃敏行「学校参加」篠原清昭『スクールマネジメント——新しい学校経営の方法と実践』ミネルヴァ書房，2006年，227-242頁。

学校に参加する場合，参加する人は保護者や地域住民の意向をどのように代表しているのかというものです。一部の保護者や地域住民の考えやニーズだけが学校に受け止められ，逆に社会的に立場が弱い保護者や地域住民の意向が封じ込められてしまうと，すべての子どもたちの学びの保障を行うべき学校において，一部の家庭の子どもたちが不利な立場に置かれてしまうかもしれません。二つ目は，保護者や地域住民の意向と教職員の意見が合わない場合にはどうするのかという，いわば民主性と専門性との調整の問題です。教職員には，保護者や地域住民の意向への対応能力を含めた専門性の向上が，保護者や地域住民には学校教育への理解の深化が求められます。三つ目は，民主主義の担い手となっていくべき子ども自身の参加をいかに保障するのかというものです。

③　民主的で教育的な開かれた学校づくりをするために

　ただし，上述したような課題を乗り越えうる取り組みも多く行われています。たとえば，浦野東洋一らが進める「開かれた学校づくり」では，保護者や地域社会の人々に開くだけでなく，学校教育の中心にいる子どもたちが参加する協議会やフォーラムを運営することによって，参加協力型の学校づくりが進められています。たとえば，高知県で1995年から進められている「土佐の教育改革」や，長野県辰野高校の事例などが挙げられます。辰野高校で1997年から開催されている辰高フォーラムでは，保護者や地域住民，教職員，生徒など多様な人々が集まり，意見を交わしています。たとえば次のようなエピソードがあります。区長が，コンビニで買った食べ物のゴミを捨てる生徒に対して苦情を述べたことに対し，生徒会長から，学校から駅までの通学路にゴミ箱を設置してゴミを回収することが提案されました。区長は，ゴミは持ち帰る時代だと反対したものの，5か月に及ぶ話し合いの末，ゴミ箱設置の許可を得て，全ホームルームで年1回町にゴミ拾いに出かける取り組みにまで発展しました。地域資源の活用やニーズの反映ということを超えて，学校も地域も，それぞれの立場からともに要望を出し合い，考え，議論する中で，よりよい地域づくりや学校づくりを実現することがめざされています。

　以上のような取り組みから，開かれた学校づくりを考える際の指針は次の2点にまとめられるでしょう。①「保護者や地域住民→学校」「学校→保護者や地域住民」といった一方向の関係ではなく，保護者，地域住民，学校（教職員，児童生徒）が互いにそれぞれの立場を生かして，ともによい学校づくり，よい地域づくりに携わっていけるようにすることです。②保護者・地域住民・教職員・児童生徒のどの立場であっても，必ず多様な人々がいることを前提とすることです。声の大きい人だけの意見を，その立場の人たち全体の意見としてまとめてしまうのではなく，小さな声も拾いながら，納得解をめざすような取り組みを考えていくことが必要だと言えるでしょう。　　　　　　（奥村好美）

▷6　浦野東洋一・勝野正章・中田康彦編『開かれた学校づくりと学校評価』学事出版，2007年。

（参考文献）

　佐藤晴雄『コミュニティ・スクール──「地域とともにある学校づくり」の実現のために』エイデル研究所，2016年。

　山下晃一「学校参加と教育法」篠原清昭編『教育のための法学──子ども・親の権利を守る教育法』ミネルヴァ書房，2013年，245-259頁。

2 教育と学習の道具

 道具が変える，道具が変わる——黒板を例に

　学校で用いられる道具は，その進歩が教育と学習の姿を変えていきますし，逆に，教育と学習の姿を反映して道具も変化していきます。

　黒板が日本の学校でも取り入れられて全国に普及したのは明治の初期でしたが，当初は，もっぱら教室正面に据え置いて，必要な情報を教師が提示するための装置として用いられていました。その後，自由教育運動がさかんになる大正時代になると，子どもたちによる黒板活用の意義が唱えられるようになり，そのために教室の側方や後方にも黒板を設置する例が見られるようになりました。教師による情報提示ツールから教師-子ども間のコミュニケーションツールへの転換です。1960年代後半になると，それまでの木製に代わってスチール製の黒板が使われるようになり，マグネットで紙や写真を貼り付けることが可能となって，視覚的な素材の活用の幅が広がりました。2000年代後半からは，小型（B4やA3サイズ）や中型（60 cm×90 cm程度）のホワイトボードを教室の人数分やグループ分用意して活用することが広がり始めます。子どもが各自の小型ホワイトボードに考えを書いて互いに見せ合ったり，グループでファシリテーターを中心に中型ホワイトボードに書き込みながら話し合いを進めたりといった使い方が見られます。教師主導型の授業像から「ワークショップ」など学習者が主体的・協同的に学ぶ授業像への転換を受けてこうした道具が生まれてきているとも言えますし，逆に，こうした道具の普及によって互いの考えの可視化が容易となり主体的・協同的な学習が促進されているとも言えます。

2 **映像機器の発展と活用**

　映像機器の発達もまた，教育・学習の姿と相互に影響を与え合ってきました。

　映像を扱うことができる最初の道具となったのは映画です。1930年代には地理や理科などの分野で教材映画が製作され，巡回上映などの形で学校でも利用されました。1953年にテレビ放送が開始されたときには，当初から「学校放送」と呼ばれる学校向けの教育番組の放送も行われました。テレビは映画に比べて，即時性・継続性・経済性などの点で優れていた一方，放送日時が決まっているため，時間割とずれたり教師による事前の内容確認が困難であったりといった難点もありました。1970年代になると，ビデオテープレコーダー

▷1　石附実『近代日本の学校文化誌』思文閣出版，1992年。

▷2　ホワイトボードそのものは1970年前後には登場している。黒板に比べて光が反射しやすいため，教室前方の据え置き型黒板に取って代わるには至らなかったが，チョークの粉が飛び散らないなどの利点があるため，家庭科室などを中心に普及した。

▷3　ちょんせいこ『ちょんせいこのホワイトボード・ミーティング』小学館，2015年。なお，個人用の小型ホワイトボードは，子どもが一人１枚保有して文字等を書き入れてときには掲げて教師に見せるという点に関しては，実は明治時代に用いられていた石盤（石筆で書きつける粘板岩でできた薄い板）と似ている。石盤がノートに取って代わられた後失われていたその機能が，授業像の変化や道具の進歩（軽量で安価なホワイトボードの普及）により，あらためて小型ホワイトボードの形で現れてきたとみなすこともできる。

（VTR）が普及し，学校放送を録画して利用することが可能になります。一般番組の録画や市販ビデオも用いられるようになり，部分的な再生，反復再生，一時停止など，映像の利用形態が広がりました。1980年代中頃には小型のビデオカメラが登場し，教師が自作のビデオ教材を作ったり体育の授業で子どもの動きを録画しておいて後で視聴させたりといった使い方ができるようになります。その後，小型化・高性能化・低価格化がいっそう進み，国語や社会の授業，総合的な学習の時間などにおいて，子ども自身がビデオカメラを使って撮影し作品を作る活動も試みられるようになりました。このように，それまでは映像の受け手の立場にあった子どもが作り手の立場に立って，自らの撮影・編集体験を通してメディア・リテラシー[4]について学んでいくことが可能となっています。

③ ICT の発展と活用

　1980年代後半に利用が始まりその後急速に教育現場に浸透したのが，コンピュータをはじめとするICT（情報通信技術）関連の道具です。1990年代にはパソコン，2000年代にはインターネット，2010年代にはタブレット型端末が普及しました。この先2020年度からは，教科書の内容をデジタル化してタブレット端末やパソコンなどで利用できるようにした「デジタル教科書」が正式な教科書として位置づけられ導入される見通しです（ただし当面は紙の教科書と併用）。[5]

　コンピュータは，日本の教育界において，当初は主として決められた内容を効率的に教えるための道具としてとらえられていました。たとえばCAI（Computer Assisted Instruction）によるドリル学習にはこうした特徴が見られます。[6] 各自の進度に応じた学習が可能になる一方で，学習の意味が問われなくなる，学習者が受け身の立場に置かれるといった難点が指摘されました。

　その後，コンピュータを学習活動の道具として利用する取り組みも登場してきました。学習者同士の協同学習をコンピュータによって支援するCSCL（computer supported collaborative learning）などがそれに該当し，ネットワークでつながった学習者が各自の考えを書き込む掲示板，リアルタイムでやりとりを行うチャットなどのツールが活用されました。

　近年では，オンライン動画等を利用した個別学習と教室での対面式授業とを組み合わせた「反転学習」などの取り組みが登場しています。[7] 教師が情報の提示から学習の進度・形態の管理までを一手に担う一斉指導形式とは異なる学習像を視野に入れた場合，ICTのより多様な活用方法が考えられますし，また，ICTのそうした活用が，学習像の転換を後押しすることにもなります。

（渡辺貴裕）

▷4　Ⅻ-8 参照。

▷5　デジタル教科書は，音声や動画などの収録，関連資料や練習問題などとのリンク，障害を持つ子どもの特性への対応といった点で利便性がある一方，紙媒体と比べたときの一覧性・俯瞰性の乏しさ，機器の動作の不安定さ，多様な操作ができるがゆえの学習者の集中力への負荷などの点で懸念が示されている（新井紀子『ほんとうにいいの？デジタル教科書』岩波書店，2012年）。
　また，教科書の検定や無償配布，使用義務といった既存の制度との調整も課題となっている。従来の教科書の位置づけや授業像・学習像を前提とするのではなく，それ自体の問い直しとともに検討を進める必要があると考えられる。Ⅵ-2 参照。

▷6　コンピュータが提示する問題に学習者が回答し，それにコンピュータが即座に正誤の判定を返すことで，学習を進めていく。即時フィードバックやスモールステップといったプログラム学習の原理にもとづいている。

▷7　バーグマン，J・サムズ，A. 著，上原裕美子訳『反転学習』オデッセイコミュニケーションズ，2015年など。

（参考文献）
　佐伯胖『マルチメディアと教育』太郎次郎社，1999年。
　コリンズ，A.・ハルバーソン，R. 著，稲垣忠編訳『デジタル社会の学びのかたち——教育とテクノロジの再考』北大路書房，2012年。

3　学校建築と教室

　空間のデザインと学校像・学習像

　学校建築や教室のデザインには，学校や学習のとらえ方が反映されます。教室前方の黒板と教卓に向かって机と椅子が整然と並んだ教室の姿からは，教師の話を聞いたり板書をノートに写したりすることを標準とする学習像が見て取れるでしょう。また，理科，音楽，美術（図工）などは専用の設備があって実習が可能な「特別教室」で行い，国語，数学，社会，英語などは汎用的な「普通教室」で行うという区別からは，後者の教科における実習的要素，具体物を介した活動などの軽視が見て取れるでしょう。

　学習像の転換を訴えたデューイ（Dewey, J.）は，『学校と社会』において，図書館を中心として，作業室，織物室，台所，食堂がそれを取り囲み，産業生活や家庭，地域，大学などとの連携を保った，学校の理念形を提示しています。学習と生活を支える空間への意識の必要性を示したものと言えます。

2　オープンスペースの普及と新たな学校建築

　一直線に伸びた廊下に沿って同型の教室が並び，それが3～4階分積み上がった校舎。「片廊下一文字型校舎」と呼ばれるこうした形態は，学校種や地域を問わず全国的に共通して見られます。このように標準化された設計は，戦後，鉄筋コンクリート造りの頑丈な校舎を低コストで大量に建てていくためには役立ちました。しかし一方では，それが学校建築の画一化を招くことにもなりました。

　1970年代後半になると，アメリカでのオープンスクール運動などの影響を受け，教室の廊下側の壁を取り払って「オープンスペース」などと呼ばれる多目的空間と連続させて多様な学習形態に対応できるようにするなど，新しい学校建築の試みが始められました。とくにオープンスペースは，1984年に文部省（当時）が補助金制度を設けてから，普及が進みました。

　また，オープンスペースを設けるのみでは，ただ広いだけの無機質な空間を生み出しかねないため，子ども数名が入れるような小さくくぼんだ空間（「アルコーブ」や「デン」などと呼ばれる）を設けたり，腰掛けたり寝転がったりできる一段高くなった場所を設けたりなど，子どもが居心地のよさを感じられるような空間の設計も試みられています。

▷1　このような工夫を数多く取り入れ，生活の場としての学校を見直した学校建築として，福岡市立博多小学校などの例がある。工藤和美『学校をつくろう！──子どもの心がはずむ空間』TOTO出版，2004年を参照。

▷2　武藤義男・井田勝興・長澤悟『やればできる学校革命』日本評論社，1998年。

▷3　板橋区新しい学校づくり研究会『新しい学校づくり，はじめました。──教科センター方式を導入した，東京都板橋区立赤塚第二中学校の学校改築ドキュメント』フリックスタジオ，2014年。

③　教科センター方式の取り組み

　「特別教室」と「普通教室」を区分するのではなく，どの教科に関しても専用の教室を設けておき，子どもが時間ごとにそこへ移動して授業を受けるのが，「教科センター方式」です。欧米の中等学校では一般的に見られる方式でしたが，日本でも，1990年代の福島県三春町の教育改革において複数の中学校で採用されるなどして注目が高まり，それ以降，取り組みの例が出てきています。

　図8.3.1は，東京都板橋区立赤塚第二中学校の校舎の様子です。教科ごとに専用教室が固めて配置され，各教科の「メディアスペース」がそれに隣接しています。「メディアスペース」には，その教科に関連する資料や器具（例：大判の日本地図，地球儀など），生徒の作品などが置かれ，その教科を学ぶ雰囲気が形づくられます。また，教科教室の廊下側の仕切りを開放して「メディアスペース」と一体的に活用し，グループでの学習を促すことなども可能です。

　教科センター方式において生活上の拠点となる空間を確保するやり方として，赤塚第二中学校のように教科教室と別にホームルームを設けるタイプのほかに，教科教室をクラスに割り当てるタイプなどがあります。福井市至民中学校では，さらに教科のエリアごとに第1〜3学年を組み合わせてホームルームを割り当てる「異学年型教科センター方式」を採用して異学年の生徒との交流や生徒自治の促進を図り，注目を集めました。

④　教師と子どもたち自身の手による教室の作り替え

　いくら先進的な学校建築を導入したとしても，教師の側にその特性を活用しようとする姿勢がなければ，その意義は損なわれます。一方，既存の校舎であっても，教師の側に空間を工夫・活用しようとする姿勢があれば，様々な試みが可能です。子どもたちとともに教室をベンチや畳コーナーがある空間へと作り替えていく岩瀬直樹らの「教室リフォーム」の取り組みは，子どもたちの学習・生活への当事者意識をも同時に育てる，興味深いものです。

（渡辺貴裕）

▷4　しみん教育研究会『建築が教育を変える──福井市至民中の学校づくり物語』鹿島出版会，2009年。

▷5　子どもがもぐりこむことが意図されていたはずの「アルコーブ」や「デン」が，教師によって物置として使われ，子どもが寄りつかなくなってしまっている例などがある。

▷6　岩瀬直樹編著『クラスがワクワク楽しくなる！子どもとつくる教室リフォーム』学陽書房，2017年。

（参考文献）

　鈴木賢一『子どもたちの建築デザイン──学校・病院・まちづくり』農山漁村文化協会，2006年。

　美馬のゆり・山内祐平『「未来の学び」をデザインする──空間・活動・共同体』東京大学出版会，2005年。

　上野淳監修，学校を変えなくちゃ!!編集委員会編『学校を変えなくちゃ!!──学校の再構築がはじまった』ボイックス，2002年。

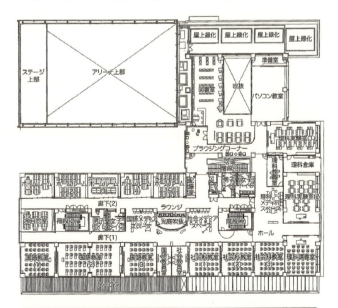

図8.3.1　東京都板橋区立赤塚第二中学校　校舎平面図（2階）

出所：板橋区新しい学校づくり研究会，2014年，30頁。

4 教室と学級の編成

1 どのような場で授業を行うか

　日本では，通常縦横約8メートル・高さ約3メートルで，黒板を正面とした閉鎖空間の中で，原則最大40人の子どもからなる学級を前に授業が行われます。こうした教室と学級編成は，講義形式での（いわゆる従来型の）授業を前提としています。近年，日本においては，こうした従来型の授業を乗り越えるような，多様な形態での授業が志向されています。これにより，上記のような学習空間と学級のあり方を問い直すことが重要になってきています。[1]

2 日本における学年学級制とその歩み

　日本の場合，学級は学年と密接に結びついています。学年とは1年単位で区切られた学習の段階のことで，4月2日生まれの子どもから翌年4月1日生まれまでの子どもが一つの学年に在籍しています。そして成績や能力に関係なく，同じ学年の子どもたちをいくつかの集団に分けたのが，一般的な日本の学級の姿です。こうした学級のあり方を学年制（学年学級制）と言います。

　それに対して，学年に関係なく学習進度や成績で学級を区分するやり方を等級制と言います。等級制では通常，試験に合格すれば進級が認められます。一方で，飛び級や原級留置（いわゆる留年）が行われることもあります。

　日本でも，かつては等級制が敷かれていました。日本の学年・学級に関する制度は，1886（明治19）年，「小学校ノ学科及其程度」に定められました。当時の小学校は，課程を4年間ずつ上等・下等に分け，それぞれ授業内容の水準に即して八つの「級」を設定し，学力の程度に応じて子どもたちを区分する等級制をとっていました。教員一人に対して一つの学級が設けられ，その人数の上限は，尋常小学校では80人，高等小学校では60人でした。

　ところが，とくに村落の学校において，級が上がるほど子どもが少なくなる点や，それにもかかわらず各級に教員を配置しなければならない点から，等級制は廃れていきました。[2]1891（明治24）年の「学級編制等ニ関スル規則」では，学級は，一人の教員が教授する都合に合わせて，主に同学年の子どもで編成すべきものとされました。現在の日本に見られる学年制が登場したのです。当初の学年制は，あくまで教えるための効率性や経済性の論理を優先していました。しかし，学齢人口や就学率の増加につれ定員オーバーとなる学級が出現するよ

▷1　歴史的にも，同様の問題意識から，進歩主義教育運動において多様な活動エリアを含み持つような教室空間のあり方が追究されてきている（宮本健市郎「エンゲルハートの学校建築思想：工場モデルから家庭モデルへ——子ども中心の教育空間の試み（3）」『教育学論究』第5号，関西学院大学，2013年，147頁）。

▷2　杉村美佳「明治期における等級制から学級制への移行をめぐる論調——教育雑誌記事の分析を中心に」『上智大学短期大学部紀要』第36号，2015年，19-31頁。

うになり，個人差への対応という点で無理が生じてきました。

その後，大正自由教育では，子どもの個性を尊重し，協同的な学級社会を志向する学級規模縮小論が唱えられました。また戦後には，多様性を生かした集団思考の実践や，異質共同の学習形態が追究されました。一方，一部教科に限るとはいえ，習熟度別学級編成のような形も現れます。このように学級のあり方は多様であり，その中で豊かな学びを追求していくことが重要です。[3]

③ 多様な学級編成と学習空間の工夫

現在，一学級当たりの子どもの数の上限は40人とされています。[4]学年全体の人数をこの基準で割ることで，学級数が導出されます。しかし，2001年に基準が緩和されて以来，都道府県教育委員会の判断で40人以下の少人数学級を設置することができるようになっています。

特別な事情がある場合は，例外的な編制を行うことも認められています。たとえば，過疎地や僻地などにおいて，子どもの数が著しく少ない場合，複数学年の子どもを一つの学級に編成することがあります。これを複式学級と言います。複式学級では，小学校では16人（一年生を含む場合は8人），中学校では8人が一学級当たりの人数の上限とされます。特別支援学校では，発達段階や障害特性に即してきめ細やかな指導を行うために，少人数（上限6人）で編成されており，学年の壁を越えることもしばしばあります。

また，オープン・スクールと呼ばれる学校においては，学年・学級制の壁を越えて，学習が進められます。部分的に無学年制を導入していると言えます。たとえば愛知県東浦町立緒川小学校などでは，週に1時間，全校児童が各自の進度に応じて漢字や計算の基礎的な学習を行うようにしています。

高等学校では，学年の区切りを設けず，所定数の単位取得でもって卒業を認めるという単位制の学校も見られます。単位制は，1988年に定時制・通信制課程に導入され，1993年には全日制課程にも拡大されることで，多様なニーズを持った生徒を受け入れる場として機能しています。

以上のように，多様な学年・学級制や学習形態に対応するために，教室空間を工夫する試みもなされています。代表的なものとして，オープンスペースが挙げられます。これは基本的に，教室を仕切る壁を一部取り払い，他の空間（教室，廊下など）と連続させる形で設けられた空間を言います。[5]

オープンスペースは，日本では1960年代から70年代のイギリスやアメリカにおける学校改革の影響を受けて現れ，1984年に文部省が補助金制度を設けて以降，普及が進められてきました。遮音性の低さが足かせとなることもありますが，一方で，プロジェクト型の学習とは相乗効果を発揮します。学習指導の個別化・個性化がめざされる中，オープンスペースなどに見られる学習空間の工夫はさかんに行われるべきだと言えるでしょう。

（福嶋祐貴）

▷3 大西忠治『学習集団の基礎理論』明治図書出版，1967年，高田清『学習集団の論争的考察』溪水社，2017年などを参照。

▷4 小学校一年生の児童で編制する場合は35人となる（公立義務教育諸学校の学級編制及び教職員定数の標準に関する法律第3条2項）。なお，少子化に乗じて教職員数の純減をめざす規定もあり，編制の標準を40人（35人）以下に引き下げるのは必ずしも容易ではない（簡素で効率的な政府を実現するための行政改革の推進に関する法律第55条3項参照）。

▷5 教室と連続させずに設けた多目的スペースを指すこともある。オープンスペースは，授業や学習活動以外にも生かされている。たとえば，東日本大震災の折，学校を避難所として使用するにあたり，オープンスペースが効果的であったという実績も報告されている（災害に強い学校施設づくり検討部会「災害に強い学校施設の在り方について——津波対策及び避難所としての防災機能の強化」文部科学省，2014年，41頁）。オープンスペースについては Ⅷ-3 も参照。

（参考文献）
長澤悟・中村勉編『スクール・レボリューション——個性を育む学校』彰国社，2001年。
美馬のゆり・山内祐平『「未来の学び」をデザインする——空間・活動・共同体』東京大学出版会，2005年。
柳治男『〈学級〉の歴史学——自明視された空間を疑う』講談社，2005年。

時 間 割

▷1 ⅩⅤ-7 も参照。

 不思議な時間割

　表8.5.1は，和歌山県にあるきのくに子どもの村小学校の時間割です。「プロジェクト」はテーマごとに分かれて総合的・体験的に学ぶ時間，「基礎学習」は「ことば」と「かず」について学ぶ時間，「自由選択」はスポーツや音楽などのグループ活動の時間です。それぞれの内容はもちろん，一日の時間の組み方にも目新しさを感じられることでしょう。月曜日と水曜日は「プロジェクト」の時間しかないのです。

　多くの人は，「1時間目国語，2時間目理科，3時間目算数，……」といった時間割を当然のものとして受けとめていることでしょう。しかし，はたしてそうなのでしょうか。

② **固定化された時間割から柔軟性のある時間割へ**

　日本の学校では，戦後長らくの間，二つの特徴を持った時間割が用いられてきました。一つは，小学校では45分，中学校および高等学校では50分を一単位時間として，学年や教科などによる違いがないこと。もう一つは，しばしば各曜日の時間割が固定されており，年間を通じて大きな変化がないことです。

　しかし，これは少し考えてみれば奇妙なことです。小学校1年生と6年生とでは集中が持続する時間が異なります。漢字の学習と理科の実験を同じ時間枠で行う必然性もないでしょう。また，一年のうち学習するのに適した時期に集中的に取り組む教科があってもよさそうです。

表8.5.1　きのくに子どもの村小学校　2012年度時間割

	月	火	水	木	金
8：55- 9：05		ユースフルワーク	ユースフルワーク	ユースフルワーク	ユースフルワーク
9：10-10：40	※月曜日は遠方から来る児童のため11時始業	基礎学習	プロジェクト	基礎学習	基礎学習
11：00-12：35	プロジェクト	自由選択	プロジェクト	プロジェクト	自由選択 ※5，6年生は後半「英語」
13：40-15：10	プロジェクト	自由選択	プロジェクト	基礎学習	プロジェクト
				全校ミーティング	

出所：堀真一郎『きのくに子どもの村の教育』黎明書房，2013年，188頁をもとに筆者作成。

　本来，様々な学習活動を行う際にあらかじめ一律の時間枠を定めておくことには無理があるのでしょう。もちろん，実際の学校では，特別教室などの割りふりの問題，教科担当やティーム・ティーチング（TT）の教師のやりくりの問題といった現実的制約があります。しかし，たとえば，子どもが新たな疑問を見つけ，調べたくてうずうずしているときに，チャイムが鳴ったからといってそこで理科の学習を終え，次のチャイムで算数の学習を始めるというのでは，子どもの探求心をそこなうことにもなりかねません。

　これまでにも，とくに学級担任制をとっている小学校では，子どもの様子を見て授業時間を調整するということが行われてきました。近年ではさらに，時間割そのものを，固定化されたものから柔軟性のあるものへと変える取り組みが広がってきています。

❸　様々な時間割編成の方式

　小中学校における時間割の柔軟化のきっかけになったのは，1998年版の小中学校の学習指導要領における記述の変化でした。それまでは，授業の一単位時間に関して，「45分を常例」（小学校），「50分を常例」（中学校）とされていたのが，この学習指導要領からは，「各学校において…（中略）…生徒の発達段階及び各教科等や学習活動の特質を考慮して適切に定める」ことになったのです。もちろん，学校教育法施行規則に定められた各教科の授業時数は満たさなければなりませんが，その範囲内では，時間割の「弾力的」な編成が推奨されることになりました。そこで，たとえば次のような方式の時間割編成が登場しています。

○モジュール方式

　45分や50分といった時間を15分や25分といった基本単位（「モジュール」）に分割して，それを組み合わせて時間割を編成する方式です。これにより，たとえば，毎朝1モジュールを計算やリコーダーの反復練習にあてたり，理科の実験には5モジュールをあてたりといったことが可能になります。

○ブロック方式

　モジュール方式とは逆に，90分や100分といった長い時間枠（「ブロック」）を設定しておいて，その中で担当の教師が，学習活動のタイプや子どもの様子に応じて時間運用を行うやり方です。冒頭のきのくに子どもの村小学校の例は，これにあたるでしょう。

○集中方式

　上記二つが，一日の時間運用に変化を持たせるものであるのに対し，これは，曜日によって固定化された時間割に変化を持たせるものです。たとえば，6月のある1週間を「総合的な学習の時間」のみを行う期間として設定し，調査や発表のための基礎技能のトレーニングを試みる事例などが見られます。

（渡辺貴裕）

▷2　時間の区切りに従って行動するという習慣は，学校が子どもに与えている代表的な隠れたカリキュラム（ヒドゥン・カリキュラム）の一つである。歴史的にみても，日本人に「時間厳守」の意識を形成する上で学校が果たした役割は無視しえない。橋本毅彦・栗山茂久『遅刻の誕生――近代日本における時間意識の形成』三元社，2001年。

▷3　これに伴って，チャイムを廃止する（「ノー・チャイム」）取り組みも広がってきている。実社会の多くの場面において求められているのと同様に，自ら時間を意識して行動することの習慣づけをめざすものである。

▷4　このように毎日同じ時間帯に設定する短い時間枠は，「帯時間」などと呼ばれたりする。

（参考文献）

　奈須正裕『学校を変える教師の発想と実践』金子書房，2002年。

教授組織の編成

 教職員の定数とその配置

　一つの学校には，複数の教職員が所属しているのが普通です。教職員の総数は都道府県ごとに定められていますが，その標準となる定数は，法律で規定された計算式に基づいて算出されます。[1] 算出された教職員数に従って，都道府県教育委員会は各学校に教職員を配置しています。

　学校に配置された教職員は，所属校において様々な役割を担っています。学校の運営上必要な業務を校務といい，学校教育法上，校長がその処理についての権限と責任を負っています。この規定から，校長は上司として教職員に校務を分担させ，指示することができます。校長によって決められる校務に関する分担を校務分掌と言い，学校の実情に応じて分担されています。日本の教師は，子どもを教えるだけでなく事務作業をも受け持つ点で特徴的であると言われることがありますが，そうした特性は校務分掌に起因しています。

 学級担任制と教科担任制

　一方で，学習指導・生活指導をはじめとする子どもたちの教育をどのように受け持つかについても分担されており，これは通常，校務分掌とは別に位置づけられます。直接的に子どもの教育にあたるために編成される組織を教授組織と呼びます。教授組織の編成には，大きく二つの方式があります。

　一つは学級担任制です。これは，一人の教師が一つの学級を担当するという分担方式です。学級担任は，学級の学習指導と生活指導の全般を担当します。日本においては現在，初等教育でこの方式を採用するのが基本です。

　学級担任制には，様々な場面での姿，家庭環境・生育歴など，子どもを総合的に見ることができる，人格的な感化を与えやすい，教科の枠を越えて弾力的・合科的・総合的に指導を行いやすいというメリットがあります。しかし，教科の専門性を高めにくい，子どもに対する見方が固定化しやすいというデメリットもあります。また，教師が権力的・独善的に学級経営を行う「学級王国」という状態も招きやすく，否定的にとらえられることもしばしばあります。

　もう一つの方式は，教科担任制です。これは一人の教師が一つの教科を担当するというものです。教科担任は，多くの場合，複数の学級の教科指導を受け持っています。日本では現在，中等教育においてこの方式が採用されています。

▷1　義務教育諸学校については，公立義務教育諸学校の学級編制及び教職員定数の標準に関する法律第6条から第18条に，高等学校については，公立高等学校の適正配置及び教職員定数の標準等に関する法律第7条から第12条に，それぞれ算出方法が定められている。

　教科担任制のメリットには，教科の専門性を高めやすい，授業の準備も焦点化して行いやすい，複数の教師の視点から一人ひとりの子どもをとらえることができる，子どもにとっても様々な大人のモデルに出会い，交流することができるといった点があります。デメリットとしては，子どもについての情報が断片的になりやすい，弾力的・合科的な教科指導や教科間の連携が行いにくいといった点が挙げられます。中学校や高等学校でも限定的ながら学級担任が置かれており，教科担任が学級担任との情報交換を行うことが期待されます。

③　教授組織の工夫・改善

　学級担任制にも教科担任制にもメリットとデメリットがあります。その中で，それぞれが互いのメリットを取り入れるための工夫もあります。

　たとえば，学級担任制を基本としつつ，音楽，図画工作，家庭科など特定の教科において教科担任制を採用するというものです。これは専科の制度と呼ばれています。近年重要性が認識されている小中連携事業においても，中学校の教師が小学校の授業の一部を担当するという取り組みが見られます。[2]

　交換授業という形式もあります。一部の教科において，授業の担当を，主として同じ学年の教師の間で調整し，文字通り交換するというものです。多くの場合，お互いの得意不得意が基準になります。[3]

　もっとも代表的な工夫・改善の試みとしては，ティーム・ティーチングが挙げられます。[4] これは，複数の教師が協力して指導にあたることをいい，「一人の教師 対 一つの学級」という発想から「複数の教師 対 複数の学級」という発想への転換を行うものです。ティーム・ティーチングには，大きく分けて二通りの方式があります。一つは，授業づくりの過程で複数の教師が協力を行い，学習集団を弾力的に編成し直して指導を行う方式を指します。二つの学級を三つに分けて三人でそれぞれ指導するといった形です。もう一つは，授業場面において一つの学級を複数の教師が協力して指導するという方式です。これにより，一斉指導と個別指導を同時に行ったり，グループ学習においてグループの指導を分担したり，対話の模範を示したりと，様々な工夫が可能になります。

　今後，様々な形で教授組織の改善が求められるようになります。たとえば，教師の多忙化が取り沙汰され，その解消に向けて，学校組織全体を「チーム学校」ととらえ，協働的に教育活動を創り上げることがめざされています。[5] また，子どもたちの資質・能力の育成に向けて，多様なニーズに対応してきめ細やかな指導を実現するために，協力的な教授組織が要求されています。協力するだけでなく学習する組織として，授業研究などを通して学び合う教師集団のあり方にも期待が高まっています。ティーム・ティーチングなどのモデルは，こうした要求に応える道筋を提示してくれるものとみることができるでしょう。

（福嶋祐貴）

▷2　たとえば，中学校の理科の教師が小学校六年生の理科の授業を担当するなど。小中一貫あるいは小中連携の取り組みにおいて，いわゆる「中1ギャップ」の解消のために用いられることもある。

▷3　たとえば，1組の教師が2組の音楽科の授業も担当する。その代わりに，2組の教師が1組の図画工作科の授業も担当するというような形式。

▷4　2016年度の全国学力・学習状況調査に伴って行われた質問紙調査によれば，小学校の66.5％，中学校の57.9％が，算数・数学の授業でティーム・ティーチングを行っている。

▷5　Ⅰ-3 も参照。

（参考文献）
　新井郁男・天笠茂編『学習の総合化をめざすティーム・ティーチング事典』教育出版，1999年。
　石井英真編著『教師の資質・能力を高める！　アクティブ・ラーニングを超えていく「研究する」教師へ』日本標準，2017年。
　加藤幸次『ティーム・ティーチング入門』国土社，1996年。

1 教育評価の考え方

 「教育評価」とは

　「教育評価」という言葉は，もともと「エバリュエーション（evaluation）」の邦訳であり，アメリカの進歩主義の考え方とともに第二次世界大戦後の日本に導入されました。従来から使用されていた「測定（measurement）」と区別するために，その創始者であるタイラー（Tyler, R. W.）は，「教育評価」は教育全体に融合されている部分活動であり，教育の過程，条件，成果などに関する様々な情報を収集し，それらを目標に照らし合わせて教育の成否を確認し，教育活動の調整・改善を行う活動を指す用語として定義づけました。

　しかし，「教育評価」の発信地であったアメリカでは，「測定」派である人々がタイラーの理論を吸収し，修正した理論が，同じく「エバリュエーション」と呼称されていました。1940年代に日本に紹介された文献でも，このように二つの系譜が存在したにもかかわらず，区別されないまま「教育評価」として語られるようになりました。[1] さらに，「測定」概念の研究を戦前において行っていた教育心理学者とその門下生が紹介の主力を担うことによって，「教育評価」は，当初内包していた，流動する教育目標に向かう児童の成長・発達に対する関心およびカリキュラム改善のためという意図が薄まり，学習効果を孤立的な行動に関連させ量的に表現する傾向が強まっていきました。

　その傾向を反転させたのは，1970年代前後に日本に勃発した「到達度評価」運動でした。その中で，「到達目標」の設定が児童の学習権・学力を保障する取り組みとして位置づけられることによって，「エバリュエーション」の概念を継承・発展させたのみならず，教育課程の「民主編成」[3] を促す形となりました。

 教育評価観の転換

　日本の指導要録の改訂史を通して，教育評価観の転換を概観することができます。戦前には，「考査」という観察やテストによって，子どもたちの平常の学業成績を総合的に評価しようとする考え方がありました。それが「絶対評価」と呼ばれ，いわゆる教師の絶対性を規準とする評価として問題視されました。1948年の指導要録では，「考査」への反省として，「相対評価」が登場しました。「相対評価」とは，ある集団内での子どもたちの位置や序列を明らかにする評価であり，「集団に準拠した評価」とも言われます。しかし「相対評価」は，ど

▷1　田中耕治『教育評価』岩波書店，2013年，33-35頁参照。

▷2　長島貞夫「エヴァリュエーション」『新教育事典』平凡社，1949年，22-25頁。

▷3　**民主編成**
　学校の教職員集団の民主的な合意にもとづいて到達目標づくりを行う営みである。また，地域住民・保護者に向けて学校としてはこのような子ども像をめざし，これだけの学力を子どもたちに形成するということを公的に約束することを意味する（佐々木元禧編『到達度評価』明治図書出版，1979年，124-129頁）。

んなに指導しても必ず「1」をつける子が存在するというような非教育的な点，序列化が学校を勝ち負けの競争の場にする点，および集団が変わると位置も変わる点が問題となり，1960年代から社会的に批判されるようになりました。それを受け，1955年版指導要録では，「相対評価」の非教育的な点を補うために，一人ひとりの子どもの個性を基準にして，その子どもの発達を継続的・全体的にみようとする「個人内評価」が採用されました。

　2001年以降，さらに「到達度評価」運動の延長線上に位置づく「目標に準拠した評価」が推奨されました。「目標に準拠した評価」は，目標を明確に設定し，設定された目標に到達できたかどうかを教師に点検させ，到達できていなければ教育実践の改善を迫ります。その学力保障の立場は世間から注目され，2010年版指導要録にも採用されました。「目標に準拠した評価」は，戦前の「絶対評価」と一線を画すものであるために，教師による一方的な「外的評価」ではなく，保護者や地域住民の教育評価への「参加」とともに，子どもたち自身による「内的評価（自己評価）」が重要な役割を担ってきます。

③　教育評価の機能

　教育評価とは，たんに子どもたちの学習結果を評定するだけではなく，教師にとっては自分の指導を反省する契機として，子どもたちにとっては学習の見通しを得るために行われるものです。ブルーム（Bloom, B. S.）らは，教育実践における評価の機能を「診断的評価」「形成的評価」「総括的評価」に分けています。

　「診断的評価」は，実践を始める前に，その学校段階・学年・学期・単元の学習に対する子どもたちの準備状況を把握するものです。診断とは，教師が子どものこれまでの学習経験や生活経験，有する知識，技能の状態などを事前に知っておくことであり，子ども自身もそれらを知ることです。「形成的評価」とは，指導の途中においてその教育が成功しているかを点検し，その結果にもとづいて必要ならば指導を改善するものです。たとえば，揺さぶる発問，ノート指導，つまずきを活かすことなどの教育技術の運用や，評価規準やルーブリックを事前に子どもたちに開示したり，ポートフォリオにおいて学習記録を蓄積し，それをもとに検討会を行ったりすることがその具体例にあたります。「総括的評価」は，実践のおわりに，学力を総体としてとらえるものです。総括的評価の材料には，学習活動によって生まれた様々な成果物が挙げられます。

　なお，いずれの機能も共通して，子どもたちの学びの権利を保障するために，「指導と評価の一体化」を実現させる評価行為です。教育評価が「値踏みする行為」や「選抜資料」として矮小化されないためにも，子どもたちと教師たちが互いに即時に有効なフィードバックを行うことが必要不可欠であると言えます。

（鄭　谷心）

▷4　橋本重治「個性理解と学年末評価」『児童心理』第13巻第3号，1959年。

▷5　2000年12月4日の教育課程審議会答申に言及されている。中央教育審議会初等中等教育分科会教育課程部会「児童生徒の学習評価の在り方について（報告）」2010年参照。

▷6　川地亜弥子「生活綴方と教育評価論——東井義雄の場合」田中耕治編著『人物で綴る戦後教育評価の歴史』三学出版，2007年，91-106頁参照。

▷7　二宮衆一「イギリスの ARG による『学習のための評価』論の考察」『日本教育方法学会紀要』2012年度（2013年3月），97-107頁。

▷8　安藤輝次「持続可能な評価の方法論」『関西大学高等教育研究』第7巻，2016年，27-37頁。安藤は，大学教育における対話的フィードバックについて，どのような効果と要素があるのかについて生涯学習の観点から事例研究を行っている。大学だけではなく，初等中等教育段階でも対話的フィードバックが重要であると考えられる。

（参考文献）

　タイラー，R. W. 著，金子孫市監訳『現代カリキュラム研究の基礎』日本教育経営協会，1978年。

　梶田叡一『形成的な評価のために』明治図書出版，1986年。

　田中耕治『学力評価論の新たな地平』三学出版，1999年。

　西岡加名恵・石井英真・田中耕治編『新しい教育評価入門——人を育てる評価のために』有斐閣，2015年。

カリキュラム評価

1 カリキュラム評価とは何か

　教育評価については，学力評価，授業評価，カリキュラム評価，学校評価といったように，様々な評価対象を設定することができます。水越敏行は，教育課程の評価（カリキュラム評価）について，授業評価を核心部に含みつつ，教室で展開される授業を間接的に規定してくるような諸条件（年間指導計画，時間割，学校行事など）に関する評価をも含むものとしてとらえています。[1]

　授業評価においては，個々の授業における教育目標，教材・教具，指導過程と学習形態，学力評価のあり方，さらにはその授業を含む単元の構造などが評価の対象となります。一方，カリキュラム評価は，授業評価を基盤にすえつつ，年間指導計画や学校カリキュラム全体の目標の内実や配置を問うものです。たとえば，カリキュラムの編成原理（経験主義か系統主義か），[2] 構造（スコープとシークエンス），[3] 単元の配置，履修原理（履修主義か修得主義か），[4] 時間配分，集団編制などは，カリキュラム評価に固有の対象と言えるでしょう。[5]

2 カリキュラム評価の種類と主体

　安彦忠彦は，「カリキュラム改訂」「カリキュラム改革」「カリキュラム改善」に対応して，「カリキュラム評価」を三つに分類しています。[6] 行政ないし制度レベルで教育課程の基準などを公式に改める「カリキュラム改訂」に対応しては，教育課程の行政担当者による評価活動が行われます。文部科学省による全国学力・学習状況調査，教育課程実施状況調査などはその典型的なものであり，また国際的な学力調査も改訂に影響を与える評価活動です。[7]「カリキュラム改革」とは，行政・制度レベルから実践現場までを含む全体的な変革が認められるものです。これに対応しては，「実施上の技術的・システム的な効率のよしあしを問題にするだけでなく，教育やカリキュラムについての考え方そのものを吟味し，新しいものに変える」評価が行われます。「カリキュラム改善」とは，「現在行っているカリキュラムの成果を少しでも上げるために，修正すべき点を見つけて部分的に手を加えること」です。この場合の評価は，主として学校現場での，実践家たる教師が中心となって行われるものだとされます。

　カリキュラムを学校の教師たちが編成するものとしてとらえる立場から言えば，[8] カリキュラム評価は，第一義的には，学校の教師たちがカリキュラム改善

▷1　水越敏行『授業評価研究入門』明治図書出版，1982年。

▷2　IV-1 参照。
▷3　IV-2 参照。
▷4　IV-3 参照。
▷5　X-2 参照。

▷6　安彦忠彦『カリキュラム開発で進める学校改革』明治図書出版，2003年。

▷7　ここで言う「カリキュラム改訂」に対応する評価は，厳密にはカリキュラム政策の評価だと考えられる。

▷8　I-2 参照。

のために行う実態把握と価値判断の営みだと言えるでしょう。

③ カリキュラム評価の進め方

　カリキュラム評価の進め方に関しては，三つの立場が登場しています。[9]

　第一は，関係者が価値判断を行う営みとしてとらえる立場です。たとえば，スクリヴァン（Scriven, M.）は，完成したカリキュラムが「他の選択肢と比べ，学校システムに採用する際の費用を正当化するために十分な優位性を持っているか」を扱う「総括的評価」として，第三者が「ゴールフリー評価」を行うことが重要だと主張しました。[10]

　第二は，社会的な実験としてカリキュラムをとらえ，効果検証をする立場です。これは，たとえば，特定のカリキュラムを与えた実験群の学業成績と，与えられなかった統制群の学業成績とを比較することにより，カリキュラムの効果をとらえようとするものです。[11]

　第三は，カリキュラム編成のプロセスの中核に学力評価を位置づけ，カリキュラムの改善を図るためのものとしてカリキュラム評価をとらえるものです。たとえば，ウィギンズ（Wiggins, G.）とマクタイ（McTighe, G.）が提唱する「逆向き設計」[12]論では，カリキュラム設計のプロセスを図9.2.1のように[13]とらえています。「ミクロな設計」では，目標と評価方法，学習経験と指導が対応するように単元設計を行います。設計した単元を実施すると，子どもからのフィードバックが得られたり，子どもの作品が手に入ったりします。学力調査などの外部のデータが入手できる場合もあります。それを踏まえて，単元や授業といった「ミクロの設計」だけでなく，科目や教科といった「マクロな設計」の改善も図られるのです。

（西岡加名恵）

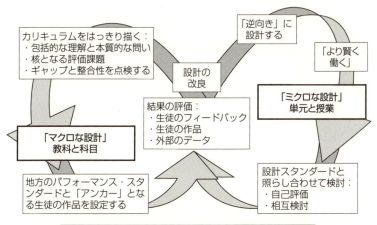

図9.2.1　「ミクロな設計」と「マクロな設計」の往還

出所：Wiggins & McTighe, 2002, p.111.

▷9　西岡加名恵「アメリカにおけるカリキュラム評価論の諸潮流」田中耕治編著『グローバル化時代の教育評価改革——日本・アジア・欧米を結ぶ』日本標準，2016年，232-243頁。

▷10　Scriven, M., "The Methodology of Evaluation." In R. Tyler, R. Gagné & M. Scriven, *Perspectives of Curriculum Evaluation*, Rand McNally & Co., 1967, pp. 39-83.

▷11　国立教育政策研究所編『教育研究とエビデンス——国際的動向と日本の現状と課題』明石書店，2012年参照。

▷12　ウィギンズ，G.・マクタイ，J. 著，西岡加名恵訳『理解をもたらすカリキュラム設計——「逆向き設計」の理論と方法』日本標準，2012年。Ⅺ-11 も参照。

▷13　Wiggins, G., & McTighe, J., *Understanding by Design:Overview 2002*, PowerPoint Slides, 2002, p. 111.

（参考文献）

　安彦忠彦『カリキュラム開発で進める学校改革』明治図書出版，2003年。

　田中統治・根津朋実『カリキュラム評価入門』勁草書房，2009年。

　西岡加名恵『教科と総合学習のカリキュラム設計——パフォーマンス評価をどう活かすか』図書文化社，2016年。

　根津朋実『カリキュラム評価の方法——ゴール・フリー評論の応用』多賀出版，2006年。

3　学力の評価

▷1　IX-4参照。

▷2　梶田叡一『教育評価（第2版補訂版）』有斐閣，2002年，114-122頁を参照。

▷3　たとえば「5段階相対評価」では，上位7％が「5」，次の24％が「4」，次の38％が「3」，次の24％が「2」，そして最後の下位7％が「1」となる。

▷4　到達度評価も相対評価との対比で「絶対評価」と呼ばれることがある。しかし，先述の認定評価や個人内評価とはまったく異なる評価の立場である。したがって，同じ「絶対評価」と言っても，認定評価と個人内評価と到達度評価は区別して考えなければならない。2001年の指導要録改訂の際に強調された「学習指導要領に示す目標に照らしてその実現状況を見る評価」という意味での「目標に準拠した評価」は，明らかに到達度評価を発展させようとするものであり，少なくとも戦前の絶対評価（認定評価）とはまったく異なる評価の立場である。

▷5　ただし，診断的評価，形成的評価，総括的評価の区別は，本来，何のために，あるいはどのように利用するのかという目的ないしは機能の違いによる区別であって，評価する時期の違いによる区別ではない。

▷6　中央教育審議会「幼稚園，小学校，中学校，高等学校及び特別支援学校の学習指導要領等の改善及び必要な方策等について（答申）」2016年12月21日。

1　学力評価とは何か

達成されたカリキュラムの評価の中核を担うものに，学力評価があります。学力評価は，教育目標として設定した教育内容や能力の習得・活用の状況を，子どもたちの実際の姿から把握し，そこで得られた情報を後の実践の改善・修正に役立てる営みです。

何を「学力」とし，それをどう把握しようとするかで，学力評価の方法は無数に存在しますが，教育内容と能力の組み合わせから教育目標を設定し，それを規準に教育実践の成果を問おうとする点は，どの学力評価法にも共通します。

2　学力評価の立場

学力評価の立場は，大きく次の四つに分けられます。それは指導要録の変遷[1]にも反映されています。

○認定評価（戦前の絶対評価）

絶対評価は，戦前，指導要録の前身である「学籍簿」（1900年創設）が用いられていたころ，教師が子どもたちの平常の学習状況を総合的に評価する「考査」において見られたもので，基本的に各教師の主観的な判断による評価です。それは，教師を絶対的な基準とする評価の立場です。この戦前の絶対評価は現在では「認定評価」と呼ばれています[2]。

○相対評価（集団に準拠した評価）

戦前の絶対評価，つまり認定評価は，戦後すぐにその主観性や恣意性が問題視され，その問題を克服するものとして，「相対評価」が戦後最初（1948年改訂）の指導要録に導入されています。日本では，「相対評価」という言葉は「集団に準拠した評価」とほぼ同じ意味で用いられています。それは，個人の成績を集団内の他のメンバーとの相対的な位置で示すもので，得点が正規分布することを前提に，正規分布曲線の配分率に基づいて子どもの評点を割り出すものです[3]。

○個人内評価

戦前の絶対評価（認定評価）に対しては，教師が絶対的な基準となることにも問題の目が向けられていました。そこで戦後，評価の基準を子どもの中に置き，一人ひとりの子どもの成長をとらえようとする評価の立場も提起されるよ

うになりました。それは「個人内評価」と呼ばれています。個人内評価には，原理的に，複数の側面や特性を比較することでその子の長所短所・得手不得手を把握する「横断的個人内評価」と，過去のデータと比較することでその子の進歩の状況を把握する「縦断的個人内評価」の二つがあります。

○到達度評価

到達度評価は，戦前の絶対評価（認定評価）や相対評価で見られた「自ら問題を解決する態度を養う」といったつかみどころのない「方向目標」ではなく，「公式を使って台形の面積を求めることができる」といった形で子どもたちが獲得すべき内容や能力を実体的に示した「到達目標」を基準に，そこに到達しているかどうかで子どもの学力を把握しようとする評価の立場です。[4]

到達度評価では，まず子どもたちに保障すべき教育内容を到達目標の形で明示した上で，子どもたちがそこに到達できているかどうかを点検し，到達できていないところがあれば教師の教育実践に改善を迫ることが基本となります。また，到達度評価では，実践開始時に「診断的評価」を，実践の途中で「形成的評価」を，実践終了時に「総括的評価」を行うことになっており，授業にあたってはとくに形成的評価を軸にした指導過程が組まれ，つねに到達目標を確実に実現させるための手だてが講じられます。[5]

❸ 観点別学習状況の評価をめぐって

2001年の指導要録改訂以降「目標に準拠した評価」という名で取り組まれているものは，上記の到達度評価を発展させたものです。しかしながら，21世紀に入り，その評価対象の中心が変わりつつあります。

2017年3月の学習指導要領改訂に向けた中央教育審議会の議論に注目すると，指導要録における観点別学習状況の評価については「知識・技能」「思考・判断・表現」「主体的に学習に取り組む態度」の三つの観点に整理することとされています。この中で，思考力・判断力・表現力の育成・評価をめぐっては，パフォーマンス評価の実施，より具体的には，知識・技能の「活用」の様相をどのようなパフォーマンス課題とルーブリックで把握するかが，実践上の課題となっています。[6][7]

また，新観点「主体的に学習に取り組む態度」については，「子供たちが自ら学習の目標を持ち，進め方を見直しながら学習を進め，その過程を評価して新たな学習につなげるといった，学習に関する自己調整を行いながら，粘り強く知識・技能を獲得したり思考・判断・表現しようとしたりしているかどうかという，意思的な側面を捉えて評価することが求められる」とされています。この趣旨に沿った評価活動を行うために，ポートフォリオの利用も想定されていますが，それを学力評価のシステムとしてどのように位置づけていくのかという点についても，まだ大きな課題があります。[8]

（遠藤貴広）

▷7 ルーブリック
　一まとまりのパフォーマンスの質を複数の側面から採点するための指標で，質の高さのレベルを示す尺度と，それぞれのレベルのパフォーマンスの特徴を示した記述語からなる。

▷8 ポートフォリオ
　イタリア語の portafoglio に由来し，運ぶことを意味する portare と，葉や紙を意味する foglio をつなげた言葉で，元々は，書類を入れて運ぶケースを指す言葉である。それが，芸術分野では，自分を売り込む作品を収めた鞄を指すようになり，また金融分野では，投資家が分散投資した金融商品の組み合わせを指すようになり，そして学校教育では，学習過程で生み出される作品や記録を系統的に蓄積し整理したファイルやフォルダを指すようになっている。

（参考文献）
　遠藤貴広「学力をどう評価するか」田中耕治・井ノ口淳三編『学力を育む教育学（第2版）』八千代出版，2013年，127-146頁。
　遠藤貴広「教育実践を支える評価——民主主義の新たな基盤」田中耕治編『戦後日本方法論史（上）——カリキュラムと授業をめぐる理論的系譜』ミネルヴァ書房，2017年，第6章。
　田中耕治『教育評価』岩波書店，2008年。
　田中耕治『よくわかる教育評価（第2版）』ミネルヴァ書房，2010年。
　中内敏夫『「教室」をひらく——新・教育原論（中内敏夫著作集Ⅰ）』藤原書店，1998年。
　西岡加名恵・石井英真・田中耕治編『新しい教育評価入門——人を育てる評価のために』有斐閣，2015年。

4　指導要録・通知表

　指導要録

　日本では，学校での学習の状況を「指導要録」と呼ばれる帳簿に要約・記録し，一定期間学校に保管することになっています。法令では，「児童又は生徒の学籍並びに指導の過程及び結果の要約を記録し，指導及び外部に対する証明等のために役立たせるための原簿」（文部省通知）と規定され，学校教育法施行規則において，校長にその作成と保存（「学籍に関する記録」は20年，「指導に関する記録」は5年）が義務づけられています。

　たとえば2016年に改訂された小学校児童指導要録の参考様式には，まず「学籍に関する記録」として，児童・生徒の氏名，性別，生年月日，現住所，入学・卒業年月日のほか，保護者，学校，校長，学級担任者の欄が設けられ，次に「指導に関する記録」として，「観点別学習状況」と「評定」からなる「各教科の学習の記録」のほか，「特別の教科　道徳の記録」「外国語活動の記録」「総合的な学習の時間の記録」「特別活動の記録」「行動の記録」「総合所見及び指導上参考となる諸事項」「出欠の記録」といった欄が設けられています。ただ，これはあくまで文部科学省が示した「参考様式」であって，必ずこの様式に従わなければならないわけではありません。公立の小中学校の場合，所管の市町村教育委員会が指導要録の様式を決めることになっています。

　指導要録にはまた，「指導」と「証明」の二つの機能があるとされています。すなわち，指導要録は，児童・生徒一人ひとりの学習・行動・健康面の状況を記録して，後の指導に役立てられる（指導機能）一方で，進学時の調査書（内申書）や就職時の証明書の原簿としても使われます（証明機能）。このため，指導要録も，子どもたちが経験するカリキュラムに大きな影響を与えます。

▷1　Ⅸ-3 参照。
▷2　このため，「観点別学習状況」欄での評価を「分析評定」，「評定」欄での評価を「総合評定」と呼ぶこともある。なお，この「観点別学習状況」の観点は，2017年3月改訂の学習指導要領の施行に際し，「知識・技能」「思考・判断・表現」「主体的に学習に取り組む態度」の3観点となる予定である。

　通　知　表

　通知表は，学校と家庭の往復連絡文書の一つとして，学校での学習と生活の状況を総合的に記載することが慣行となっています。ただ，学校によって名称も形式も多様で，中には通知表の発行自体を行っていない学校もあります。通知表の作成・発行に関する法的な根拠がないからです。

　それでも，通知表が子どもたちに与える影響は計り知れません。学期末には子どもも保護者も通知表に記載された評点に一喜一憂し，そして，さらに高い

評点を得ようと努力を続けます。一方で，通知表による「格付け」に落胆し，学校に失望する子どもがいることもたしかです。通知表でどのような成績づけが行われるかで，子どもたちの学習の仕方も大きく変わってきます。このため，通知表もまた，子どもたちが経験するカリキュラムに大きな影響を与えるものとなるのです。

③ 実践上の課題

2001年の指導要録改訂で，それまで相対評価で行われていた「各教科の学習の記録」の「評定」が「目標に準拠した評価」で行われるようになりました。「目標に準拠した評価」は，戦前の絶対評価（認定評価）とも個人内評価とも異なるもので，到達目標を評価の基準とする到達度評価を発展させようとするものです。そこで，この評価の基準となる到達目標をどう設定し提示するかが大きな課題となります。この課題を解決しないと，戦前に行われていた教師の主観による絶対評価（認定評価）に逆行してしまうからです。

また，指導要録の「各教科の学習の記録」には，「評定」欄の前に「観点別学習状況」欄があります。2017年時点で「観点別学習状況」の評価は「関心・意欲・態度」「思考・判断・表現」「技能」「知識・理解」といった観点から分析的に行われるもので，「評定」と同様に「目標に準拠した評価」が採用されています。そこで問題となるのが，分析評定としての「観点別学習状況」欄と，総合評定としての「評定」欄との関係です。つまり，「評定」を「観点別学習状況」の総和とみるのか，それとも「観点別学習状況」の総和には解消されない固有のものとみるのか，どちらの立場をとるかということです。これは，学力の分析的な要素が積み重なって学力の総合性が生まれると考えるのか，それとも，分析的な要素の積み重ねとは質的に異なるものを学力の総合性に認めるのかという，学力の構造の見方にかかわる問題でもあります。想定する学力モデルの問題として理論的に整理しておく必要があります。

以上は，実質的に証明機能に重きが置かれている指導要録の課題ですが，通知表にも独自の課題があります。それは，指導機能に重きが置かれた連絡文書として，子どもの学習と生活の改善に活かすために，どのような形式が考えられるかという問題です。指導要録の形式そのままという学校もあるようですが，前述の通り，通知表の形式は各学校・教師が自由に決められます。したがって，通知表の形式に，その学校・教師の評価観・学力観・子ども観・教育観が反映されることになります。

通知表の形式に反映されている評価観・学力観・子ども観・教育観は，教師がデザインして実践するカリキュラム，そして子どもたちが獲得するカリキュラムを大きく規定します。通知表の形式や内容から，カリキュラムのあり方を問い直すという視点も必要でしょう。

(遠藤貴広)

▷3　赤沢早人「新指導要録のもとでの通知表作成の現状と課題——通知表調査をもとにして」田中耕治編『教育評価の未来を拓く——目標に準拠した評価の現状・課題・展望』ミネルヴァ書房，2003年。

参考文献

赤沢早人「通知表」田中耕治編『よくわかる教育評価（第2版）』ミネルヴァ書房，2010年，Ⅹ章。

高浦勝義『指導要録のあゆみと教育評価』黎明書房，2011年。

田中耕治『指導要録の改訂と学力問題——学力評価論の直面する課題』三学出版，2002年。

田中耕治『教育評価』岩波書店，2008年。

田中耕治『教育評価と教育実践の課題——「評価の時代」を拓く』三学出版，2013年。

樋口太郎「指導要録」田中耕治編『よくわかる教育評価（第2版）』ミネルヴァ書房，2010年，Ⅸ章。

樋口太郎・樋口とみ子「教育評価の制度」西岡加名恵・石井英真・田中耕治編『新しい教育評価入門——人を育てる評価のために』有斐閣，2015年，第7章。

山根俊喜「通知表・指導要録の課題——教育評価制度の歴史と現状をふまえて」田中耕治編『新しい教育評価の理論と方法 第Ⅰ巻 理論編』日本標準，2002年。

授業の評価

 授業研究，校内研究

　授業を評価するとはどういうことでしょうか。教師が一定の考えによって計画し実施した授業が，はたしてどのような成果を挙げているのか，またはどのような課題を含んでいるのかという点を明らかにすることが「授業の評価」だと言えます。まず，こうした授業評価として大きな意味を持っているのが，計画され実施された授業を観察・記録し，その資料の分析を行うことで授業改善の方策を見出そうとする「授業研究」です。

　教育学研究において1960年代以降に展開されてきた「授業研究」は，授業過程に含まれる要素（たとえば子どもや教師の発言数・発言の長さなど）を数量化し，そうしたデータをカテゴリーに分けて分析する「授業分析」の形で行われてきました。けれども1970年代半ば以降には，行動主義心理学から認知心理学への移行，文化人類学などの影響によって，こうした授業研究のパラダイムも転換されることになります。授業は，教材・学習者・教師の相互性によって成り立つものであると認識されるようになり，数値データによって分析される実証主義的な研究だけではなく，質的な研究の必要性が叫ばれるようになりました。

　こうした質的な授業研究の例として，群馬県佐波郡島村小学校（通称「島小」）の実践で知られる斎藤喜博がみずから校長として展開した授業研究・校内研究のあり方が注目されます。斎藤は，まず何よりも，教師個人の授業研究を充実させることを大事にしました。また，学校として共同で授業研究をすること（教材研究や指導案づくりを共同で行うなど）を重視し，実際の授業においては，共同研究に参加した教師らが積極的に助言・口出しをしたりすることも認めた上で，実際に授業した結果を全員で検討することが重要であると主張しました。

　このように斎藤は，授業とは学習者の成長・発達の場であると同時に教師の成長・発達の場でもあることを重視し，授業研究は教職教育においてもきわめて重要な役割を果たすものだということを示しました。

　なお，こうした授業研究の成果は，斎藤の著作や学校公開研究会で発表され，日本の授業研究のあり方に大きな影響を与えています。現在では，授業研究の一つの「典型」として位置づいています。近年では，こうした典型を持つ日本の校内研修・授業研究は，教師の力量を高める意義ある取り組みとして欧米諸

国からも評価されています。

② カンファレンス

　質的な授業研究の一つとして，1990年代半ばより注目されているのが「カンファレンス」という取り組みです。これはもともと，複数の医師が事例に即して検討を行う機会を指していますが，この検討会によって互いの力量が高められることが注目されました。教育の実践においても，教師の専門性が成長し発展する基盤として提案されています。

　具体的には，①ビデオを利用し，映像によって実践を対象化するとともに，授業の中で見落としていた子どもの表現をとらえ，子どもへの理解を深める，②学校や研究会においてお互いにビデオを見合い，それぞれの授業における判断や見解を交流し，それを通して相互に授業を見る目を広げ，きたえる，③さらに同じ教材で複数の教師が授業を行い，その比較を通してそれぞれの授業の特質や問題を検討する，という手順を踏みます。カンファレンスを授業研究の文脈で取り上げた一人である稲垣忠彦は，こうした一連の取り組みによって，「クラスの一人ひとりの子どもに対して，プロフェッション[1]としての責任の意識に支えられた，実践の事実にもとづく討議がおこなわれ，それが一人ひとりの教師の力量を豊かにし，さらに教職全体の力量の水準をあげ，父母や社会の教職に対する信頼感が高まっていく[2]」と述べています。

　斎藤喜博の主張した校内研修の意義は，ここで示したカンファレンスの意義と通じるものです。授業研究によって，授業を行った一人の教師の力量を高めることはもちろん，学校全体での教師の力量アップがめざされているのです。[3]

③ 形成的評価

　最後に述べておかなければならないのは，授業についての評価の機会は，こうした授業の「後」に「ふりかえりの機会」として与えられる場のみではないということです。教師が授業を評価する機会は，日々の授業実践の場面にちりばめられています。それはすなわち，「形成的評価」の場面です。形成的評価と言うと，教師が授業の「過程」で子ども各々の「学習到達度」を評価するという場面として，子どもの学習状況の把握のみが強調されてしまいがちです。けれども，形成的評価を行う意義は，子どもの学習困難やつまずきを知ることによって，教師自身がそれまでの指導方法等を問い直し，そうした困難を克服させるにはいかなる手立てが必要かを考慮し吟味する機会を得ることなのです。このように，教師は授業の「後」に授業の評価を行うだけではなく，日々の授業実践の「過程」においても，継続的にふりかえりを行うことが不可欠です。形成的評価や授業研究を通して，カリキュラムそのものを問いなおす「カリキュラム評価」[4]へとつながっていくことが望まれます。　　　　（赤沢真世）

▷1　プロフェッション（profession）とは，「専門職」「専門性」の意。

▷2　稲垣忠彦『授業研究の歩み　一九六〇年〜一九九五年』評論社，1995年，325頁。

▷3　こうしたカンファレンスの考え方から派生・発展したものに，ストップモーション方式やカード構造化法などがあり，学校現場における授業の研究会などで用いられている。

▷4　IX-3参照。

（参考文献）
　斎藤喜博『授業の展開』国土社，1974年。
　稲垣忠彦『授業研究の歩み　一九六〇年〜一九九五年』評論社，1995年。

学校評価

学校評価が求められる背景

　学校評価が現在のように法令で規定され，ほとんどの学校で実施されるようになったのは，比較的最近のことです。戦後長い間，日本では学校評価はなかなか学校に定着しませんでした。しかし，教育に限らず，地方分権や規制緩和が進められるようになる中で，1998年に中央教育審議会答申「今後の地方教育行政の在り方について」が出されました。そこでは，「学校が地域住民の信頼にこたえ，家庭や地域が連携協力して教育活動を展開するためには，学校を開かれたものとするとともに，学校の経営責任を明らかにするための取組が必要」とされ，学校が家庭や地域と連携協力して教育活動を展開するために，学校の自己評価の実施や学校評議員の設置等が提言されました。こうして2000年代に入ると，急速に法整備が進み，現在は学校の自己評価等は義務化されています。

学校評価とは何か（主体・目的・対象）

　そもそも学校評価とは何でしょうか。「進学率が高い」「面倒見がよい」といった保護者や地域住民からの評判，学力テストの結果比較，学校の偏差値ランキングなども含まれるでしょうか。誰が（主体），何のために（目的），何を（対象）評価するのかを考えることで，その定義のあり方は変わってきます。

　まず，学校評価の主体としては，しばしば学校内の教職員が実施する内部評価と学校外の専門家などが実施する外部評価とに区分して考えられます。文部科学省の『学校評価ガイドライン（平成28年改訂）』においては，このうち内部評価を「自己評価」，外部評価を「第三者評価」とし，保護者や地域住民といった学校関係者による自己評価結果等の評価を「学校関係者評価」と定義しています。

自己評価：各学校の教職員が行う評価
学校関係者評価：保護者，地域住民等の学校関係者などにより構成された評価委員会等が，自己評価の結果について評価することを基本として行う評価
第三者評価：学校とその設置者が実施者となり，学校運営に関する外部の専門家を中心とした評価者により，自己評価や学校関係者評価の実施状況も踏まえつつ，教育活動その他の学校運営の状況について専門的視点から行う評価

　このうち，自己評価の実施・公表の義務化，学校関係者評価の実施・公表の

努力義務化，評価結果の設置者（教育委員会等）への報告の義務化が，2007年の学校教育法，学校教育法施行規則の改正によって規定されています。第三者評価については，日本では法令上は，実施義務や努力義務は課されていません。ただし，外国には，イギリスやフランス，ニュージーランド，オランダなど外部評価を行う公的な機関が存在している国は少なくありません。[注1]

次に，学校評価の目的としては，大きく分けてアカウンタビリティ（説明責任）と教育活動の改善とが挙げられます。学校教育の文脈でアカウンタビリティと言われるときには，一般的に，税金を使って運営されている学校が，それに見合うだけの成果をあげているかどうかを説明する責任が求められるようになったことを指します。一方で，学校評価も大きな意味で「教育評価」の一種であるととらえれば，やはり学校全体での教育活動に反省を加えて，修正・改善しようとすることが大切になってきます。教育活動の直接的な改善だけでなく，学校組織自体を開発していくことをめざして，学校評価を組織マネジメントの一環に位置づけようとする考え方もあります。[注2]

最後に，学校評価の対象については様々な議論があります。たとえば，日本の学校評価研究においては，長らく，学校評価は，とくに学校経営の側面に重点を置いて「学校経営評価」を実施するべきであるといった議論が主流でした。[注3]経営活動の中心となる教育課程経営の改善に焦点を当てるべきとの議論や，学校評価を学校内のみに閉じることなく，教育政策や教育行政の評価につなげていこうとする議論などもありました。[注4]近年は，学校経営や教育活動を含む様々な対象が想定されることが多くなっています。

近年では，学力テストの結果なども，学校を評価するための材料として用いられることがあります。しかし，学力テストの結果やアンケート調査の結果といった一面的で量的に表現されがちな教育成果のみに重点を置くような学校評価が実施されれば，学校教育が歪められる危険性があります。子どもたちの学びや成長に目を向けること自体は大切ですので，多様な教育成果やプロセスにも目を向けて，質的にそれらを把握していくようにするとよいでしょう。

③ 今後の学校評価に向けて

近年，学校評価が強調されるようになった背景には，新自由主義的[注5]な教育改革の流れがあるととらえられる傾向があります。そこでの学校評価の目的は，（ときに一面的な）教育成果を達成したという説明責任を果たすことに矮小化されがちです。これからの学校評価を考えていくためには，子どもたちの豊かな学びを支えるという視点を忘れないようにすること，授業研究やカリキュラム・マネジメント等とつなげること，実施して終わりではなく，教職員同士や学校をとりまく人々等との議論のきっかけとすることなどが求められると言えるでしょう。

（奥村好美）

▷1 窪田眞二・木岡一明編著『学校評価のしくみをどう創るか——先進5カ国に学ぶ自律性の育て方』学陽書房，2004年，奥村好美『〈教育の自由〉と学校評価——現代オランダの模索』京都大学学術出版会，2016年など。

▷2 木岡一明『新しい学校評価と組織マネジメント——共・創・考・開を指向する学校経営』第一法規，2003年など。

▷3 牧昌見『学校経営診断マニュアル』教育開発研究所，1986年など。

▷4 中留武昭「学校評価の現状と改革のストラテジー」日本教育新聞社関西支社・人間教育研究協議会編『生きる力と21世紀の教育（教育セミナー関西'96収録集）』日本教育新聞社，1996年，38-47頁など。カリキュラムマネジメントから学校評価へつなげようとするものとして，田村知子「カリキュラムマネジメント・モデルを利用した自校分析の提案」『日本教育工学会研究報告集』2012年第1号，2012年，325-332頁などもある。

▷5 **新自由主義**
一般に，国家の介入をできるだけおさえて規制緩和を行い，医療や教育・福祉などの公共的なサービスを市場に委ねることで競争を促し，経済を活性化させ安定させることをめざす立場である。そこでは，自由と引き換えに自己責任が強調され，成果をあげることが求められがちである。

（参考文献）
木岡一明『学校評価の「問題」を読み解く——学校の潜在力の開発』教育出版，2004年。

カリキュラムの共通化

 教育内容の正当性

　現在の日本では，たとえば，国語科で登場人物の気持ちの変化を想像し，数学科で因数分解を学習します。私たちは，なぜこれらを学習するのでしょうか。はたして，本当に学習するに足る価値を持つものなのでしょうか。その価値の判断は，誰が行うものなのでしょうか。これらの問いは，学校で学習する知識や技能が正当なものかどうかを問うものであり，共通のカリキュラムを考える上で大切な視点です。

 アメリカにおける共通教養の設定

　ハーシュ（Hirsch, E. D.）は，1980年代以降，アメリカ国民が共有すべき文化的な知識を「文化的リテラシー（cultural literacy）」として提起しました[1]。文化的リテラシーとは，初歩的な読み書きの技術だけでなく，それぞれの言葉の背景にある情報網（network of information）も含めて，リテラシーをとらえる考え方です。ハーシュは，国民が意思疎通を行うためには，時の経過とともに記録され築かれてきた，読み書きできる人が有する知識を共有することが重要であると考えました。そこで，文化的リテラシーの形成を担う知識として，「南北戦争」などの「国民的語彙」をリストアップし，辞書化しました。それらの語彙を，アメリカ国民が身につけるべき共通教養として示したのです。

3 多文化教育（multicultural education）の主張

　ただし，このハーシュの主張はWASP[2]の文化を中心に構成されていることから，「文化的覇権主義」であるとの批判が寄せられました。なぜなら，社会における支配的な文化を拠り所にして国民的語彙が決定されることが，WASP以外の文化の軽視につながっていたためです。この主張は，1960年代から興隆してきた文化研究の立場から行われ，多文化教育の主張となって具体化されました。

　多文化教育とは，グローバル化が進む現代の中で多文化共生と相互理解の道を探るため，異文化接触において必要な知識や技能，態度の育成を志向するものです。言語教育を例にとれば，公用語の文法や単語，発音のみを教えるのではなく，異なる言語体系や文化を教材として取り上げることで，異文化に対す

▷1　ハーシュ，E. D.『教養が，国をつくる。——アメリカ建て直し教育論』TBSブリタニカ，1989年。
▷2　White Anglo-Saxon Protestantの頭文字を用いた略称であり，白人，アングロサクソン系，プロテスタント信者を指す。彼らは，アメリカ合衆国建国の主体となった人々の子孫であり，同国において中・上流階級を形成していた。
▷3　シュレージンガー，A. M.『アメリカの分裂——多元文化社会についての所見』岩波書店，1992年。また，田中耕治は，「『多文化性の尊重』という仮面をもったマイノリティの隔離もしくは排除の実態」という状況に対して，「この隘路を克服する方向は，『多文化性』が『普遍性』と結合する以外には道はない」と述べている。この場合の「普遍性」とは，「『多文化性』によって鍛えられ，異文化間の対話と相互尊重を促す新たな内実を獲得した『民主主義，人権，平和，自由』」を指している（田中耕治『教育評価』岩波書店，2008年，67頁）。
▷4　Ⅻ-3　参照。
▷5　Wiggins, G., "A True Test : Toward More Authentic and Equitable Assessment," *Phi Delta Kappan*, Vol. 70, No. 9, May 1989, pp. 703-713.

る理解を深める試みが行われています。

　ただし，様々な文化を教育内容として設定することには，多文化性の尊重という意義とともに，文化の亀裂を生み出す危険性もあることには注意が必要です。なぜなら，シュレージンガー（Schlesinger, A. M.）が指摘した通り，多文化性の主張は文化の分離・孤立化を促進する危険性があるためです。[93]　文化相対主義，自民族中心主義に陥らないために，様々な文化の存在を前提とした上で，共有すべき知識や技能について議論する姿勢が重要です。

表10.1.1　スタンダード設定をめぐる問い

①誰がスタンダードを設定することで利益を得るのか，スタンダードが定式化されるときに，誰の声が考慮されるのか。
②スタンダードを唱えることで，新しい不平等を作り出していないか。学校から落ちこぼれているマイノリティの生徒が増えていることを見過ごしていないか。
③スタンダードとハイステイクスなテストと教科書の大量生産が結合すると，ワンパターンな思考と学習しか提供しないのではないか。テストのための授業が横行しないか。

出所：Jenesick, V. J., *Authentic Assessment*, Peter Lang, 2006, pp. 58-59.

④ 教育の公共性を問う——スタンダードをめぐる議論を踏まえて

　共有すべき知識や技能を議論した事例として，アメリカにおけるスタンダード運動（standards movement）が挙げられます。スタンダード運動は，共通教育目標を設定することで，子どもたちの学力保障をめざすものです。しかしながら，スタンダードの設定をめぐっては，文化的リテラシーの設定と同様，文化の偏りが指摘されてきました。さらにNCLB法制定以降，スタンダードの設[94]定と標準テストが結びつくことにより，批判の声が高まりを見せています。

　ただし，ここで注意したいのは，ウィギンズ（Wiggins, G.）の言うように，「標準化（standardization）」することと「スタンダードを設定する（standard-setting）」ことを区別する姿勢です。[95]「標準化」とは，集団における平均点や標準偏差によって評価基準を設定する行為ですが，「スタンダードの設定」は，共通の学力水準を明らかにする行為です。多文化を踏まえた共通教育目標の設定のためにも，ジェネシック（Jenesick, V. J.）が示す三つの問い（表10.1.1）をもとに，特定の立場に傾倒することなく，スタンダードを問い直すことが必要です。

⑤ 「共有の目標化」の視点

　日本においても，カリキュラムの共通化をめぐる議論が積み重ねられてきました。田中耕治は，「目標の共有化」と「共有の目標化」を区別することの必要性を主張しています。[96]「目標の共有化」とは，たとえば，告示された学習指導要領を共有することです。他方「共有の目標化」とは，「この公共社会をよりよく生きるために必要とされる，すべての子どもたちに保障されるべき学力の内実とは何か」を問い，[97]目標を設定することです。公共社会をよりよく生きるための学力保障を民主的に実現するためにも，教師自身がこれを問い，批判的にカリキュラムをとらえることは，カリキュラムの共通化を図るための重要な手立てであるでしょう。

（山本はるか）

▷6　なお田中は「共有の目標化」を説明する際，中内敏夫が「還元」概念を含んだ「科学」概念の成立を重視した点に注目する。中内は，1960年代後期に行なわれはじめた「公害学習」において，教師たちが，自然の生態系における「還元者」としての「カビ・キノコ」の重要性を子どもの学習活動の中から発見したことに注目した。教師たちが，「参加する―記録する―共有する」活動を行うことで，目標自体のとらえなおしが図られたことは，まさに「共有の目標化」の事例である。
▷7　田中耕治『教育評価』岩波書店，2008年，66頁。

参考文献

　中内敏夫「教育目標と教材づくり」『学力到達目標と指導方法の研究』第1巻，日本標準，1971年。
　田中耕治「序文　戦後日本教育方法論の史的展開」田中耕治編著『グローバル化時代の教育評価改革』日本標準，2016年，1-9頁。
　橋爪貞雄『2000年のアメリカ：教育戦略——その背景と批判』黎明書房，1992年。
　石井英真『現代アメリカにおける学力形成論の展開——スタンダードに基づくカリキュラムの設計』東信堂，2011年。

履修主義と修得主義

何をもって当該の教育課程を履修したと判断するのかを問うことも，教育課程の思想を解き明かすための大切な課題です。この履修原理について，履修主義と修得主義という二つの原理があることを明示したのは，續有恒です。そして，この履修原理と連動しているのが，進級・卒業制度である年数主義と課程主義です。

 履修主義

履修主義では，被教育者が所定の教育課程を，その能力（または心身の状況）に応じて一定年限の間，履修すればよいのであって，所定の目標を満足させるだけの履修の成果をあげることは求められていません。つまり，履修主義の教育では，被教育者はある教育の課程をそれぞれの能力に応じて履修すればよく，履修の結果や成果がどの程度であったのかは問われないのです。現代の日本の義務制諸学校では，基本的にこの履修主義が採用されています。したがって，「学年」というものは，教育あるいは学習成果がある一定程度以上であることを意味するものではなく，入学後在籍何年目であるかということ，つまり一種の暦年齢を示すものです。

② 修得主義

他方，修得主義では，児童・生徒は所定の課程を履修して，目標に関して一定の成果をあげることが求められます。さらには，この修得主義の場合には，教育目標の設定においては，被教育者が多数であっても，一定の水準以上の履修の成果を，できるだけ多くの者（願わくば全員）が示すように期待されているのです。

③ 年数主義と課程主義

この履修主義と修得主義が卒業や進級の要件の場面で転用されると，年数（年齢）主義（social promotion）と課程主義（merit promotion）となります。英語表現である「グレード（grade）」とは，年数主義においては「在学年数」（学年）を意味し，課程主義では「教材習得の段階」（等級）を意味します。

義務教育制度における履修や進級の原理の相違には，歴史的には教育課程原理における経験主義と系統主義のそれぞれの立場が反映しています。すなわち，

▷1　續有恒『教育心理学の探求』金子書房，1973年。

▷2　二つの型を析出したのは梅根悟である。梅根によれば，課程主義は絶対主義的教育政策のもとで，年齢主義は人道主義的教育政策を背景として成立したとされる。梅根悟「義務教育制度の二つの型」『教育史学の探究』講談社，1966年参照。また高倉翔「義務制」真野宮雄編著『現代教育制度』第一法規，1977年参照。

▷3　Ⅳ-1 参照。

▷4　Ⅳ-2 参照。

年数主義には，子どもたちの社会的・集団的な成熟や自発性を重視する考え方が，課程主義には，ある教科内容の獲得を重視する考え方（したがって原級留置や飛び級もあります）が反映されているのです。

　ちなみに，義務教育段階で課程主義がとられる国は，先進国ではフランスやドイツが有名です。日本のように義務教育段階では落第の措置がとられることがない国からみると，落第のある国は子どもにとってむごい国と映ります。他方，それらの国からみれば，必須の事項を習得させないまま進級させるのはかわいそうだと映ることでしょう。事実，フランスの最近の教育事情を紹介した本によれば，留年や飛び級は珍しいことではなく，むしろ「留年はチャンス」と受けとめることもあると報告されています。

▷5　中島さおり『哲学する子どもたち』河出書房新社，2016年を参照。

④　日本教育史上にみる編成原理

　日本の教育の歴史を調べてみますと，現代のような制度が生まれる以前には，異なる制度が存在していたことがわかります。すなわち，明治初期の小学校は上等・下等に分かれ，各々8級によって構成され，進級するためには春と秋に実施される「試験（『中試験』『定期試験』と呼称）」に及第する必要がありました。当時においては，一定の課程を習得したことをもって進級（「課程主義」）と認定していたのです。それが年数主義に移行するのは，1900（明治33）年の第三次小学校令からです。

▷6　斉藤利彦『試験と競争の学校史』平凡社，1995年を参照。

⑤　今後の課題

　ここで注意したいことは，修得主義と課程主義との関係は必ずしも親和的ではないということです。續が規定した修得主義には，「教育目標の設定においては，被教育者が多数であっても，一定の水準以上の履修の成果を，できるだけ多くの者（願わくば全員）が示すように期待されているのである」とあるように，ここにはすべての子どもたちの学力を保障するという思想があります。一方，課程主義を徹底すると，「落第」や「飛び級」が認められる異年齢集団による学級や学年が編成されることになり，そこでは学力向上をめざす激しい競争が起こることが予想され，学力保障という立場は後退することになります。

▷7　續，前掲書。

　他方，履修主義，年数主義をとる現状では，同一年齢集団による同一学年制は維持されるとしても，中学3年生になって，たとえ英語のアルファベットを書けなくても，基礎的な四則計算ができなくとも，卒業させることになります。これでは，すべての生徒に学力を保障するという取り組みが弱くなります。

　そこで，現在の同一年齢集団の持つ教育力を生かしてすべての子どもの学力を保障するためには，「年数主義的な修得主義」とも呼称されるような制度設計が求められていると言えます。

（田中耕治）

(参考文献)

　細尾萌子『フランスでは学力をどう評価してきたか』ミネルヴァ書房，2017年。

必修科目と選択科目

 必修と選択のバランス

　教育課程は，必修（必履修）科目と選択科目の二つの科目群によって構成されています。前者は，人々が共通に必要とする知識や技能などの獲得を平等に保障するために，後者は，一人ひとりの個性や個別的で多様なニーズに応じるために設定されています。一般的には，学校段階が上がるにつれ，教育課程全体に占める選択科目の割合が増えていきます。この点は，世界のほぼすべての国の教育課程に共通しています。しかし，いつから選択科目を導入するのか，必修科目と選択科目のバランスをどのようにとるのかは，国によって異なります。

　日本では，自我の成長と連動して芽生えてくる個別的な興味や関心への対応，そしてみずからの個性を発見し，伸ばしていくという観点と，進路希望等への対応の観点から，これまで高校を中心に，より高度に深く学んだり，より幅広く学んだりする仕組みとしての選択科目の拡大が図られてきました。たとえば，1994年度から制度化された高校の総合学科は，普通科や専門学科に比べ，多様な教科・科目を開設して選択の幅を拡大することで，柔軟な教育を実施することが期待されました。高校進学時にはまだ将来の進路について明確な見通しを持たない生徒もおり，そういった生徒に，高校で多様な選択科目を通した学習機会を提供することによって，より主体的で個性を伸ばす教育を与えようとしたのです。

2 選択の実態

　個別的な興味・関心への対応と個性の伸長といった選択科目設置の趣旨からすると，履修の選択は多様な選択肢の中から生徒が自主的に選択できることが原則とされるはずです。しかしながら，これまでの中学校・高校の選択教科・科目の設置状況を考えてみると，そうした原則がかならずしも貫かれているとは言えません。

　表10.3.1に示したのは，進学重視の高校の数学の教育課程です。学習指導要領では，必修科目としては「数学Ⅰ」が記されているだけですが，実際にはこの高校では全生徒が数学Ⅱと数学Ａ・Ｂまで，理系選択者は数学Ⅲまでが必修科目として扱われており，とくに理系の生徒にはまったく選択の機会が与えられていません。

表10.3.1　A高校の数学の教育課程と単位数

	1年	2年 文系	2年 理系	3年 文系	3年 理系
数学Ⅰ	3				
数学Ⅱ		3	4	3	
数学Ⅲ					5
数学A	2				
数学B		2	3		
数学演習				※3	3

（注）数学演習は学校設定科目。
　　　※は外国語・芸術・家庭などの中から選択可。

こうした教育課程の状況は，数学に限らずほかの教科にも見られ，これが現在の高校の一般的傾向です。このほかにも，学校側が国公立大学進学コースや私立大学進学コースなどを独自に設けている場合もあります。こうしたコース制のもとでは，たしかにコースの選択の道は生徒に開かれています。しかし，各コースの中に設置されている選択教科・科目はかなり限定されます。

このように，学習指導要領が必修と位置づけていない教科・科目であっても，個々の学校やコースが必修化していることがあり，その場合は，その科目がそこに在学する生徒にとっての必修科目となってしまうのです。こうした必修科目が置かれている実態によって，実際は学習指導要領で定められる以上に，生徒の選択幅はかなり狭められていると言えます。

❸　必修・選択科目の課題

学習指導要領と学校での実際の選択に矛盾が生じている背景の一つには，受験の影響があります。中学・高校，とくに高校の選択科目のあり方は，現実には入試科目の影響を大きく受けています[1]。2006年11月に社会問題化した高校の未履修問題は，そのことを顕在化させる出来事でした。文部科学省の調査からは，全体の約1割の高校が学習指導要領に定められた必修教科の授業を行っていない実態が明らかになりました。

未履修は，受験にあまり必要でない科目，たとえば世界史などに集中的に見られます。受験に役に立たない科目は，学習指導要領で定められた必修科目であっても重要視されない実態が浮き彫りにされたのです。他方，先ほどの数学の履修例にあったように，選択科目であっても，受験に役に立つ，あるいは必要な科目は，必修科目として扱われる現状があります。

こうした問題に加え，選択科目を増やせば増やすほど，学校にとっては教員配置や教室配置，時間割の作成が難しくなります。また，教師にとっては授業担当数や授業の準備等の負担が大きくなるという問題もあります[2]。すでに仕事に忙殺されている今の教師にこれ以上の負担を負わせることは，現在の学校体制のもとでは無理難題を押しつけることになります。

1999年の学習指導要領の改訂以降，日本ではすべての学校段階で，学習指導要領に記載されていない内容であっても，学校設定教科・科目として設定し，生徒たちに提供できるようになりました。たとえば高校では，演劇や地域学習などのユニークな内容もあれば，義務教育段階の学び直しであっても，卒業単位数に加えることが許容されています。こうした選択科目の拡大は，本来学校ごとの教育課程編成の自由度を拡大することにつながるはずのものです。選択を生かし，学校目標をいかに実現できるかや，地域や子どもたち一人ひとりのニーズに寄り添った特色ある教育課程をいかに創出できるかが，これからの課題です。

（次橋秀樹）

▷1　この点については，「接続」の問題でもある。X-5，X-6参照。

▷2　選択科目を増やすことについて，学習者にとっての問題点としては，多くの科目から選択することの難しさから安易な選択をしてしまいがちなことや，ホームルームクラスの生徒の関係が希薄になりがちなことなどがある。そこで，たとえば総合学科においても，生徒にまったく自由な選択をさせるのではなく，英語・国語・数学などの教科は各クラスでまとまって受け，選択科目についても希望する進路に応じていくつかの類型を示すことで体系的な学習を提案するなどの工夫が見られる。

（参考文献）
筑波大学附属坂戸高等学校編著『新時代の総合学科──総合学科パイオニアに学ぶ基本理念と新たな可能性』学事出版，2012年。

能力別グルーピング

① 欧米諸国における能力別グルーピングとその有効性

　子どもたちを集団に編成するとき，その基準は様々です。たとえば，同年齢の子どもたちを編成する方法や，性別で集団を分ける方法，興味・関心をもとに分ける方法などです。これらは，集団内の子どもたちの能力が様々であることから，能力混成グルーピング（mixed-ability grouping）とも言われます。

　これに対し，能力別グルーピング（ability grouping）は，学力や能力を指標に，同程度のレベルの子どもたちを同じ集団に編成するという方式を意味します。これは，集団を学力や能力について同質とすることが，指導に都合がよいという見方に支えられており，教科レベル・学校レベルなど様々な形態でなされます。イギリスではストリーミングやセッティング[1]，アメリカではトラッキング[2]というように呼び分けられます。欧米諸国では，第二次世界大戦前後に，こうした能力別グルーピングが一般的になされていました。

　ところが1960年代以降，能力別グルーピングの問題点が指摘され，多くの実証研究によって繰り返し検討が加えられました。たとえばアメリカの協同学習研究者スレイヴィン（Slavin, R. E.）は，数々の実証研究をレビューした結果，能力別グルーピングは学習到達度に関してはほとんどの場合利益をもたらさないということを明らかにしています[3]。それどころか，下位グループの子どもたちの学習意欲が低下しがちであるとも報告されています[4]。

　欧米諸国においてこうした研究成果がすでに存在していたにもかかわらず，日本では2001年以降，能力別グルーピングによる授業が急速に広まりました。習熟度別指導（習熟度別学級編成）と呼ばれる方式です。

② 個に応じた指導と習熟度別指導

　2001年，文部科学省は「21世紀教育新生プラン」と題する提案を行いました。その中で，「基礎学力の向上」を図るための「わかる授業」の筆頭に，「基本的教科における20人授業，習熟度別授業の実現」が挙げられました。同年度から国は教職員定数の改善計画を推進し，教員の加配を行うなど，少人数指導や習熟度別指導に必要となる条件整備に努めてきました。

　習熟度別指導は，1978年版の高等学校学習指導要領においてはじめて記載されました。中学校については，新学力観を打ち出し，自ら進んで学ぶ意欲を重

▷1　イギリスでは，学力や能力に応じたクラス編成を行うことをストリーミング，ある特定の教科のみを学力・能力別クラスにすることをセッティングと呼んで区別している。

▷2　アメリカでは，学力・能力別のクラス編成という意味に加え，学校の種別化や，学力差を基準とする学校の類別化を指す広い意味でトラッキングという言葉が用いられている。

▷3　Slavin, R. E., "Ability Grouping and Student Achievement in Elementary Schools : A Best-Evidence Synthesis," *Review of Educational Research*, Vol. 57, No. 3, 1987, pp. 293-336. Slavin, R. E., "Achievement Effects of Ability Grouping in Secondary Schools : A Best-Evidence Synthesis," *Review of Educational Research*, Vol. 60, No. 3, 1990, pp. 471-499.

▷4　佐藤学『習熟度別指導の何が問題か』岩波ブックレット，2004年に詳しい。

▷5　文部科学省による2003年度の「公立小・中学校における教育課程の編成・実施状況調査」によれば，小学校の74.2%，中学校の66.9%が習熟度別指導を導入していた。2016年度の全国学力・学習状況調査に伴って実施された質問紙調査によれば，算数・数学の授業においては，小学校の60.6%，中学校の48.5%が習熟の遅いグループに補充的な指導を行っており，

視した1989年版の学習指導要領において登場しました。そこでは，学習内容を確実に身につけるための工夫として「個に応じた指導」がキーワードとなり，習熟度別指導はその代表例として挙げられています。一方，小学校でも個に応じた指導は重視されたものの，習熟度別指導に関する記載はしばらく見られませんでした。ところが，2003年に一部改正された学習指導要領で，小学校でも習熟度別指導が言及されるようになります。

このように，習熟度別指導の広まりは，とくに義務教育段階においては個に応じた指導の充実という視点と一体のものです。一つの教室で，すべての子どもが同じ内容・方法・ペースで一斉指導による学習を強いられるという状況では，個に応じた指導の充実は困難でした。そこで，個々の学力や能力に応じた授業を求める声の受け皿となったのが，習熟度別指導だったというわけです。

こうして現在まで，習熟度別指導は個に応じた指導の一例として挙げられてきています。しかし，欧米諸国における調査が示しているように，能力別に子どもたちを分けて指導することは，ほとんど利益をもたらしません。たんなる習熟度別指導では，真に個に応じた指導は実現できないということです。

③　個別化と個性化

個に応じるということは，文字通り個々の子どものニーズに応じて指導を個別化することを意味します。指導を個別化する方法は，大きく分けて二つあります。一つは，個人差に応じて指導の方法を変えるという教授の個別化です。たとえば，マスタリー・ラーニング（完全習得学習），プログラム学習，適性処遇交互作用といった手法が代表的です。また，ティーム・ティーチングの活用も効果的でしょう。

もう一つは，目標も方法も個人差に応じて変えるという目標の個別化です。すべての子どもに一定の学力を保障すべき義務教育段階では，目標の個別化はむしろ学力差の固定・拡大に結びついてしまい，なじみにくいものと言えます。

進歩主義教育の中で個性尊重がどうとらえられてきたかを明らかにした宮本健市郎は，「ひとりひとりの個人差に応ずるために教育方法の画一性を打破すること」を個別化，「子どもひとりひとりの能動性を保障すること」を教育の個性化と呼んで区別しています。このように，個に応じた指導を教育の個性化ととらえることは，学力保障の考え方とけっして相反するものではありません。

異種混交な集団で学ぶときこそ，多様な発想に出合い，学び合う機会が得られます。習熟度別指導のように集団の同質性を高める発想は，かえって豊かな学びと個々の認識の深まりに対する感性を損ないかねないものです。

ニーズへの対応は目標の個別化に限りません。すべての子どもに確かな学力を保障することで，それぞれの子どもの個性を豊かに伸ばしていくことこそ，めざすべき指導のあり方ではないでしょうか。　　　　　　　　　（福嶋祐貴）

▷5　小学校の53.7％，中学校の42.3％が習熟の早いグループに発展的な指導を行っている。

▷6　アメリカの教育学者ブルーム（Bloom, B. S.）が提唱した授業方法で，「すべての子どもに確かな学力を」保障することをめざしている。系統的かつ明確に設定された目標をもとに，診断的評価と形成的評価を駆使して目標の達成状況を把握したのち，目標に到達していない子どもには補充的な指導，十分に到達している子どもには発展的な指導の機会を与える。Ⅴ-5参照。

▷7　アメリカの行動主義心理学者スキナー（Skinner, B. F.）の理論をもとにした方法。学習内容を細分化し，スモールステップにして学習者に与え，学習者の反応を即座に評価・フィードバックした上で，次の内容を与える。

▷8　アメリカの心理学者クロンバック（Cronbach, L. J.）が提起した方法。子どもの学び方の適性に合わせて教授方法を変えて指導を行い，効率的な学習を実現する。Ⅴ-5参照。

▷9　宮本健市郎『アメリカ進歩主義教授理論の形成過程──教育における個性尊重は何を意味してきたか』東信堂，2005年，7頁。

（参考文献）

梅原利夫・小寺隆幸編著『習熟度別授業で学力は育つか』明石書店，2005年。

加藤幸次『少人数指導・習熟度別指導──一人ひとりの子どもをいかに伸ばすか』ヴィヴル，2004年。

杉江修治『協同学習入門──基本の理解と51の工夫』ナカニシヤ出版，2011年。

5 入　　試

1 入試の三原則と論点

▷1　下級学校
　大学入試の場合は高校を，高校入試の場合は中学校を意味する。

　第二次世界大戦後の大学入試は，①能力・適性の原則（大学教育を受けるにふさわしい力を持つ者を選抜），②公正・妥当の原則（生まれや思想・信条にかかわらず，公平に実施），③下級学校の教育尊重の原則（高校教育を損なわない）という三原則に基づいて行われてきました。1963年以降の高校入試も，この三原則を基本としてきました。

　しかし実際には，③下級学校の教育尊重の原則は，あまり果たされてきませんでした。むしろ，進学率が上がるにつれて受験競争が激しくなり，下級学校の教育が歪められてきました。とくに高校では，入試に出ない教科・科目の授業を軽視したり，入試の出題傾向に合わせて授業を行ったり，行事の時間を受験対策の補習に振り替えたりするなど，学校が予備校化し，多様な教科や領域の学習を通して人間形成を行うという本来の目的がかなえにくくなっています。下級学校の教育を乱さず，助成する入試をいかに実現するかは，論点の一つです。

▷2　Ⅹ-3参照。

　また，①を踏まえて受験者の力を総合的にとらえることと，②の評価の公正性をいかに両立させるかも，入試をめぐる重要な論点です。近年の大学入試では，学力検査だけではなく，面接や小論文など，人格面にもかかわる多様な選抜法が導入されています。ここで評価される，意欲や対人能力などの人格的・情動的な力の多くは，家庭環境などの生育環境によって決まるものであり，受験者の努力ではどうにもならないものであるという指摘もあります。多様な選抜法を導入する際，評価の公正性を担保する方法を考える必要があります。

2 第二次世界大戦後の高校入試の歴史

　新制高校が始まった1948年以降の高校入試は，選抜なしの全入を原則としていました。しかし，1950年代に入って高校進学希望者が増加したことを受け，1956年には，定員超過の場合，学力検査による選抜が認められるようになりました。さらに1963年には，定員超過か否かにかかわらず，学力検査による選抜が義務化されました。こうして高校入試は，希望者の全員入学から，高校教育を受けるにふさわしい力を持つ者を選抜する「適格者主義」に変わりました。

　1960年代後半から70年代にかけては，学力検査一辺倒の高校入試に向けた受

験競争の過熱化が社会問題となります。そこで1966年には，入試競争を緩和すべく，学力検査では測れない総合的多面的能力を評価するために，高校入試における内申書（正式には調査書）重視の方針が打ち出されました。

1980年代に入ると，高校入試の選抜法が多様化し始めます。1984年には，高校入試は各学校の裁量で行うことになり，受験機会の複数化（複数校の併願）が可能になった上，面接など，学校の特色に合わせた選抜法が提言されました。

1990年代以降は，高校教育の多様化に対応し，入試の多様化傾向がさらに強まりました。学力検査を実施しない選抜や，推薦入試も認められるようになりました。推薦入試とは，出身中学校長の推薦にもとづいて，内申書を主な資料として判定する選抜方法です。1999年度からは，中高一貫教育導入に合わせ，内申書や学力検査以外の方法で選抜することもできるようになりました。

ただし，近年の高校入試では，内申書よりも，当日の学力検査の成績を重視する傾向も生まれています。2001年度の指導要録改訂を受け，ほぼ全国レベルで，内申書にも「目標に準拠した評価」が採用されています。「目標に準拠した評価」では，5段階評価で5の評点がつく生徒の割合が，学校によって異なります。高校からすれば，同じ5でも，学校によってレベルの違いがあるのではないかという懸念が生まれます。中学校教育が行う「目標に準拠した評価」の信頼性に対して，高校は不信感を持っているのです。

③ 高校入試の課題

一つ目の課題は，中学校教育と高校教育との接続の中に入試を位置づけることです。中学校の学習指導要領では思考力・判断力・表現力が重視されているものの，高校入試では選択式など知識を問う問題が多く，根拠にもとづいて自分の考えを述べる問題は少ないというのが現状です。高校入試は中学生の学習目標になるものであり，また，高校での学習を導く糸口となるものです。教育としての入試という観点から，高校入試で問う力を再検討すべきでしょう。

二つ目の課題は，「目標に準拠した評価」にもとづく内申書を，高校に信頼してもらえるものに鍛えることです。入試方法としての内申書には，次の三つの役割があります。それはすなわち，①上級学校に対して，下級学校の教育課程を尊重すべきというメッセージになること，②学力検査の一発勝負から解放され，過剰な受験準備教育が不要になること，③教科外活動も含めた多面的な活動で育てられた子どもの能力を全体的に把握できること，です。内申書は，下級学校の教育尊重の原則と能力・適性の原則をともに実現するための，有力な方法であると言えます。内申書における「目標に準拠した評価」の評価規準・基準の信頼性を追究する研究を積み重ね，公正・妥当の原則の観点からも，内申書を試験方法として精緻化することが，今求められています。

（細尾萌子）

▷3　**内申書（調査書）**
　内申書とは，指導要録に基づいて作成される，生徒の学習成績などの報告書である。指導要録とは，作成と保存が法的に義務づけられている，学校での学習や行動の記録簿である。内申書は，生徒が上級学校に進学あるいは就職するときに，在籍した下級学校の校長から上級学校または就職先に提出される。IX-4 参照。

▷4　**目標に準拠した評価**
　集団内でのランク・順位ではなく，教師が定めた教育目標に到達したかどうかを規準とする評価の立場である。この立場で評価すると，学校によって成績分布が異なりうる。

▷5　田中耕治『教育評価』岩波書店，2008年。

▷6　**評価規準と評価基準**
　評価規準は教育目標にもとづいて評価を行う際の評価の観点を，評価基準は評価規準で求められる学力の質の違いを段階的に具体化して示したものを指す。

（参考文献）
　佐々木享『大学入試制度』大月書店，1984年。
　関口貴之「高校入試問題から考える批判的思考力──批判的思考力が日本に定着しなかった理由の一考察」『横浜国大国語研究』第32号，2014年，140-159頁。
　全国到達度評価研究会編著『子どものための入試改革──「選抜」から「資格」へ』法政出版，1996年。
　田中耕治『教育評価』岩波書店，2008年。
　本田由紀『多元化する「能力」と日本社会──ハイパー・メリトクラシー化のなかで』NTT 出版，2005年。

高大接続

 高大接続とは

　高大接続とは，高校教育と大学教育間の移行を意味する言葉です。「高大連携」という言葉も使われますが，これは，高大接続の一部をなす概念です。高大連携は，入試などの制度面は動かさずに，大学の講義や情報を高校生に提供するなど，高校と大学が教育上の協力を行うことです。他方，高大接続は，入試や教育課程，入学前教育，リメディアル教育（補習教育），初年次教育といった，様々な移行のしくみにおける高大間のつながりを示す概念です。

　高大接続の問題は，大学入試の一点に焦点づけられてきました。1990年代以降は，少子化で受験競争が緩和され，受験者を選抜する大学入試の内容・方法にとどまらず，高大接続の入試以外の側面も注目されるようになりました。

② 第二次世界大戦後の大学入試の歴史

　1949年に新制大学が発足した際の大学入試では，入試を教育の一環としてとらえ，学力検査のみならず進学適性検査（知能検査）や高校の内申書などによる総合的な評価が行われていました。しかし，1955年度に進学適性検査が廃止されると，各大学学部による独自の学力検査が中心となっていきます。学力検査では，選択回答式などの客観テスト方式が主流でした。

　この学力検査に関して，文部省（当時）の主導のもと，共通テストが導入されます。一つ目は，財団法人能力開発研究所による，進学適性能力テストです。このテストは1963年度から実施されたものの，参加する大学が少なく，1968年度実施を最後に廃止されました。

　二つ目の共通テストは，1979年度から始まった共通第一次試験（共通一次）です。共通一次は，各大学学部の個別試験に対する一次試験という位置づけでした。1990年度に，共通一次が大学入試センター試験（センター試験）に改組された後は，国公立大学だけでなく，私立大学も参加できるようになりました。共通一次では5教科7科目の試験が共通に課されましたが，センター試験では1教科1科目でも利用でき，センター試験の成績だけで合否を決めることもできるようになりました。共通一次とセンター試験は，ともにマークシート方式の試験です。

　1980年代以降は大学入試の多様化が進み，18歳人口が減少する1990年代には，

その傾向に拍車がかかりました。客観テスト方式の学力検査だけではなく，小論文や面接など多様な選抜方法が採用されるようになりました。とくに私立大学では，受験者獲得のため，推薦入試や入試科目の軽減などが行われました。

　さらに2000年代になると，大学進学率が50％を超え，「大学全入時代」を迎える中，AO（アドミッション・オフィス）入試という新しい選抜法も普及しました。AO入試とは，受験者が個人で出願でき，書類審査と面接などを組み合わせることで，能力・適性や学習意欲などを総合的に判定する方法です。

③ 高大接続システム改革

　大学入試の多様化政策を受け，学力検査を課さない非学力選抜が普及しています。私立大学では約半数がAO入試か推薦入試を経て入学しています（2015年度）。このAO入試や推薦入試の一部は「学力不問」の状況にあり，また大学入試全体が，知識の暗記や暗記した解法パターンの適用の評価に偏りがちでした。この現状を改善すべく，2016年以来，高校教育改革，大学教育改革，大学入試改革を一体的に行う，高大接続システム改革が進んでいます。

　そこでは，①知識・技能，②それらを基盤として答えが一つに定まらない問題に自ら解を見出していく思考力・判断力・表現力等，③主体性を持って多様な人々と協働して学ぶ態度，という「学力の3要素」の育成が重視されています。大学入試では，知識に偏重せず，「学力の3要素」を多面的に評価することがめざされています。その目玉が，センター試験に代わって2020年度から実施される，「大学入学共通テスト（仮称）」（以下，新テスト）という共通テストです。新テストでは，思考力・判断力・表現力を評価すべく，マークシート式問題だけでなく，記述式問題も出ます。さらに，英語の4技能（読む・聞く・話す・書く）を評価するため，民間の資格・検定試験が活用されます。

④ 高大接続をめぐる課題

　新テストに関しては，記述式問題の作問と採点をどのように行うかが，今後の検討事項となっています。同じく論述型の入試として，フランスでは，バカロレア試験という大学入学資格試験が行われてきました。しかしながら，試験で問われる学力が高校の教育目標と異なるために，高校教育が歪められてきました。そこでバカロレア試験では，1986年以降，大学教師に加えて，多様な高校の教師も作問に参画するようになりました。日本でも，大学入試によって高校教育を歪めないためには，専門学科や総合学科も含む多様な高校の教師が作問に参加することが重要だと言えます。

　また，記述式問題の場合，評価の信頼性（誰がいつ採点しても，結果が変わらない）の確保が難しくなります。公平なテストにするために，信頼性を担保できる評価の基準・方法が，模索されているところです。　　　　　（細尾萌子）

▷1　高大接続システム改革
　高校では，基礎学力の習得度を把握して指導改善に活かす「高校生のための学びの基礎診断（仮称）」が，2019年度から試行実施，2023年度から実施予定である。大学では，①卒業認定・学位授与，②教育課程の編成・実施，③入学者受け入れの方針の策定・公表が，2017年度から各大学に義務づけられた。

▷2　バカロレア試験
　フランスの高校最終学年末に全国一斉に実施される国家試験。選択肢問題はほとんどなく，論述試験と口述試験が中心である。バカロレア試験に合格すると，基本的にどの大学にも入学できる。

（参考文献）
　荒井克弘・橋本昭彦編著『高校と大学の接続──入試選抜から教育接続へ』玉川大学出版部，2005年。
　佐々木享『大学入試制度』大月書店，1984年。
　佐々木隆生『大学入試の終焉──高大接続テストによる再生』北海道大学出版会，2012年。
　全国到達度評価研究会編著『子どものための入試改革──「選抜」から「資格」へ』法政出版，1996年。
　細尾萌子『フランスでは学力をどう評価してきたか──教養とコンピテンシーのあいだ』ミネルヴァ書房，2017年。

7　学校種間連携と接続

 学校種間の連携・接続とは

　小学校に入ったとき，幼稚園や保育所では自由に遊べたのに，小学校ではじっと座って学習しなければならず，とまどわなかったでしょうか。また，中学校に入った際，学級担任制から教科担任制に変わり，困らなかったでしょうか。

　幼稚園と小学校，小学校と中学校，中学校と高等学校と，異なる学校段階の間には，教育の目的，内容，方法に関する様々な段差があります。学校種間の連携は，下の学校段階と上の学校段階が協力して，学校段階間の段差を小さくし，子どもが上の学校段階へと円滑に移行していけるようにすることです。そのために，教師間の情報交換や，子ども間の交流などを行います。

　学校種間の接続は，学校段階の間のつながりを意味しています。学校種間の接続を達成するには，学校種間で情報交換や交流をするだけではなく，6－3－3制などの学年区分，教育課程，入試といった制度的・構造的なことにまでふみこんで，学校段階間の段差をなめらかなものにする必要があります。

　学校種間連携は普及しつつありますが，学年区分の変更や一貫カリキュラムなど，接続を意識した教育課程を開発している自治体はまだ少数です。

2　幼小連携

　幼小連携とは，幼児教育と小学校教育の接続を達成するために，保育所・幼稚園と小学校が相互に協力することです。

　2000年ごろに「小1プロブレム」が注目されるようになって以来，幼小連携の実践が広がっています。小1プロブレムとは，学習に集中できない，話が聞けないなど，小学校1年生が学校生活に不適応を起こし，学級が荒れる現象です。

　2008年の小学校学習指導要領では，小1プロブレムの解決に効果的であるとして，生活科を中心とした「スタートカリキュラム」の編成が推奨されました。スタートカリキュラムとは，小学校入学時の児童が義務教育の始まりにスムーズに適応できるように編成された教育課程です。合科的・関連的な指導や短時間学習といった指導の工夫や，環境構成などの工夫を行います。[1]

3　小中連携・小中一貫教育

　文部科学省の「小中一貫教育等についての実態調査」（2014年度）によると，

▷1　生活科で学校探検活動を行い，そこで発見したことを，自らの意欲を生かしながら国語科や音楽科，図画工作科などで表現する合科的な活動や，園と同じような机の配置など，幼児期からの学びと育ちを活かす活動や環境を設定する。

小中連携教育は，「小・中学校が，互いに情報交換や交流を行うことを通じて，小学校教育から中学校教育への円滑な接続を目指す様々な教育」です。一方，小中一貫教育は，「小中連携教育のうち，小・中学校が目指す子供像を共有し，9年間を通じた教育課程を編成し，系統的な教育を目指す教育」です。小中一貫教育には，従来の6-3制の学年区分の見直しも含まれます。

小中連携・一貫教育は，2000年ごろから，広島県呉市や東京都品川区など一部の自治体で行われてきました。この教育は，前述の文部科学省の実態調査などにより，「中1ギャップ」の緩和につながることが明らかになりました。中1ギャップとは，児童が中学校に進学する際に，新しい環境での学習や生活にうまく適応できず，いじめや不登校などの問題行動につながっていくことです。

そこで，小中連携・一貫教育を進めるため，「義務教育学校」が創設されました（2016年施行）。義務教育学校では，一人の校長のもと，原則として小中両方の免許を持つ教師が，9年間の教育目標を設定し，9年間一貫した教育課程を編成します。小中間の入試はなく，教育課程の特例を活用できます。

4 中高一貫教育

中高一貫教育とは，中学校教育と高等学校教育とを，学力検査による入試を課さずに接続し，6年間の一貫した教育を行うことです。中高一貫教育校では，教育課程の基準の特例が適用でき，特色あるカリキュラムを編成できます。

中等教育を多様化し，個性に応じて教育できるよう，1999年に中高一貫教育制度が実施されました。子どもや保護者は，従来の中学校・高等学校だけではなく，中高一貫教育校を選択することもできます。

5 学校種間の連携・接続をめぐる課題

一つ目に，一貫教育や一貫教育校を推進すべきか，という問題があります。学校種間のギャップを軽減し，学力向上などに寄与するという主張がある一方，子どもの選別・競争の促進や，受験競争の低年齢化の恐れも指摘されています。また，従来の6-3制をアレンジした，4-3-2制などの学年区分が，子どもの発達段階の観点からふさわしいのかどうか検討することも課題です。

二つ目に，連携・接続の活動をすること自体が目的となり，何のための活動かがはっきりしない傾向があります。学校段階間のどんな段差を埋めることをめざす活動なのかを意識しながら実践することが求められます。

三つ目に，学校段階間の段差をすべてなくすことが，接続のあり方として望ましいのかを考える必要があります。学校段階間の段差を乗り越える過程で子どもが成長するという考えもあるでしょう。どんな段差は残し，どんな段差はなめらかにすべきかを，異校種の教師間の対話の中で検討することが重要です。

(細尾萌子)

▷2 小学校に相当する前期課程と，中学校に相当する後期課程の間で，学習指導要領の指導内容の一部について，相互に入れ替えたり，移行したりできる。

▷3 学年区分については，子どもの生理的成熟の早期化や，脳科学にもとづく発達段階論をもとにした，4-4-4制という提案もある（安彦忠彦「小中一貫教育の構想──6-3-3制を見直す」『神奈川大学心理・教育研究論集』第34号，2013年，5-16頁）。

(参考文献)

酒井朗・横井紘子『保幼小連携の原理と実践──移行期の子どもへの支援』ミネルヴァ書房，2011年。

高橋興『小中一貫教育の新たな展開』ぎょうせい，2014年。

本所恵「中高連携」日本教育方法学会編『教育方法学研究ハンドブック』学文社，2014年，410-413頁。

山本由美・藤本文朗・佐貫浩編『これでいいのか小中一貫校──その理論と実態』新日本出版社，2011年。

8　生涯学習のカリキュラム

1　生涯学習とは

　生涯学習（lifelong learning）とは，簡単に言うと，人が生涯を通して学んでいくことです。近代社会においては，若い人たちが学校で学び，就学期間を終えた後に，社会に出て働き続けることが一般的でした。このように，まず学校教育，その後職業生活という一方向的な人生モデルに対して，学習を若い時期に限定せず生涯にわたるものにしようというのが，生涯学習の考え方です。

○生涯教育，生涯学習，リカレント教育

　生涯にわたって学ぶという考え方が提案されたのは，1960年代半ばでした。ユネスコの成人教育推進国際委員会でポール・ラングラン（Lengrand, P.）が「生涯教育（lifelong education）」の考え方を提案して注目を集め，その内容が日本にも紹介されました。[1]それは，労働しながらも教育を受けたり文化活動をしたりできるように，一生を通じた教育機会の提供，学校や職業教育や成人教育等の様々な教育機会の調和的な統合を強調するものでした。ただし，生涯教育という言葉は，人が生涯にわたって教育を強制されるという否定的な理解がなされることもあり，個人の主体的な学習行動を強調して「生涯学習」という言葉が用いられるようになりました。

　また，類似する考え方に，1969年に当時スウェーデンの教育大臣だったオロフ・パルメ（Palme, O.）がヨーロッパ文相会議で打ち出した「リカレント教育」の考え方があります。リカレントとは，「環流する」「回帰的な」という意味で，リカレント教育は，学校教育を終えて職業生活に入ってからも必要に応じて教育を受け直すことを言います。この考え方は，OECDの教育改革構想に公式に採用され，世界中から注目されました。[2]スウェーデンでは，この考え方に立って，成人に対しても様々な教育機会を保障する制度が整えられてきました。[3]

2　生涯学習の特徴

　生涯学習の基本的な原則として，ユネスコが提示した四つの学習の柱を挙げることができます。その4原則は，「知ることを学ぶ」「為すことを学ぶ」「人として生きることを学ぶ」「共に生きることを学ぶ」というものです。[4]これらの柱は，学習が日々の暮らしと密接に結びついており，生活を豊かにするためのものであることを示しています。

▷1　ラングラン, P. 著, 波多野完治訳「生涯教育について」日本ユネスコ国内委員会編『社会教育の新しい方向——ユネスコの国際会議を中心として』日本ユネスコ国内委員会，1967年。

▷2　OECD 教育研究革新センター（CERI）『リカレント教育——生涯学習のための戦略（教育調査第88集）』文部省，1974年。

▷3　太田美幸『生涯学習社会のポリティクス——スウェーデン成人教育の歴史と構造』新評論，2011年。

▷4　ユネスコ・21世紀教育国際委員会編，天城勲監訳『学習——秘められた宝』ぎょうせい，1997年。

▷5　フォーマル学習・ノンフォーマル学習・インフォーマル学習に対して，そのような学習をもたらす教育をそれぞれフォーマル教育・ノンフォーマル教育・インフォーマル教育と言う。

▷6　国内外の様々なノンフォーマル教育の例は，次の文献を参照。丸山英樹・太田美幸編著『ノンフォーマル教育の可能性——リアルな生活に根ざす教育へ』新評論，2013年。

◯ フォーマル学習, ノンフォーマル学習, インフォーマル学習

　生涯学習を推進するには, 公的な学校教育以外での教育・学習が重要になります。制度化された学校での学習を「フォーマル学習」と呼び, これに対して, 正規の学校教育制度の枠外で組織的に行われる教育活動での学習は「ノンフォーマル学習」と呼ばれます。ノンフォーマル学習はたとえば, 学習塾, 地域のスポーツクラブ, 図書館や公民館での学習講座や催事, 自主夜間中学校などでの学習です。なお, 組織化された教育ではなく, 家庭での日常の経験や環境の影響による学習は「インフォーマル学習」と呼ばれます。生涯学習においては, このように多様な形式の教育・学習が併せて考えられます。

　なお, どのような学習形式であっても, 個人が身につけている知識や能力に変わりはありません。近年, 学習の形式にかかわらず, 各個人のそれまでの学習成果を評価し, 社会的に認定していくことの重要性が強調されています。

◯ 大人に対する教育の特徴

　学校では生徒にカリキュラムが与えられますが, 生涯学習では, 多様な教育機会の中から学習者個人が自分のニーズに合わせてカリキュラムを編成することになります。つまり, 生涯学習の構想は, 学習者一人ひとりに自発的な学習を求めるものなのです。学習者個人の自発性が重要なため, 学習の内容や方法は学習者の経験や関心と結びつき, 実際の問題とつながっている必要があります。学習者の現実的なニーズからカリキュラムが編成されるのです。

③ 日本における生涯学習

　日本では, 1986年の臨時教育審議会答申で「生涯学習体系への移行」が強調され, 学校中心の考え方を改め, いつでもどこでも学べる多様な学習機会の整備が求められました。これ以降, 行政主導で生涯学習のための基盤整備が行われ, 放送大学など学習機会の拡充, 社会教育施設の整備, 生涯学習データバンクの構築, 社会教育主事などの指導者の教育などが行われてきました。

　また, 1974年に朝日カルチャーセンターが発足して以来, 民間の教育機関であるカルチャーセンターが発展しました。カルチャーセンターでは, 英会話やパソコン, 簿記, 医療事務など資格取得や就職機会に結びつく講座のほか, ダンス, 陶芸, 園芸など娯楽や趣味的な講座が中心です。通信教育でも同様の講座が多くあり, 生涯学習の機会として重要な役割を果たしてきました。

　ただし, 教育機関が整っても, 学習者の経済的・時間的な負担が大きいと学習は進みません。個人の負担を軽くするために, 職業に関する資格取得をめざす学習に対して費用の一部を給付する教育訓練給付制度があり, 人生の様々なステージでの学び直しが支援されています。生涯学習はこのように多様な側面から進められます。生涯学習の観点から, 学校と職業との関係, 教育や学習のあり方を見直すことが, 今後さらに重要になるでしょう。　　　　　（本所　恵）

▷ 7　UNESCO Institute for Lifelong Learning, UNESCO Guidelines for the Recognition, Validation and Accreditation of the Outcomes of Non-formal and Informal Learning, 2012.
　OECD 編著, 山形大学教育企画室監訳『学習成果の認証と評価——働くための知識・スキル・能力の可視化』明石書店, 2011年。

▷ 8　クラントン, P. A. 著, 入江直子・豊田千代子・三輪健二訳『おとなの学びを拓く——自己決定と意識変容をめざして』鳳書房, 2010年。

▷ 9　教育訓練給付制度
　雇用の安定と再就職の促進を図るために, 働く人の主体的な学習を支援する雇用保険の給付制度。

（参考文献）

　OECD 編著, 立田慶裕・長岡智寿子・岩崎久美子・宮田緑訳『世界の生涯学習——成人学習の促進に向けて』明石書店, 2010年。
　赤尾勝己『新しい生涯学習概論——後期近代社会に生きる私たちの学び』ミネルヴァ書房, 2012年。
　澤野由紀子「EU の生涯学習政策とガイドライン」『日本生涯教育学会年報』第31号, 2010年, 167-186頁。
　岩永雅也『改訂版　生涯学習論——現代社会と生涯学習』放送大学教育振興会, 2006年。
　メリアム, S. B.・カファレラ, R. S. 著, 竜田慶裕・三輪健二監訳『青年期の学習——理論と実践』鳳書房, 2005年。

9 職業と専門教育

▷1　Ⅳ-5 参照。

▷2　Ⅳ-6 参照。

▷3　高等学校は「普通科」「専門学科」「総合学科」に分かれており，主に専門学科と総合学科で様々な分野の専門教育が行われている。総合学科は，様々な分野の専門性を幅広く学んで進路を探れる「第三の学科」として1994年に導入された。なお，ここに挙げた学科区分は「大学科」と呼ばれるもので，各学科はさらに細かい「小学科」に分かれている。

▷4　本田由紀『教育の職業的意義──若者，学校，社会をつなぐ』筑摩書房，2009年。

堀内達夫・佐々木栄一・伊藤一雄・佐藤史人編『日本と世界の職業教育』法律文化社，2013年。

日本教職員組合編『高校カリキュラム再構築と労働教育──「普通職業教育」のすすめ（日教組・高校カリキュラム改革研究委員会最終報告書）』アドバンテージサーバー，2009年。

▷5　**専修学校**

実践を重視した職業教育を行う1年以上の教育機関。後期中等教育段階（ISCED-3C）の「高等課程」，高等教育段階（ISCED-5B）の「専門課程」，これらにあてはまらない必要な能力を育成する「一般課程」がある。

1 日本の学校における職業教育

　社会の構成員すべてを対象に行われる普通教育[1]に対して，特定の職業や進路や内容領域に特化して一部の人々を対象に行われる教育を専門教育と言います。学校教育では，義務教育段階までは普通教育が，その後の後期中等教育段階からは普通教育と専門教育とが行われることになっています。[2]

　専門教育として伝統的に行われてきたのは，職業につながる教育です。日本の高等学校には，農業，工業，商業，家庭，看護，水産などの産業分野と結びつく専門学科が伝統的に多くあり，職業学科と呼ばれてきました。[3]ただし，第二次世界大戦後の高等学校では，職業教育よりも大学進学につながる普通教育が発展してきました。近年，国際比較や，労働や職業にかかわる社会の変化を背景に，より多くの若者に対する職業教育の重要性が強調されています。[4]

2 専門教育を行う様々な教育機関

　日本でも，後期中等教育段階以降には，職業専門教育を行う様々な教育機関があります。中学卒業生を受け入れて5年間で実践的・創造的な技術者を養成する高等専門学校（高専）や，大学・短大，[5]専修学校や様々な大学校，[6]各種学校などです。こうした学校教育制度のほかに，職業専門教育においては，職業能力開発大学校等の職業教育・訓練施設も重要な役割を担っています。以下では，学校教育，とくに高等学校における専門教育のカリキュラムを取り上げて考えてみます。

3 専門教育のカリキュラム

○専門分野の選択

　専門教育を始める前には，分野を選択する必要があります。そのために，小・中学校段階から様々な産業分野や職業について学ぶキャリア教育が重視されてきています。[7]また，総合学科の高等学校では，社会の産業をよく知り進路選択を行う土台として「産業社会と人間」という科目が必修とされています。

○専門学科のカリキュラム

　専門学科の高校では，卒業に必要な74単位のうち，20〜25単位以上が特定分野の専門教育にあてられます。[8]その中で，各分野の基礎から始まり，資格取得

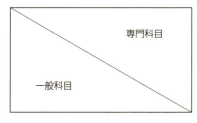

一般科目 / 専門科目

図10.9.1　くさび形カリキュラム

や就職に結びつく専門的な学習を行います。特徴として、多くの学科で実習が行われている点、また、現実問題に対応する課題研究などが行われてきた点が挙げられます。

○普通教育と専門教育

　高等学校、高等専門学校や大学では、専門教育のみではなく、普通教育や一般的な内容の教養教育も行われます。カリキュラム編成においては、これら二つの内容の教育をどのように組み合わせるかが課題になってきました。従来は、まず一般的な内容の教育を行い、それを完了してから専門教育に移行するという段階型のカリキュラムが組まれていましたが、現在は、両方の教育を在学期間中ずっと学び、そのバランスを変えていく方法が多くなっています。はじめは一般的な教育が多く専門教育が少なく、次第に専門教育の割合が高くなり、専門性も増すというカリキュラムです。図示すると（図10.9.1）くさびのように見えることから、くさび形カリキュラムと呼ばれています。

4　グローバル化社会における職業教育

　経済や雇用のグローバル化に伴って、職業教育は国際的な課題として認識されてきています。同じ職業でも、国によって教育・訓練のレベルが異なると、労働力の移動に伴って混乱が生じるためです。こうした混乱を防ぐために、欧州諸国では欧州共通資格枠組み（European Qualifications Framework：EQF）が作られ、各国が国内の各種資格のレベルをこの枠組みに照らして確認したり、見直したりしています。

　このような国境を越えた職業資格の調整は、資格制度の話だけにとどまりません。専門教育を行う教育・訓練機関のカリキュラムは、こうした資格取得をめざして、それに沿って行われることが一般的です。そのため、資格制度の見直しは関連教育・訓練機関のカリキュラムに反映されるのです。また、生涯学習の進展により、教育機関での教育・訓練以外、たとえば独学や実際の職業経験を通して身につけた能力を認証する必要性も高まってきました。そのために各国では、教育・訓練期間などではなく、実際の能力にもとづく学習成果の認証が重視されつつあります。

（本所　恵）

▷6　**大学校**
　「大学校」という名称の使用に制限はなく、多様な学校が「大学校」を名乗っている。よく知られているのは、省庁が設置する学位を取得できる大学校（防衛大学校、気象大学校など）である。

▷7　XII-4 参照。

▷8　高等学校では、教育課程編成に「単位制」が採用されており、50分を1単位時間とし、35単位時間の授業を1単位として計算する。

▷9　本所恵「学習成果認定の広がりと高校教育への影響——スウェーデンにおける溶接資格に焦点を当てて」『教育目標・評価学会紀要』第22号、2012年、53-62頁。
　OECD編著、山形大学教育企画室監訳『学習成果の認証と評価——働くための知識・スキル・能力の可視化』明石書店、2011年。

参考文献

　植上一希『専門学校の教育とキャリア形成——進学・学び・卒業後』大月書店、2011年。
　寺田盛紀『日本の職業教育——比較と移行の視点に基づく職業教育学』晃洋書房、2009年。
　日本産業教育学会編『産業教育・職業教育学ハンドブック』大学教育出版、2013年。
　平沼高・新井吾朗編著『大学だけじゃないもう一つのキャリア形成——日本と世界の職業教育』職業訓練教材研究会、2008年。

国語科のカリキュラム

 ## 国語科のカリキュラムを問う視点

　2017年改訂学習指導要領では，すべての教科等において，「何を学ぶか」だけでなく「どのように学ぶか」「何ができるようになるか」という視点を踏まえた教育改革が推進されています。しかしながら，戦後日本の国語科教育においては，むしろ，学習者が「言語を用いてどのように活動できるのか」，つまり「何ができるようになるか」と同様の問題意識をもとに，それを言語活動として明示する中で，授業やカリキュラムが模索されてきました。他方，国語科における教科内容の曖昧さが自覚され，国語科で何を学習するのか，国語科をどのような領域編成でとらえるのかについては，今も議論され続けています。

2 「言語生活」を重視する単元学習

　1947年に出された学習指導要領（試案）では，国語科学習指導の目標は，「児童・生徒に対して，聞くこと，話すこと，読むこと，つづることによって，あらゆる環境におけることばのつかいかたに熟達させるような経験を与えること」と設定されていました。戦前において，国民精神の涵養のための教材が選択されたり，形式的な綴方教育が行われたりすることが多かったことを反省的にとらえたためです。そこで，西尾実の提唱する「言語生活」概念に注目し，学習者が聞き・話し・読み・書くという，まさに日常の言語生活を豊かにすることをめざしました。この「言語生活」を重視した単元学習を展開したのが，大村はまです。大村は，学習記録の書き方や，話し合いの仕方などの学習方法をカリキュラムに位置づけるとともに，そのカリキュラムを通じて，学習者にどのような能力を獲得させるのかをつねに意識しながら授業を行いました。[1]

　なお，西尾の主張をめぐっては，時枝誠記との論争は重要です。時枝は「文学は言語である」と考え，「言語を正しく理解して行くところに，自ずから，文学教育が成就されて行く」と主張しました。一方西尾は，戦前において，文学研究であるかのような国語教育が実施された過去があったことを反省し，子どもたちの言語生活を充実させるための国語科教育を実践するためにも，言語教育と文学教育を非連続なものとしてとらえ，文学教育を一つの特殊領域として位置づけるべきだと主張しました。この論争は，文学をどうとらえるのか，文学教育にどのような価値を見出すのか，国語科をどのような領域で編成するの

▷1　大村はまが構想したカリキュラムは，教え子の大西まゆみが残した学習記録から読み解くこともできる（大村はま「三年間の学習記録」『大村はま国語教室第十二巻』1984年，405-549頁）。

▷2　金子書房編集部編『言語教育と文学教育』金子書房，1952年。

かを考えさせてくれます。

❸ 国語科における系統学習

1950年代に入ると,「経験」を重視する単元学習が基礎学力の低下を招いたと批判されるようになりました[3]。そこで,1958年改訂学習指導要領では,「日常生活に必要な国語の能力を養い,思考力を伸ばし,心情を豊かにして,言語生活の向上を図る」ことが目標として設定されました。そして,国語科教育において何を学習すべきなのか,それをどのような系統性を持ったカリキュラムとして具体化する必要があるのかという提案がなされるようになりました[4]。

この時代には,国語科における民間教育研究団体の設立も相次ぎ,独自の領域設定,カリキュラムの系統化を提案しました。教育科学研究会国語部会は,国語科の内容・構造を「系統的に教える日本語指導」と「言語活動の教育」ととらえました[5]。さらに前者を文字・発音・文法・語彙に分けて指導するために,音声学や文法学の成果にもとづいて系統化した独自の教科書『にっぽんご』を作成しました。児童言語研究会は,一読総合法という読みの方略と,文法指導に力点を置く指導のあり方を提唱しました[6]。文芸教育研究協議会は,「視点論」など,文学作品を読むときの方法を整理しました[7]。

❹ 言語技術教育と読者論

1970年代には,国語科学習指導要領の構造が,「言語事項」「A 表現」「B 理解」の一事項二領域編成へと大きく変更され,「言語活動」を通して獲得させたい「言語能力」を明記することへと記述方法が転換されました。それまでは,「生活に必要な国語」等,目標に「生活」という用語が示されていましたが,それも削除されました。この変更は,戦後の国語科教育において言語活動が重視されてきたものの,国語科教育の本質をとらえて国語科教育を構造化する点は十分ではないという問題意識にもとづくもので,聞き・話し・読み・書くという活動自体ではなく,それらの活動を通して,文字言語と音声言語を用いて理解し表現するという能力の育成が重要であることを示す領域編成でした。

この時期は,言語教育の徹底,国語科教育の教科内容の精選をめざして,言語技術への注目が集まりました。1986年,科学的「読み」の授業研究会が設立され,文学作品を導入部・展開部・山場・終結部などに分けて構造的に読む指導方法が確立されました[8]。1991年には,日本言語技術教育学会が創設されました。教師が丁寧に作品研究を行うことが,授業場面において,教師の読み取りの押しつけになってしまうことを反省的にとらえ,子どもたちを自立した学習者として育成するための手立てを整理することがめざされました[9]。そこで選択されたのが,表現の特徴や,文章の構成,登場人物の相互の関係などを言語技術として学習することでした[10]。

▷3 読み書き能力調査委員会編『日本人の読み書き能力』東京大学出版部,1951年。

▷4 日本国語教育学会編『国語の系統学習』東洋館出版社,1957年。

▷5 奥田靖雄・国分一太郎編『読み方教育の理論』国土社,1963年。

▷6 児童言語研究会編『一読総合法入門』明治図書出版,1966年。

▷7 西郷竹彦『教師のための文芸学入門』明治図書出版,1968年。

▷8 阿部昇『国語力をつける物語・小説の「読み」の授業』明治図書出版,2015年。

▷9 波多野里望『なぜ言語技術教育が必要か』明治図書出版,1992年。

▷10 渋谷孝・市毛勝雄編『読み方授業のための教材分析』明治図書出版,1983年。

言語技術教育とは対照的な考え方として，読者論が登場したのもこの時期です。教師の読み取りの押しつけや，文学作品の指導における「正解到達主義」とも呼ばれる授業への批判として登場しました。読者論とは，読者がテキストと対話することによって，読みが創造されていくこと，読者一人ひとりの読みの自由さは認められるべきであることを主張するものです。ただし，「読者論」[11]の主張に対して，田中実と須貝千里が読みのアナーキズムだと批判しました。[12]田中らは，多様な読みを認めるだけでは，子どもたちが自らの主観性から抜け出すことができないことを問題視しました。

⑤　批判的にテキストを読む力

2000年代に入ると，テキストを批判的に読むことに注目が集まりました。そのきっかけは表11.1.1に示す，PISA2000で出題された「贈り物」の問題でした。PISAの読解リテラシーの枠組みで言うところの「熟考・評価」を問う問題です。「何が書かれているか」ではなく，「いかに書かれているか」を問うことは，読むという行為の転換を図るものでした。全国学力・学習状況調査に類似問題が出題されたことにも影響力の大きさが表れています。

　ただし，従来の日本において「批判的に読む」ことが主張されていたことにも，注目してよいでしょう。1963年に東京都教職員組合荒川支部教研会議国語部会が『批判読み』を出版し，「文章に書かれていることがよくわかり，それに対する感想が述べられ，さらに自分の考えに立ってその文章を批判できてこそ，初めてその文章を読んだことになる」ことを「批判読み」として重視しました。[13]ここでは，作品と自分自身の比較検討を通して，作品と自分自身の理解を深めることが意図されています。また井上尚美は，言語論理教育として，「言語化された主張・命題の真偽性，妥当性，適合性を，一定の基準にもとづいて判断し評価すること」を重視しました。[14]つまりここでは，作品や自分の外にある基準が用いられることになります。このように，文章を読み解く基準と目的が異なることから，「批判」という言葉に込められている意味が，論者によって異なることがわかります。PISAリテラシーの新規性を追随するのではなく，日

▷11　関口安義「読者論導入による授業の改革」『教育科学国語教育』明治図書出版，1985年。

▷12　田中実『小説の力』大修館書店，1996年。

▷13　東京都教職員組合荒川支部教研会議国語部会編『批判読み』明治図書出版，1963年。

▷14　井上尚美『言語論理教育入門──国語科における思考』明治図書出版，1989年。

表11.1.1　学力調査における問いの比較

PISA2000における「贈り物」問題	「贈り物」の最後の文が，このような文で終わるのは適切だと思いますか。最後の文が物語の内容とどのように関連しているかを示して，あなたの答えを説明してください。
平成19年度全国学力・学習状況調査「中学校国語B」における「蜘蛛の糸」問題	中学生の中山さんと木村さんは，以前に読んだ「蜘蛛の糸」は，「三」の場面が省略されていたことを思い出しました。[中略] あなたは，中山さん，木村さんのどちらの考えに賛成しますか。どちらか一人を選び，[中略] あなたがそのように考える理由を条件1から条件3にしたがって書きなさい。

出所：経済協力開発機構（OECD）編著，国立教育政策研究所監訳『PISAの問題できるかな？──OECD生徒の学習到達度調査』明石書店，2010年，および国立教育政策研究所教育課程研究センター「全国学力・学習状況調査」（http://www.nier.go.jp/tyousa/07mondai_chuu_kokugo_b.pdf　2016年7月31日閲覧）をもとに筆者作成。

本の国語科教育の遺産を踏まえながら，日本において育成がめざされてきた国語科の学力との相違を吟味することが重要でしょう。

❻ 各学校段階における領域編成

国語科では，小・中学校段階と高等学校段階の間には，領域編成に大きな隔たりがあります。たとえば2008年改訂学習指導要領では，小・中学校段階において，どの学年も「聞くこと・話すこと」「書くこと」「読むこと」の四つの言語活動と「伝統的な言語文化と国語科の特質に関する事項」で区分されているのに対して，高等学校では，「国語総合」のみ言語活動で区分され，そのほかの科目「国語表現」「現代文Ａ」「現代文Ｂ」「古典Ａ」「古典Ｂ」ではそのような区分はありませんでした。しかし，2017年改訂学習指導要領では，高等学校段階の科目構成の見直しが図られています。教材の読み取りが指導の中心になることが多く，「話すこと・聞くこと」「書くこと」領域の学習が十分に行われていないことや，古典の学習において，日本における言語文化を享受し，自らとのかかわりの中でそれらを生かしていく観点が弱いことが指摘されていたためです。[15]

そこで提案されたのが，表11.1.2に示す科目構成です。すべての高校生が必ず履修する科目として，実社会・実生活における言語による諸活動に必要な能力を育成する「現代の国語」と，日本の伝統や文化が育んできた言語文化を理解し，これを継承していく一員として，自身の言語による諸活動に生かす能力を育成する「言語文化」の２科目が設定されました。さらに，これら二つの科目によって育成された能力を基盤に「思考力・判断力・表現力等」の言葉の働きをとらえる三つの側面をそれぞれ主として育成する科目として，「論理国語」「文学国語」「国語表現」が，「言語文化」で育成された資質・能力のうち「伝統的な言語文化に関する理解」を深めるために「古典探究」が設定されました。

「論理」と「文学」を区別することは，一見すると，合理的なようにも見受けられます。[16]しかしながら，説明的文章において，筆者による言葉の選択の文学性が発揮される場合や，文学的文章において，作者の論理構造によって，作品の世界への導入がスムーズに導かれる場合も考えられます。両者を切り離してとらえるだけではなく，共通項を探ることも必要でしょう。

（山本はるか）

表11.1.2 高等学校段階における科目構成の見直し

共通必履修科目	【現代の国語】		【言語文化】	
選択科目	【論理国語】	【文学国語】	【国語表現】	【古典探究】

出所：文部科学省「幼稚園，小学校，中学校，高等学校及び特別支援学校の学習指導要領等の改善及び必要な方策等について（答申）別添資料（1/3）」(http://www.mext.go.jp/component/b_menu/shingi/toushin/__icsFiles/afieldfile/2017/01/10/1380902_3_1.pdf 2017年3月31日閲覧）をもとに筆者作成。

▷15 中央教育審議会答申「幼稚園，小学校，中学校，高等学校及び特別支援学校の学習指導要領等の改善及び必要な方策等について」(http://www.mext.go.jp/b_menu/shingi/chukyo/chukyo0/toushin/1380731.htm 2017年4月21日閲覧）

▷16 文化審議会答申「これからの時代に求められる国語力について」(http://www.mext.go.jp/b_menu/shingi/bunka/toushin/04020301/015.pdf 2017年4月21日確認）においても，「言語」と「文学」の２分野で国語科教育を整理することの必要性が主張されている。

参考文献

田近洵一『戦後国語教育問題史』大修館書店，1991年。

全国大学国語教育学会編『国語科教育学研究の成果と展望』明治図書出版，2002年。

全国大学国語教育学会編『国語科教育学研究の成果と展望2』学芸図書，2013年。

2　算数・数学科のカリキュラム

① 算数・数学科の学力問題とカリキュラム

▷1　XIV-5、XIV-4参照。

▷2　割合分数や分割分数の考え方を使って、分数の除法の文章問題を作ることができるだろうか。量分数にもとづいて指導する利点は、文章題が作問可能な点、すなわち現実生活でイメージしやすい点にもある。

▷3　岡部恒治・戸瀬信之・西村和雄編『分数ができない大学生』東洋経済新報社、1999年。

▷4　2003年の調査結果では、読解リテラシーの順位の低さが話題となった。他方で、数学的リテラシーにおいては2000年、2003年、2006年調査で、順位が1位→6位→10位と、徐々にではあるが低下傾向にあった点が問題視された。その後、2009年、2012年、2015年調査では、国単位では9位→2位→1位と順位を上げている。

▷5　**数学的リテラシー**
「さまざまな文脈の中で数学を定式化し、適用し、解釈する個人の能力であり、数学的に推論し、数学的な概念・手続き・事実・ツールを使って事象を記述し、説明し、予測する力を含む。これは、個人が世界において数学が果たす役割を認識し、建設的で積極的、思慮深い市民として必要な確固たる基礎に基づく判断と決

　算数・数学科の学力は、3R's の一つとして世界中で学力の中核として位置づけられてきました。OECD（Organisation for Economic Co-operation and Development）による PISA（Programme for International Student Assessment）などの国際学力調査や、日本国内における学力調査においても、算数・数学科の学力は国や時代を越えて調査対象とされてきました。これらの調査によって示された学力の問題は、算数・数学科のカリキュラムの問題と深く結びつき、そこでは教えるべき内容の質と量、および、内容を体系化・構造化する原理がしばしば議論の的となってきました。

○算数・数学科のカリキュラムの変遷

　算数・数学科で子どもは何を学ぶのか、戦後の算数・数学教育の展開からみてみましょう。1947年版の学習指導要領（試案）では、経験主義に沿ったカリキュラムが算数・数学科でも展開されました。当時の教科書では、たとえば、単元「登校」では、加法の復習とともに登校の場面を題材に「時間」が学習されました。しかし、こうしたいわゆる「生活単元学習」は批判を受け、1958年の改訂では系統主義、1968年の改訂では「教育内容の現代化運動」に沿ったカリキュラムへと転換されました。とりわけ現代化では、単元「集合」など、現代数学の基礎理論となった集合論にもとづきカリキュラムが構造化されました。これらの転換は学習内容の増大を招き、落ちこぼれ、落ちこぼしを招きました。そこで、1977年の改訂以降、教科内容の削減が行われ、1990年代に至りました。

○算数・数学教育の系統性

　では、個々の単元や教育内容はどのような体系のもとで指導されるとよいのでしょうか。現在、単元「集合」が削減されているように、カリキュラムは学問の体系だけから決まるわけではありません。どのような概念を形成すれば子どもの理解が深まるのか、教科内容の体系から考える必要があります。たとえば、分数については、「定価の1/2の値段」といった割合や「ピザの1/4枚分」といった分割量というイメージが一般的かもしれません。しかし、こうした考え方では、「2 mの長さのテープを3等分したとき、一つ分は何 m か」という問いに対し、「1/3 m」と誤ったり、「1/2＋1/3＝2/5」が誤答であることを説明したりすることは難しくなるでしょう。そのため、日本の小学校では、連続量を普遍単位で

測った際の半端の量を表す数（量分数）として分数は指導され，その後の四則計算へと展開されます。[42] このように教科内容からカリキュラムを考案することで，子どもにとって，現実生活や既習事項と関連づけて理解しやすくなります。

❷ 学力観の転換と新学習指導要領

　21世紀前後から，学力観の転換に伴って算数・数学科のカリキュラムが再考されました。1998年の学習指導要領改訂では教育内容が3割削減されました。これに対し，危機感を抱いた経済学者や数学者らは『分数ができない大学生』[43] において，大学生でも分数の四則計算ができないとして，子どもの学力が崩壊していることを指摘しました。これは，「学力低下」論争へと発展し，100ます計算がブームになるなど基礎学力の定着に関心が高まりました。

　ところが，基礎的な計算よりも，身近な問題場面に学習した数学の知識を活用して考える能力に課題があることがPISAの結果などからわかりました。[44] 算数・数学科で学んだ知識や技能を学校の内外の文脈で活用する能力は「数学的リテラシー」[45] と呼ばれ，これを駆使して問題解決を図るプロセスが「数学化サイクル」[46] として示されました。世界各国で「リテラシー」という能力を原理とするカリキュラムが登場し，算数・数学科もその影響を受けました。

　日本では2007年以降，「リテラシー」に対応するべく，全国学力・学習状況調査において，PISAに類似した問題Bが算数・数学科で出題されるようになりました。こうした傾向は2008年の学習指導要領改訂に引き継がれ，「思考力，判断力，表現力」を育成するために，基礎基本の「習得」，知識技能の「活用」，自ら「探究」を行う活動を通じて学習を深めるカリキュラムが示されました。また，高等学校では，統計リテラシーへの需要の高まりを受け，これまで選択だった内容が必修とされるようになりました。

　2017年の学習指導要領改訂でもこうした動向は引き継がれています。2008年改訂の小学校学習指導要領では，数やその四則計算などを学ぶ「数と計算」，長さや重さなど量に関する概念や測定方法を学ぶ「量と測定」，三角形などについて学ぶ「図形」，グラフや割合や比例など量と量の関係について学ぶ「数量関係」からカリキュラムが構成されていました。これが，「数と計算」（全学年），「測定」（1〜3年），「変化と関係」（4〜6年），「図形」（全学年），「データの活用」（全学年）となり，2017年の改訂では学年に対応した教科領域へと変更されています。これらの領域で，主体的・対話的な深い学びを行い，数理的に処理して考える資質・能力の育成がめざされています。

　近年ではプログラミングやデータ・マイニングなど，数学が活用される場面が拡大し続けています。算数・数学科を学ぶことで何ができるようになるのかという視点からカリキュラムをデザインし，授業として実践することが，今後さらに求められるでしょう。

（大下卓司）

定を下す助けとなるものである」と定義されている（国立教育政策研究所『生きるための知識と技能 OECD 生徒の学習到達度調査（PISA）2012年調査 国際結果報告書』明石書店，2013年）。

▷6　PISA調査では，現実生活と数学生活とを行き来しながら，現実の問題を数学を使って解決する活動課程を，「数学化サイクル」（現実世界の問題を数学的に定式化する→数学的に定式された問題を解決する→一連の問題解決プロセスと結果をコミュニケーションする）としてモデル化している。そのうえで，数学化サイクルを回すのに必要な数学的能力（「思考と推論」「論証」「コミュニケーション」「モデル化」「問題設定と解決」「表現」「記号言語，公式言語，技術的言語，演算を使用すること」「支援手段と道具の使用」）を明らかにしている。

（参考文献）

　岩崎秀樹編著『新しい学びを拓く数学科授業の理論と実践——中学・高等学校編』ミネルヴァ書房，2010年。

　中原忠男編著『新しい学びを拓く算数科授業の理論と実践——小学校編』ミネルヴァ書房，2011年。

　日本数学教育学会編『数学教育研究ハンドブック』東洋館出版社，2010年。

　橋本美保・田中智志監修，藤井斉亮編著『算数・数学科教育』一藝社，2015年。

　田中耕治編著『戦後日本教育方法論史（下）——各教科・領域等における理論と実践』ミネルヴァ書房，2017年。

3　社会科のカリキュラム

1　変化し続ける教科：社会科

　日本の社会科は，第二次世界大戦後にアメリカの社会科の影響を受けて成立した教科です。その後，社会科のありようは様々に変化したことから，カリキュラム編成という問題も，その歴史の中でつねに意識され続けてきました。2016年末に出された中央教育審議会の答申でも，高等学校の社会科系科目が再編されることが提起されています。2017年現在は，小学校では社会科，中学校では社会科の中に歴史分野，地理分野，公民分野があり，高校では社会科という教科はなく，地理歴史科の中に日本史Ａ・Ｂと世界史Ａ・Ｂと地理Ａ・Ｂが，公民科の中に現代社会と政治経済と倫理があるという状況になっています。

▷1　かつては高等学校にも社会科が存在していた。1989年改訂の学習指導要領で高等学校の社会科は廃止された。

　幾多の変更が加えられた社会科ですから，カリキュラム編成に関する議論も様々です。大きく分けると三つのレベルが存在するでしょう。一つ目は，学校のカリキュラムのレベルで，学校教育の中で社会科がどのような役割を果たすのかが問われます。終戦直後の社会科は学校教育のカリキュラムの中でも重要な位置を占めていました。二つ目は，社会科もしくは社会科系科目のレベルで，どのような領域および教科を設定し，関連させていくのかが問われます。小学校ではあまり意識されませんが，中学校と高等学校では分野や教科の設定は大きな問題です。三つ目は，領域内および教科内のレベルで，教科内容と子どもの学習をどのように組織していくのかが問われます。

　これらの視点でカリキュラム編成について考えていくと，社会科には二つのアプローチがあることがわかります。一つは子どもの学習に着目したアプローチであり，もう一つは教科内容に着目したアプローチです。二つのアプローチは二者択一のものではありません。カリキュラム編成の際に，どちらをより重視するのかによって，カリキュラムの内容が変化します。

　この三つのレベルと二つのアプローチを意識して，小学校，中学校，高等学校のカリキュラム編成に関する議論をみていきましょう。

2　小学校社会科のカリキュラム編成

○学校のカリキュラムにおける社会科の役割

　第二次世界大戦が終結して，新しい教科として社会科が創設されたとき，社会科には他教科とは違う重要な役割が与えられました。民主主義社会の担い手

を育てるために，学校教育の中心となり，他教科の学習を統合していく役割です。その後，社会科の位置づけは他教科と同等のものとなったものの，社会科が学校教育に置いて果たす役割は何かということは問われ続けました。

新しい教科，領域の設定も，社会科のカリキュラムに影響を与えます。小学校の1989年版学習指導要領で導入された生活科，1998年版学習指導要領で導入された総合的な学習の時間は，社会科という教科のアイデンティティを問い直しました。[2]

○同心円拡大法

小学校のカリキュラムを考える際に押さえておかなければならないのが，同心円拡大法と呼ばれる編成原理でしょう（図11.3.1）。社会科成立とともに採用されたこの原理は，子どもの社会認識が学校，家庭，地域，市区町村，都道府県，国，世界というように空間的に発達していくという前提に立ち，教科で学習する内容をその発達に従って配列していくというものです。[3] 同心円拡大法は社会認識の広がりによる子どもの学習のしやすさに着目しているわけですから，子どもの学習に着目したカリキュラム編成へのアプローチと言えるでしょう。中学校，高等学校になるとアジアや世界に目を向けて社会科の勉強をすることになるので，同心円拡大法は中学校，高等学校のカリキュラム編成にも影響を及ぼしていると言えます。

ただし，歴史にかかわる授業はやや特殊です。学校の歴史や郷土の歴史を習った上で，6年生の日本の歴史につながることを考えると，空間的な広がりに対応して学習する内容が配列されています。しかし，時間的な広がりという点から考えると，子どもが生きている現在から一番遠い歴史から学習が始められるので，認識の広がりという前提には立っていないことになります。

長らくカリキュラムの編成原理となってきた同心円拡大法も，インターネット環境の整備や子どもへのスマートフォンの普及などを考えると，前提としている子どもの社会認識のとらえ方を再考する時期にきているのではないでしょうか。身近な地域を飛び越えて遠くの地域のことを先に知るということは，現在では普通に起こり得るからです。

▶2 詳しくは，片上宗二・木村博一・永田忠道編『混迷の時代！"社会科"はどこに向かえばよいのか——激動の歴史から未来を模索する』明治図書出版，2011年。

▶3 なおこのように子どもの認識に即して内容を配列した社会科を一般社会科と呼称する。

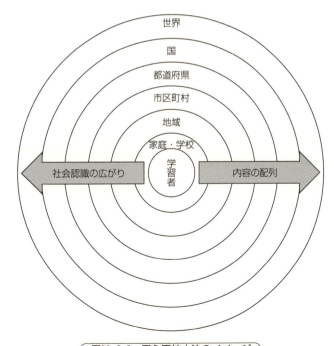

図11.3.1 同心円拡大法のイメージ

③ 中学校・高等学校のカリキュラム

❍パイ型とザブトン型

　中学校では，社会科という枠組みは維持されるものの，歴史分野，地理分野，公民分野という三分野に分かれ，教科書も別々になります。各分野の内容を系統的に学習することが求められているので，これは教科内容に着目したアプローチだということになります。

　では，この三分野はどのように履修されるのでしょうか。履修の仕方として考えられたのが，パイ型とザブトン型というモデルです（図11.3.2）。パイ型は，1年生と2年生で歴史分野と地理分野を並行して学習し，3年生で公民分野を学習するという履修モデルです。図を見れば，それがパイ（π）の形になっていることがわかるでしょう。それに対してザブトン型は，1年生で地理分野を，2年生で歴史分野を，3年生で公民分野を学習するという履修モデルです。1977年改訂の学習指導要領からは前者の履修モデルが原則となっています。2008年改訂の中学校学習指導要領でも「各分野の履修については，第1，第2学年を通じて地理的分野と歴史的分野を並行して学習させることを原則とし，第3学年において歴史的分野及び公民的分野を学習させること」と記され，パイ型が採用されていることがわかります。ただし，地理分野に比べて歴史分野が10時間多く設定されているので，歴史分野の学習が3年生に食い込んでいます。

　原則とされていないザブトン型ですが，子どもの学習を考えると利点もあります。地理，歴史，公民と順に学習するので，前年度の分野の体系的な理解を生かして，当該年度の分野の学習を構想できる点です。歴史分野において地理分野の学び直しをするといったことも想定できるでしょう。パイ型であれば，地理，歴史分野の学習を生かして公民分野の学習をすることはできるものの，地理分野と歴史分野の学習をもう一つの分野に生かそうとするならば，それまで学習したものだけに限られることになります。教科を越えた課題設定など学際的な学習を子どもに求めるのであれば，ザブトン型の履修モデルも一考に値するでしょう。

　高等学校では中学校のように履修モデルが存在しないので，社会科系の教科のうち何から学ぶべきなのかが明確になっていません。それゆえに，それぞれの教科が独立して存在するという状態になります。

❍小学校から高等学校までを見通したカリキュラム

　日本の場合，小学校，中学校，高等学校の学習指導要領は同じ時期に改訂されるので，小学校から高等学校までの社会科のカリキュラムを一体のものとしてとらえることもできるはずです。このカリキュラムを子どもの学習，教科内容の二点からみてみましょう。

▷4　このように社会科という大きな枠組みを維持しつつも，各分野（もしくは教科）の系統性を重視した社会科を統合社会科と呼称する。

3年	公民分野	
2年	地理分野	歴史分野
1年		

パイ型

3年	公民分野
2年	歴史分野
1年	地理分野

ザブトン型

図11.3.2　中学校社会科分野の履修モデル図

　小学校，中学校，高等学校と学校段階が上がっていくにつれて，教科内容が高度で複雑になっていくことに異論はないでしょう。しかし，子どもの学習は高度で複雑になっているのかと問われるとどうでしょうか。抽象的な思考や複雑な思考などを用いて学習しているという点では学習は発展していると言えるかもしれません。しかし，フィールドワークに赴いたり，一つのテーマについて議論をしたり，自ら資料を探して読み込んだり，複数の資料を突き合わせて分析したりといった学習は小学校で主に行われ，中学校，高等学校と上がっていくにつれてその機会は少なくなっているのではないでしょうか。小学校から高等学校までのカリキュラムについて考えると，教科内容を高度にしていくことに主眼を置いて編成されていることがわかります。

❹ 地理歴史科，公民科の再編

　最後に，高等学校の社会科系科目再編について触れておきたいと思います。従来の日本史Ａ・Ｂと世界史Ａ・Ｂは必修の歴史総合（仮）と選択の日本史探究（仮）および世界史探究（仮）に，地理Ａ・Ｂは必修の地理総合（仮）と選択の地理探究（仮）に，現代社会と政治経済と倫理は必修の公共（仮）と選択の政治経済（仮）および倫理（仮）に再編されることが2018年予定の学習指導要領の改訂に向けて構想されています。

　高等学校では，まず地理歴史科と公民科という区分を作り，その中でさらに内容に着目して日本史等の教科を設定してきました。それに対して再編案では，地理科，歴史科，公民科という枠は維持しつつも，子どもの学習によって内部の教科を分けようとしています。

　この再編については次のように評価することができます。探究を行うという科目が位置づいたことによって，高等学校においても子どもの学習に着目してカリキュラムを編成することが試みられるはずです。小学校，中学校，高等学校で一貫して「主体的・対話的で深い学び」を行うことがめざされていますので，教科内容の発展性だけではなく，子どもの学習の発展性も意識されるようになるでしょう。さらに，選択科目群では，「必履修科目で育んだ理解や技能を用いて，より専門的な視野から広く深く探究」することが求められていますので，科目間のつながりを意識しやすくなりました。

　一方で懸念されることは，子どもの学習によって教科を分けるということが過度に意識されることです。教科書に書いてある内容を理解する学習を行うのが総合系教科，テーマを探究する学習を行うのが探究系教科ととらえられてしまうと，総合系教科のカリキュラムは非常に硬直したものになります。そのような事態を避けるためには，総合系教科でも子どもの学習に着目したアプローチでのカリキュラム編成を意識することが，探究系教科でも教科内容に着目したアプローチでのカリキュラム編成を意識することが必要です。　　　　（徳永俊太）

▷5　文部科学省「幼稚園，小学校，中学校，高等学校及び特別支援学校の学習指導要領等の改善及び必要な方策等について」中教審答申第197号，2016年。

▷6　同上資料の別添3-7。

参考文献

　臼井嘉一『社会科カリキュラム論研究序説』学文社，1989年。
　片上宗二・木村博一・永田忠道編『混迷の時代！"社会科"はどこに向かえばよいのか——激動の歴史から未来を模索する』明治図書出版，2011年。
　社会認識教育学会編『新社会科教育学ハンドブック』明治図書出版，2012年。
　日本社会科教育学会編『新版　社会科教育事典』ぎょうせい，2012年。
　森分孝治・片上宗二編『社会科　重要用語300の基礎知識』明治図書出版，2000年。

4　理科のカリキュラム

1　「理科」の登場

　1872（明治5）年，学制の発布によって日本における近代学校制度が確立したとき，「理科」という教科は存在していませんでした。1886（明治19）年に小学校令とともに出された「小学校ノ学科及其程度」で，博物，物理，化学，生理に分科されていた自然科学に関する諸科目を統合する教科として「理科」が登場したのです。中学校では，1931（昭和6）年の「中学校令施行規則」の改正を待たねばなりませんでした。

　「理科」は，「小学校ノ学科及其程度」において，「人生ニ最モ緊切ノ関係アルモノ」と「日常児童ノ目撃シ得ル所ノモノ[1]」を教える教科として設定されました。1891（明治24）年に発布された「小学校教則大綱」では，「理科ハ通常ノ天然物及現象ノ観察ヲ精密ニシ，其相互及人生ニ対スル関係ノ大要ヲ理会セシメ，兼ネテ天然物ヲ愛スルノ心ヲ養フヲ以テ要旨トス」と理科教育の目標が定められました。このように，新教科「理科」は，「目にみえないような科学の最も普遍的な原理／法則」の教育に主眼を置いた科学教育ではなく，「目に見える個別的な実物についての知識／実験観察の指導[2]」を重視する科目として位置づけられ，現在に至っています。

　戦前の教育課程において，理科が義務教育での必須科目として位置づけられるようになったのは，1907（明治40）年の「小学校令」改正によって，義務教育が4年から6年に引き上げられたときです。このとき，理科は5年生から義務教育で学ぶことになりました。小学校低学年に理科を特設する動きは，大正期からさかんになっていたものの[3]，実現したのは1941（昭和16）年「国民学校令」で理数科理科が登場したときでした。

2　小学校，中学校における理科のカリキュラム

　戦後日本における教育課程は，学習指導要領によって定められてきました。1947年，「学習指導要領（試案）」が，現場の教師の手引きとして公布されました。「学習指導要領（試案）」では，科学教育の分野を①動物・人に関すること，②植物に関すること，③無生物環境に関すること，④機械道具に関すること，⑤保健に関することの五つに分け，それぞれについて各学年を通じて継続的に学習することが重要であると述べられています[4]。1947年版で示された身につけ

▷1　板倉聖宣編『理科教育史資料　第1巻　科学教育論・教育課程』東京法令出版，1986年，88頁。

▷2　板倉聖宣『増補　日本理科教育史』仮説社，2009年（第一法規出版，1968年刊行の増補版），18-19頁。

▷3　低学年理科特設運動は，大正期に始まった。小学校低学年にも理科を設けるべきだという考え方は，1903（明治36）年に棚橋源太郎によってその著書『尋常小学に於ける実科教授法』で展開され，実際に高等師範学校の付属小学校では実践されていた。それが運動として展開していくのが，1915（大正4）年10月に開かれた全国小学校第1回理科訓導協議会のときであるとされる。以後，1918（大正7）年に理科教育研究会が発足し，この会の運動目標として低学年理科の特設が打ち出された（板倉，前掲書，293-294頁）。

▷4　板倉編，前掲書，441頁。

表11.4.1 「学習指導要領（試案）」（1947年）における理科の単元一覧

学年	単元
1〜3	1　動物の生活　　2　植物の生活　　3　空と土の変化　　4　機械と道具のはたらき
4	1　私たちの研究　2　ジャガイモとサツマイモ　3　種まき（ダイコンとナタネ）　4　イネの研究　5　ウサギの世話　6　いろいろな虫の生活　7　小川の貝　8　でんわ遊び　9　渡り鳥　10　紙玉鉄砲　11　おきあがりこぼし　12　こんろと湯わかし　13　春の天気
5	1　ニワトリの世話　2　キュウリと草花　3　花とミツバチ　4　カイコとクワ　5　写真機　6　油しぼり　7　夏の天気　8　夏の衛生　9　ポンプ　10　秋の天気　11　コト・フエ・タイコ　12　火と空気　13　家　14　冬の天気　15　甘酒とアルコール　16　私たちの研究
6	1　アサとワタ　2　山と水　3　海と船　4　砂と石　5　私たちのからだ　6　アサの刈り取り　7　自転車　8　電灯　9　きもの　10　金物　11　メッキ　12　電信機と電鈴　13　電動機　14　たこあげ　15　私たちの研究
7	1　空気はどのようにはたらいているか　2　水はどのように大切か　3　火をどのように使ったらよいか　4　何をどれだけ食べたらよいか　5　草や木はどのようにして生きているか　6　動物は人とどのような関係があるか
8	1　きものは何から作るか　2　体はどのように働いているか　3　海をどのように利用しているか　4　土はどのようにしてできたか　5　地下の資源をどのように利用しているか　6　家はどんなふうにして建てられるか
9	1　星は日常生活にどんな関係があるか　2　機械を使うと仕事はどんなにはかどるか　3　電気はどのように役に立っているか　4　交通・通信機関はどれだけ生活を豊かにしているか　5　人と微生物とのたたかいはどんなになっているか　6　生活をどう改めたらよいか

出所：板倉編，1986年，440-449頁をもとに筆者作成。

もくろく
5. 湯はどのようにしてわくか
　　たのしいピクニック
　　にこぼれた湯
　　湯がわくまで
　　すいじょうきと湯げ
　　熱のじょうずな使い方
　　ねんりょうのゆくえ
　　ねんりょうはたいせつに
　　〈中略〉
　　先生のページ

「空気がぬけて、やわらかくなった ゴムまり をあたためると、かたくふくれて、よくはずむようになりました。」
「そう、それは、みんな よくしっているね。これを見てごらん。」とおっしゃって、おとうさんは、絵のような しかけ を作って、ガラスかん の先を水の中に入れ、びん をあたためさせました。
「少しあたためても、空気のふくれる ようす がよくわかるでしょう。気体は えき体 よりずっとよくふくれるのです。固体はどうでしょう。」

図11.4.1　第4学年用　小学生の科学　湯はどのようにしてわくか

出所：文部省『小学生の科学　第四学年用　D』東京書籍，1949年，7頁。

るべき項目は，「物ごとを科学的に見たり考えたり取扱ったりする能力」「科学の原理と応用に関する知識」「真理を見出し進んで新しいものを作り出す態度」の三つであり，戦前の国民学校令で示された理数科理科の目標を受け継いでいました。表11.4.1に示した単元をみると，子どもたちの実生活と密接にかかわり合うものとして提示されていることがわかるでしょう。これは当時日本の教育を担っていたアメリカの経験主義にもとづく生活単元学習でした。このとき編纂された『小学生の科学』という教科書では，図11.4.1に示したように，子どもたちの生活経験と科学的な知識とを密接に結びつけるような形で記述されていました。

　この生活単元学習に対して，1950年ごろから批判が生じてくるようになりました。とりわけ，遠山啓の「生活単元学習の批判」（『教育』第3巻第8号，1953年8月）は，数学教育界だけではなく教育界全体に影響を及ぼしました。1958

▷5　1954年に設立された科学教育研究協議会（科教協）は，生活単元学習の理科を批判し，自然科学教育の研究と運動を進めていた。設立当初からメンバーであった板倉聖宣は，1963年仮説実験授業を提唱し，科学の一般的な原理や法則にもとづく，授業，カリキュラムを研究し，実践していた。

▷6　「次期学習指導要領等に向けたこれまでの審議のまとめ（第2部）（算数，数学，理科，高等学校の数学・理科にわたる探究科目，生活，音楽，芸術（音楽））」2016年8月26日（http://www.mext.go.jp/component/b_menu/shingi/toushin/__icsFiles/afieldfile/2016/09/09/1377021_1_4.pdf　2017年4月2日閲覧）

▷7　そこでは，理科の授業時数の回復，小学校低学年における理科の復活，実験観察のための環境整備，国民素養としての科学教育，教員養成系大学の理科教育の充実が掲げられていた（安斎育郎・滝川洋二・板倉聖宣・山崎孝『理科離れの真相』朝日新聞社，1996年，67頁）。

表11.4.2 小学校各学年で示された理科における問題解決の力

第3学年　主に差異点や共通点を基に，問題を見いだす力を養う
第4学年　既習の内容や生活経験を基に，根拠のある予想や仮説を発想する力を養う
第5学年　予想や仮説を基に，解決の方法を発想する力を養う
第6学年　〈物質・エネルギー〉仕組みや性質，規則性及び働きについて，より妥当な考えをつくりだす力を養う
〈生命・地球〉主にそれらの働きや関わり，変化及び関係について，より妥当な考えをつくりだす力を養う。

出所：「小学校学習指導要領」2017年3月（http://www.mext.go.jp/a_menu/shotou/new-cs/__icsFiles/afieldfile/2017/04/27/1384661_4_1.pdf　2017年4月2日確認）。

▶8　国内調査では，1980年代から1990年代にかけて，滝澤利夫・買手屋仁・中田道夫・佐々木博三・菊池伸二・鈴木一男・栗田敦子・小林徳夫・粟野俊昭「理科学習にかかわる児童の諸能力に関する実証的研究──観察・実験に関する諸能力を取り上げて」（『東京都立教育研究所紀要』第32号，1988年，1-80頁），三宅征夫・小島繁男・久保田喜男「児童・生徒の背景質問紙結果と理科調査結果との関連」（『科学教育学会年会論文集』第14号，1990年，353-356頁）がある。また，2000年代には国立教育政策研究所による教育課程実施状況調査の質問紙調査がなされており，2010年代以降は文部科学省による全国学力・学習状況調査において質問紙調査が実施されている。2015年の全国学力・学習状況調査をみると，「理科の勉強は好き」と答えた小学生は83.5％であるのに対して，中学生は61.9％，「理科の授業で学習したことは，将来社会に出たとき役に立つ」と答えた小学生は74.6％であるのに対して，中学生は54.6％であり，中学生の方が低いことがわかる。

年の改訂で，学習指導要領は「試案」ではなく官報で「告示」され，法的な拘束力を持つものとなりました。

　以後，学習指導要領はおよそ10年ごとに改訂されています。理科に関してみていくと，1989年の改訂では，小学校低学年の理科が廃止され「生活科」が新設されました。2008年の改訂においては，小・中学校を通じた教育内容の一貫性を重視し，国際的な通用性，内容の系統性を確保するために，内容が再構成されました。そこでは，科学の基本的な見方や概念を「エネルギー」「粒子」「生命」「地球」の四つとし，これらを柱として教育内容が構成されています。前者二つの内容が「第一分野（小学校では「物質・エネルギー」）」，後者二つの内容が「第二分野（小学校では「生命・地球」）」と区分され，それぞれの区分において系統性を重視して単元が配列されることになりました。また，科学的な思考力，表現力等を育成するための学習活動の充実がはかられていることも，特徴の一つとして挙げられます。

　2017年の改訂では，理科で育成する資質・能力として，「(1)自然の事物・現象についての理解を図り，観察，実験などに関する基本的な技能を身に付けるようにする。(2)観察，実験などを行い，問題解決の力を養う。(3)自然を愛する心情や主体的に問題を解決する態度を養う。」が掲げられました。「問題解決の力」としては，表11.4.2の通り各学年において整理されています。

　また，「主体的に問題を解決する態度」については，改訂に至る審議のまとめで，小学校理科で育成すべき資質能力の一つとして「自然を大切にし，生命を尊重する態度，科学的に探究する態度，妥当性を検討する態度を養う」ことが挙げられています。

③ 高等学校における理科カリキュラム

　一方，高等学校の理科についてみてみると，1947年「新制高等学校の教科課程に関する件」において，物理，化学，生物，地学の4科目が設置され，うち1科目（5単位）を選択し，必修とすることが定められていました。

　新設科目に注目してみると，1970年の改訂では，科学の方法の習得を目標とした「基礎理科」が，1978年の改訂においては，観察実験などにより原理・法則を理解させ，自然と人間生活との関係を認識させることをねらいとする「理科Ⅰ」，課題探究を通して科学の方法の習得をめざす「理科Ⅱ」が新設されました。また，1989年の改訂では，「理科Ⅰ」に代わって「総合理科」が設置され，日常生活にかかわりの深い事物・現象を扱う科目として，物理ⅠA，化学ⅠA，生物ⅠA，地学ⅠAが設置されました。また，物理Ⅱ，化学Ⅱ，生物Ⅱ，地学

Ⅱについては，課題研究をその内容の一部として，問題解決能力の育成が図られることとなりました。

このころ，「理科離れ」と呼ばれる状況が社会問題化してきており，1994年4月には，日本物理教育学会，日本物理学会，応用物理学会の三学会による「理科教育の再生を訴える」という共同声明が出されました。[47]　また，TIMSSやPISAといった国際的な学力調査において，日本の子どもたちの得点は上位にあるものの，理科を楽しいと感じている割合は他国に比べて低く，学習意欲，動機づけについても平均を下回っていることが明らかになってきました。国内の調査においては，学年進行に伴って理科を好きだと答える割合が減る傾向にあることも指摘されています。[48]　このような状況における1999年の改訂では，科学と人間生活とのかかわりを学ぶ「理科基礎」が新設され，理科という教科への興味・関心を少しでも高めようとする意図が見受けられます。

2002年には，文部科学省が「科学技術・理科大好きプラン」を開始しました。主な施策として，スーパーサイエンスハイスクール（SSH），理科大好きスクールの指定，先進的な科学技術・理科教育用デジタル教材の開発などが挙げられます。これらの事業は，小学校，中学校ではまず理科に関心を持つことをめざし，高等学校では，将来の科学者としての資質・能力を伸ばすことをめざして実施されました。2009年の改訂では，理数教育の充実とともに，身につけた知識や技能を活用し探究する学習活動が重視され，「理科課題探究」が新設されました。また，「理科基礎」に代わって「科学と人間生活」が設置され，基礎科目のうちの1科目と合わせて履修することが，必修科目の履修形式の一つとして示されました。

2017年の改訂に向けて出された中央教育審議会答申「幼稚園，小学校，中学校，高等学校及び特別支援学校の学習指導要領等の改善及び必要な方策等について」（2016年12月）では，数理横断的なテーマに徹底的に向き合い考え抜く力を育成することを目的として，「数理探究」という科目を新設することが明記されました。SSHにおける「課題研究」の実践を踏まえ，探究の基礎を学ぶ「理数探究基礎」と探究の結果をまとめ発表することをめざす「理数探究」という2科目が設定されています。

今回の改訂の特徴の一つとして，幼稚園，小学校，中学校，高等学校，そして大学を，「資質・能力ベース」という方向性で一貫させようとしていることが指摘されています。[49]　理科においてもまた，子どもたちの発達段階を見通して，系統的なカリキュラムがめざされています。近年，ラーニング・プログレッションズ[10]という概念について，日本においてもその研究動向が紹介されるようになりました。この概念においては，適切な教授がなされた場合の比較的長期にわたる概念変化や思考発達をモデル化しています。内容の系統性を重視した学習指導要領の改訂に貢献しうるとして注目されています。　　　（森　枝美）

▷9　もう一つの特徴として挙げられているのは，「一体改革であること」つまり，「教育目的・目標，カリキュラム，授業，評価，学校経営，高大接続，教師教育など，教育システム全体にわたる改革である」ということである（石井英真『中教審「答申」を読み解く』日本標準，2017年，10-13頁）。

▷10　ラーニング・プログレッションズ
「適切な教授が行われた場合に実現する，個々の学習テーマについての比較的長期にわたる概念変化や思考発達をモデル化したもの」をいう。アメリカにおける理科教育のカリキュラム改革を背景に，2005年，理科の学力テストに関する提言をまとめたNational Research Councilで予備的に提案された概念である（山口悦司・出口明子「ラーニング・プログレッションズ──理科教育における新概念変化研究」『心理学評論』第54巻第3号，2011年，358-371頁）。

（参考文献）

板倉聖宣『増補　理科教育史』仮説社，2009年。

板倉聖宣編『理科教育史資料　第1巻　科学教育論・教育課程』東京法令出版，1986年。

日本理科教育学会編『理科教育学講座　1　理科の目標と教育課程』東洋館出版社，1992年。

日本理科教育学会編『今こそ理科の学力を問う』東洋館出版社，2012年。

文部科学省『小学校学習指導要領解説　理科編』大日本図書，2008年。

文部科学省『中学校学習指導要領解説　理科編』大日本図書，2008年。

5　生活科のカリキュラム

1　生活科とは

　生活科は，1989年改訂の学習指導要領から新設された比較的新しい教科です。小学校低学年の子どもの思考はまだ未分化であることを踏まえ，理科と社会科を廃止し，生活に総合的に取り組むことをめざして設立されました。ほかの教科と比較すると，教育内容を規定する学問が存在しない，環境と能動的・開放的にかかわる活動として遊びの機能を重視しているという二つの特徴があります。そのため，内容教科ではなく方法教科であることが指摘されています。

　生活科には，スタートカリキュラムの中核としての役割が期待されています。幼児教育と小学校教育は教科書や時間割の有無など，多くの点で異なります。小学校生活への抵抗を減らし，スムーズに学習規律を養うために，生活科を中心として算数や国語を合科的に学び，次第に各教科を分立させていくようなカリキュラム設計が求められているのです。

　カリキュラムの中核となるべき教科として，学習指導要領解説では，生活科で取り扱うべき九つの内容を，さらに①児童の生活圏としての環境，②自らの生活を豊かにしていくために低学年の時期に体験させておきたい活動，③自分自身の生活や成長に関する内容という三つの階層に分けて提示してきました（図11.5.1参照）。社会や自然をも自分とのかかわりの中でとらえることを基本とし，自分自身の生活や成長を振り返る活動を重視している点が特徴です。生活習慣や技能の習得，認識の形成は目的ではなく，自分自身や自分の生活について考えるための手段とされています。自分とのかかわりを中心とすることが，生活科を独自の教科として成立させると考えられたのです。

　これに対し，自分とのかかわりを強調する点や，内容が規定されないために牧歌的である点が，教科の設立当初より批判されてきました。次に，批判の代表的なものを取り上げましょう。

▷1　スタートカリキュラム

　小学校へ入学した子どもが，幼稚園・保育所・認定こども園などの遊びや生活を通した学びと育ちを基礎として，主体的に自己を発揮し，新しい学校生活を創り出していくためのカリキュラム（国立教育政策研究所教育課程研究センター『スタートカリキュラムスタートブック』2015年）。

2　自然認識，社会認識の重視

　学習指導要領で「自分との関わり」が強調さ

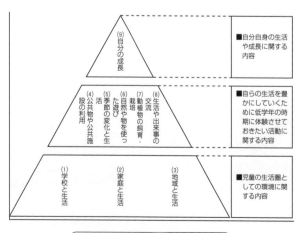

図11.5.1　生活科の内容と階層

出所：吉富芳正・田村学『新教科誕生の軌跡』東洋館出版社，2014年，170頁。

れていることを問題視する立場として，たとえば歴史教育者協議会は，物事や事象・現象を狭い観念的な世界に閉じ込める主観主義に陥ってしまうことを心配しました。そのため，歴史教育者協議会では，無批判のまま遊びを生活科の内容にすることにも懐疑的で，生活科においても客観的に物事をとらえ，科学的に認識しようとする力を培うことを目標とすべきだと提案しています[2]。具体的には，生産と労働や人権意識など社会認識の基礎を，また，身近な動物や植物の観察を通して科学的な知識など自然認識の基礎を養うことが求められます。この目的のために，具体的な活動・体験学習を構想することが求められます。それは図11.5.2のように示されます。

③ 生活の全体性の強調

　教科である生活科が，内容を規定する体系を持たないことに異議を唱える立場もあります。「生活」に関する体系的な理論を教育科学として打ち立てようとする立場です。戦後ながらく子どもの生活に根ざした教育を提唱してきた日本生活教育連盟は，「生活」を人間の尊厳樹立を求める教育思想ととらえています。その上で，生活科における「生活」の意味を，①客観的社会的現実としての生活，②その「生いたち」を含めた子ども自身の実生活，③「遊び」を学習と統一させて編成する際の方法概念という三つに分けて考えています[3]。とくに②は，子どもが自らの歪められた生活を直視し，これを変革するきっかけとなることを生活科に期待したものです。学習指導要領に示された生活科の内容は，よさや楽しさがわかる，親しみや愛着を持つなどどこか牧歌的です。この点に対し，代替案を提示したものと言えるでしょう。

　学習指導要領も含め，いずれの立場も共通して，生活科では遊びの役割が重視されます。戦前・戦後を通じて生活主義教育を後押しした戸塚廉は，子どもの遊びについて次のように言っています。「いつ失敗するかわからないという危険があるから，全身全精神がその一点に集中する。おもしろいということは，その集中にあるのではないか。何かを認識するか，何らかの技術の基礎づくりにならないような遊びは，子どもの興味を長くつなぐことはできないように思う」[4]。生活科のカリキュラムにおいて遊びを構想するとき，それが本物の遊びになっているかどうかはつねに意識しておかねばならないでしょう。

（中西修一朗）

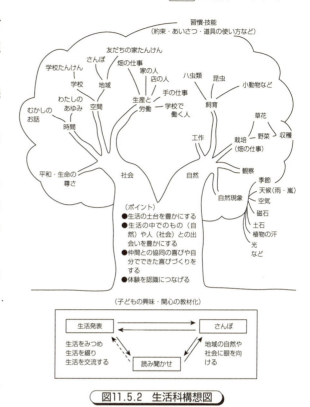

（ポイント）
● 生活の土台を豊かにする
● 生活の中でのもの（自然）や人（社会）との出会いを豊かにする
● 仲間との協同の喜びや自分でできた喜びづくりをする
● 体験を認識につなげる

（子どもの興味・関心の教材化）

図11.5.2　生活科構想図

出所：歴史教育者研究協議会，1992年，20頁。

▷2　歴史教育者研究協議会『たのしくわかる生活科１年の授業』あゆみ出版，1992年，19頁。

▷3　望月彰「学習主体の生活教育」中野光・行田稔彦・川口幸宏編『生活科教育』学文社，1993年，151-153頁。

▷4　戸塚廉「ほんものの遊びと文化」『生活指導』８月号，1977年，53-60頁。

（参考文献）
　中野重人・中村満洲男編著『生活科の評価』第一法規出版，1992年。
　熱海則夫『生活科教育』ぎょうせい，1990年。

6　音楽科のカリキュラム

▷1　園部の主張については，園部三郎「4　音楽」『岩波講座　現代教育学8　芸術と教育』岩波書店，1960年および園部三郎・山住正己『日本の子どもの歌』岩波書店，1962年を参照。

▷2　わらべうたを出発点とする音楽教育の実践においては，小泉文夫の『日本傳統音楽の研究』（音楽之友社，1958年），ハンガリーのコダーイ（Kodály, Z.）やドイツのオルフ（Orff, C.）等による海外の音楽教育も参考にされた。それは，子どもの音楽活動を豊かにしていくためのA活動と基礎能力を指導するためのB活動といった多様な二本立ての実践として結実されていく。この議論は，音楽科における基礎的な技能の問題ともかかわるものである（日本教職員組合編『私たちの教育課程研究　音楽教育』一ツ橋書房，1969年を参照）。

▷3　「創造的音楽学習」の理論的背景は，主にイギリスの作曲家ペインター（Paynter, J.）の「創造的音楽づくり」（Creative Music Making）による音楽教育や，カナダの作曲家シェーファー（Schafer, R. M.）によるサウンドスケープの提唱等にある。

▷4　坪能由紀子「創造的音楽学習の国際的潮流」『季刊音楽教育研究』音楽之友社，1985冬号，48-59頁を参照。

1　「表現」と「鑑賞」の営みとしての螺旋状カリキュラム

　2017年に改訂された学習指導要領における音楽科の目標は，「生活や社会の中の音や音楽，音楽文化と豊かに関わる資質・能力」（中学校）として示されました。具体的には，曲想と音楽の構造や背景などとのかかわりや音楽の多様性の理解，音楽表現の技能（知識・技能の習得），音楽表現の創意工夫および音楽のよさや美しさを味わって聴くこと（思考力・判断力・表現力等），音楽を愛好する心情，音楽に対する感性，音楽に親しんでいく態度，豊かな情操（学びに向かう力，人間性等）を育成すること等が掲げられています。

　また，音楽科の内容は，「表現」（「歌唱」「器楽」「創作（音楽づくり）」），「鑑賞」の2領域と〔共通事項〕からなります。両領域の支えである〔共通事項〕は，音楽の諸要素の「知覚」とそれらの働きが生み出す特質や雰囲気の「感受」に関する事項と，音楽の用語や記号などの理解に関する事項からなります。

　音楽科のカリキュラムにおいて留意したいことは，その領域が，音楽のジャンルなどの「対象」ではなく，「表現」と「鑑賞」という子どもの主体的創造的な「営み」であることです。音楽科のカリキュラムは，音楽の文化遺産（楽曲や様式，技能，アプローチの方法等）を習得するだけでなく，それらと対話し，また他者や自己と対話しながら創造的な行為を行い，子ども自身が意味や価値を創りだしていく「営み」のプロセスとしてとらえられます。したがって，上記の資質・能力は，一人ひとりの子どもの感性を軸として螺旋状に高まっていく主体的，創造的，協働的な「表現」や「鑑賞」の営みの中で育成されることが大切です。そのような生きた文脈の中でこそ，深い学びや，生活や社会における音楽の意味や役割の理解がもたらされると言えるでしょう。

2　多様な音楽をどう扱うか

　終戦直後の音楽科は，伝統的な西洋音楽の習得を強く指向するものでした。それに対して，民間教育研究運動である「音楽教育の会」（1957年設立）を導いた園部三郎は，洋楽偏重の「習いおぼえる音楽」であると批判し，日本のわらべうたを出発点とする音楽教育を提唱しました。園部は，音楽を子どもの生命力の自発的な「表出」とその発展としての「表現」としてとらえます。この「表出─表現」論にもとづけば，日本においては，ヨーロッパ音楽の体系では

なく，日本語との関連で音楽教育を考えるべきだとしたのです。[42]

　1980年代後半には「創造的音楽学習」が注目されました。[43]前衛音楽から影響を受けたこの学習は，伝統的な西洋音楽の価値にとらわれず，多様な音素材を用いて自らのイメージを自由に即興的に表現するものです。[44]多様な音楽に目を向けるこの学習は，世界の様々な民族音楽やポピュラー音楽を扱う実践へと展開しました。

　わらべうたを出発点とする音楽教育や「創造的音楽学習」は，音楽科の歴史的経緯において，子どもの表現や創造を重視する音楽教育の視点をもたらすとともに，伝統的西洋音楽至上主義からの解放を促してきたと言えます。2017年版の学習指導要領においては，諸外国の多様な音楽が扱われると同時に，「我が国や郷土の音楽の学習」の充実が求められています。[45]多様な音楽をメドレーのように扱い，それらの表層的な特徴を感じることにとどまるのではなく，音楽的な感性を通してそれぞれの音楽を生みだした生きた人間への共感や人間の多様性の理解，異文化をもつ人々の尊重といった，子どもたちと音楽との深い対話がもたらされるような学習を実現することが肝要となるでしょう。

③ 音楽の基礎的な技能の育成をめぐる問題

　小・中学校で音楽科の授業を受けたにもかかわらず，楽譜を読むことが苦手という人は少なくありません。音楽科の問題の一つに，基礎的な技能の育成があります。1960年代，音楽科では国語や算数のように基礎的な力が身につかないことを問題視した岐阜県古川小学校の教師たちは，小学校6年間のカリキュラム「ふしづくりの教育」を開発しました。[46]この教育は，段階を追って基礎的な能力を育成するための「ふしづくり一本道」と，楽曲をとおして表現方法を学ぶ「教材指導カリキュラム」からなる二本立てカリキュラムです。それは，基礎的な能力を表現と別立てで学習することを提唱するものでした。[47]

　1979年には移動ドと固定ドをめぐる論争が起こりました。[48]移動ド唱法が原則だった当時，作曲家の三善晃は，異なる音を同じ階名で呼ぶ移動ド唱法の煩わしさを指摘し，固定ド唱法による指導を主張します。[49]それに対して音楽学者の東川清一は，絶対音感教育に結びつく固定ド唱法[10]を公教育において使用することに反対し，移動ド唱法をすすめたのです。

　2017年版の学習指導要領においては，「創意工夫を生かした（思いや意図に合った）表現」のために，ハ長調やイ短調の楽譜を見て歌ったり演奏したりする技能や，発声や楽器演奏，創作の技能，他者と合わせて歌ったり演奏したりする技能の育成がめざされています。唱法については，適宜移動ドを使用することになっています。これらの技能をどのようにしてすべての子どもたちに保障するのかということは，音楽科の課題と言えるでしょう。

（小山英恵）

▷5　2017年改訂の学習指導要領においては，「伝統と文化を尊重し，それらをはぐくんできた我が国と郷土を愛する」視点から，とくに和楽器を含む我が国や郷土の音楽の学習を充実する方針が強められている。

▷6　「ふしづくりの教育」に関しては，岐阜県古川小学校『ふしづくりの教育——主体的で楽しい音楽教育の実現をめざして十年』明治図書出版，1975年を参照。

▷7　「ふしづくりの教育」では，創造的な表現に活きる基礎的な能力として，拍反応，模唱力，模奏力，再現力，即興力，変奏能力，等が独自に提唱された。（岐阜県古川小学校，前掲書参照）。

▷8　論争は，三善晃「子供の可能性を奪うもの（義務教育における音楽教育の諸問題）」音楽之友社編『音楽芸術』第37巻第1号，1979年1月号，および東川清一「固定ド反対!!（三善論文によせて）」音楽之友社編『音楽芸術』第37巻第3号，1979年3月号に始まり，その後も継続した。

▷9　**移動ド唱法**
　階名を用いる唱法のこと。すべての長調の主音は「ド」となる。たとえばト音は，ハ長調においては「ソ」であるが，ト長調においては「ド」となる。

▷10　**固定ド唱法**
　音名を用いる唱法のこと。たとえばト音は，ハ長調においてもト長調においても「ソ」である。

（参考文献）

　小山英恵「音楽科教育の変遷——音楽文化とはなにか」田中耕治編著『戦後日本教育方法論史 下』ミネルヴァ書房，2017年。

図画工作・美術科のカリキュラム

① 美術の教育と美術による教育

　美術教育は，その目的の相違において二つのあり方を想定することができます。一つは美術の教育であり，美術的な能力自体を育成しようとするものです。もう一つは，美術による教育であり，美術を通した人間形成をめざすものです。普通教育である図画工作・美術科の教育は後者に位置づくと言えるでしょう。しかしながら，もし人間形成を目的とする美術教育において美術が手段として位置づけられ，美術の特性や美術自体の深みに触れられないとすれば，それは美術の本質に迫らないというだけでなく人間形成にも結びつかないものとなるでしょう。美術自体を追求することの意味を深くとらえた上で，その本質が必然的に人間形成に結びつくのだということを理解することが大切です。[1]

② 美術教育の様々な立場

　これまで美術教育では，その目的や内容，方法等について様々な主張がなされてきました。明治期においては，手本となる教科書（臨本）を忠実に模倣して描く臨画教育が主でした。当初は西洋的な鉛筆画による臨画が中心でしたが，やがて日本画（毛筆画）を取り入れる運動が起こります。また大正期には，画家山本鼎による自由画運動が起こります。山本は，個性的表現が塞がれる臨本の模写の「不自由さ」に対して，創造性を重視する自由画を主張し，教師の任務は子どもたちを「自由な創造的活機にまで引き出す事」だとしました。[2]明治期，大正期におけるこのような展開には，美術教育において何を描くべきか（西洋画か日本画か），また模倣か創造かという論点をみることができます。

　第二次世界大戦後には，多様な美術教育運動が展開します。その一つ，「創造美育協会」は，「子どもの創造力を尊び，美術を通してそれを健全に育てることを」めざして1952年に発足しました。[3]この会は，自由画運動の系譜に位置づけることができます。また，「新しい絵の会」（1959年発足）は，当時の日本の政治的社会的変化や生活綴方等の運動の影響の中で，1955年ごろから進められてきた生活画の運動の中で生まれました。[4]生活画を通した子どもの確かな現実認識と豊かな感情の形成がめざされたのです。以上の絵画教育を主とする動向に対して，1955年に，デザインや工作を中心とする教育実践や研究のための「造形教育センター」が発足しました。この三つの運動はそれぞれ，美術教育

▷1　このことは，同じ芸術系教科である音楽科教育の目的論にも通じるものである。

▷2　山本鼎『自由画教育』復刻版，黎明書房，1982年，3-5頁。旧字は修正した。「活機」とは，「生き生きとした動き」を意味する（小学館『デジタル大辞泉第二版』）。

▷3　「創造美育の会」設立時の綱領より（日本美術教育連合編『日本美術教育総鑑　戦後編』日本文教出版，1966年，317頁）。

▷4　1951年に発足した「新しい画の会」を前身とする。「新しい絵の会」については，日本美術教育連合，前掲書，324-329頁を参照。

における創造主義，認識主義，造形主義と呼ばれています。[5]

1970年代以降，芸術よりも広い感性の教育への傾斜（感性主義）が見られるようになります。1977年版の学習指導要領における，既成の美術表現の枠にとらわれない「造形的な遊び」の登場は，その反映と言われています。[6]

他方で，1980年代には，指導方法を明確に打ち出す「キミ子方式」が衆目を集めました。[7] この方式は，①何色もの絵の具に頼らず三原色（赤・青・黄）と白で描く，②下描きせず直接絵の具で描く，③描きはじめの一点を教え，となりへ，となりへと描く，というルールにもとづくものです。また，教育技術法則化運動においては酒井臣吾による「酒井式描画指導法」が提唱されました。[8] この指導法は，「その子が自分の全人格を没入して引いた線」を「かたつむりの線」と呼び，その運動感覚をつかむことをめざすとともに，ある対象を描く順番などの細かな指導方法を明示しました。[9] これらの方法論は教育現場に広く普及する一方で，その画一性への批判の声もあがりました。

近年の美術教育においては，コンピューター等の映像メディアの活用や，漫画等を含む様々な美術の表現方法といった，多様な価値観の受容が見られます。

❸ 「表現」と「鑑賞」の一連の営みを前提とする学習

現在，図画工作・美術科は，音楽科と同様に「表現」と「鑑賞」の2領域と両領域の活動を支える〔共通事項〕[10] によって構成されています。このうち，図画工作科の「表現」の内容には，造形遊び，絵や立体，工作に表す活動が，美術科の「表現」の内容には，絵画，彫刻，デザイン，工芸に表現する活動が含まれています。

2017年改訂の学習指導要領においては，図画工作・美術科で育成がめざされる資質・能力として，造形的な視点の理解と創造的な表現の技能（知識・技能），美術表現の発想や構想および美術に対する見方や考え方（思考力・判断力・表現力等），美術活動の喜びや美術を愛好する心情，感性，心豊かな生活を創造していく態度，豊かな情操（学びに向かう力，人間性等）が示されました。またその指導事項も，「表現の技能」，「発想や構想」といったように資質・能力別に示されています。これらの資質・能力は，あくまで一連の美術活動を分析したものとして理解することが重要です。本来これらは，たとえば絵画表現の活動において，私は何をどのように描きたいのか，それを表現するにはどのように形や色彩，技法等を効果的に用いることができるのか，といった問いを追求しながら一枚の絵画を創作していく，その一連の過程から導き出されたものです。そのため，図画工作・美術科の教育課程においてはそのような主体的創造的な「表現」や「鑑賞」の営みを前提とし，その活動の文脈の中でこれらの資質・能力を育成していくことを意識して学習を組織することが肝要となるでしょう。

（小山英恵）

▷5 金子一夫『美術科教育の方法論と歴史』1998年，中央公論美術出版を参照。

▷6 金子，前掲書，227頁。

▷7 松本キミ子・堀江晴美『三原色の絵の具箱1』ほるぷ出版，1982年，2-4頁。

▷8 **教育技術法則化運動**
向山洋一が1983年に立ち上げた，優れた教育技術を研究し共有化していこうとする運動である。現在の「TOSS」の前身である。

▷9 酒井臣吾『酒井式描画指導法入門』明治図書出版，1989年を参照。

▷10 2017年改訂の学習指導要領において，〔共通事項〕は，「形や色彩，材料，光などの性質や，それらが感情にもたらす効果」の理解と，「造形的な特徴などを基に，全体のイメージや作風などで捉えること」（中学校）という二つの項目からなる。

技術・家庭科のカリキュラム

1　家庭科，技術・家庭科を取り巻く状況

　今日，少子高齢化やグローバル化，情報化の進展など，私たちを取り巻く環境は日々変化しています。その中で，家族や家庭生活のありようも大きく変わってきました。晩婚化や未婚率の上昇，あるいは結婚しても子どもを持たないという選択をする夫婦の増加など，現代は子どもを産み育てること，さらには家族そのものの意味が問い直されている時代とも言えます。その背景には，社会・経済・産業構造の変化やそれに伴う働き方・消費生活の変化，また性や結婚，家族をめぐる価値観の変化と多様化など，様々な要因が挙げられます。少子高齢化が進んだ結果，子どもが高齢者と日常的に接しその生き様にふれる機会や，異年齢の子ども集団と遊び社会性を養う機会も減りました。「個食」「孤食」と言われるように，家族の団欒のあり方も変わってきています。食生活が変化する中で，あらためて和食が注目されるようにもなりました。また，インターネットを通じた膨大な情報を主体的に活用することや情報技術の高度化への対応も迫られています。

2　家庭科，技術・家庭科のねらい

　技術・家庭科の教育は小学校の家庭科（5，6年生），中学校の技術・家庭科および高等学校の家庭科（普通科）で実践されます。そのねらいは表11.8.1のように記されています。

　2002年の学習指導要領の一部改訂では，小・中・高等学校を通じて，各内容の学習を生かして課題に取り組むことができるよう，実践的・体験的な学習の充実が提言されました。その方針は，2008年版の学習指導要領でも引き継がれました。たとえば，中学校および高等学校では，幼稚園や保育所等の乳幼児や

表11.8.1　家庭科，技術・家庭科のねらい

ア）実践的・体験的な学習活動を通して，生活に必要な知識と技術を習得させ，生活をよりよくしようとする能力と実践的な態度を育てる。
イ）生活と技術とのかかわりについて理解させ，工夫し創造する能力を育てる。
ウ）家族の構成員としての自覚をもたせるとともに，家族・家庭の意義について理解させ，男女が協力して家庭生活を築いていく意欲をもち，その充実向上を図る能力と態度を育てる。

出所：文部科学省「現行学習指導要領における家庭科，技術・家庭科について」初等中等教育における教育の情報化に関する検討会（第7回）配布資料（参考資料3，資料6）。

▷1　厚生労働省が公表した人口動態統計の推計によると，2015年の合計特殊出生率（一人の女性が生涯に産む子どもの人数に近い推計値）は1.46であった（2005年には過去最低の1.26にまで落ち込んだが，その後，微増傾向に転じた）。ただし，欧米諸国と比較するとなお低い水準にとどまっており，出産世代の女性の人口が年々減少しているため，少子化に歯止めがかかっているとは言えない状況にある。また，内閣府の「少子化社会対策白書（平成27年度版）」によると，生涯未婚率は男性20.1%，女性10.6%であり，平均初婚年齢も男性30.9歳，女性29.3歳と上昇傾向が続いている。

▷2　「個食」「孤食」
　いずれも，「家庭で，家族が揃って食事せず，各自ばらばらな時間に食べること。」を指す（『広辞苑　第六版』より）。なかでも「個食」は，子どもの習い事や親の勤務時間の多様化などにより，家族だんらんの象徴としての食事の場が失われ，個人個人で食事をとることを表す。一方の「孤食」とは，子どもが家庭で一人で食事をとるなどの状態を指し，そのことにより孤独や寂しさを感じている状態を表す言葉である。

身近な高齢者とのふれあいや交流などの実践的な活動が取り入れられています。また，自ら課題を見出し解決を図る問題解決的な学習をより一層充実させることも大事な観点となっています。同時に，中学校の技術・家庭科では，学習内容の構成が改められ，これまで必修と選択に分かれていた項目が技術・家庭科ともにすべての生徒に履修させる形に変更されました。内容面では，幼児や高齢者との交流，食生活と自立，情報の取り扱い，消費のあり方，資源・環境とのかかわりに関する学習など，社会の変化に対応したライフスタイルの確立や子育て理解と家庭の役割に気づくための体験，食育推進の視点が一層重視されることになりました。

▷3 和食
2013年12月に，和食（日本人の伝統的な食文化）がユネスコ無形文化遺産に登録され，あらためてそのよさが見直されている。

2017年版学習指導要領（家庭分野）では，社会の変化や持続可能な社会の構築に対応し，家族や家庭生活，幼児，高齢者，食育，日本の生活文化などに関する内容や学習活動を充実させることがめざされています。また，技術分野では，プログラミングや情報セキュリティーについて充実させ，知的財産を創造，保護，活用する態度や技術にかかわる倫理観の育成が重視されると言われています。

▷4 XIII-7 参照。

❸ 現代的な課題

技術・家庭科は，学校外の経済・産業構造や家庭生活のあり方と密接に結びついた教科であると言えます。そのため，今日のめまぐるしい社会の変化に伴い，その指導内容や方法を弾力的に開発，改善していく必要があります。また，実践的・体験的な学習の充実がめざされているとはいえ，たんなる実用の教科に矮小化してとらえることは誤りであると言えるでしょう。学習の中で取り上げる教材（素材や体験）を通して，子どもたち自身が「何のために学ぶのか」「何ができるようになるのか」を明確にしなければ，教科学習としての学力の保障を十全にすることはできません。目標を明確にした上で，多様な子どもの生活や地域の実態，生活と学習との結びつき，子どもの興味や関心を考慮に入れながら，その目標・内容を教えるのに適した題材を選択したり，新たに工夫・開発したりすることが求められます。

技術・家庭科のねらいが真に達成されるためには，家庭との連携を図り，子どもが身につけた知識や技能を日常生活に活用できるような配慮も必要です。また，家庭や地域，各種産業の人々との連携や協力も欠かせません。現代の多様な価値観があふれる社会においては，標準的な"家庭像"はもはや存在しえなくなっています。子ども一人ひとりの視点で，「よりよい生活とは何か」を考え，それを実践していく力を育成することが求められていると言えるでしょう。その中で，子どものそれぞれの学習の軌跡をどのように評価することができるかという問題も，避けられない課題となっています。

（窪田知子）

参考文献
日本家庭科教育学会編『衣食住・家族の学びのリニューアル──家庭科カリキュラム開発の視点』明治図書出版，2004年。
大谷良光『子どもの生活概念の再構成を促すカリキュラム開発論──技術教育研究』学文社，2009年。

情報科のカリキュラム

▷1　赤堀侃司「新指導要領とこれからの情報教育」『広領域教育』第71号，2009年，28-35頁。

▷2　「社会と情報」と「情報の科学」の選択

「社会と情報」は約8割，「情報の科学」は約2割の高校生が履修している（文部科学省による2015年度用教科書の需要調査より）。ただし，情報科の専任教員の採用は全国で伸び悩み，情報教育の充実への課題が残されている（毎日新聞2016年10月6日付夕刊）。

▷3　文部科学省『高等学校学習指導要領解説　情報編』2010年。

▷4　子どものICTの使用

2016年の時点で，小学生の6割以上，中学生の8割以上，高校生の9割以上がスマートフォンなどでインターネットを利用しているという結果が調査によって示された（内閣府「平成28年度青少年のインターネット利用環境実態調査」http://www8.cao.go.jp/youth/youth-harm/chousa/net-jittai_list.html　2017年12月11日閲覧）。

▷5　フィルタリング

インターネット上のウェブページなどを一定の基準に沿って選択的に排除する機能を意味する。一定の基準を満たしたウェブページ等のみを閲覧できるホワイトリスト方式と，原則すべてのウェブページにアクセスできるが，有害だと思われるものへのアクセスのみを排除するブラックリスト方式がある。

1 情報科とは

情報科は，ICT（Information and Communication Technology）の急速な整備とともに，経済・産業界からの要望を受け，2003年度から実施されるようになった高等学校の教科です。普通教科と専門教科が設置されましたが，ここでは，普通教科に注目します。設置当初は，実習を通じてICTの操作による情報活用の実践力の育成を行う「情報A」，情報に関する科学的な理解を行う「情報B」，情報社会に参画する態度の育成を行う「情報C」という三つから一つを選択する科目とされました。

2009年の高等学校学習指導要領改訂に伴い，「情報C」をおおむね引き継ぎ，情報社会への参画のために必要となる能力態度を育成する「社会と情報」と，「情報B」をおおむね引き継ぎ，科学として情報を扱い，問題解決について学ぶ「情報の科学」という2科目へと，情報科は整理されました[1]。生徒はこの2科目から，いずれか1科目を選択することになります[2]。なお，「情報A」は，ICTが家庭や小・中学校の学習にも普及し，その操作を高等学校の教科として学ぶ必然性がなくなったため，発展的に解消されました。しかしながら，「情報A」で行われていた，実習を通じて情報活用能力を育成するという情報科の学習方法は，「社会と情報」「情報の科学」へと引き継がれています。

2 情報モラル教育

2009年の学習指導要領改訂に伴って，情報科では「情報モラル」という語が明記されるようになりました。情報モラルとは「情報社会で適切な活動を行うための基になる考え方と態度」と定義されます[3]。その背景には，スマートフォンなどのICTが児童生徒にも普及した結果，直接社会とつながる機会が増えた点が指摘できます[4]。学校内では携帯電話などの持ち込みや使用はしばしば制限されるとともに，学校内のパソコンにはフィルタリングが行われています[5]。しかしながら，学校外の時間では，保護者や学校を経由せず，子どもはいわゆる有害サイトを閲覧する可能性，SNS（Social Networking Service）などを通じて犯罪被害にあう可能性，掲示板等でいじめなどの加害者となる可能性もあります。加えて，情報セキュリティも情報モラルに含まれています。

こうしたICTに対し，子どもはしてはならないことだけでなく，新たな場面

でも正しい行動がとれるような考え方と態度を身につけることが重要となります。ここで、情報モラルが態度である点には注意が必要です。態度を身につけるに際して、特定の内容で学習するよりは、討議したり発表したりする実習等を通して、子どもが行動として表しながら学ぶことが有効であり、情報科だけではなく、他教科でもICTを活用する際に子どもは学習する必要があります。

③ 新しい学習指導要領における「情報科」

2017年の学習指導要領改訂を受け、小学校では、文字入力や画像の編集など基礎的なICTの操作の他、プログラミングを体験しながら、コンピュータに意図した処理を行わせるために必要な論理的思考力を身につけるための学習が行われています。また、中学校においても、技術・家庭科などを中心に、ICTの活用やプログラミングに関する基礎的な学習がさらに深化します。

高等学校では、こうした小中学校段階での学びを発展させるカリキュラムを設計していくことになります。高等学校の情報科では、情報技術を適切かつ効果的に活用する力をすべての生徒にはぐくむ共通必履修科目として「情報Ⅰ（仮称）」の設置に向けた議論が進められています。「情報Ⅰ（仮称）」は、「情報社会の問題解決」「コミュニケーションと情報デザイン」「コンピュータとプログラミング」「情報通信ネットワークとデータの活用」という項目から構成され、プログラミングやモデル化、シミュレーション、情報セキュリティ、データベースの基礎などが学習されます。

さらに、この科目で培った基礎の上に、問題の発見・解決に向けて、情報システムや多様なデータを適切かつ効果的に活用する力や情報コンテンツを創造する力をはぐくむ、選択科目としての「情報Ⅱ（仮称）」の設置に向けた議論が進められています。この科目は、「情報社会の進展と情報技術」「コミュニケーションと情報コンテンツ」「情報とデータサイエンス」「情報システムとプログラミング」の四つの項目から構成され、ビッグデータの活用などが扱われます。またこれらで学習した内容をさらに探究するための課題研究に関しても、検討が進められています。

情報科が成立した当初、大学入試科目ではない情報科をはじめとする、必ずしも大学入学試験で必要とならない教科で、履修漏れが問題となりました。大学入学試験で出題されない教科は、子どもにとって不要な科目なのでしょうか。人工知能などの新たな情報技術が絶えず発達する現代では、子どもは生涯にわたって情報技術を学び、活用することが求められます。こうした社会を生き抜くためにも、入試対策といった応急的な視点からではなく、生徒の将来を見据えてカリキュラムをデザインするとき、「情報科」は今後もますますその重要性を高めていくことでしょう。

（大下卓司）

▷6 履修漏れ問題
2006年、全国の高等学校において、地理歴史科（460校）、情報科（247校）、公民科（108校）で必履修科目の不足が問題となった。その多くは進学校で起き、受験対策の科目にその時間が振り替えられていた。情報科では、数学科が代わりに実施された例もあった。これに対し、文部科学省は、履修漏れの救済措置として、50単位時間の補習とレポートの提出によって履修とみなすことになった。

▷7 情報科の入試
2017年現在では、慶應義塾大学湘南藤沢キャンパスをはじめ、情報科を大学入学試験に課す大学もあり、大学入学試験科目として情報科が位置づけられつつある。今後導入が検討されている、「高等学校基礎学力テスト（仮称）」や「大学入学希望者学力評価テスト（仮称）」においても、情報科を試験科目として位置づける動きがある。

（参考文献）
久野靖・辰巳丈夫監修『情報科教育法 改訂3版』オーム社、2016年。
文部科学省『高等学校学習指導要領解説 情報編』文部科学省、2010年。
澤田大祐「高等学校における情報科の現状と課題」『調査と情報』国立国会図書館調査及び立法考査局、第604号、2008年、1-10頁。

10 保健体育科のカリキュラム

 ## 1 保健体育科の目的

　保健体育科（小学校は体育科）では，「体育や保健の見方・考え方を働かせ，課題を発見し，合理的な解決に向けた学習過程を通して，心と体を一体として捉え，生涯にわたって心身の健康を保持増進し豊かなスポーツライフを実現するための資質・能力」（2017年版中学校学習指導要領）を育成することがめざされています。中学校では，運動の楽しさや喜びを味わうことを目的とした「体育分野」と，「個人生活における健康・安全」の理解や，「生涯を通じて心身の健康の保持増進を目指し，明るく豊かな生活を営む態度を養う」ことを意図した「保健分野」に分けられています。

 ## 2 学習指導要領における目標・内容の変遷

　保健体育科（主に体育分野）の学習指導要領の変遷は，表11.10.1のように整理されています。戦前に行われていた「体操科」や「体錬科」では，身体の鍛錬や訓練を通した「身体の教育」が目的でした。戦後初期には，戦前の体育のあり方が批判され集団スポーツを通した社会性や道徳性の育成がめざされました。この時期の体育は，戦後新教育の影響のもとで，学校生活をよりよくするための教科として位置づけられていたため，「生活体育」や「身体活動を通しての教育」と呼ばれています。

　1958年版の学習指導要領からは，基礎学力の低下が問題視され，体力づくりを重視した内容へと転換していきました。1950年代後半から60年代にかけての体力づくりの動向には，東京オリンピックの影響がありました。しかし，1970年代に入ると，高度経済成長を経て多くの人々が豊かな暮らしを手に入れることができ，生涯にわたってスポーツを楽しむための能力の育成が重視されていきます。

▷1 **丹下保夫**（1916-1966）
　東京教育大学の教員を務める。『体育技術と運動文化』（明治図書，1963年）において，同志会の理論的な礎となる運動文化論を提唱した。

表11.10.1 保健体育科（主に体育分野）の学習指導要領における目的・目標の変遷

事項	戦前の学校体育	生活体育 （終戦〜 1950年代末）	体力主義体育 （1950年代末〜 1970年代中半）	楽しい体育 （1970年代中半〜）
めざすべき 人間像	軍国主義的人間 の形成	民主的人間の形成	民主的社会の 形成者	生涯スポーツを 実行できる主体者
体育理念	身体の教育	身体活動を通して の教育	スポーツによる 教育	スポーツの教育
体育の目標	規律節制の涵養 堅忍持久の涵養 質実剛健の涵養 服従精神の涵養	身体的発達の促進 社会的態度の形成	身体的発達の促進 社会的態度の形成 技能的習熟	運動への愛好的態 度の形成 身体的発達の促進 社会的態度の形成 技能的習熟

出所：友添，2009年，98頁より一部省略・修正して引用。

この生涯スポーツ重視の傾向は「楽しい体育」と呼ばれました。一方で，2008年の学習指導要領改訂では，体力の低下や運動への積極性が「二極化」していることから，「『体つくり運動』については，一層の充実が必要」とされました。

③　保健体育科の民間教育研究団体（民間研）

保健体育科の民間研として，1955年に丹下保夫[▷1]が創立した「学校体育研究同志会」（同志会）があります。生活体育を「下請け体育」と批判した同志会は，体育の意義を運動文化の継承・発展にあるとし，「ドル平泳法」などの指導方法を確立しました。同時期に創立された民間研として，グループ学習を研究していた竹之下休蔵[▷2]が中心となって創立した「全国体育学習研究会」（全体研，1961年）があります。全体研が提唱した，運動の機能的特性を中心とする「楽しい体育」の考え方は，のちに「めあて学習」という形で広まりました。これら二つの団体の特徴は，「同志会が運動文化そのものの持つ価値を教科存立の基盤としたのに対して，全体研は運動の楽しさを身につけることを教科存立の基盤とした[▷3]」と整理されており，両団体の立場の相違は，いわゆる「わかる授業」と「たのしい授業」をめぐる議論と重なっています。

この他にも，保健体育科の民間研として，体育は子どもの「からだづくり」に固有の課題を持っているとした教育科学研究会（教科研）の「身体と教育」部会（1961年に発足，城丸章夫[▷4]や正木健雄[▷5]らが関与）や，体育の「あらゆる主義主張を越え」たよりよい授業づくりをめざす「体育授業研究会」（1997年に発足，前身は「体育の授業を創る会」）などがあります[▷6]。

④　よりよい保健体育科のカリキュラム開発に向けて

保健体育科は，生涯スポーツや生涯にわたる健康を目的としています。そのため，たんに学校の学習だけで終わるのではなく，生涯学習の視点を取り入れつつカリキュラムを編成していくことが重要です。そのためには，保健体育科の内容を教科の枠に閉じることなく，他の文化領域や学校生活と結びつけるような教科横断的（領域横断的）な視点でカリキュラムを考えていくことも必要と言えます。

体育のカリキュラムに関して，丸山真司は「教科論レベル」，「学校レベル」，「制度レベル」の三つのレベルを区別しています[▷7]。これら三つのレベルを考慮し，運動・スポーツの特性や学習指導要領の目標・内容を踏まえつつも，各学校でカリキュラムを開発していくことが求められています。近年では，研究者や教師が協働して自主的に編成した，保健体育科の教育課程も提案されています[▷8]。各学校のカリキュラム・マネジメントが重視される中で，学校独自の保健体育科のあり方を模索することが大切と言えるでしょう。

（徳島祐彌）

▷2　**竹之下休蔵**（1909-1988）
1949年，文部省に入り，学習指導要領（体育編）の作成に参加。東京教育大学名誉教授。『プレイ・スポーツ・体論』（大修館書店，1972年）にて，「楽しい体育」論の基盤となるプレイ論について論じた。

▷3　徳永俊太「体育科教育の変遷——教育目標をめぐる問い」田中耕治編著『戦後日本教育方法論史（下）——各教科・領域等における理論と実践』ミネルヴァ書房，2017年，129頁。

▷4　**城丸章夫**（1917-2010）
石川県生まれ。東京帝国大学文学部教育学科卒業。千葉大学教授。

▷5　**正木健雄**（1930-2015）
和歌山県新宮市生まれ。東京大学教育学部体育学科卒業。東京理科大学理工学部教授，日本体育大学教授などを歴任。

▷6　体育授業研究会編『よい体育授業を求めて——全国からの発信と交流』大修館書店，2015年。

▷7　丸山真司『体育のカリキュラム開発方法論』創文企画，2015年，24頁。

▷8　学校体育研究同志会教育課程自主編成プロジェクト編『教師と子どもが創る体育・健康教育の教育課程試案　第1巻——すべての子どもに豊かな運動文化と生きる力を』創文企画，2003年（第2巻も翌年発行）。

(参考文献)
岡出美則・友添秀則・松田恵示・近藤智靖編『新版 体育科教育学の現在』創文企画，2015年。
友添秀則『体育の人間形成論』大修館書店，2009年。

外国語科のカリキュラム

 外国語科の変遷

　外国語（英語）科は，戦後の学習指導要領において，中学校および高等学校のカリキュラムに選択科目として設置されました。諸外国との関係が強まりその重要性が高まってきたことを背景に，1998年および1999年の改訂によって必修教科となりました。また2008年改訂の学習指導要領において，小学校高学年で週1時間の「外国語活動」が新設され（教科外），中学校，高等学校では文法指導の改善，語彙や文構造の定着をはじめ，「聞くこと」「話すこと」「読むこと」「書くこと」の4技能の総合的な育成が強調されました。また中学校で授業時数が増加され，高等学校では英語での授業が求められました。

　2017年改訂の新学習指導要領（小学校，中学校）では，小学校5，6年生に教科「英語」（週2時間）が導入されます。教科化にともない，教科書が作成され，評価のあり方や読み書き指導など，中学校との連携が問われる内容の充実が議論されています。また，小学校3，4年生で「外国語活動」（週1時間）が展開されます。そして，中学校（高等学校）においても，外国語を通じて「何ができるようになるのか」という視点がより重視され，各学校において，英語学習の到達目標を学年やレベルに応じて4技能それぞれで示すCAN-DOリストの作成とその活用がますます求められています。

 外国語科の目標

　2017年改訂の新学習指導要領では，「思考力・判断力・表現力」の重視，「何を学んだか」だけではなく「何ができるようになったか」の重視の中で，外国語科では表11.11.1のような目標が示されました。

　2017年改訂の目標においては，2008年版（表11.11.2）で示されていた「コミュニケーションを図ろうとする態度の育成」が「コミュニケーションを図る資質・能力」と置き換えられ，英語にかかわる知識を実際のコミュニケーションの場面で活用する力を育成することが求められています。さらに実際のコミュニケーションではコミュニケーションの「目的」があり「相手」がいます。実際のコミュニケーションの目的・場面・状況を理解し，それらに応じて外国語を活用しようとする「目的意識」や，対話をする相手である話し手や書き手等に対する「相手意識」を持って外国語を用いることの重要性が示されています。

▷ 1　教科「英語」の週2時間配当について

　週2時間（年間70時間）となっているが，そのうちの週1時間については，各学校の状況により，10分から15分の「短時間学習」を複数回行うことで読み替えることが可能である。

▷ 2　CAN-DO リストの作成

　欧州協議会が示した外国語カリキュラムのスタンダード（CEFR）をもとに，文部科学省より『各中・高等学校の外国語教育における「CAN-DO リスト」の形での学習到達目標設定のための手引き』が示された。各学校の生徒の実態に応じて，4技能において各レベル（学年など）での到達目標としての姿（例「聞いたり読んだりしたこと，学んだことや経験したことに基づき，情報や考えなどをまとめ，発表することができる」）を一覧として示すものである。各単元の目標や学年ごとの学習到達目標の達成状況を把握し，指導や評価の改善に生かしたり，生徒自身が見通しを持った学習をするための手立てとしたりする。

表11.11.1 2017年学習指導要領 外国語（中学校）目標

外国語によるコミュニケーションにおける見方・考え方を働かせ，外国語による聞くこと，読むこと，話すこと，書くことの言語活動を通して，簡単な情報や考えなどを理解したり表現したり伝え合ったりするコミュニケーションを図る資質・能力を次のとおり育成することを目指す。

(1) 外国語の音声や語彙，表現，文法，言語の働きなどを理解するとともに，これらの知識を，聞くこと，読むこと，話すこと，書くことによる<u>実際のコミュニケーション</u>において<u>活用できる技能</u>を身に付けるようにする。

(2) <u>コミュニケーションを行う目的や場面，状況などに応じて</u>，日常的な話題や社会的な話題について，外国語で簡単な情報や考えなどを理解したり，これらを活用して表現したり伝え合ったりすることができる力を養う。

(3) 外国語の背景にある文化に対する理解を深め，<u>聞き手，読み手，話し手，書き手に配慮しながら</u>，主体的に外国語を用いてコミュニケーションを図ろうとする態度を養う。

注：下線は筆者による。
出所：文部科学省「中学校学習指導要領」2017年。

表11.11.2 2008年学習指導要領 外国語（中学校）目標

【中学校】外国語を通じて，言語や文化に対する理解を深め，積極的にコミュニケーションを図ろうとする態度の育成を図り，聞くこと，話すこと，読むこと，書くことなどのコミュニケーション能力の基礎を養う。

出所：文部科学省「中学校学習指導要領」2008年。

表11.11.3 2017年学習指導要領 外国語（小学校）目標

外国語によるコミュニケーションにおける見方・考え方を働かせ，外国語による聞くこと，読むこと，話すこと，書くことの言語活動を通して，<u>コミュニケーションを図る基礎となる資質・能力</u>を次のとおり育成することを目指す。

(1) 外国語の音声や文字，語彙，表現，文構造，言語の働きなどについて，<u>日本語と外国語との違いに気付き</u>，これらの知識を理解するとともに，読むこと，書くことに慣れ親しみ，聞くこと，読むこと，話すこと，書くことによる実際のコミュニケーションにおいて活用できる<u>基礎的な技能</u>を身に付けるようにする。

(2) コミュニケーションを行う目的や場面，状況などに応じて，<u>身近で簡単な事柄</u>について，聞いたり話したりするとともに，<u>音声で十分に慣れ親しんだ外国語の語彙や基本的な表現を推測しながら読んだり，語順を意識しながら書いたり</u>して，自分の考えや気持ちなどを伝え合うことができる基礎的な力を養う。

(3) 外国語の背景にある文化に対する理解を深め，<u>他者に配慮しながら</u>，主体的に外国語を用いてコミュニケーションを図ろうとする態度を養う。

注：下線部は筆者による。
出所：文部科学省「小学校学習指導要領」2017年。

　小学校で教科化された外国語では，目標は表11.11.3のように示されています。

　下線を施した部分は，中学校との違いが表れている箇所です。中学校につながる基礎的な資質・能力として，言語の違いに気づくこと，また身近で簡単な事柄について，音声に十分に慣れ親しんだものについては内容を推測したり語順を意識したりしながら読み書きの学習を行うことが示されています。さらに中学校の「相手意識」につながる「他者への配慮」の視点が示されています。

　今回の改訂でとくにおさえておかねばならない点は，以下の2点です。第一に，上記の学習指導要領の目標の軸となる，「外国語によるコミュニケーションにおける見方・考え方」についてです。「外国語によるコミュニケーションにおける見方・考え方」とは，解説において「外国語で表現し伝え合うため，外国語やその背景にある文化を，社会や世界，他者との関わりに着目して捉え，

コミュニケーションを行なう目的や場面，状況等に応じて，情報を整理しながら考えなどを形成し，再構築すること」であるとされています。小学校の段階から，相手の発する外国語を注意深く聞いて何とか相手の思いを理解しようとしたり，持っている知識などを総動員して相手や他者に外国語で自分の思いを何とか伝えようとする体験が重要であり，そのような体験から言語でコミュニケーションを図ることの難しさや大切さにあらためて気づかせていくことが求められています。そこで，コミュニケーションを図る目的や必然性が明確なもので，なおかつ聞き手がより理解できるような伝え方を考えるなど，相手意識を持つ活動や課題の設定が重要となります。そして，このような活動や場面設定は小学校のみならず，中学校そして高等学校における外国語学習を貫く視点として大切です。

　今回の改訂で重要な点として，第二に，小学校において読み書きにかかわる指導が明記されたことです。とはいえ，従来の中学校以降の英語学習で行われていた読み書き指導と同じではありません。まず，読むことでは，「活字体で書かれた文字を識別し，その読み方を発音することができるようにする」（つまり，名称（Aならば/ei/）が正しく発音できること）「音声で十分に慣れ親しんだ簡単な語句や基本的な表現の意味がわかるようにする」ことが目指されています。書くことにおいては，「大文字，小文字を活字体で書くことができるようにする。また，語順を意識しながら音声で十分に慣れ親しんだ簡単な語句や基本的な表現を書き写すことができるようにする」，そして「自分のことや身近で簡単な事柄について，例文を参考に，音声で十分に慣れ親しんだ簡単な語句や基本的な表現を用いて書くことができるようにする」ことが示されています。あくまでも音声で十分に慣れ親しんだ簡単な語句や表現についてであること，また，読む・書く必然性のある場面設定や子どもが「書いてみたくなる」ような題材の工夫が重要です。たとえば，海外の友だちに「学校紹介ポスター」を作るなど，相手意識・目的意識を持たせることができる活動を組めるとよいでしょう。

　このように，小学校から一貫して実際のコミュニケーションを図るための資質・能力が求められています。なお，高等学校ではより高度な内容についてディベートや議論する力の育成が求められています。

③　外国語科のカリキュラム編成の留意点

留意すべきこととしては，以下の三点が挙げられます。

○単元構成・年間指導計画の逆向き設計

　第一に，それぞれの学校階梯において，単元構成や年間指導計画の逆向き設計が求められることです。上述のように，外国語科では今回の改訂によってますます英語に関する知識をいかに活用し「何ができるようになるのか」が重視されています。そのためには，CAN-DO リストの作成だけでなく，毎時間の

授業，単元構成，そして年間指導計画，あるいは小学校，中学校を見通した長期的な視野に立つカリキュラムが求められます。これまでは，たんに教科書の各単元におけるセクションごとに授業を進めていた場合もありますが，単元の最終課題として，たとえば「自分の夢を友だちの前でスピーチしよう」といった，目的や相手が具体的に示されたパフォーマンス課題やタスク活動を設定し，それまでの授業過程をゴールから逆向きに設計する「逆向き設計論」の考え方が重要となります。最終的な課題を遂行するために必要な語彙や表現を選定し，それらをそれまでの授業においてどのように位置づけるかについて見通しを持って計画的に考えることで，単元構成そのものも検討しなおすことが求められるのです。なお，2008年からの小学校外国語活動においては，このような単元構成がすでに一般的となり，副読本の構成がそのように構成されていることは注目できます。

◯教育内容の改善・充実

第二に，教育内容の改善・充実です。たんに繰り返し活動を行うのではなく，言語活動の目的・使用の場面等を意識できる具体的な課題を提示することが求められます。子どもの実際のコミュニケーション場面を想定する「パフォーマンス課題」の設定や，ドリル的な指導においても実際の場面を想定した内容を心がけることが大切です。また，英語「を」学ぶのではなく，英語「で」「何を学ぶのか」，「何を発信するのか」という点が重要となります。とりわけ高等学校などでは，ディベートや議論という方法論が求められていますが，その内容こそが重要であることから，英語で他の教科の内容を学習する教授法 CLIL (Content and Language Integrated Learning) が注目されています。

◯異文化理解の重視

第三に，他教科や道徳，総合的な学習の時間との連携をし，異文化理解の側面を重視することです。異なる言語や文化に対する理解を深める学習を他教科等と連携し有機的に位置づけることで，様々な文化の価値を認め，自文化の価値をも理解し，自文化を発信していこうとする主体性の育成が可能となります。

④ 外国語科のカリキュラムづくりの課題

外国語の学習は，小学校から高等学校まで計10年間の長期的な学びとなります。したがって，長期的な見通しの上で，各階梯間での連携を具体的なカリキュラムレベルで行うことが重要な課題となります。なかでも小中連携においては，互いの学校階梯での教育内容や方法を理解し，交流し，共有し，さらにはカリキュラム上の連携を図ることが大切です。外国語教育教職課程においても文部科学省「教員養成・研修 外国語（英語）コア・カリキュラム」の検討が進められ，長期的な見通しを持った指導者の育成が進められています。

（赤沢真世）

▶3 **教員養成・研修 外国語（英語）コア・カリキュラム**

2016年より進められている「グローバル化に対応した英語教育改革実施計画」で示されている。外国語教育の教職課程カリキュラムを見直し，提案を行うものである。

（参考文献）

泉伸一『フォーカス・オン・フォームと CLIL の英語授業』アルク出版，2016年。

望月昭彦・磐崎弘貞・卯城祐司・久保田章『新学習指導要領にもとづく英語科教育法』大修館書店，2010年。

時事通信出版局『新学習指導要領ハンドブック 中学校英語編（授業が変わる！）』時事通信社，2017年。

樋口忠彦・加賀田哲也・泉惠美子・衣笠知子『小学校英語教育法入門』研究社，2013年。

金森強・本多敏幸・泉惠美子編著『主体的な学びをめざす小学校英語教育』教育出版，2017年。

「特別の教科　道徳」のカリキュラム

　教科化する以前の道徳教育の位置づけ

　戦前，「修身」として行われていた道徳教育は，戦後新教育期には「公民教育」という名のもと，「社会科」を中心に特別な時間を設けずに学校教育全体で道徳教育を行っていこうという位置づけでした（「全面主義道徳教育」）。しかしながら，1958年の学習指導要領改訂において全教育課程で行われてきた道徳教育を「補充」「深化」「統合」する時間として「道徳」の時間（週1時間）が設置されました。1997年の神戸連続児童殺傷事件などの少年犯罪は教育界に大きな衝撃を与え，文科省は心の教育の充実を図ることをめざしました。そこで誕生したのが『心（こころ）のノート』でした（2013年には『私たちの道徳』に全面改訂されました）。

　「特別の教科　道徳」の登場

　2008年改訂の学習指導要領では，「道徳の時間を要として学校の教育活動全体を通じて行う」とされ，「道徳教育推進教師」の設置をはじめ，道徳の時間の重要性が増してきました。さらに「大津いじめ事件」を契機として，道徳教育をより重視する論議が巻き起こり，道徳教育のより一層の充実と質的変換を求めて，2018年度より「特別の教科　道徳」として，道徳科が誕生することになりました。

　目　　標

　このような流れの中，道徳教育の目標はこのように示されています。

> 　道徳教育は，教育基本法および学校教育法に定められた教育の根本精神に基づき，自己（人間として）の生き方を考え，主体的な判断の下に行動し，自律した人間として他者と共によりよく生きるための基盤となる道徳性を養うことを目標とする。
> （※括弧内は中学校の表記）

　大切なのは，他者とともによりよく生きるための道徳性を養う，ということです。そのために，まず子ども一人ひとりが自己を見つめること，そして意見や考え方の対立や多様性があっても，自分の意志や判断にもとづいてよりよいと判断し適切だと考えたことを具体的に実践できること，そして他者と関係性

▷1　**大津いじめ事件**
　2011年に滋賀県大津市内の中学校で，当時中学2年生の男子生徒がいじめを苦にして自殺に至った事件。学校や教育委員会の隠ぺいが発覚したことで，大きな社会問題となった。

を主体的に持ちながら，自立することをめざすのです。

④ 考え，議論する道徳

　新学習指導要領でキーワードになっているのは，「考え，議論する道徳」です。中学校学習指導要領解説では次のように示されました。

　「答えが一つではない道徳的な課題を一人ひとりの生徒が自分自身の問題と捉え，向き合う『考える道徳』，『議論する道徳』へと転換を図るものである。」

　こうした転換の背景には，「思考力」を重視する新学習指導要領の流れがありますが，これまで他教科に比べて道徳教育が軽んじられていたことや，発達の段階を踏まえた内容や指導方法となっていなかったり，主題やねらいの設定が不十分な単なる生活経験の話し合いや，読み物の登場人物の心情の読み取りのみに偏った形式的な指導が行われていたりする例があったことへの反省もあります。

　そこで，これからの道徳の授業では，アクティブ・ラーニングで進められている「主体的な学び」として，子どもが学習内容を自分事としてとらえ，問題意識を持って取り組むことが期待されます。また，子どもたちが教材をめぐって自分と異なる意見と向かい合い，議論することを通して，道徳的価値について多面的・多角的に考え，自身の道徳的価値の理解を深めたり，広げたりする「対話的な学び」が期待されます（たとえば「モラルジレンマ」の授業があります）。[2]そして「深い学び」によって，様々な場面や状況に応じて，道徳的価値を実現するために適切な行為を主体的に選択し，実践できるような資質・能力を育むことが期待されます。具体的には，自身に引きつけさせる発問や，学び合いや対話を促す指導形態（グループなど）を工夫する必要があります。[3]

　また教科化により，年間指導計画を作成し，実施，評価，改善することが不可欠となります。たとえば，主題の設定と配列の工夫，計画的・発展的な指導の工夫，重点的指導の工夫，各教科・体験活動との関連的な指導の工夫，数時間の関連を図った指導の工夫などが求められます。ただし，評価については観点による数値での評価に馴染まないことから，文章による評価となります。

　さらに，こうした一つひとつの授業づくりだけではなく，カリキュラム全体でのカリキュラム・マネジメントの考え方が重要となります。道徳教育として全体計画の作成（「別葉」）や改善を図ることが求められ，計画作成にあたっては，児童，学校および地域の実態を考慮して，学校の道徳教育の「重点目標」を設定するとともに，道徳科や各教科，外国語活動，総合的な学習の時間および特別活動における指導内容や時期，そして家庭や地域社会との連携も考えていく必要があります。このように，学校教育全体としても，そして教科道徳としても，より充実した内容が求められています。

（赤沢真世）

▷2　モラルジレンマとは，背反する二つの命題において究極の選択肢を迫られるときに発生する心の葛藤の状態を意味する。究極の選択を迫られる場面・状況を題材に集団討議（話し合い）によって解決に導く過程を通して，子どもの道徳的判断力を育て，道徳性をより高い段階に発達させることをねらいとした授業である。詳しくは，荒木紀幸編著『考える道徳を創る　小学校　新モラルジレンマ教材と授業展開』明治図書出版，2017年を参照のこと。

▷3　自分自身に引きつけさせる発問
　たとえば，「親切・思いやり」に関して，主人公が「～したときどんな思いだったでしょう」と問うよりも，「どんな思いから～したのでしょう」と問う方が人物の内面に入りやすく，より自分とのかかわりで考えやすくなるだろう。

（参考文献）
　赤堀博行『道徳授業で大切なこと』東洋館出版社，2013年。
　赤堀博行監修，荻原武雄・荒木徳也・生越詔二・波岡輝男・長谷徹・後藤忠編著『これからの道徳教育と「道徳科」の展望』東洋館出版社，2016年。
　荒木寿友『ゼロから学べる道徳科授業づくり』明治図書出版，2017年。
　荒木紀幸編著『考える道徳を創る　小学校　新モラルジレンマ教材と授業展開』明治図書出版，2017年。

総合的な学習の時間

① 「総合的な学習の時間」とは

　「総合的な学習の時間」は，1998年版学習指導要領から設置された比較的新しい時間です。設置以来，戦後初期の問題解決学習や，1970年代以降に興隆した総合学習に学んで，様々の実践が展開されました。近年では，中等教育段階で，生徒が研究活動を行うような，課題研究や探究的な学びも展開されています。

　しばしば混乱を生む表現ですが，「総合的な学習の時間」と総合学習とは少し異なる概念です。共通するのは，各教科内容に縛られない総合的な問題に取り組み，自ら課題を見つけるようにするという点です。「総合的な学習の時間」は，この目的のために設置された時間・領域を指します。一方，総合学習は，課題を見出し解決する活動を通した学習の方法や，それを可能にするテーマの総合性を指します。そのため，「総合的な学習の時間」において，必ずしも総合学習が行われているとは限りません。反対に，総合学習の実施を「総合的な学習の時間」に限る必要もないのです。

　では，教科ではなく，「総合的な学習の時間」で総合学習を行う意味とはいったい何でしょうか。これは求められる知の質の違いによって説明されています。教科の特徴は，最低限学ぶべき知識が決まっていることです。その知識が内容知（何を）であれ方法知（どのように）であれ，教師によって構造化された知の体系を身につけるのが教科の学習です。これを「習得的な学習（learn）」と言います。一方，「総合的な学習の時間」では，習得すべき内容は決められていません。設定したテーマに即して内容知や方法知を発見し，構造化していくこと自体が総合学習です。これを「研究的な学習（research）」と言います。

　教科の学習が「learn から research へ」と進むのに対し，「総合的な学習の時間」の総合学習では「research から learn へ」と向かうのが特徴です。そのため，教師にも学習すべき内容（content）や方法（method）は必ずしもわかりません。教師が指導するのは，どんな内容や方法が必要かを決める過程，つまり方法論（methodology）についての知なのです。

② 「総合的な学習の時間」のカリキュラム

○和光小学校の総合学習

和光小学校は，1970年代から総合学習が保障すべき内容をもった領域である

ととらえ，目的を「現実生活の中に今日的な課題をとらえ，仲間とともに問題解決の主人公となって能動的，探究的に学び，主権者としての自覚を深め，自立した市民として生きる人格を育てること」に据えています。とくに，現実社会の課題に取り組むことを通して，教師と子どもがともに探究し，学ぶ意味を問い直すことを狙っている点に特徴があります。そのために，身体・健康，食と健康・食文化，地域・環境，戦争と平和，命と人権，障害・共生，生産と労働，現代文化という八つの「問題領域」を設定することで，深まりのあるテーマを探る手がかりとしています。[4]

○総合学習「多摩川」

たとえば，小学校４年生では「多摩川」の学習が展開されます（表12.1.1）。野草取り大会や生き物取り大会を開催し，多摩川を遊びの場とすることに，１学期がめいっぱい使われます。これによって多摩川が子どもたちに身近な場となり，関心が高まった２学期には，上流探検や下流探検を通じて活動の仕方を学び，ふくらませた疑問を，10月の後半からはグループを作って研究します。グループの中間発表を挟みながら，１月には３年生と保護者を相手にした「多摩川を伝える会」で，自分たちの研究の意味をふりかえるのです。一年間を通して展開されるため，子どもたちはゆったりと探究に取り組むことができます。

③ 堀川高校の「探究」

「探究的な学習」とは，総合学習が持つ教育方法としての側面を強調したものと言うことができるでしょう。京都市立堀川高校では，２年間をかけて探究に取り組み，研究成果を論文にまとめる「探究基礎」が用意されています。生徒たちが専門的な学問分野の中で自分の関心を課題としてとらえ直し，追究する手法を身につけることで，「自立する18歳」へと育つことがめざされています。探究の手法を学ぶ「HOP」から，ゼミ活動で興味を洗練する「STEP」を通し，２年次には個人課題を設定して論文をゼミで検討する「JUMP」へという３段階でカリキュラムが計画されています。論文の執筆の前にはポスター発表会が行われ，そこで厳しい批判を受けて，論文の質を高めていきます。また，生徒自身によるゼミの運営を通して，自らの探究だけでなく，探究を支える場を構成する術を学んでいく点は，高校生の探究活動に相応しいものです。

(中西修一朗)

表12.1.1 ４年生 総合学習「多摩川」

発酵的活動期	4月	学習開き・野草とり大会
	5月	学年での多摩川びらき
	6月	川の生きものとり大会
	夏休み	自由研究のよびかけ
研究活動期	9月	上流探検（短期グループ）
	10月	いちょう祭りに「多摩川の店」出店 下流探検（短期グループ）
	11月	研究活動グループによる学習
	12月	グループ研究のまとめ
学習のまとめ	1月	多摩川を伝える会
	2月	報告集づくり

出所：栗原伸「多摩川で遊んだ・見つけた・考えた」行田稔彦・鎌倉博編著『和光小学校の総合学習——はっけん・たんけん・やってみる』民衆社，2000年，122-123頁。

▷4 行田稔彦・古川武雄編著『和光小学校の総合学習——たべる・生きる・性を学ぶ』民衆社，2000年，204-207頁。

参考文献

西岡加名恵編著『「資質・能力」を育てるパフォーマンス評価——アクティブ・ラーニングをどう充実させるか』明治図書出版，2016年。

2 特別活動

 特別活動の特徴

特別活動は，教科教育の理論と方法では実現することが困難な分野について，児童・生徒の成長を促すものであり，学校教育において欠くことができない役割を担っています。そこでは，子どもの生活と学校生活が結びつけられ，日常の経験と知識が有機的に連関し合う学習活動が多く行われています。とくに，自主的なクラブ活動や委員会活動で他学年と協力して運営したり，それぞれの役割を果たしたりすることを通じて，自分たちで問題に取り組もうとする意欲や実践力を育むことは重要です。教育課程において特別活動の内容は，表12.2.1のように主として四つに区分されています。それぞれ，学級活動，生徒会活動（小学校では児童会活動），クラブ活動（小学校のみ），学校行事（儀式的行事，文化的行事，健康安全・体育的行事，旅行（小学校では遠足）・集団宿泊的行事，勤労生産・奉仕的行事）から構成されています。

このような特別活動では，教科等とは異なる実践的な集団活動が展開されており，児童・生徒の学校生活の満足度や楽しさと深くかかわっています。また，特別活動の中には応援団や鼓笛隊，遠泳行事などのように，異なる学年がかかわる取り組みで，学校の文化として根づいているものも少なくありません。

▷1 特別活動は，1947年学習指導要領（試案）における「自由研究」，1951年改訂における「教科以外の活動」，1958年改訂における「特別教育活動」と「学校行事等」，1968年改訂以降の「特別活動」へと，時代の変遷に沿いながらその名称を変え，教科あるいは教科外領域の一つとしてまとめられてきた。

表12.2.1 学習指導要領（2017年版）における特別活動の目標および内容区分

		小学校	中学校
目標		集団や社会の形成者としての見方・考え方を働かせ，様々な集団活動に自主的，実践的に取り組み，互いのよさや可能性を発揮しながら集団や自己の生活上の課題を解決することを通して，次のとおり資質・能力を育成することを目指す。 (1) 多様な他者と協働する様々な集団活動の意義や活動を行う上で必要となることについて理解し，行動の仕方を身に付けるようにする。 (2) 集団や自己の生活，人間関係の課題を見いだし，解決するために話し合い，合意形成を図ったり，意思決定したりすることができるようにする。 (3) 自主的，実践的な集団活動を通して身に付けたことを生かして，集団や社会における生活及び人間関係をよりよく形成するとともに，<u>自己の生き方</u>についての考えを深め，自己実現を図ろうとする態度を養う。	集団や社会の形成者としての見方・考え方を働かせ，様々な集団活動に自主的，実践的に取り組み，互いのよさや可能性を発揮しながら集団や自己の生活上の課題を解決することを通して，次のとおり資質・能力を育成することを目指す。 (1) 多様な他者と協働する様々な集団活動の意義や活動を行う上で必要となることについて理解し，行動の仕方を身に付けるようにする。 (2) 集団や自己の生活，人間関係の課題を見いだし，解決するために話し合い，合意形成を図ったり，意思決定したりすることができるようにする。 (3) 自主的，実践的な集団活動を通して身に付けたことを生かして，集団や社会における生活及び人間関係をよりよく形成するとともに，<u>人間としての生き方</u>についての考えを深め，自己実現を図ろうとする態度を養う。
内容区分		学級活動	学級活動
		児童会活動	生徒会活動
		クラブ活動	
		学校行事 　儀式的行事 　文化的行事 　健康安全・体育的行事 　遠足・集団宿泊的行事 　勤労生産・奉仕的行事	学校行事 　儀式的行事 　文化的行事 　健康安全・体育的行事 　旅行・集団宿泊的行事 　勤労生産・奉仕的行事

出所：文部科学省「小学校学習指導要領」「中学校学習指導要領」2017年より一部抜粋（波線は筆者）。

② 特別活動における実践上の課題

　現在，情報化・都市化・少子高齢化などの社会状況の変化を背景に，子どもたちの生活体験の不足や人間関係の希薄化が問題視されています。集団のために行動する意欲の低下，生活上の諸問題を話し合って解決する力の不足，規範意識の低下などが顕著になっています。とくに，集団内の人間関係に起因すると思われるいじめ，不登校などが依然として大きな教育課題となっている今日，集団の中で生きる力を育む特別活動の意義と役割はますます重視されています。したがって，特別活動は今後の教育課程でも一層の充実が望まれます。

　しかし，特別活動の実践をめぐっては，とくに指導側（教師）からみると以下のような課題も存在しています。

　一つは，教育課程の「特別活動」をみると，全体の教育目標（表12.2.1）は示しているものの，内容ごとの目標が明らかにされていないことです。その活動を通して「実際に何ができるようになるのか」「どのような力が身につくのか」など，児童・生徒の学びの実現が明確ではありません。こうした状況で，各活動の関係性や意義，位置づけの整理が十分ではないまま実践が行われてきているという実態も見られます。特別活動に関しては教職科目に位置づけられていないこともあり，専門性という点で軽視される傾向があるようです。しかし，本来，小・中・高等学校のすべての教師に求められるべき重要な専門性の一つと言えます。特別活動が管理的な性格の強いものへと転換されることは望ましくありませんが，教職課程から一貫して専門的に扱う必要があるのではないでしょうか。

　もう一つは，特別活動に「部活動」の指導を含めていないことです。現在，中学校・高等学校における部活動は，学習指導要領に明確に位置づけられていないものの，学校教育活動の一環として大きな意義があると認められ，生徒にとっても学校生活の大きな部分を占め，様々な経験を積む場となっています。ここで懸念されるのが，顧問となる教師の能力と負担です。学校ではほぼすべての教師が部活動の顧問を担当しており，新任教師でも，わずかな経験と十分でない知識でもって部活動の指導にあたらなければならない，というのが現状です。周知の通り，部活動は，体罰，いじめ，怪我や事故など，様々な問題が起こり得る場であり，指導側が重大な責任を負うことになる場合もあります。教師が部活動について十分な教育的知識と安全管理の認識を持って適切な指導ができるよう，部活動指導を教員養成の科目に位置づける必要があると考えられます。

　以上のように，よりよい特別活動のためには，まだ改善すべき点が残っています。そして，特別活動が各教科はもちろん，道徳，総合的な学習，外国語活動などによる代替措置扱いになってはいけないということを理解しておく必要があるでしょう。

（趙　卿我）

参考文献

　西岡加名恵・高見茂・田中耕治・矢野智司『教職教養講座 第7巻　特別活動と生活指導』協同出版，2017年。

　原田恵理子・高橋知己・森山賢一・加々美肇『基礎基本シリーズ3 最新 特別活動論』大学教育出版，2016年。

　山口満・安井一郎編著『特別活動と人間形成』学文社，2010年。

3　生徒指導と生活指導

▷1　文部科学省『生徒指導提要』2010年，4頁，コラム欄。

▷2　文部科学省『生徒指導関係略年表について』を見ると，1956年まで生徒指導と生活指導が混在している。http://www.mext.go.jp/a_menu/shotou/seitoshidou/04121504.htm（2017年12月6日閲覧）

学校教育法では初等教育を受けているものを児童と呼び，中等教育を受けているものを生徒と呼ぶため，小学校等においては「児童指導」を使うこともある。

▷3　文部科学省「生徒指導の意義」『生徒指導提要』1頁。

▷4　峰地光重『文化中心綴方新教授法』教育研究会，1922年。

▷5　綴方とは今でいう作文のことだが，当時は科目の名称でもあった。国定教科書を使用しなくてよい唯一の科目であり，当時の公教育に疑問を抱いた教師たちは，綴方を通じてユニークな教育を試みた。

▷6　峰地光重『文化中心国語新教授法』教育研究出版会，1925年，60-61頁。

▷7　日本の教育課程の歴史については XIV を参照。

▷8　**ゼロ・トレランス**　Zero-tolerance. 直訳すると「寛容さゼロ」だが，「毅然とした対応」とも訳される。学校規律への違反行為に対する処罰の基準を明確にし，かつ厳格に（個別の理由や事情は考慮せずに）適用することを指す。

1　生徒指導と生活指導

　生徒指導と生活指導はよく似た言葉であり，学校現場では区別されず使われることも多いです。『生徒指導提要』（2010年）では，「『生徒指導』に類似した用語に『生活指導』や『児童指導』がある」と示した上で，「『生活指導』は多義的に使われていることや，小学校段階から高等学校段階までの体系的な指導の観点，用語を統一した方が分かりやすいという観点」から，「生徒指導」を用いたと述べられています。

　生徒指導というと，暴力行為，いじめ，中退，出席停止等にかかわる「問題行動」の指導を想い浮かべる人も多いでしょう。たしかに文部科学省が毎年実施している「児童生徒の問題行動等生徒指導上の諸問題に関する調査」でも，これらが調査項目として挙がっています。しかし生徒指導をそう理解することは正確ではありません。『生徒指導提要』でも，「生徒指導とは，一人一人の児童生徒の人格を尊重し，個性の伸長を図りながら，社会的資質や行動力を高めることを目指して行われる教育活動」であり，「児童生徒自ら現在及び将来における自己実現を図っていくための自己指導能力の育成を目指す」と書かれています。つまり，生徒指導は問題行動への対応というよりも，子どもや青年が自己実現のために自らの生き方を考え行動できるよう指導するものです。「教育課程の内外において」行うとも示されており，多様な場面での指導が期待されています。

2　生活指導の誕生

　二つの言葉の来歴をたどると，生活指導の方が古くから使われてきたことがわかります。生活指導は，峰地光重（みねじみつしげ）が『文化中心綴方新教授法』（1922年）において文書上ではじめて用いたと言われています。綴方では，子どもたちが書いた文章を読み合い，彼らの生活についてともに考え，よりよく生きるにはどうしたらよいか話し合うことができました。このような取り組みを重視した教師たちが，当時の教育体制への批判を込めて生活指導という語を使い始めました。

　当時，公立の小学校で「個人自治」と言えば他人を困らせないよう自分の事は自分でするということ，「集団自治」と言えば級長選挙などの役員制度程度のことしか意味しませんでした。選ばれた級長も，教師を補佐して学級を管理

する程度の役割しか認められていませんでした。この状況に対し、峰地は「自治の美名に隠れて専制の暴威をふるうもので、一種の権威主義の教育だと思う」と批判しました[6]。しかし、こうした主張は当時の状況化では主流になりえず、峰地は1942年に綴方教師弾圧事件によって教職を追われました[7]。

峰地の批判は戦前に行われたものですが、現代の学級会や児童会・生徒会について考察する上でも示唆に富みます。校則等の学校内のルールについても、ゼロ・トレランス方式[8]のような機械的運用ではなく、むしろルールの背景や、それぞれの生活を踏まえた可変性を学ぶことの必要性の指摘と理解できます。

③ 戦後の展開と現代における生徒指導・生活指導

戦後初期にはアメリカのガイダンス理論が導入され、これが生徒指導の源流の一つだと指摘されています。ガイダンス理論はうまく受け入れられず[9]、日本の実情や実践的成果に根ざした理論が求められました。

そのような中、戦前の生活綴方を学んだ戦後の教師たちが、子どもたちが綴り、話し合い、実際に行動して学級や家庭の生活を変えた実践記録を発表しました[10]。これらの実践に学んで、宮坂哲文は1957年に生活綴方的学級づくり（仲間づくり）の定式化（以下「定式化」）を行いました[11]。しかし、この「定式化」は、教師の側の絶対的寛容を前提にしていること[12]、意識の変革にとどまり行動の変革が含まれていないこと[13]などを理由に批判されました。

生活綴方的学級づくりの克服をめざし、中学校教師の大西忠治が、集団の発展段階論（よりあい的な班の段階→前期の班の段階→後期の班の段階）と、「班―核―討議づくり」という集団の組織化の3側面からなる集団主義的集団づくりを提唱しました。大西の提起は、全生研（全国生活指導研究協議会）で活発に議論され、『学級集団づくり入門 第2版』（1971年）にまとめられました[14]。

その後、社会の変化の中で、全生研は、学級を単位とした集団だけでなく、学級内の小グループで、また、学級や学校を超えて、生活と学習を自治的に切り拓いていこうとする力を育てることをめざす「子ども集団づくり」を構想しました[15]。さらに近年では、生活指導におけるケア的アプローチとして、子どもの個別的・具体的な生活文脈に即して配慮し、そこから子どもたちの中にケアと相互依存の関係性を編み直し、排除ではなく共生することができる社会的な関係性をつくることが提起されています[16]。

現代の生徒指導・生活指導は、学校や学級から問題のある子ども・青年を排除することで規律を維持するのではなく、それぞれの自己実現をめざし、多様な他者とともに新しい社会や文化を創造するという目標のもとに行われる必要があります。こうした取り組みは教師だけではなく、保護者、地域の人々、専門家などとともに行う必要があるでしょう。その際に、社会全体で子ども・青年を監視・管理することにならないよう、注意が必要です。　（川地亜弥子）

▷9 宮坂哲文『生活指導』朝倉書店、1954年、9-10頁参照。

▷10 東京の石橋勝治の社会科教育と学級自治の実践、山形の無着成恭の『やまびこ学校』、兵庫の小西健二郎『学級革命』などの仲間づくりの実践が発表された。

▷11 以下の3段階で示されている。①学級のなかに、何でもいえる情緒的許容の雰囲気をつくること②生活を綴る営みをとおして一人一人の子どもの真実を発現させること③一人の問題を皆の問題にすることによる仲間意識の確立（春田正治・宮坂哲文「第十分科会 生活指導」日本教職員組合編『日本の教育第六集』国土社、1957年、357頁。宮坂が執筆した。詳しくは春田正治『戦後生活指導運動私史』明治図書出版、1978年、35頁参照。

▷12 竹内常一『生活指導の理論』明治図書出版、1969年、31頁。

▷13 城丸章夫「戦後生活綴方運動と生活指導（3）」『生活指導』1969年6月号、78-89頁。

▷14 全生研常任委員会『学級集団づくり入門 第2版』明治図書出版、1971年。

▷15 全生研常任委員会編著『子ども集団づくり入門』明治図書出版、2005年、とくに59-66頁。

▷16 全生研常任委員会企画、竹内常一・折出健二編著『生活指導とは何か』高文研、2015年、88頁。

（参考文献）

西岡加名恵編『特別活動と生活指導』協同出版、2017年。

山本敏郎・藤井啓之・高橋英児・福田敦志『新しい時代の生活指導』有斐閣、2014年。

進路指導・キャリア教育

❶　進路指導とは

進路指導は，大きく言えば，学校において生徒の卒業後の進路選択およびその後の生き方を考える指導のことを指します。教育課程上では，中学校・高等学校での「特別活動」の「ホームルーム（学級）活動」に位置づけられてきました。

❷　職業指導から進路指導，そしてキャリア教育へ

第二次世界大戦後は，高校進学率が4割程度で，中学校で卒業後の職業選択指導や実質的な職業教育が行われていました。しかし，1960-70年代の高校進学率の高まりとともに，職業よりも進学のための指導が多くなり，「職業指導」ではなく「進路指導」と呼ばれるようになりました。教育課程上でも，教科「職業科」や「職業・家庭科」で行われていたものが，特別活動のホームルーム活動に位置づけられるようになりました。ただしこの進路指導は，進学指導に傾斜し，学校の入口と出口の問題に矮小化されていると問題視され，アメリカの影響を受けて「キャリア教育」が普及し実践されるようになりました。

キャリア教育は，将来の生き方を考えるという点で進路指導と同じ目的を持っていると言えます。ただし，職業のみならず，家庭生活や市民生活も含めて様々な立場や役割をキャリアとしてとらえる点や，中等教育段階にとどまらず幼児教育，初等教育段階から高等教育段階まで様々な教育機関において必要とされる点など，より広い概念です。現在では，ホームルーム活動にとどまらず，「総合的な学習の時間」や「産業社会と人間」などの時間の中でキャリア教育を行ったり，各教科の時間の中でのキャリア教育を計画したりする例が多く見られるようになってきています。

こうした進路指導・キャリア教育の発展の背景には，学校から職業社会への移行をめぐる問題状況がありました。卒業と同時に就職し終身雇用で働くという日本型移行モデルが変容し，転職が増えたり，バイトやフリーターが増えたりしました。そのような状況では，卒業直後の進学・就職だけではなく，その後の社会生活に必要な能力を身につけることが必要になるのです。

▷1　XII-2 参照。

▷2　藤本喜八「進路指導の定義の歩み」『進路指導研究』第6巻，1985年，1-13頁。

▷3　文部科学省国立教育政策研究所生徒指導・進路指導研究センター編『変わる！キャリア教育――小・中・高等学校までの一貫した推進のために』ミネルヴァ書房，2016年。
文部科学省『小学校キャリア教育の手引き（改訂版）』教育出版，2011年。文部科学省『中学校キャリア教育の手引き』教育出版，2011年。文部科学省『高等学校キャリア教育の手引き』教育出版，2012年。

▷4　児美川孝一郎『若者はなぜ「就職」できなくなったのか？――生き抜くために知っておくべきこと』日本図書情報センター，2011年。
乾彰夫『日本の教育と企業社会――一元的能力主義と現代の教育＝社会構造』大月書店，1990年。

表12.4.1 小学校・中学校・高等学校におけるキャリア発達

小学校	中学校	高等学校
（キャリア発達段階）		
進路の探索・選択にかかる基盤形成の時期	現実的探索と暫定的選択の時期	現実的探索・試行と社会的移行準備の時期
・自己及び他者への積極的関心の形成・発展 ・身のまわりの仕事や環境への関心・意欲の向上 ・夢や希望，憧れる自己のイメージの獲得 ・勤労を重んじ目標に向かって努力する態度の形成	・肯定的自己理解と自己有用感の獲得 ・興味・関心等に基づく勤労観・職業観の形成 ・進路計画の立案と暫定的選択 ・生き方や進路に関する現実的探索	・自己理解の深化と自己受容 ・選択基準としての勤労観・職業観の確立 ・将来設計の立案と社会的移行の準備 ・進路の現実吟味と試行的参加
（体験的活動（例））		
・地域の探索 ・家族や身近な人の仕事調べ ・見学 ・インタビュー ・商店街での職場見学 ・中学校の体験入学	・家族や身近な人の職業聞き取り調査 ・連続した5日間の職場体験 ・子ども参観日（家族や身近な人の仕事調べ） ・職場の人と行動をともにするジョブシャドウイング ・上級学校体験入学	・インターンシップ（事業所，大学，行政，研究所等における就業体験） ・学校での学びと職場体験を組み合わせて行うデュアルシステム ・上級学校の体験授業 ・企業訪問，見学

出所：文部科学省『中学校キャリア教育の手引き』教育出版，2011年，27，96頁をもとに作成。

③ 長期にわたるキャリア発達

キャリア教育は長期にわたる教育実践であり，表12.4.1のように各教育段階での課題と学習活動の例がまとめられます。初等教育段階からの積み重ねによって，学齢期が終わるころには自立的な成人として社会に出ることを期待しているのです。

④ キャリア教育の実践

キャリア教育は，様々な教科・領域での学習のほか，労働現場での職場体験・インターンシップ（就業体験）や，ガイダンスやカウンセリング等も含みます。中学生の職場体験の例として，兵庫県で1998年から行われている「トライやる・ウィーク」などが知られています。

トライやる・ウィークでは，中学2年生全員が5日間以上職場体験をし，事前・事後学習が中学校3年間を通して計画・実施されています[5]。こうした取り組みには，学校と地域や企業との連携が欠かせません。社会全体で次世代の教育に取り組む姿勢が大切になります。

（本所　恵）

▷5　網麻子『トライやる・ウィーク——ひょうご発・中学生の地域体験活動』神戸新聞出版センター，2002年。

参考文献

寺田盛紀『キャリア教育論——若者のキャリアと職業観の形成』学文社，2014年。

藤田晃之『キャリア教育基礎論』実業之日本社，2014年。

児美川孝一郎『権利としてのキャリア教育』明石書店，2007年。

溝上慎一・松下佳代編『高校・大学から仕事へのトランジション——変容する能力・アイデンティティと教育』ナカニシヤ出版，2014年。

濱口桂一郎『若者と労働——「入社」の仕組みから解きほぐす』中央公論新社，2013年。

環境教育のカリキュラム

① 環境教育とは何か

　環境教育とは，環境にかかわる問題が深刻化し，その解決が重要な課題であるという認識が世界的に広がった1970年代ごろに注目されるようになった教育活動です。日本においても1970年代前半から環境教育という用語が使われ始めたとされています[1]。環境教育についてはその後，今日に至るまで，学校の教師や研究者，政府関係者などによって多くの研究や実践が重ねられてきました[2]。とくに，文部省（当時）によって『環境教育指導資料』（以下，『指導資料』）が発行されて以来，学校教育の場でも積極的な取り組みが重ねられてきました[3]。

　2007年版『指導資料』において，環境教育とは，「環境や環境問題に関心・知識をもち，人間活動と環境とのかかわりについての総合的な理解と認識の上にたって，環境の保全に配慮した望ましい働き掛けのできる技能や思考力，判断力を身に付け，持続可能な社会の構築を目指してよりよい環境の創造活動に主体的に参加し，環境への責任ある行動をとることができる態度を育成すること」とされています[4]。つまりそこでは，環境にかかわる事実や問題に対する関心や知識を持つとともに，問題の解決やよりよい環境の創造に向けた行動を起こすために必要な技能や思考力，判断力などを身につけ，それを基盤として主体的に行動を起こすことのできる人間の育成がめざされていると言えます。

　なお，2000年代半ば以降，国際的に，「持続可能な開発のための教育（Education for Sustainable Development：以下，ESD）」を展開するための取り組みが積極的に進められています[5]。ESD とは「これら［引用者註：環境，貧困，人権，平和，開発など］の現代社会の課題を自らの問題として捉え，身近なところから取り組む（think globally, act locally）ことにより，それらの課題の解決につながる新たな価値観や行動を生み出すこと，そしてそれによって持続可能な社会を創造していくことを目指す学習や活動」とされるものであり，その成立には環境教育が深くかかわっています。今後の環境教育のあり方を考え，実践を進めるにあたっては，ESD に関する議論も踏まえることが重要になると言えます。

② カリキュラム編成の基本方針

　1998年版（高等学校は1999年版）学習指導要領において導入された「総合的な

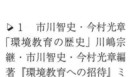

▷1　市川智史・今村光章「環境教育の歴史」川嶋宗継・市川智史・今村光章編著『環境教育への招待』ミネルヴァ書房，2002年，29頁。

▷2　ただし，環境教育という用語が使われるようになる以前から，日本ではおもに公害教育というかたちで実践されてきたという歴史もある。

▷3　**『環境教育指導資料』**
　『環境教育指導資料』は，「中学校・高等学校編」（1991年，1999年），「中学校編」（2017年），「小学校編」（1992年，1999年，2007年），「幼稚園・小学校編」（2014年），「事例編」（1995年）からなる。

▷4　国立教育政策研究所教育課程研究センター『環境教育指導資料（小学校編）』2007年，6頁（http://www.nier.go.jp/kaihatsu/shidou/shiryo01/kankyo02.pdf　2017年12月11日閲覧）。

▷5　たとえば，2005年から2014年にかけてユネスコを中心に進められた「持続可能な開発のための教育の10年（DESD）」は，その代表的な動きであると言える。

学習の時間」に関して，「環境」が学習課題の一つとして例示されたことや，一つの教科に解消されない幅広い内容を扱うという環境教育の性格を背景として，この時間における実践が広く展開されてきました。ただし，1992年版『指導資料』で「環境にかかわる問題の広範囲で多面的な特性を考慮し，特別の教科等を設けることは行わず，原則として各教科，道徳及び特別活動の中で指導を行うこと」とされているように，学校教育全体を通して環境教育の実践を展開していくことが肝要です。そしてそのためには，各教科・領域の特性を踏まえて扱うべき教科内容や教育内容を選択し，それらを関連づけながら学校教育全体のカリキュラムを編成することが重要な課題の一つになると言えます。

　また，環境教育で扱われる環境にかかわる問題の解決策やとるべき行動のあり方に関しては，まだ唯一絶対の「正解」が見つかっているわけではありません。そのため，他者と協力しながら，より適切であると考えられる解決策や行動のあり方を探究していく学習活動を位置づけることが重要となります。なお，探究活動を位置づけることの重要性から，探究のための技能や思考力，判断力，表現力などの習得の必要性が強調されることもありますが，これらの力をより効果的に発揮するためには，知識の習得も不可欠です。したがって，これらをバランスよく身につけられるようなカリキュラム編成のあり方が問われていると言えます。

③　学校での実践に向けた留意点

　2007年版『指導資料』では，「環境教育は，幼児から高齢者までのあらゆる年齢層に対し，それぞれの段階に応じて体系的に行うことが大切」「環境教育は学校外での活動を取り入れることや家庭や地域社会と連携して行われることが重要」とされています。ここからわかるように，環境教育のねらいを十分に達成するためには，学校と家庭と地域社会が連携し，あらゆる年齢層の人々を対象として体系的に実践することが大切です。したがって，小学校・中学校・高等学校において取り組みを進める際には，子どもの発達段階や地域の実情などを考慮して環境教育の目標を明確化するとともに，教育内容や学習活動を選択することが求められます。また，教育内容や学習活動の過度な重複や乖離を避け，より効果的な実践を行うためには，校種間の連携を図ることも重要な課題となるでしょう。

　さらに，環境教育は学校教育の場においてのみ実践されるものではありません。たとえば，NGO などの団体，博物館をはじめとする社会教育施設，政府関連機関なども，環境教育に関する積極的な取り組みを行っています。子どもたちを取り巻く地域の実情を踏まえるとともに，このような学校外の団体や施設などと連携することによって，学校教育の場における環境教育の可能性をますます広げていくことも期待されます。　　　　　　　　　　　　　　（木村　裕）

▷6　日本ユネスコ国内委員会編集・発行『ユネスコスクールと持続発展教育（ESD）』2013年，1頁（http://www.unesco-school.mext.go.jp/?action=common_download_main&upload_id=5831　2017年12月11日閲覧）。

▷7　文部省『環境教育指導資料（小学校編）』大蔵省印刷局，1992年，12頁。

▷8　この点に関しては，「ESD カレンダー」の作成などの取り組みも参考になる。ESD カレンダーを用いた取り組みについては，たとえば，多田孝志・手島利夫・石田好広『未来をつくる教育 ESD のすすめ——持続可能な未来を構築するために』日本標準，2008年を参照。

▷9　国立教育政策研究所教育課程研究センター『環境教育指導資料（小学校編）』2007年，7頁（http://www.nier.go.jp/kaihatsu/shidou/shiryo01/kankyo02.pdf　2017年12月11日閲覧）。

▷10　同上書，18頁。

（参考文献）
　井上有一・今村光章編『環境教育学——社会的公正と存在の豊かさを求めて』法律文化社，2012年。
　西井麻美・藤倉まなみ・大江ひろ子・西井寿理編著『持続可能な開発のための教育（ESD）の理論と実践』ミネルヴァ書房，2012年。

2 国際理解教育のカリキュラム

1 国際理解教育とは何か

国際理解教育とは,「国際社会において,地球的視野に立って,主体的に行動するために必要と考えられる資質・能力の基礎を育成するための教育」とされる教育活動です。これは名称を変えつつも,1947年より,国際連合の専門機関であるユネスコによって国際的に進められてきました。

国際理解教育は,当初は主に,他国や他文化についての理解を促すことをめざす教育活動とされていました。しかしながら,ユネスコによる1974年の「国際教育勧告」を受けて,他文化理解にとどまらず,地球規模で取り組むべき諸問題の解決に向けた教育活動としての位置づけを明確にしました。さらに,「持続可能な開発のための教育(Education for Sustainable Development：ESD)」に関する議論と取り組みにも見られるように,現在では,環境問題や開発問題,人権問題などの地球規模の諸問題の理解と解決に取り組み,よりよい社会づくりをめざすものへと,その強調点が広がってきていると言えます。

日本における国際理解教育は,1953年に開始されたユネスコ協同学校プロジェクトネットワークへの参加に始まるとされています。その後,日本ユネスコ国内委員会が1982年に発行した『国際理解教育の手引き』を契機として,学校教育の場において積極的に進められていくこととなりました。とくに,1998年版(高等学校は1999年版)学習指導要領において「総合的な学習の時間」で扱う学習課題の一つとして「国際理解」が例示されたことにより,広く,その時間での実践が展開されるようになってきました。

2 カリキュラム編成の際の留意点

国際理解教育のカリキュラムを編成する際の留意点として,ここではとくに,以下の三点を確認しておきたいと思います。

一点目は,教育目標の設定に関するものです。よりよい社会づくりにつなげていくためには,多文化理解だけにとどまるのではなく,地球規模の諸問題の理解と解決につなげることを意識したカリキュラム編成を進めることが肝要です。そのためには,諸問題の理解および解決との関連を意識して必要な知識・技能・態度のあり方を検討し,教育目標を設定することが求められます。

二点目は,扱うテーマや問題の選択と提示方法に関するものです。国際理解

▷1 文部科学省『国際理解教育実践事例集——中学校・高等学校編』教育出版,2008年,1頁。ただし,国際理解教育は論者や実践家によって多様にとらえられているため,かならずしも一義的に定義されるものではない。

▷2 ユネスコ(UNESCO)
国際連合教育科学文化機関(United Nations Educational, Scientific and Cultural Organization)の略称。1946年に国際連合の専門機関として創設された。

▷3 国際教育勧告
正式には「国際理解,国際協力及び国際平和のための教育並びに人権及び基本的自由についての教育に関する勧告」(1974年採択)と言う。

▷4 XⅢ-1 参照。

▷5 ユネスコ協同学校プロジェクトネットワーク
ユネスコ憲章に示されたユネスコの理念を学校で実践することをめざして設けられた学校のネットワーク。近年,このネットワークへの加盟校は「ユネスコスクール」と呼ばれており,日本においてもその数は増加してきている。

教育というと諸外国についての学習がイメージされがちですが，先住民族や移民の存在，外国人労働者や帰国子女，海外にルーツを持つ子どもの増加，民間レベルでの他国との交流の活発化など，学習テーマの選択につながる多くの事実や事例，また，それらにかかわって取り組むべき課題などは，国内にも広く見られます。また，グローバル化や情報化の進展に伴って，私たちの生活は他国や他地域の人々の生活と深いつながりを持つものとなっています。そのため，地球規模の諸問題の解決に向けた取り組みを進めるためには，テーマの選択とともに，そうしたテーマあるいは問題と自分自身とのつながりを子どもたちが自覚できるようにするための提示方法の工夫も重要です。

　三点目は，教育方法の選択に関するものです。近年，「参加型学習」と呼ばれる教育方法を取り入れた実践も少なくありません。たしかに，参加型学習は，学習活動への子どもたちの積極的な参加を促すとともに実感を伴う学習を行う機会を提供する効果的な教育方法の一つです。しかし，それを通して何を学ばせたいのかが曖昧なままで実践を進めてしまうと，「楽しく活動しただけ」の実践に陥ってしまうことも少なくありません。国際理解教育のねらいに鑑みれば，探究活動を基盤とした学習活動を構想することや，講義形式のものも含めて，設定した教育目標の達成に必要かつ適切であると考えられる教育方法を選択し，組み合わせて，カリキュラムを編成することが肝要です。

③　豊かな実践を展開するために

　先述のように，国際理解教育に関しては総合的な学習の時間における実践が注目されてきましたが，他の教科や領域においても実践することは可能であり，また，必要でもあります。これにより，学校教育全体を通して取り組みを進めていく道が拓けるためです。

　なお，学校を取り巻く地域社会には，多様な経験を持つ人々や地域で活動する団体などが存在しています。これらの人々や団体と連携することは，より豊富な資料やアイデアを活用した実践を進める上で大きな助けになると考えられます。このようにして，学校や子どもたちの実態，地域の特性などを活かした国際理解教育を展開していくことが，各学校が取り組むべき重要な課題であると言えるでしょう。

　また，2014年度から，「急速にグローバル化が加速する現状を踏まえ，社会課題に対する関心と深い教養，コミュニケーション能力，問題解決力等の国際的素養を身に付け，将来，国際的に活躍できるグローバル・リーダーを高等学校段階から育成する」ことを目的としたスーパーグローバルハイスクール（SGH）の取り組みが始められました。SGHと国際理解教育との関係が明示されているわけではありませんが，互いの取り組みや議論を参照することで，双方をより充実させる方途が見えてくることも期待されます。　　（木村　裕）

▷ 6　参加型学習については，たとえば，開発教育協会編『参加型学習で世界を感じる——開発教育ハンドブック』開発教育協会，2003年等を参照。

▷ 7　文部科学省初等中等教育局国際教育課「（参考1）スーパーグローバルハイスクールについて」（http://www.mext.go.jp/a_menu/kokusai/sgh/__icsFiles/afieldfile/2016/03/31/1368807_01.pdf　2017年6月20日閲覧）

▷ 8　スーパーグローバルハイスクール指定校における具体的な取り組みの内容等については，スーパーグローバルハイスクールのウェブサイト（http://www.sghc.jp/　2017年6月20日閲覧）を参照。

（参考文献）
　日本国際理解教育学会編著『グローバル時代の国際理解教育——実践と理論をつなぐ』明石書店，2010年。
　日本国際理解教育学会編著『国際理解教育ハンドブック——グローバル・シティズンシップを育む』明石書店，2015年。

3 市民性教育のカリキュラム

 市民性教育とは何か

　市民性（シティズンシップ）教育（citizenship education）とは，1990年代以降，各国の教育改革において注目され，実践されるようになってきた教育活動です[1]。今日，多様な実践が行われているため一義的には定義できませんが，一般に，「国家や地域の共同社会の形成者をいかなる意味をもって育成してゆくのか，という重要な課題を担う」教育活動であると言えます[2]。

　市民性教育の内容や形態は様々ですが，実践の背後にある問題意識には共通点が見られます。それは，グローバル化や情報化などに代表されるめまぐるしい社会の変化，国を越えて解決に取り組むべき諸問題の深刻化，その一方で見られる政治・社会に無関心な国民の増加，さらにはモラトリアムの長期化や「荒れ」などに見られる子どもの急変などを背景に，こうした変化に対応できるかたちで学校教育の内容や方法を改革すべきであるというものです。

　こうした問題意識から実践が広がってきた市民性教育の内容や方法にも，一定の共通性が見られます。それはたとえば，現存する地域や世界の問題の教材化，従来の教科枠の再編成と教科横断的な学習の積極的な導入，学習者の経験や参加を重視したロールプレイ[3]やフィールドワークなどの学習方法の採用などです。また，学校運営や地域の社会活動などに子どもたちを参加させ，共同社会の一員としての経験や学習を行わせることも重視されます[4]。

 カリキュラム編成における留意点

　市民性教育は，学習者の価値観の形成に深くかかわります。これまで，この価値観の形成に関連して，市民性教育の目的のとらえ方をめぐる論争が繰り広げられてきました。そこでの主要な論点の一つは，市民性教育を通して，既存の国家を維持・発展させることをめざすのか，それとも，既存の国家のあり方を批判的に検討し，そこに見られる矛盾を解決していくことをめざすのかというものです。前者の立場に立つ場合，市民性教育では国家が定める価値観をすべての市民に養うことがめざされます。しかしこれには，一つの価値観の強制につながるという批判がなされてきました。また，価値観の多様化が進む今日の状況において，一つの価値観を普遍的なものと定めることに対する疑問も出されています。一方，後者の立場に立つ市民性教育では，市民一人ひとりがみ

▷1　イギリスでは，2002年より教科 citizenship が中等教育において必修化され，各国から注目されている。その基礎となったのが1998年のクリック・レポートである。クリック，B.ほか著，長沼豊・大久保正弘編著，鈴木崇弘・由井一成訳『社会を変える教育 Citizenship Education——英国のシティズンシップ教育とクリック・レポートから』キーステージ21，2012年。

▷2　嶺井明子「はじめに」嶺井明子編著『世界のシティズンシップ教育——グローバル時代の国民／市民形成』東信堂，2007年，ⅱ頁。

▷3　ロールプレイ
　ある特定の立場の人（動物やモノの場合もある）になったつもりで，ある問題について考え，それを表現するというもの。

▷4　子どもの参加に関しては，たとえば，ハート，R.著，IPA日本支部訳『子どもの参画——コミュニティづくりと身近な環境ケアへの参画のための理論と実際』萌文社，2000年を参照。

ずからの属する社会に積極的に関与するための政治的参加に必要な能力と態度を育成することをめざした実践が行われます。それによって多様な価値観を持つ人々の政治参加を促し，その国家や地域の政治文化を変革していくことがめざされているのです。以上のことから，市民性教育のカリキュラム編成に際しては，それが持つ価値観形成という性質を十分に配慮しながら目的を明確化し，その目的を達成するための教育内容の選択と配列を行うことが重要です。

③　学校教育の場における市民性教育の実践方法

　学校教育の場における市民性教育の進め方としては，教科学習，総合的な学習の時間，特別活動における実践などが考えられます。教科学習では，たとえば，社会科や国語科において，市民の権利や義務，政治活動などについての知識や，議論を通した合意形成の技能などを身につけさせることがめざされます。総合的な学習の時間では，現代社会を生きる中で直面すると考えられる諸問題に子どもと教師が互いの意見や経験を尊重し合いながら取り組むことを通して，問題解決を行ったり，みずからの価値観を問い直したりさせることがめざされます。特別活動ではおもに，学校や学級の運営への参加を通して，自治活動や政治参加を経験させることがめざされます。

　学校教育の場における市民性教育の実践にあたっては，上記の三つの実践場面から一つを選ぶというよりもむしろ，各教科や領域の特性および関係を考慮しつつこれらを組み合わせることによって学校教育全体を通して取り組むことが重要となります。

④　高校新科目「公共」と市民性教育

　2016年12月の中教審答申で，2022年度から高校で新科目「公共」（2単位）を必修とすることが示されました。「公共」とは「現代社会の諸課題の解決に向けて，自立するとともに他者と協働して，公共的な空間を作る主体として選択・判断の基準を身に付け，考察する」科目であると説明されています。

　この動きは，2016年からの選挙権年齢の18歳への引き下げに伴う主権者教育への期待によるものだけでなく，日本の市民性教育に見られた問題意識や内容，方法を継承するものだと言えます。この「公共」に見られるように，市民性教育とは名づけられていないものの，共通する性格を持つ教育活動は多くあります。たとえば，これまでも国内外で実践が重ねられてきた環境教育や国際理解教育や開発教育，キャリア教育などが挙げられるでしょう。今後はこうした実践の蓄積にも学びつつ，「公共」を含めた教科学習と教科外活動，さらには各学校段階を往還する視野も持った，豊かな市民性教育のカリキュラムを構想し，実践していくことが求められます。

（次橋秀樹）

▷5　中央教育審議会「幼稚園，小学校，中学校，高等学校及び特別支援学校の学習指導要領等の改善及び必要な方策等について（答申）別添資料3-7」2016年12月21日。

▷6　XIII-1 参照。

▷7　XIII-2 参照。

▷8　XIII-4 参照。

（参考文献）

　平塚眞樹「市民性（シティズンシップ）教育をめぐる政治」教育科学研究会編『教育』2003年12月号，20-25頁。

　小玉重雄『シティズンシップの教育思想』白澤社，2003年。

4　平和と安全のための教育

 1　平和教育・安全教育に関する現代の動向

　2016年のイギリスによる EU 離脱宣言や，2017年のアメリカでのトランプ政権の誕生など，世界情勢が大きく揺れ動きました。このような動向の中で，国際問題や戦争について考え，世界中の人々が平和に暮らしていくための教育が求められています。一方で，2011年の東日本大震災や2016年の熊本地震では，自然災害が多くの人々の生活に影響を与えました。その中で，「身を守る」ための安全教育が強く求められています。ここでは，子どもたちの生命にかかわる平和教育と安全教育のカリキュラム編成について考えていきましょう。

2　平和教育

　平和教育は，「直接的平和教育」と「間接的平和教育」に区別されています。[1]「直接的平和教育」とは，「戦争や平和に関する問題を，ストレートにかつ意図的，計画的に取り上げて考えさせたり，それに関係した行動をさせたりする教育」であり，社会科で世界大戦について学習することや，修学旅行で広島の原爆ドームを訪れて学習することなどが該当するでしょう。一方で「間接的平和教育」とは「戦争や平和の問題を直接とりたてては扱わないけれども，戦争をにくみ平和を愛するような感情や意識を育てる教育」であり，学校の教育課程を通して平和について考えを深めていく教育を指しています。

　直接的な平和教育の実践は，総合学習（総合的な学習の時間など）で展開されてきました。代表的な実践として，和光学園和光鶴川小学校（以下，鶴小と略）の総合学習「沖縄」があります。[2] 鶴小では，まず「沖縄研究」として「基地」グループや「沖縄の植物」グループなどに分かれて調べ学習を行います。沖縄の歴史や文化を学んだあとに，3泊4日の日程で沖縄へ向かいます。沖縄では，基地の見学や戦争体験者の話を聞くことで，戦争への理解を深めていきます。生徒たちは，沖縄での活動を通して「命どぅ宝」ということを学んでいきました。「沖縄」の最後には，一人一冊沖縄学習旅行記をまとめ，学んだ内容を形にしていきます。この実践では，学習旅行の事前・事後の指導を工夫することにより，平和教育をより実りあるものとしています。

　間接的な平和教育としては，教科横断的・領域横断的な学習を計画することが重要です。社会科における国際情勢や戦争の歴史だけでなく，国語科で戦争

▷1　城丸章夫『城丸章夫著作集　第9巻　平和教育論』青木書店，1993年，97頁。なお，先に提唱したのは藤井敏彦である。藤井敏彦「平和教育をどうすすめるか」『季刊 平和教育』第1号，1976年，14頁。

▷2　行田稔彦・成田寛編著『自分づくりの総合学習』旬報社，1999年。

をテーマとした作品を扱ったり，理科で化学兵器についての知識を教えたりすることによって，平和についての理解を深めていくことも考えられます。

③　安全教育（防災教育）

安全教育（防災教育）は，日常に潜む危険やこれから起こる災害に対し，被害を最小限にすることを目的としています。安全教育は，主に保健体育科（小学校では体育科）が担当しています。2017年版学習指導要領において，小学校では第5・6学年の内容に「けがの防止」や「病気の予防」が挙げられており，中学校では「傷害の防止について理解を深める」ことなどが挙げられています。具体的な内容としては，交通事故や自然災害，疾病についての学習などが幅広く扱われています。

安全教育の課題には，地域との連携が挙げられています。いつどこで起こるかわからない災害に対して，学校内で学習できる内容には限界があります。そのため，実際に子どもたちの住んでいる地域との連携を図りつつ，地域の避難マップを作製したり，実際に自宅から避難する訓練をしたりすることは重要です。大人になってからも防災への意識を持ち続けるために，防災教育において生涯学習の視点を取り入れていくことも必要でしょう。

地域との連携を図り，生涯にわたって安全を考えていく教育のために，これまでにポートフォリオを用いた指導が提案されています。自分たちで作成した防災パンフレットや避難マップなどは，ポートフォリオに残していくことができます。また，ポートフォリオを用いて安全・防災について学んだ内容を整理し，実際の災害時にどう行動したらよいかを考えることは，真正性の高い学習を生み出します。ポートフォリオは，学校を卒業してからも更新することができ，災害にあった際には心強い味方となってくれるでしょう。

安全教育は，未曾有の天災による被害を受けた後の教育にも目を向けることが必要です。ここでは，東日本大震災で被災した子どもたちに指導を行った制野俊弘の実践を紹介します。制野の実践では，生活綴方の手法を用いながら，被災した子どもたちが感じたこと，考えたことをお互いに発表し合いました。また，運動会で風船をとばしたり，伝統的な踊りである「みかぐら」を踊ったりする中で，子どもたちは言葉にならない思いを表現し，自分を見つめ直していきました。これらの活動を通して，生徒たちは「命とは何か」という問いと正面から向き合っていきました。

＊

平和や安全のためには，たんにどうすべきか知っているだけではなく，知っていることを然るべきときに行動へと移せることが重要です。そのため，平和教育と安全教育のカリキュラムでは，知識や技能の習得に加えて，学習内容が実際の行動へとつながるような工夫が必要だと言えるでしょう。　　（徳島祐彌）

▷3　立田慶裕「防災教育の動向と課題」立田慶裕編『教師のための防災教育ハンドブック　増補改訂版』学文社，2013年，149-162頁。

▷4　鈴木敏恵『地域と学校をつなぐ防災教育──災害に強いまちづくりを提案します！』教育同人社，2003年。

▷5　制野俊弘
1966年宮城県東松島市に生まれる。宮城教育大学大学院を修了。保健体育科の教師を務める。和光大学准教授。

▷6　制野俊弘『命と向きあう教室』ポプラ社，2016年。

（参考文献）
日本教育方法学会編『東日本大震災からの復興と教育方法──防災教育と原発問題』図書文化社，2012年。

5 表現教育のカリキュラム

▷1 劇作家・演出家の平田オリザのように，小学校段階では「表現」という教科に統合すべきとする論者もいる。平田オリザ『わかりあえないことから──コミュニケーション能力とは何か』講談社，2012年。

▷2 大正期の自由教育運動が芸術教育運動と連動して生じていたことは，この一つの源流とみなせるだろう。鈴木三重吉の『赤い鳥』綴方，北原白秋の児童自由詩，山本鼎の自由画，小原国芳の学校劇など，様々なジャンルで子どもに求める表現の問い直しが行われた。

▷3 狩野浩二「島小における学校行事の展開」『鹿児島大学教育学部研究紀要教育科学編』第56号，2005年，137-163頁。

▷4 横須賀薫・梶山正人・松平信久編『心をひらく表現活動1〜3』教育出版，1998年など。

▷5 なお，海外に目を向けると，演劇やダンスなどが芸術系の教科に含まれていて，ナショナルカリキュラムで学年や段階ごとの到達目標が定められている例も存在する。ニュージーランドの例：http://nzcurriculum.tki.org.nz/The-New-Zealand-Curriculum/The-arts/Achievement-objectives（2017年12月12日閲覧）

 表現活動と教育課程

　表現には，音楽によるもの（歌，楽器演奏など），身体によるもの（ダンスなど），造形によるもの（絵画，工作など），書き言葉によるもの（作文，詩など），話し言葉と身体によるもの（演劇など）など様々なものがあります。これらは，現行の枠組みのもとでは，音楽科，体育科，図画工作科／美術科など別個の教科の中に収められていますが，本来，子どもの生活の中では明確に区分できるものではありません。そこで，こうした要素を「表現活動」などとして総合的にとらえて教育におけるその役割を重視し，取り組みを展開することが試みられてきました。

　著名な実践家である斎藤喜博は，校長を務めた島小学校ほかの学校において，普段の授業から子どもたちの表現を重視するだけでなく，学校行事をその飛躍の場としてとらえ，運動会における「野外劇」など特徴的な取り組みを進めました。その後も，斎藤に影響を受けた教師たちによって，朗読やオペレッタなど表現活動を重視する取り組みが続けられてきています。

 学年を越えたつながりと発展──演劇の場合に着目して

　教科として存在する音楽科や図画工作科／美術科などと異なり，学習指導要領において各学年の目標や内容が定められていない演劇などの場合は，活動が散発的なものにとどまって，学年が進むにつれての積み上げがかなわない恐れがあります。そのため，そうした領域でも，独自のカリキュラムを策定してそうした縦のつながりを保障しようとする動きがあります。

　表13.5.1はその一例で，日本児童・青少年演劇劇団協同組合の機関誌上で発表された「演劇科学習指導要領案」の一部です。低学年での「表現あそび」，中学年での「表現活動」，高学年での「目的をもった表現課題」というように，重点を置く内容の発展が図られていることがわかります。

　また，杉並区立富士見丘小学校では，2004年度より劇作家ら外部講師と連携した「演劇体験授業」を継続してきています。1〜5年生では毎年演劇ワークショップを体験し，6年生になると子どもたちが脚本を創作して公演を行います。下級生たちにとっては，6年生の姿を見て憧れることが活動への動機づけにもなっていると考えられます。

表13.5.1　『げき』誌上で発表された「演劇科学習指導要領案」より各学年の「内容」における「Ａ表現の（1）」の比較

第1学年および第2学年	（1）身近な素材を基に表現あそびをする活動を通して，次の事項を指導する。 ア　人と関わるゲームやあそびを通して，他の人や物の気持ちになって考え，イメージして表現すること。 イ　身体感覚や気持ちを生かしながら，工夫して表現することに楽しさや喜びをもてること。 ウ　友だちと相談したり，練習したりするなどしてみんなで身体表現活動を楽しむことができること。
第3学年および第4学年	（1）身近な素材を基にした表現活動を通して，次の事項を指導する。 ア　友だちやグループと関わるゲームや表現活動を通して，イメージを広げ，自由な身体表現ができるようになること。 イ　自分の身体感覚や気持ちを生かしながら，表現を伝える工夫ができ，表現することに楽しさや喜びをもてること。 ウ　友だちと相談したり，練習したりするなどしてイメージを共有し，みんなで表現活動を楽しむことができること。
第5学年および第6学年	（1）目的をもった表現課題を基にした表現活動を通して，次の事項を指導する。 ア　友だちやグループと関わるゲームや表現活動を通して，課題をもとにイメージを広げ，創意工夫のある身体表現ができるようになること。 イ　自分のイメージや身体感覚を生かしながら，表現を伝える工夫ができ，みんなで表現することに楽しさや喜びをもてること。 ウ　友だちと相談したり，練習したりするなどしてイメージを共有し，みんなで表現活動を楽しみ，成就感がもてるようにできること。

出所：森田勝也「演劇科学習指導要領案のまとめ」『げき』第16号，晩成書房，2016年，64-67頁をもとに筆者作成。

③ 「表現そのもの」を学ぶのか，「表現を通して」学ぶのか

　表現と教育課程とのかかわりにおいてしばしば問題になるのが，表現そのもの（朗読，造形，演劇など）を固有の領域として学ぶのか，他の学習内容を学ぶ際の手段として表現を用いるのかという区別です。とくに，教科として位置づいていない演劇などの領域の場合，独立した教科の設置をめざすのか（前者），他教科の学習に組み込むことをめざすのか（後者）の方向性の対立として顕在化します。

　けれども，すでに教科として位置づいている美術や音楽の場合を考えてみてもわかるように，その両面が必要で，両者はともに高め合うものとしてとらえられます。たとえば，美術科において磨かれたデッサンの技能は，理科で顕微鏡で観察した対象のスケッチに役立つでしょうし，逆に，理科でのそうしたスケッチは美術科での創作に着想を与えることにもつながるでしょう。

　また，作品を前に対話を行うヴィジュアル・シンキング・ストラテジーズ（VTS）と呼ばれる美術鑑賞教育の方法では，たんに美術作品の知識を増すことではなく，他教科の学習にも通じるような「観察力」「批判的思考力」「コミュニケーション力」を育成することがめざされています。[6] このように，表現そのものを学ぶことと表現を通して学ぶこととは切り離せない関係にあります。

（渡辺貴裕）

▷6　ヤノウィン，P. 著，京都造形芸術大学アートコミュニケーション研究センター訳『学力をのばす美術鑑賞　ヴィジュアル・シンキング・ストラテジーズ──どこからそう思う？』淡交社，2015年。

参考文献

鈴木幹雄・佐藤昌彦編『表現教育にはそんなこともできるのか──教師たちのフレキシブルなアプローチに学ぶ』あいり出版，2015年。

佐藤学・今井康雄『子どもたちの想像力を育む──アート教育の思想と実践』東京大学出版会，2003年。

時得紀子編『芸術表現教育の授業づくり──音楽，図工・美術におけるコンピテンシー育成のための研究と実践』三元社，2017年。

6　性教育のカリキュラム

▷1　山本宣治（1889-1929）は，①性に関する科学的な知識を伝えること，②身につけた知識をもとに判断し，行動することを性教育の目標とし，性生活の実態調査にもとづいて性教育を展開していた。

▷2　たとえば，山本直英『山本宣治の性教育論』明石書店，1999年，小田切明徳「山宣の性教育」『山宣研究』第15号，1996年。

▷3　文部省純潔教育委員会『純潔教育基本要項──附 性教育のあり方』印刷局，1949年，10頁。

▷4　文部科学省『学校における性教育の考え方，進め方』ぎょうせい，1999年，9頁。

▷5　浅井春夫・子安潤・鶴田敦子・山田綾・吉田和子『ジェンダー／セクシュアリティ教育を創る』明石書店，2006年，20頁。

▷6　浅井春夫・北村邦夫・橋本紀子・村瀬幸浩編著『ジェンダーフリー・性教育バッシング』大月書店，2003年，40頁。

▷7　たとえば，『知的障がい児のための「こころとからだの学習」』編集委員会編『知的障がい児のための「こころとからだの学習」──七生養護学校性教育裁判で問われていること』明石書店，2006年，児玉勇二『性教育裁判』岩波書店，2009年など。

▷8　SIECUS
正式名称は，Sexuality Information and Education Council of the United States である。すべての人々がセクシュアリティと性と生殖に関する健康に関

 「純潔教育」か「性教育」か

　日本で「性教育」という語が用いられるようになったのは，大正期のことです。1920年代に，生物学者であった山本宣治が，同志社大学予科における「人生生物学」と名づけた講義で，性に関する科学的な知識を伝えようとしました。その講義内容をまとめた『性教育』（1923年）が，「性教育」を冠した日本における最初の著作であるとされています。山本の性教育論については，「性的自己決定能力」の育成がめざされていたという点で評価されています。一方で，大正デモクラシーを背景とした自由恋愛の広がりへの対処として，性の純潔を強調し，性道徳を重視した「純潔教育」の主張も盛んになってきていました。

　戦前における性教育では，性道徳を強調するものが主流でしたが，山本のように性に関する科学的な知識を重視する立場も少数ながら登場してきています。性に関する知識と性道徳とどちらに重点を置くのか，このことは，現代の性教育においても重要な論点の一つとして挙げられるでしょう。

 学校における性教育

　戦後の日本の性教育は，「純潔教育」という名称で始まりました。1947年，文部省（当時）社会教育局に純潔教育委員会が設置され，1949年には「純潔教育基本要項」が出されました。そこでは，純潔教育の目標として，「社会の純化をはかり，男女間の道徳を確立すること」「正しい性科学知識を普及し，性道徳の高揚をはかること」「健全な心身の発達と明朗な環境をつくること」「文化を通じ，情操の陶冶，趣味の洗練をはかること」が挙げられています。1955年に「純潔教育の進め方（試案）」が出され，1960年代には，各自治体で純潔教育の指導書や手引き，研究冊子が発行されるようになり，純潔教育が展開していきました。

　教育内容として性に関する項目が正式に示されたのは，1949年「中等学校保健計画実施要領（試案）」が最初でした。中学校・高等学校の「健康教育の内容」に「成熟期への到達」が設けられ，翌1950年に出された「小学校保健計画実施要領（試案）」では，健康教育の内容として，男女の差異や発育上の変化など性教育の項目が位置づけられました。教科の中で性に関する内容が登場するのは，1989年のことです。改訂された学習指導要領では，小学校の理科，保健で性に関する内容が位置づけられています。この学習指導要領が全面実施とな

った1992年は，日本における「性教育元年」と呼ばれました。

1999年，文部省（当時）は『学校における性教育の考え方，進め方』を発行し，その究極の目的は「児童生徒等の人格の完成と豊かな人間形成」であるとし，人間の性を「生理的側面，心理的側面，社会的側面などから総合的にとらえ，科学的知識を与える」こと，「児童生徒等が生命尊重，人間尊重，男女平等の精神に基づく正しい異性観」をもち「自ら考え，判断し，意志決定の能力を身に付け，望ましい行動をとれる」ことまでを目標として示しました[4]。

一方，2000年前後には「性教育バッシング」が繰り広げられていきました。2002年4月に出された中学生向けの性教育パンフレット『思春期のためのラブ＆ボディ BOOK』の回収騒ぎが引き金になったとされています[5]。この小冊子について配布直後5月29日に開かれた衆議院文部科学委員会で，ピルについての情報やメッセージが不適切であるという意見が出されたことにより，絶版，在庫は回収となりました[6]。また2003年には，七生養護学校（当時）で「こころとからだの学習」に用いられていた教材が「行き過ぎた性教育」「不適切」と指摘され，教材は押収，教職員は処分を受けるという事態も起こりました[7]。

③ 国際セクシュアリティ教育ガイダンスと今後の性教育の方向性

1964年，アメリカで SIECUS が設立され[8]，その主張や活動は日本における性教育にも影響を与えました。1972年には財団法人日本性教育協会（JASE）が[9]，1982年には“人間と性”教育研究協議会が設立され[10]，SIECUS の活動をはじめとする各国の性教育の動向が紹介されるようになりました。

国際的な動向をみると，1990年代以降，HIV/AIDS 対策を背景とし，「性の権利（セクシュアル・ライツ）」を保障する具体的な取り組みとして，包括的性教育が推進されるようになってきています[11]。そして，包括的性教育を具体的に提示したものが，2009年に出された「国際セクシュアリティ教育ガイダンス」[12]（"International Technical Guidance on Sexuality Education : An Evidencev-informed approach for schools, teachers and health educators"）です。そこでは，「多様性はセクシュアリティの基本」であることが強調されています。

日本においてもようやく2016年に「性同一性障害や性的指向・性自認に係る，児童生徒のきめ細かな対応等の実施について（教職員向け）」というパンフレットが作成されました。このように少しずつ多様な性への目が向けられるようになってきてはいますが，学習指導要領をみると「異性への関心」など異性愛者を前提とする記述が残されています。2015年の電通ダイバーシティー・ラボの調査では，LGBT を含む性的少数者＝セクシュアル・マイノリティに該当する人は7.6％とされており，13人に一人の割合で存在することが示されています[13]。性は多様であるという前提のもとで，学校の性教育で何をどう伝えていくのか，検討することが急務ではないでしょうか。　　　　　　　　　　　（森　枝美）

して威厳と敬意をもって扱われることをめざし，1964年に設立された。（“人間と性”教育研究協議会編『新版 人間と性の教育1　性教育のあり方，展望』大月書店，2006年，36頁）。

▷9　財団法人日本性教育協会（JASE）
Japan Association For Sex Education. 1972年に発足した性教育・性科学にかかわる公益法人。セクソロジー（性科学）や人間の性（ヒューマンセクシュアリティ）にかかわる事業と助成を行っている。

▷10　“人間と性”教育研究協議会
1982年に発足した民間教育研究団体。「科学・人権・自立・共生」のキーワードをもとに，多くの実践を積み重ねてきている。

▷11　田代美江子「学校における包括的性教育の課題と可能性」『保健の科学』第58巻 第6号，2016年，377-381頁。

▷12　国際セクシュアリティ教育ガイダンス
ユネスコが中心となり，国連合同エイズ計画（UNAIDS），国連人口基金（UNFPA），WHO，ユニセフといった組織，世界中の数多くの性教育の専門家によって2009年に開発された（浅井春夫「国際セクシュアリティ教育実践ガイダンスの紹介と考察」『保健の科学』第58巻第6号，2016年，384頁）。

▷13　dentsu NEWS RELEASE 2015年4月23日（http://www.dentsu.co.jp/news/release/pdf-cms/2015041-0423%2B.pdf 2017年5月29日閲覧）。

参考文献

UNESCO 編，浅井春夫・艮香織・田代美江子・渡辺大輔訳『国際セクシュアリティ教育ガイダンス』明石書店，2017年。

7 プログラミング教育のカリキュラム

1 プログラミング教育とは何か

　プログラミング教育とは,「小学校段階におけるプログラミング教育の在り方について（議論の取りまとめ）」（以下,「まとめ」）において,「子供たちに, コンピュータに意図した処理を行うよう指示することができるということを体験させながら, 将来どのような職業に就くとしても, 時代を超えて普遍的に求められる力としての『プログラミング的思考』などを育むこと」と定義される教育活動です。また, ここで示されている「プログラミング的思考」とは,「自分が意図する一連の活動を実現するために, どのような動きの組合せが必要であり, 一つ一つの動きに対応した記号を, どのように組み合わせたらいいのか, 記号の組合せをどのように改善していけば, より意図した活動に近づくのか, といったことを論理的に考えていく力」とされています。

　プログラミング教育は, 第4次産業革命を背景としてその重要性が議論され, 2017年版学習指導要領において, 小学校で必修化されました。

　また, 2017年版学習指導要領では子どもたちに育成すべき資質・能力が,「知識・技能」「思考力・判断力・表現力等」「学びに向かう力・人間性等」という三つの柱で整理されました。そのため, プログラミング教育に関しても, これら三つの柱にもとづいて, 育成すべき資質・能力が提案されています（表13.7.1）。

2 取り組みの例

　上述の定義や育成すべき資質・能力からもわかるように, プログラミング教

▷1　小学校段階における論理的思考力や創造性, 問題解決能力等の育成とプログラミング教育に関する有識者会議「小学校段階におけるプログラミング教育の在り方について（議論の取りまとめ）」2016年6月16日（http://www.mext.go.jp/b_menu/shingi/chousa/shotou/122/attach/1372525.htm　2017年12月11日閲覧）。

▷2　同上資料。

▷3　プログラミング教育の歴史や理論的な背景については, たとえば, 吉田葵・阿部和広『はじめよう！プログラミング教育──新しい時代の基本スキルを育む』日本標準, 2017年を参照。

表13.7.1　プログラミング教育で育成すべき資質・能力

知識・技能	小学校	身近な生活でコンピュータが活用されていることや, 問題の解決には必要な手順があることに気づくこと。
	中学校	社会におけるコンピュータの役割や影響を理解するとともに, 簡単なプログラムを作成できるようにすること。
	高等学校	コンピュータの働きを科学的に理解するとともに, 実際の問題解決にコンピュータを活用できるようにすること。
思考力・判断力・表現力等		発達の段階に即して,「プログラミング的思考」を育成すること。
学びに向かう力・人間性等		発達の段階に即して, コンピュータの働きを, よりよい人生や社会づくりに生かそうとする態度を涵養すること。

出所：「まとめ」をもとに筆者作成。

育は ICT の使い方やプログラミングの方法の学習にとどまるものではありません。また，これは多様な教科・領域（以下，教科等と示す）において取り組まれるものと位置づけられています。

「まとめ」ではその具体的な実践例として，たとえば総合的な学習の時間において「情報に関する課題を探究する中で，自分の暮らしとプログラミングとの関係を考え，プログラミングを体験しながらそのよさに気付く学びを取り入れていく」ことが示されています。また，たとえば算数では「図の作成等において，プログラミングを体験しながら考え，プログラミング的思考と数学的な思考の関係やそれらのよさに気付く学びを取り入れていく」ことが，特別活動では「既存のクラブ活動にプログラミングを体験する学習を取り入れたり，子供の姿や学校・地域の実情等に応じて，プログラミングに関するクラブ活動を運営・実施できるようにしたりしていく」ことが例示されています。

このように，学校の教育課程の中で，様々な方法でプログラミング教育に取り組むことが可能です。そのため，各教科等の目的や内容を十分に踏まえながら実践の可能性を探るとともに，多様な実践を関連づけることによって，より効果的に取り組みを進めていくことが求められます。

③　充実した実践に向けて

充実したプログラミング教育を実践するために，ここではとくに，次の二点を検討していきます。

一つ目は，教科や領域における既存の学習活動との関連や教育課程全体におけるプログラミング教育の位置づけを明確にすることです。「まとめ」にもあるように，プログラミング的思考は各教科等で育成される思考力等と関連しています。したがって，各教科等で育成される思考力をどのように活かしてプログラミング的思考を発達させるのか，また逆に，プログラミング的思考をどのように活かして各教科等の思考力を発達させるのかを検討することが必要です。

二つ目は，「プログラミング的思考」をはじめとする資質・能力の発達の様相，すなわち発達段階をイメージすることです。発達段階をイメージすることは，授業を通してめざすべき発達の方向性を明らかにしたり，発達の状況を把握してその後の授業や学習の改善に生かしたりすることにつながります。つまり，教育目標の設定や教育評価の実施につながるのです。また，これはさらに，長期的な視野に立ってプログラミング教育を実践するためのカリキュラム開発にもつながるでしょう。

今後，多様な実践例やアイデアなどを共有しながら，充実した実践のあり方を探り，広めていくことが期待されます。

（木村　裕）

▷4　XⅢ-8 参照。

▷5　「まとめ」ではこれら以外にも，理科，音楽，図画工作における実践例も示されている。

▷6　その際には，たとえば，ラーン・フォー・ジャパン「平成26年度文部科学省委託事業　情報教育指導力向上支援事業　プログラミング教育実践ガイド」（http://jouhouka.mext.go.jp/school/pdf/programing_guide.pdf 2017年12月11日閲覧）なども参考になる。

（参考文献）

利根川裕太・佐藤智著，一般社団法人みんなのコード監修『先生のための小学校プログラミング教育がよくわかる本』翔泳社，2017年。

黒上晴夫・堀田龍也『プログラミング教育——導入の前に知っておきたい思考のアイディア』小学館，2017年。

8 メディア・リテラシー教育の カリキュラム

 メディア・リテラシー教育とは

▷1　上杉嘉見『カナダの
メディア・リテラシー教
育』明石書店，2008年。
▷2　カナダ・オンタリオ
州教育省編『メディア・リ
テラシー──マスメディア
を読み解く』リベルタ出版，
1992年。
▷3　**日本におけるメディ
ア・リテラシー研究**
　日本においてメディア・
リテラシーは，社会学や教
育工学を中心に研究されて
きた。1990年代以降，カナ
ダの取り組みが翻訳されて
以来，メディア・リテラシ
ー教育に関する研究がとく
に盛んになった。近年では，
認知心理学を中心に，批判
的思考に関する研究におい
て，メディア・リテラシー
が言及される場合も増えて
いる。
▷4　**NIE（News In
Education）**
　1930年代に始まった運動
で，新聞を学習活動に生か
すことをめざす。日本では
1988年日本新聞協会にNIE
委員会が設立され，同会は
その取り組みの牽引役とな
っている。NIEでは，たと
えば新聞の社説や記事をテ
キストの代わりに用いるな
どの教育実践が行われてい
る。
▷5　授業実践例について
は，久野靖・辰巳丈夫監修
『情報科教育法　改訂3版』
オーム社，2016年などを参
照。
▷6　**デジタル・ネイティブ**
　物心ついたときに，すで
にICTが身の回りに存在
していた世代のことを指す。

　ICT（Information and Communication Technology）が飛躍的に発達し，身の回りに情報があふれる社会となりました。こうした社会において，情報を発信する「メディアがどのように機能し，どのようにして意味を作り出し，どのように組織化されており，どのようにして現実を構成するのか」を学ぶ，メディア・リテラシーを育成する重要性は一層高まっています。

　メディア・リテラシーの教育は，いつ，何のために始まったのでしょうか。メディア・リテラシーという用語は，1980年代のカナダでの取り組みによって普及しました。ケーブルテレビや衛星放送の普及に伴って，当時のカナダでは，アメリカの文化，それも暴力を礼賛するような文化が席巻するようになりました。それに危機感を持った人々が，ダンカン（Duncan, B.）を中心として，1978年にメディア・リテラシー協会を設立しました。そのため，メディア・リテラシー教育では，新聞やテレビ，ラジオなどのマスメディアが主な対象とされていました。

　オンタリオ州教育省は，メディアの基本的な概念として，「メディアはすべて構成されたものである」「メディアは現実を構成する」「オーディエンスがメディアから意味を読み取る」「メディアは商業的な意味を持つ」「メディアはものの考え方と価値観を伝えている」「メディアは社会的・政治的意味を持つ」「メディアの様式と内容は密接に関連している」「メディアはそれぞれ独自の芸術様式を持っている」と述べています。そして，このようなメディアの特性を見抜く，批判的な思考力として，「立証可能な事実と価値観の違いを区別する」「主張又は情報源の信頼性を判断する」「述べられていることが正確かどうか判断する」「確かな主張と不確かな主張を区別する」「歪みを見つける」「述べられている仮定と述べられていない仮定を明らかにする」「論理的矛盾に気づく」「議論がどの程度の力を持つか判断する」という要素を挙げています。

　このように，カナダで取り組まれたメディア・リテラシー教育は，メディアそれ自体に批判的に介入して，その本来のあり方を探ろうとした点に特徴があります。俗悪なテレビの視聴を禁止するといった消極的な対応ではなく，情報化社会の進展の中で育ち，生きていく子どもたちに対しては，様々なメディアの威力を民主的な社会の形成のためにコントロールできる能力の育成こそが重

要であるとする判断が働いているのです。[43]

　日本においては，現在のところメディア・リテラシーは教育課程上に明確には位置づけられていません。そのため，学校教育現場においては，国語科や社会科を中心に取り組まれてきました。たとえば，新聞を使って身近な出来事を批判的に読むという取り組みは伝統的に行われてきました。[44]　また，広告や雑誌，テレビコマーシャル，ニュースについても，その構成を分析して，意図を読み解くとともに，自ら製作することで，情報を構成する立場に立って理解を深めるという試みも行われてきました。[45]

② インターネットとメディア・リテラシー

　近年の飛躍的な ICT の浸透を鑑みると，インターネットもメディアの一つとして考えて，メディア・リテラシー教育を構想する必要があります。インターネットは，情報への使用者の主体的なアクセスや，使用者も情報を発信できるという双方向性に，マスメディアとは異なる特徴があります。現代の子どもは幼いころから，テレビなどのマスメディアだけでなく，スマートフォンなどを通じてインターネット上の情報による影響を受けています。[46]　現代の子どもがインターネットをメディアとして使いこなす術を学ぶことには大きな意義があるでしょう。

　ただ，メディア・リテラシー教育と情報教育は分けて考える必要があります。このことを，総合的な学習での探究的な学びを例に考えてみましょう。子どもが，あるテーマに対し，情報収集を行う過程では，図書はもちろん，インターネット上の情報にもアクセスすることで，手軽に最新の情報にアクセスができます。このようにコンピュータ等を用いて効果的に情報を収集する過程は，情報教育の範疇と言えます。

　しかしながら，インターネット上の情報については，情報の信頼性についてはとくに注意が必要です。そのため，子どもは，膨大な情報から信頼できる情報を取捨選択した上で，批判的に読み解くことになります。こうした過程がメディア・リテラシー教育の範疇となります。さらに，探究的な学びでは，多くの場合，自ら情報を再構成し，レポートとしてまとめる，あるいは，プレゼンテーションとして発表する場面を伴うでしょう。このような場面では，子どもは何らかのメディアを発信する側となります。メディア・リテラシー教育は，子どもがメディアを批判的に読み解くとともに，適切に情報を発信する習慣の獲得をめざすことになります。

　メディア・リテラシーは，現代を生きる市民として必要なリテラシーと位置づけられています。[47]　過去の事例では，メディアに関する単元レベルでのカリキュラムは実現されています。こうした事例を活用し，体系的なメディア・リテラシー教育を実現する教育課程上の工夫が求められています。　　　　（大下卓司）

▶ 7　PISA におけるメディア・リテラシーに関する問題

　PISA の数学的リテラシーに関する公開問題には，図13.8.1のように情報が加工されたグラフを，算数・数学で学んだ知識を活用して，正しく読み替えるという問題がある。問題文は次の通りである。「ある TV レポーターがこのグラフを示して，『1999年は1998年に比べて，盗難事件が激増しています』といいました。このレポーターの発言はこのグラフの説明として適切ですか。適切である，または適切でない理由を説明してください」。正答には，1％から2％程度の増加は激増とは言い難いと指摘する記述，あるいは，2年間だけの比較では激増であるか否かが不明であると指摘する記述が該当する。

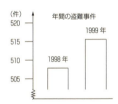

図13.8.1　PISA 調査の問題例

出所：経済協力開発機構（OECD）編著，国立教育政策研究所訳『PISA の問題できるかな？』明石書店，2010年。

（参考文献）

　楠見孝・道田泰司『批判的思考と市民的リテラシー』誠信書房，2016年。

　樋口直宏『批判的思考指導の理論と実践』学文社，2013年。

　森本洋介『メディア・リテラシー教育における「批判的」な思考力の育成』東信堂，2014年。

　ホッブス，R. 著，森本洋介監訳『デジタル時代のメディア・リテラシー教育——中高生の日常のメディアと授業の融合』東京学芸大学出版会，2015年。

1　明治期の教育

▷1　教育史編纂会編『明治以降教育制度発達史　第一巻』芳文閣，1984年，276-277頁。
▷2　同上書，280頁。

▷3　**等級制**
半年ごとに学業試験を受けて，合格すれば上級に進める制度を指す。等級とは，児童生徒が習得すべき課業の段階のことを示している。等級ごとの試験に合格すれば飛び級も可能であった一方で，不合格の場合には原級留置となる制度であった。Ⅹ-2 も参照。

▷4　**開発教授**
ペスタロッチ（Pestalozzi, J. H., 1746-1827）が提唱した教授法を指す。子どもの生活経験や，身近な現実を出発点とし，子どもの「心の能力」開発を目的とする教授法を意味した。「直観教授」と呼ばれるペスタロッチの教授法は，日本では

　日本における「近代学校」の誕生

　江戸時代の日本では，武士が論語などを読んでいた藩校や，庶民に読・書・算を教えていた寺子屋が主な学習機関でした。これに対して，明治期になると文部省によって教育制度が整備されていきます。1872（明治5）年8月3日には「学制」が公布され，日本における近代学校制度が開始されました。学制公布の前日に出された「学事奨励ニ関スル被仰出書」では，公教育の理念として，生きていくためには学問が必要でありそのために学校が必要であることや，学校には身分にかかわらず国民全員が行くべきであることが示されました。▷1

2　「学制」期の教育課程

　学制に示された計画では，全国を8大学区（翌年7大学区に再編）とし，一つの大学区を32の中学区に分け，全国で256の中学校を設置することがめざされていました。さらに，一つの中学区を210の小学区に分け，全国で5万3760の小学校を設置する予定でした。▷2

　また，学制では尋常小学が上等・下等の二つに分けられ，学校で教えるべき教科が示されました。表14.1.1に示すように，綴字や算術といったいわゆる3R'sに加えて，唱歌や体術といった内容や，自然科学や外国語などの高度な内容も見られました。この学制に示された教科をもとに作成された「小学教則」では，日本で最初の教育課程が示されました。「小学教則」では，教科を上等小学，下等小学各8級に分配しており，等級制が採用されていました。▷3

3　教育令，改正教育令下における教育課程

　学制で示された理念と内容はあまりにも高い理想であったため，実現は困難なものでした。こうした状況を踏まえ，1879（明治12）年に教育令が制定され，小学教則は廃止されました。地方分権的・自由主義的であり，自由教育令とも呼ばれていたこの教育令は，一方で学校の設置義務を緩和したために，公立学校の廃

表14.1.1　「学制」に示された教科（尋常小学）

	教科 （共通）	教科 （上等小学のみ）	随意教科	教科数
下等 小学	綴字 習字 単語 会話 読本 修身 書牘 文法	―	―	14
上等 小学	算術 養生法 地学大意 理学大意 体術 唱歌	史学大意 幾何学罫画大意 博物学大意 化学大意	外国語学ノ一，ニ 記簿法 画学 天球学	18 (22)

出所：教育史編纂会編，1984年，283-284頁をもとに作成。

止や私立学校への転換などを引き起こし，全国的な教育衰退の傾向を招きました。そこで，政府は1880（明治13）年に改正教育令（第二次教育令）を出し，再び中央集権的・干渉主義的な教育政策を進めました。

この改正教育令実施のために，「小学校教則綱領」が制定されました。そこでは，歴史や図画，博物，修身などがそれぞれ独立した教科として設定されました。また，観察や実験といった手法が採用されており，ペスタロッチ（Pestalozzi, J. H.）の開発教授[14]の影響が見うけられます。また，教育令において最下位に置かれていた修身は，筆頭科目として掲げられました。

④ 小学校令下における教育課程

1886（明治19）年，森有礼文部大臣のもとで「小学校令」が公布され，小学校を義務教育とすることがはじめて規定されました。同年に制定された「小学校ノ学科及其程度」において，学科目や授業の日数と時数が定められました。学科目では，体操が必修科目となり，高等小学科の随意科目に英語が復活し，博物，物理，化学，生理等に分かれていた科目が「理科」に統合されました。また，同年公布の「教科用図書検定条例」により，教科書の検定制が開始されました。その後，1890（明治23）年に小学校令が改訂され，同時に「教育ニ関スル勅語」（いわゆる教育勅語）が出され，教育の趣旨は国体を守る臣民養成であることが示されるとともに，中心的な教科に修身科が置かれました。

その後，1900（明治33）年に改正された第三次小学校令に始まる諸規則によって，昭和初期までの大綱が決定づけられました。表14.1.2のように，この改正では，読書・作文・習字が「国語」に統合され，体操が尋常小学校の必須科目に加えられました。また，1903（明治36）年の改正で，教科書制度が検定制から国定制に変更されました。1907（明治40）年には，義務教育が6年に延長され，1911（明治44）年の小学校令改正では，農業か商業の1科目を課することが定められ，英語が削除されました。

このころは，開発教授ではなくヘルバルト（Herbart, J. F.）主義教育学の影響[15]が強まり，知識・技能の内容を重視する実質陶冶論が主流となりました。ここには，日本の資本主義が発展し，実際的な知識・技能が要求されていったという背景があります。[16]これらの改正によって，明治期の教育課程は，国家による統制が強められていくとともに，農業や商業などの実務的な内容が重視されていったと言えるでしょう。

（徳島祐彌）

「開発教授」「実物教授」として展開された。

▷5　ヘルバルト主義教育学
ヘルバルト（Herbart, J. F., 1776-1841）は，道徳性の涵養を教育の目的に置き，その目的を達成するために「管理」「教授」「訓練」という子どもへの働きかけを重視した。ヘルバルトの教育学は，ツィラー（Ziller, T., 1817-1882）やライン（Rein, W., 1847-1929）らによって教授の5段階として具体化され，ヘルバルト主義教育学と呼ばれるようになった。

▷6　田中耕治・水原克敏・三石初雄・西岡加名恵『新しい時代の教育課程　第3版』有斐閣，2011年，29-30頁を参照。

参考文献

豊田久亀『明治期発問論の研究——授業成立の原点を探る』ミネルヴァ書房，1988年。

国立教育研究所編『日本近代教育百年史　第四巻　学校教育2』教育研究振興会，1974年。

天野正輝『教育課程編成の基礎研究』文化書房博文社，1989年。

田中耕治・水原克敏・三石初雄・西岡加名恵『新しい時代の教育課程　第3版』有斐閣，2011年。

田中耕治編『よくわかる授業論』ミネルヴァ書房，2007年。

表14.1.2　第三次小学校令（1900年）での教科

	必須科目	随意科目	
尋常小学	修身，国語，算術，体操	図画，唱歌，手工，裁縫（女児）	
高等小学	修身，国語，算術，日本歴史，地理，理科，図画，唱歌，体操，裁縫（女児）	修業年限二箇年	理科，唱歌の代わりに手工を加えること可
		修業年限三箇年	唱歌の代わりに農業，商業，手工を加えること可
		修業年限四箇年	英語を加えること可

出所：教育史編纂会編『明治以降教育制度発達史　第四巻』芳文閣，1984年，49頁をもとに作成。

2　大正自由教育期の教育課程

　大正期における政策的動向

　第一次世界大戦後，日本では本格的な産業資本主義が成立するに伴い，ブルジョアジーが政策決定へと進出するようなりました。その中で，階層分化が進み，民衆の政治的社会的運動が拡大し，いわゆる大正デモクラシーが誕生しました。教育においては，明治期の公教育制度に対する批判が生じるようになり，いわゆる「大正自由教育」が主張されました。大正自由教育では，画一的な注入主義の教育方法が批判され，子どもの自発性や個性が尊重されました。

　この流れの中で，1917（大正6）年，臨時教育会議が設置され，九つの答申と二つの建議がなされました。第二回答申では，小学校が臣民の養成機関としてあらためて位置づけられました。第三回答申においては，教育の内容と方法についての事項が示されました。それを受けて，1919（大正8）年に小学校令が改正され，高等小学校の教科目において，図画が必須科目から随意科目へ移行され，女児のために「家事」が随意科目として設定されました。また，小学校令施行規則の改正では，日本歴史と地理の時数を増やし，体操の教授内容を全学年ともに体操，教練，遊戯の三つに統一しました。これらの改正を通して，修身だけでなく各教科において国体精神の涵養がめざされました。

2　大正自由教育の展開

　大正自由教育の源流は，樋口勘次郎の「活動主義」や谷本富が「自学輔導」を提唱したことにあるとされます。当時の実践としては，師範学校附属小学校における展開と，私立小学校における展開があります。

　兵庫県明石女子師範学校附属小学校では，及川平治が主事となり，子どもの生活経験や多様性を重視した「分団式動的教育法」の実践が行われていました。また，奈良女子高等師範学校附属小学校では，第二代主事の木下竹次を中心として「学習法」による実践が行われていました。千葉県師範学校附属小学校においては，1919年に手塚岸衛が赴任して実践をしています。このほかにも，東京女子師範学校，鹿児島県女子師範学校，長野，京都，富山の各県師範学校附属小学校で新たな取り組みが行われていきました。

　私立小学校は，西山哲治による帝国小学校（1912年），中村春二による成蹊実務学校（1912年），澤柳政太郎による成城小学校（1917年），池袋児童の村小学校

表14.2.1　合科学習の三区分

大合科学習	人生全体に亙って順次に生活単位を定めて行く。
中合科学習	人生全体を文科理科技能科の如く幾つかに範囲を定め其の同一範囲内で順序に系統を立てて生活単位を選定する。
小合科学習	人生全体を更に小さく区分し現時の各学科の如く定立して其の各範囲内で生活単位を定めて行って其の間に系統を立てる。

出所：木下，1926年，346-347頁。

（野口援太郎によって1924年に創設）における野村芳兵衛[9]の実践などがあります。澤柳による成城小学校では，修身の開始を1年生からではなく4年生からにするなど，小学校令とは異なる時間割を作成していました。また，児童の村小学校においては，1936（昭和11）年に解散されるまで，自然の中での活動や，子どもの生活を基盤として教育実践が営まれていました。

3 奈良女子高等師範学校附属小学校の合科学習

ここでは，大正自由教育の代表的な実践として，木下竹次によって結実したとされる「学習法」の実践を見てみましょう。木下は，「学習は学習者が生活から出発して生活によって生活の向上を図るものである」とし，子どもの生活を中心とした学習を構想していました。そして，独自学習─相互学習─独自学習という流れの学習法を生み出しました。

木下の指導のもとで1920（大正9）年8月から始められた「合科学習」では，「生活単位」を中心とした「学習法」にもとづく学習が展開されます。合科学習では，「学習者自ら全一的生活を遂げて全人格の渾一的発展を図ること」[10]がめざされ，表14.2.1の3区分に分けて，「大合科学習から中小の合科学習に移って行く」ことが考えられていました。たとえば，「朝顔」の学習では，「子どもは学校園の朝顔を写生した。批評鑑賞した。朝顔の特徴について種々の疑問を起した。朝顔について算術の学習も理科の学習も出来た。子どもは朝顔の写生の時にもはや歌を作つて謠うて居た。朝顔の説明も画紙の裏にかいた。童謡も出来た。朝顔の花が欲しいと云ふものがあつて修身談も出来た」[11]と記録されています。

4 大正自由教育期のもう一つの側面

以上のように，大正自由教育の時代には児童の個性が尊重され，画一的な一斉教授ではなく子どもの自発的な活動が重視されました。ただし，私立学校には当時の新中間層の子どもたちが多く通っていたことや，大正自由教育の中に，それぞれの子どもの能力に合った教育をという能力主義的な側面があったことは見逃せません。たとえば，京都府師範学校附属小学校では，1918（大正7）年から，「第二教室」と称して「普通児よりもよく出来る子ども」を対象とした優良児教育を行っていました[12]。明治期の教授法を乗り越えようとした大正期のもう一つの側面も視野に入れる必要があるでしょう。　　　（徳島祐彌）

1902（明治35）年に上京し，哲学館（現在の東洋大学）に入学。ニューヨーク大学で学位を取得し，帰国後東京巣鴨に私立帝国小学校，同幼稚園を創立。

▷7　中村春二
　東京神田出身（1877-1924）。1903（明治36）年，東京帝国大学文科大学国文科を卒業後，私立曹洞宗第一中学・東京高師附属中学校などで教職に就いた。1912（明治45）年に，友人の岩崎小弥太の援助を受け，成蹊実務学校設立。

▷8　澤柳政太郎
　長野県出身（1865-1927）。東京帝国大学文科大学哲学科を卒業。東北帝国大学，京都帝国大学の総長等を歴任し，私立成城小学校の初代校長を務めた。

▷9　野村芳兵衛
　岐阜県出身（1896-1986）。1918（大正7）年に岐阜師範学校卒業後，岐阜女子師範学校附属小学校訓導を経て，1924（大正13）年，池袋児童の村小学校の教師となった。

▷10　木下竹次『学習各論上』目黒書店，1926年，343頁。

▷11　木下竹次『学習原論』目黒書店，1923年，281頁。

▷12　寺崎昌男・久木幸男監修『日本教育史基本文献・史料叢書44　育英十年』大空社，1997年を参照。

参考文献

中野光『大正自由教育の研究』黎明書房，1968年。
中野光『学校改革の史的原像──「大正自由教育」の系譜をたどって』黎明書房，2008年。
赤沢真世「木下竹次の合科学習」田中耕治編『よくわかる授業論』ミネルヴァ書房，2007年。

3　国民学校期の教育課程

❶　国民学校令の公布

　大正時代を経て昭和に入った1937（昭和12）年12月に，教育審議会が設置され，1941（昭和16）年10月までに七つの答申と四つの建議が提出されました。1938年12月には「国民学校ニ関スル要綱」が出され，これまでの学校を「国民学校」へと改編する議論が行われました。そして1941年，文部省は「国民学校令」を公布しました。その内容は，第二次世界大戦に向けて，学校での国家統制を強める内容でした。修身を重視する第三次小学校令（1900年）[1]以来の方針を引き継ぎつつ，国体の本義を実現する「皇国民錬成」を前面に打ち出し，そのための教育機関として国民学校が位置づけられました。

❷　国民学校の教育課程

　国民学校令の第一条には，「皇国ノ道ニ則リテ初等普通教育ヲ施シ国民ノ基礎的錬成ヲ為スヲ以テ目的トス」[2]ことが記されています。国民学校では，表14.3.1に示す通り，大きく国民科，理数科，体錬科，芸能科，実業科の五つの教科に分類され，それぞれ表14.3.2のように詳細な時数が定められていました。

　「国民学校令施行規則」において，国民学校の教育課程における，それぞれの教科の目的が定められていきました。国民科は，「我ガ国ノ道徳，言語，歴史，国土国勢等」についての学習を通して，「国体ノ精華ヲ明ニシテ国民精神ヲ涵養シ皇国ノ使命ヲ自覚セシムル」[3]ことがめざされています。また，理数科は算数と理科を通して「事物現象ヲ正確ニ考察シ処理スル」能力を高め，生活上の問題に対して実践する中で「合理創造ノ精神ヲ涵養シ国運ノ発展ニ貢献スルノ素地ニ培フ」ことが求められました。

▷1　XIV-1 参照。

▷2　近代日本教育制度史料編纂会編『近代日本教育制度史料　第二巻』大日本雄弁会講談社，1956年，219頁。

▷3　同上書，229-230頁。

表14.3.1　国民学校令に示された課程編制

	国民科	理数科	体練科	芸能科	実業科
初等科6年	修身 国語 国史 地理	算数 理科	体操 武道（武道は，女子は省略可）	音楽，習字，図画，工作，裁縫（女児）	—
高等科2年	修身 国語 国史 地理	算数 理科	体操 武道（武道は，女子は省略可）	音楽，習字，図画，工作，家事（女児），裁縫（女児）	農業 工業 商業 水産 外国語 其ノ他

＊高等科ニ於テハ外国語其ノ他必要ナル科目ヲ設クルコトヲ得
出所：近代日本教育制度史料編纂会，1956年，219頁をもとに作成。

表14.3.2　国民学校令施行規則における各科目時数

学年	科目	国民科 修身	国語	国史	地理	実業科 水産・商業・工業・農業	理数科 算数	理科	体練科 武道	体操	芸能科 音楽	習字	図画	工作	裁縫	家事	毎週総時数
初等科 1	時数	10			—	（高等科のみ）	5	—	—	5	3	—				（高等科のみ）	23
初等科 2		11			—		5	—	—	6	3	—					25
初等科 3		2	8	—	—		5	1	—	6	2	3					27
初等科 4		2	8	—	1		5	2	—	6	2		5(女)3(男)	2(男)			31
初等科 5		2	7	2	2		5	2		6	2		5(女)3(男)	2(男)			33
初等科 6		2	7	2	2		5	2		6	2		5(女)3(男)	2(男)			33
高等科 1		2	4	2	2	5(男)2(女)	3	2	6(男)4(女)	1	1	3			5(女)		33-35
高等科 2		2	4	2	2	5(男)2(女)	3	2	6(男)4(女)	1	1	3			5(女)		33-35

＊一時ノ授業時間ハ之ヲ四十分トス
（注）高等科については，土地の状況を踏まえて各学年3-5時間増課することが示されている。
出所：近代日本教育制度史料編纂会，1956年，255-256頁をもとに作成。

　表14.3.2のように，国民学校では体練科や芸能科に多くの時間が割かれています。体練科では，「身体ヲ鍛錬シ精神ヲ錬磨シテ潤達剛健ナル心身ヲ育成シ献身奉公ノ実践力ニ培フ」こと，すなわち身体の鍛錬を通して奉公する身心を養うことがめざされました。芸能科は，音楽や工作を通して「情操ヲ醇化」し，「国民生活ノ充実」に資することがその要旨として記されています。最後に，高等科のみに割り当てられた実業科では，産業や商業の知識を獲得し，勤労の習慣を養うことを通して「産業ノ国家的使命ヲ自覚セシメ国運ノ発展ニ貢献スルノ素地ニ培フ」と記されました。

　このように，国民学校期の教育課程は，大正自由教育期に見られた子どもの自発性を重視する教育課程とは大きく異なっています。国民学校期には，皇国民錬成を目的としつつ，皇国民に必要となる資質を養うという観点から内容が決定され，すべての科目が国の発展と関連づけられていきました。

③　残された「綜合授業」

　大正期に花開いた師範学校附属小学校や私立小学校での取り組みは，国民学校期には少なからず弾圧を受け，縮小せざるをえない状況へと追い込まれていきました。しかし，国民学校施行規則の第27条において，「第一学年ニ在リテハ学校長ニ於テ地方長官ノ認可ヲ受ケ全部又ハ一部ノ教科及科目ニ付綜合授業ヲ為スコトヲ得」と定められ，部分的に「綜合授業」（綜合教授）が認められました。「綜合授業」とは，「家庭の未分化的な生活から学校の分科的教授に移行する過渡期に於ける未分科の教授」を指しています。表14.3.3は，当時の綜合教授の例「買い物ごっこ」です。「綜合授業」の容認は，大正自由教育期の合科学習がある程度評価されたものと言えます。ただし，戦時体制下においては「個性の尊重」ではなく「国運ノ発展ニ貢献スル」ことが目的とされていました。

　このように，戦時下の日本では，教育課程の国家統制はより一層厳しさを増し，国のために子どもを教育する機関として学校が位置づけられていきました。その中で修身科や体練科が強調され，国体の精神を教えつつ国のために働く体づくりがめざされたことは，この時期の特徴であると言えます。　　　　　（徳島祐彌）

▷4　同上書，233頁。

▷5　XIV-2 参照。

▷6　大山恵北・本間俊一編著『国民学校令釈義』冨山房，1941年，134頁。

参考文献

　天野正輝『教育課程編成の基礎研究』文化書房博文社，1989年。

　梅根悟・海老原治善・中野光編著『資料　日本教育実践史3』三省堂，1979年。

　海後宗臣・仲新・寺崎昌男『教科書でみる近現代日本の教育』東京書籍，1999年。

　中野光『学校改革の史的原像──「大正自由教育」の系譜をたどって』黎明書房，2008年。

　城丸章夫『城丸章夫著作集　第10巻　軍隊教育と国民教育』青木書店，1993年。

表14.3.3　国民学校期における綜合教授の例「買い物ごっこ」

1年生　小林節蔵先生　男31名　女31名　計62名　本時の題材の「秋の果物」には30時間配当
教師……さあこれから商ひ遊びのおけいこを致しませう。先づ皆さんの作つたお店の準備が出来たやうですから，売買遊びをして，そこで出来たいろいろの問題を中心に勉強したいと思ひます。それでは商ひ遊びを始めて下さい。
吉田屋の主人……いらつしやい。いらつしやい。
［中略：客の呼び声が吉田屋，田村屋，富士屋，水亀屋等から盛んに聞えて来る。］
客A（宮崎）……今日は，この葡萄はいくらくらゐですか。
吉田屋の番頭……一ふさ八銭にお願ひして居ります。品がいゝですからね。
客A……それではこれを二つ下さい。（客は二十銭払つて八銭［ママ］のお釣りを貰ふ。）
客A……さようなら。
吉田屋の番頭……いゝ有難う御座います。
［中略：店頭が益々賑かになり，お客は次々と増えて来る。］
教師……それでは一通り売買がすんだ様ですから，今までの商ひ遊びに就て何かお話したいことがありましたら，発表して戴き，それに就て勉強致しませう。
［中略：前に一応全体の作品に目を通して置いて学習に適当と思はれる作品の作者に指佐する。］
ボクガ，ヨシダヤサンヘ，カヒニイツテカヘルトキ，サヨウナラトイツテモ，シランフリヲシテヰマシタ。ソレデヨイノデセウカ。（宮崎）
吉田……僕はいつたよ。
名久井……私が側で聞いてゐたけれども言ひませんよ。
［中略］
教師……［略］他に何か聞くところがありませんか，無ければその次に前田さんに御願ひしませう。
私ハフジヤサンヘイツテ，リンゴヲカヒマシタ。六センノリンゴト，七センノリンゴトカツテニ十センハラヒマシタ。四センオツリガキマシタ。イクラチガツタデセウ。（前田）
児童達……はい　〳〵　（大体手が上がる）
桑原……一銭です。
［後略］

出所：小林節蔵『国民学校の実践体制』モナス，1940年，517-523頁より一部省略・修正して作成。

4 戦後「新教育」期の教育課程

① 「新教育」期の児童中心主義

日本は，1945（昭和20）年8月14日にポツダム宣言を受諾し，同年の9月に降伏文書への調印・即時発効に至って第二次世界大戦は終結しました。戦後，1946年にアメリカから教育使節団が来日し，一か月間の協議や実情視察を踏まえて『米国教育使節団報告書』が提出されました[1]。その序論において「我々の最大の希望は子供にある。事実彼等は将来という荷物を担ってゐるのであるから，重い過去の遺産に押しつぶされてはならない[2]」と述べられています。戦前の国家主義体制のもとで，子どもたちに「聖戦」を説き，教え子を戦場に送っていた教師たちが，戦後の混乱状況の中で，「個人の価値」と「精神の自由」を大切にする「新教育」，すなわち教育は児童中心主義であるべきと主張しました。このことは，日本の教育に大きな転換を迫るものでした。

また，『米国教育使節団報告書』に次いで，新教育推進に大きな役割を果たしたものは，1946年に文部省が発表した教師のための手引書である『新教育指針』です。とくに，第二部「新教育の方法」においては，「児童の生活運動に重点を置く教育においては，児童の生活に即して，教材も選択され，取り扱い方も工夫せられなければならない。それは児童の生活とかけ離れた教材や取り扱い方では，児童の生活運動を活発ならしめることができないからである[3]」と述べられており，翌年の1947年から発効する新学制による教育の準備が実質的に進められていました。このような学習指導において格別に重視されていたことは，児童・生徒自身が興味と関心を持ち，自ら学び，実践しながら新しい学習分野を開拓していくための力を培うこと，つまり，各自の感性・問題意識や思考力を育むことです。そして，その土台となる各自の個性，発達段階，置かれた環境などを，学習の動機づけや学習過程における重要なファクターと考えることで，教育を子どもの自発的な学びとしてとらえていました。

このように「新教育」期における教育改革は，戦前の超国家主義・軍国主義のもとで行われた権威主義，画一主義，詰め込み主義の教育課程を批判し，平和で民主的な教育をめざして進められました。その主たる理念は，アメリカの進歩主義の教育思想（後述）にもとづく児童中心主義でした。

▷1 文部科学省「六 戦後の教育改革」(http://www.mext.go.jp/b_menu/hakusho/html/others/detail/1317571.htm 2017年4月30日閲覧)。

▷2 梅根悟・海老原治善・中野光編著『資料 日本教育実践史4』三省堂，1979年，63頁。

▷3 文部科学省「二 新教育の基本方針」(http://www.mext.go.jp/b_menu/hakusho/html/others/detail/1317738.htm 2017年4月30日閲覧)

2　学習指導要領（試案）──社会科，自由研究の登場

　1947年に教育基本法・学校教育法・教育委員会法が制定され，ここから六・三・三・四の新しい学校体制が成立し，中等教育がすべての国民に開かれることになりました。また，同年に出された学習指導要領（試案）は，戦前の中央集権的な教育内容や方法に対する細かな規定とは異なり，新しく児童の要求と社会の要求に応じて生まれた教科課程をどんなふうに生かしていくかを，教師自身が自分で研究していく手引きとして提示されました。「試案」となっているのはそのためです。地域の状況や児童・生徒が置かれている生活の状況に即して教育に反映させていくこと，すなわち，教育課程編成における学校や教師の自主性が求められていました。戦後まもない混乱期にあって，教師の自由裁量をこれほど大幅に認めている点はかなり画期的でした。この期に新しく設けられた社会科や自由研究のとらえ方の根底には，ジョン・デューイ（Dewey, J.）の「教育とは経験の再構成である」という進歩主義の考え方があり，子どもの興味や自主性が尊重されていました。とくに，教育課程のすべてを統合する中心的な役割を果たしたのが，戦前にはなかった社会科の新設でした。社会科では，地域社会での子どもの生活をベースに置いた体験学習が，非常に重視されていました。また，自由研究は，教育の一般目標を十全に達成するため，「教科以外」の教育的意義を積極的に見出すという重要な意義が期待されていました。

3　コア・カリキュラム連盟（コア連）によるカリキュラムづくり

　新しく設けられた社会科や自由研究の中心になったのは，コア・カリキュラム連盟（以下，コア連）による教育改革でした。コア・カリキュラムは，経験主義教育理論にもとづいた教育課程の統合理論として生まれ，教科の生活化・統合を意図したものでした。たとえば，東京都港区にある桜田小学校で行われた社会科の「郵便ごっこ」の授業は，文部省とCIEによるモデル授業で，「桜田プラン」として広がりました。この「郵便ごっこ」は，単なる遊びではなく，手紙やはがきを書くことにより国語力がつくことや，はがきや切手を売買することで計算の学習ができることなど，経験主義の考え方にもとづいた実践教育がなされていました。コア・カリキュラムは，子どもの生活から教育課程を構成するという理念のもとで各教科の生活化をめざし，それらを統合的にとらえていました。さらに，当時は，コア連や民間教育研究団体を中心に地域教育計画のカリキュラムづくりを行っていたので，明石プラン，福山東プランなどもあり，各地の試案は，多くの教師と児童・生徒たちを学習に熱中させました。戦後「新教育」期の教育課程においては，子どもの生活体験を中心にしたカリキュラムが編成され，実際の生活経験や生活場面の中から学習を展開するという生活単元学習を趣旨とする教育が行われていました。　　（趙　卿我）

▷4　XIV-1　参照。

▷5　梅根ほか，前掲書，230頁。

▷6　CIE
Civil Information and Educational Section. GHQの民間情報教育局。

▷7　「生活単元学習（問題解決学習）」については，XIV-2　も参照。

▷8　コア連によるカリキュラムづくりは，1950年代になると急速に衰退し，系統性重視への転換が進んでいくことになる。

（参考文献）
　日本生活教育連盟編『日本生活教育50年』学文社，1998年。

5 教育内容の現代化

 1 生活単元学習の批判と民間教育研究団体による教科内容の現代化

▷1 XIV-4 参照。
▷2 国分一太郎「よみ・かき・計算能力の低下」原書房編集部編『新教育と学力低下』原書房，1949年，21-52頁を参照。
▷3 小川太郎「教育の落魄」『中央公論』1950年，第65巻第5号，29-42頁を参照。
▷4 この他にも歴史教育者協議会や文芸教育研究協議会など各教科で民間研が発足した。詳細は，大槻健『戦後民間教育運動史』あゆみ出版，1982年を参照。
▷5 遠山啓
　数学教育者（1909-1979）。生活単元学習への批判から算数・数学教育の改革に着手し，数学教育協議会を設立。『遠山啓著作集』（全27巻，太郎次郎社，1979-1983年）がある。
▷6 **生活単元学習**
　生活の中での活動をもとに単元を組織した学習。XIV-2 参照。

▷7 **仮説実験授業**
　1963年，科学者の板倉聖宣が中心となり，科学のもっとも基本的で普遍的な概念を理解させるための授業として作り出したものである。入門書として，板倉聖宣『仮説実験授業のABC』仮説社，1977年がある。XIV-6 も参照。

　1950年前後には，戦後の新教育[1]に対する批判がなされはじめます。当時の主な批判の内容としては，読み書き計算能力などの基礎学力の低下[2]や知識の系統性の欠如が挙げられます。とりわけ，後者については，生活経験を重視した問題解決学習が，必要に応じて知識を獲得することを重視する一方で，客観的な知識の組織や連関が軽んじられていることが指摘されました[3]。

　同時期には，学校の各教科の内容体系を，教師の自主的な研究と実践により明らかにしようと民間教育研究団体（民間研）が数多く発足しました。数学教育協議会（数教協）（1951年），科学教育研究協議会（1954年），学校体育同志会（1955年），新英語教育研究会（1959年）はその一例です[4]。

　中でも数教協の遠山啓[5]は，早期の段階から文部省の推進する生活単元学習[6]が「生活経験に忠実であろうとして数学の体系を寸断してしまった」と批判し，数学の体系に則った計画的な方法で数学を教授することを求めました。その上で数教協では，遠山や銀林浩を中心に量指導の体系（量の体系）（図14.5.1）と独自の計算指導の体系である水道方式（図14.5.2）を確立しました。

　量の体系は，現実にある様々な量を分類し，それを理解しやすい単純な量から難しい量へと配列し，その順序に従って指導するものです。そこでは，まず量の中でももっとも理解されやすい個数や人数など分離量が導入されます。次に，連続量の中でも，加法性をもつ長さや重さといった単位をもつ外延量が，最後に乗法や除法と結びつきやすい密度や速度と利率を含む内包量が学習されます。

　一方で水道方式では，計算問題を分析・分類することで独自の計算体系を構築してきました。たとえば，筆算を例にとると，一桁の計算などの素過程（2＋2）の理解を前提として，それらを組み合わせた典型的な複合（22＋22）や0を含む特殊な過程（22＋20），位が欠けた退化型の問題（22＋2）へと計算指導を行います。このように，位ごとに数を加えるという筆算の一般的な解き方を習得することで様々な筆算を演繹的に解けるようになるという考え方に従って，計算問題の分析と再配列を行い，計算指導を体系化しています。

　1960年代には数教協以外にも，仮説実験授業研究会[7]による授業書や奥田靖雄を中心とした教育科学研究会国語部会と明星小学校の『にっぽんご』など独自

の教科書が作成されました。『にっぽんご』の教科書では、日本語（発音・語彙・文法・文体）の体系的な指導の必要性を主張しました。たとえば、『もじのほん』（1年生）では、文の中から単語を発見し、単語の構成要素として音節を取り出し、音節と結びつけて文字を把握するという形で教科書が構成されています。[48]一連の取り組みは、現代科学の成果と授業における子どもの姿や発達段階から、教科内容の研究と新たな体系の創出を行うとともに、子どもの教科内容の十全な理解や全面発達などを志向した試みであったと言えます。

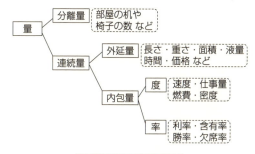

図14.5.1 量の体系

出所：遠山啓『遠山啓著作集　数学教育論シリーズ3』太郎次郎社、1980年、133頁および191頁をもとに筆者作成。

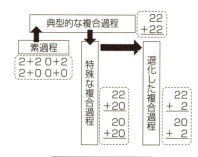

図14.5.2 水道方式

出所：遠山啓・銀林浩『新版 水道方式入門　整数編』国土社、1992年、26-38頁をもとに筆者作成。

② 高度経済成長と能力主義

1960年代には高度経済成長を背景に経済成長の要因として教育の重要性を強調する論調が強くなり始めました。このような主張は、国際競争の場において科学的創意などの諸要因が、物的資本や労働力の量に劣らず経済成長に寄与するものであるとする「人的能力開発論」や「教育投資論」を基調としたものでした。能力主義の立場から教育政策の動向に影響を与えたものに経済審議会答申「経済発展における人的能力開発の課題と対策」（1963年）があります。

同答申では、教育における能力主義の徹底が叫ばれました。そこでは、教育の機会均等と国民の教育水準の向上に努めた戦後の教育改革により、教育が画一化され、多様な人間の能力や適性が効率的に伸長されていないという批判がなされました。そこで、能力や適性に応じた教育を行うことや、経済発展をリードする人的能力としてハイタレント・マンパワーを養成することが、教育の目的として掲げられました。このような能力主義の立場は、その後、知的能力は素質的に決定されるため、早期に子どもを選別し、そのレベルに適合した制度や内容の下で教育するべきという主張につながりました。

1960年代の民間研の取り組みと能力主義の発想は、教育の目的規定に関する二つの立場を浮き彫りにするものでした。能力主義は、教育を社会機能の一つとしてとらえ、社会の持続と発展に向けて未成熟なものを社会に適応させる立場をとります。それに対して、多くの民間研は、科学的概念の獲得を通して個人の能力の可能性を最大限に伸ばし、教育的諸価値を追究する立場をとります。このように、両者は教育目標において能力や学力の伸長を掲げつつも、教育目的の規定（人間像）において明瞭な対比をなしていたと言えるでしょう。[49]

（大貫　守）

▷8　明星学園国語部会『にっぽんご（改訂版）』（全7巻）、麦書房、1969年、および高瀬匡雄『奥田靖雄の国語教育論』麦書房、2014年を参照。

▷9　教育内容の現代化を重視した1968年版学習指導要領については XIV-4 参照。

（参考文献）

大槻健『戦後民間教育運動史』あゆみ出版、1982年。
柴田義松編『現代の教授学』明治図書出版、1967年。

6　教育課程の民主編成

▷1　村松喬『教育の森10
教職の条件』毎日新聞社，
1968年，11-12頁。XV-5も
参照。
▷2　渡辺春正「子どもを
つかみ，子どもを人間とし
て育てる——恵那の教育実
践」青木一・大橋精夫刊行
委員会代表『教育実践事典
第5巻　地域に根ざす教育
実践』労働旬報社，1982年，
69頁。
▷3　山田正敏「地域に根
ざす教育実践の論理と課
題」青木一・大橋精夫刊行
委員会代表，前掲書，1982
年，9頁。
▷4　山田，前掲書，1982
年，12-13頁。また，「地域
に根ざす教育」をテーマと
して行われたものとして，
茨城県日立市「ひたち教育
科学研究会」の鈴木正気に
よる社会科の実践がある。
たとえば，小学5年の「久
慈の漁業」（1974年）は，子
どもたちが自分たちの地域
の漁業について，漁業関係
者や父母・祖父母などへの
聞き取り調査，資料調査等
を通して久慈の漁業の衰退
の要因に迫る実践である
（鈴木正気『川口港から外
港へ——小学校社会科教育
の創造』ほるぷ出版，1984
年を参照）。
▷5　日本教職員組合編
『教育課程改革試案』一ツ
橋書房，1976年。
▷6　臼井嘉一『教育実践
学と教育方法論——カリキ
ュラム・教科指導・学力を
教育実践から問い直す』日
本標準，2010年，19頁。

　「地域に根ざす教育」

　学問（科学）の系統を重視する学習指導要領のもと，1960年代の教育現場で
は学歴・能力主義や子どもの選別・序列化の傾向が強まります。このような統
制的教育行政に対して，1970年前後から様々な民間教育研究運動が展開します。

　岐阜県の恵那や三重県の員弁，京都府の乙訓などの各地で多様に実践された
のは，「地域に根ざす教育」です。1960年代の高度経済成長の中で加速した消
費生活は，人々の生活や労働を変化させ，地域の教育力を奪っていきました。
一方，学校においては，子どもの生活と関係のない知識の詰め込みによる画一
化教育が強まりました。そのような中で，雨の日も花壇に水をやる，4本足の
にわとりを描くなど，子どもに変化が見られるようになります。[1]

　恵那においては，画一化教育へのアンチテーゼとして，人間に地肌とは異な
る衣を着せるのではなく，「自分の地肌をみがいて」人間にしていく「地肌の
教育」が主張され，[2]1966年に「生活に根ざし生活を変革する」立場において
「東濃民主教育研究会」が発足しました。「地域に根ざす教育」というスローガ
ンは，この研究会が1972年に「地域に根ざす教育の探求と創造」を提起したの
が最初であると言われています。[3]

　「地域に根ざす教育」は，「民衆が人間として生きた努力の結晶としての文化
を教材化したもの」（地域の教材化）を内容とする「わかる教科学習」と，「児
童・生徒と教職員という人間とその人間関係のあり方を民主主義的なものにす
るそのとりくみ」を内容とする「わかる生活学習」を求め，それらを保障でき
る学校や家庭を含めた「地域の教育力」の回復をめざしました。[4]このような実
践は，教育における科学と生活とを結びつける視点をもたらすものでした。

　『教育課程改革試案』

　日本教職員組合や民間研究諸団体による教育課程の自主編成運動である「中
央教育課程検討委員会」は，1976年に『教育課程改革試案』（以下『試案』）を提
案しました。[5]『試案』は，「地域に根ざす教育」で見えてきた「生活主義」と
「科学主義」の統一という課題に対する一つの総括と言えます。[6]

　『試案』が主張したのは，すべての国民が共通に必要とする教養と，子ども
の個性と実生活に応じた教養を調和的に育成する「教養の統一と個性化」をめ

ざす教育課程です。注目すべきことは、この『試案』において、諸教科を総合した生活課題の学習である「総合学習」が提唱された点です。『試案』における「総合学習」の議論と提起は、その内容や教育課程上の位置づけは異なるものの、1998年の「総合的な学習の時間」導入への契機となるものでした。

③ 「楽しい授業」の提唱

　1970〜80年代にかけて、教科領域においては、子どもを受け身の学習者にする授業への批判として、「楽しい授業」が提唱されます。板倉聖宣（仮説実験授業研究会）は、「その時どきの社会体制に順応する人間を作る」ための教育内容を「わからせる」授業を批判した上で、板倉が提唱する「仮説実験授業」が、子どもが科学者の楽しさを味わう主人公となる教育であると主張しました。

　また遠山啓（数学教育協議会）は、機械的な練習や頻繁なテスト、受け身の学習が、子どもたちを算数・数学嫌いにさせると指摘しました。「授業は楽しいだけでよい」として、数学自体の楽しさが含まれるゲーム遊びの中で子どもたちが数学の意味を学んでいく授業を提案したのです。

　さらに、安井俊夫（歴史教育者協議会）は、子どもが自分でわかっていく「楽しさ」を主張し、「子どもが動く社会科」を提唱します。この実践において安井が重視したのは、子どもが目の前の事実を「ひとごと」でなく切実な自分の問題として考え、そこに生きた人間の姿に「共感」することでした。

④ 「到達度評価運動」

　1970年代、子どもを序列化する相対評価に対して、子どもが何をどこまで到達すべきかを具体的に示す到達目標を規準とする到達度評価による教育改革をめざす「到達度評価運動」が登場します。この運動は、京都の府教育委員会や教師、父母らの中で展開され、やがて「全国到達度評価研究会」が誕生しました。

　「到達度評価運動」は、できない原因を子どもに帰する相対評価を批判します。この運動は、子どもの学習権（わかるまで教えてもらう権利）を前提として教師が教育活動を反省、改善することによって、子どもたちの学力保障をめざすものです。また、ブルーム（Bloom, B.S.）学派の評価論から示唆を得て、認識の形成だけでなく、創造性や価値、態度等の情意形成を目標に含めました。

⑤ 「ゆとり教育」へ

　一方でこの時期、学習指導要領は、過度な詰め込み教育による「落ちこぼれ」や校内暴力等が社会問題となる中で、1977年の改訂において学問の系統性重視から人間性重視へと大きく方向転換するべく舵を切りました。「ゆとり」のある学校生活を実現するために、授業時間数や教育内容の削減等が行われました。

（小山英恵）

▷7　仮説実験授業
　子どもたちから生まれた仮説を実験で検証することにより科学的認識が成立するという考えにもとづく授業である。「問題―予想―討論―実験」の過程で行う。XIV-5も参照。

▷8　板倉聖宣著、犬塚清和編『科学と教育のために』季節社、1979年、162頁。

▷9　XIV-5参照。

▷10　遠山啓『たのしい数学・たのしい授業』太郎次郎社、1989年（新装版・第5刷）（初版は1981年）、174頁。

▷11　安井俊夫『子どもが動く社会科――歴史の授業記録』地歴社、1982年、10頁。

▷12　到達度評価については、佐々木元禧編『到達度評価――その考え方と進め方』明治図書出版、1979年、田中耕治『教育評価』岩波書店、2008年を参照。IX-3も参照。

▷13　XIV-5参照。

**1947年版学習指導要領（試案）：
平和と民主主義を求めて**

 教育基本法のもとでの学習指導要領（試案）の誕生

　六・三制の義務教育を根幹とする新学制のスタートは，戦後間もない1947年からです。戦前の超国家主義・軍国主義から抜け出し，平和と民主主義を希求する教育が開始され，教育基本法・学校教育法・教育委員会法が制定されました。とくに，戦後の新しい学校制度に関する法律は，初等から高等・専門教育に至るすべての法規が一つ（学校教育法）にまとめられました。

　教育課程においては，1946年にアメリカから教育使節団が来日し，協議や実情観察を踏まえて報告書が提出されました。これらをもとに，1947年に文部省から初の学習指導要領が「試案」として打ち出されました。この学習指導要領においては，子どもが健全に育つ生活の重視を教育の出発点として，「一般編」と「教科編」に分冊されており，「一般編」は，「教師自身が自分で研究していく手引き」であると説明されました。そのため，この時期の学習指導要領は「試案」という形で示されたのであり，カリキュラムには「教科課程」ではなく「教育課程（案）」という用語が使われました。

　当時の多くの学校は教師や学舎の不足から，物置や仮校舎で二部教授を行うなどといった過酷な環境のもとにありました。そのため，アメリカの理想的な教育を現実化していくことは，けっして容易なことではありませんでした。

 子どもの経験を中心に置く経験主義教育

　1947年の文部省の説明をみると，経験主義的な教育課程を志向していることが窺えます。教育課程は，「教育的諸経験」と「諸活動の全体」として定義され，その根底に，ジョン・デューイ（Dewey, J.）の「教育とは経験の再構成である」という考え方がありました。すなわち，学ぶことの出発点は子ども自身であり，子どもの日常生活の中で様々な問題を解決していく問題解決能力の育成が教育の目標でした。このような経験主義にもとづいている教育課程では，児童・生徒が成長発達を遂げるために必要な諸経験を個人生活，家庭生活，社会生活，さらには経済生活，職業生活へと拡張させ，現在の生活において起こり得る諸問題を解決できる人物となること，そうした市民を育成することが目的とされていました。つまり，経験主義にもとづいた教育課程を実施し，地域社会に生きる市民を育てることで，民主主義と教育実践の両方を実現しようとする点が

▷1　国立教育政策研究所「学習指導要領データベース」（http://www.nier.go.jp/guideline/　2017年4月30日閲覧）

▷2　Ⅳ-1 参照。

この時期の学習指導要領の特徴と言えます。

3 教科の設定

1947年の学習指導要領は，それぞれの学校で，その地域の社会生活や児童・生徒の生活を踏まえた教育活動を展開するために，教育課程編成における学校や教師の自主性を求めていました。実際には，児童中心カリキュラムや社会中心カリキュラムをもとにして教育課程が編成され，教科の設定と配当時数が示されました。当時の教科・科目をみると，小学校の場合は戦前の修身・日本地理・歴史が廃止され，社会・家庭・自由研究の三つの教科が新設されて，国語・算数・社会・理科・音楽・図画工作・家庭・体育・自由研究の全9教科となっていました。自由研究は，小学校の4年生以上の必修科目となり，中学校・高等学校では，選択科目として位置づけられました。

中学校では，国語・社会・国史・数学・理科・音楽・図画工作・家庭・体育・職業（農業・商業・水産・工業）の10科目は必修科目で，外国語・習字・職業・自由研究が選択科目となりました。

4 「社会科」「自由研究」の新設

この時期の学習指導要領においては，社会科や自由研究が登場し，公教育として位置づけられていました。戦後教育の花形科目として位置づけられた総合教科の社会科や，児童の個性や興味が赴くところに従って，それを伸ばしていく教科としての自由研究は，現実の問題解決のために児童・生徒の経験と自主性を重視する活動が多く見られます。

とくに，社会科の誕生は，戦後教育改革の中でも画期的な意義を有するものであったと言えます。社会科は，子どもたちを民主主義社会の主人公（担い手）に育てる教科として，小学校1年から高校3年までの12年間，初等・中等教育の中核的教科として設置されました。教科書の内容は，戦前の修身・国史などと違って，子どもにわかりやすく，親近感をもたせるように工夫されていました。たとえば，「たろう」「まさお」などという親しみのある名前の主人公を登場させ，主人公の目を通して農村や都会の生活を学ぶことで，児童の主体的な学習を促すようになっています。

自由研究は，教育の一般目標を目ざして，教科の学習だけでは得られない重要な意義を期待されました。自由研究の活動は，「研究活動」「クラブ活動」「自治活動」に分類され，研究活動の主題は，児童の個性，興味，その土地の特異性，季節，学校の設備状況を考え，児童と教師との話し合いによって選択されました。しかし，自由研究は，教育目標や活動の範囲が広く，実施状況も学校により様々であり，小学校では4年間存続しましたが，中学校ではわずか2年間しか実施されませんでした。

(趙 卿我)

▷3 当時の小学校の教科書は，読物・参考書的なものと併せて8冊の教科書が刊行されていた。

▷4 社会科は，教育課程のすべてを統合する中心的な役割を担うものとして位置づけられ，教科学習が子どもの生活と結びついたかたちで展開されていた。

▷5 自由研究のあり方としては，①教科の発展としての自由な学習，②クラブ組織による活動，③当番や学級委員の仕事などが挙げられていた。

（参考文献）

梅根悟・海老原治善・中野光編著『資料 日本教育実践史4』三省堂，1979年。

1951年版学習指導要領(試案):経験主義教育のいっそうの推進

 民主的・自由主義的な教育制度改革

　1947年に新学制がスタートしましたが，翌年から改訂の作業が進められ，1951年に改訂版の学習指導要領が新たに発表されました。1947年版の学習指導要領では盛り込むことができなかった教育現場の意見を中心に，時間配当の見直し，自由研究の廃止，教科を領域（4領域）に分けるなど幾つかの改訂があり，かつ各教育機関の裁量の余地が広げられました。また，1951年版の学習指導要領では，学校生活に民主主義を浸透させるという理念のもと，原則的に民主性を重んじた自治活動を行うことになりました。自由研究は廃止されましたが，こうした背景の中で教科に包摂されることとなり，その上で「教科以外の活動」が新たに実施されました。「教科以外の活動」は，学校教育において教科の学習だけでは得がたい自治的・集団的活動などを，様々な委員会活動やクラブ活動を通じて提供したところに，その意義がありました。これらは，戦前の「修練課程」の経験や終戦直後の公民的実習の構想，戦後すぐに導入されたものの，数年で実施されなくなった自由研究などの反省等を踏まえながら，アメリカにおける課外活動の考え方を導入して集約したものと言えます。

 教科の再編

　1950年代になると，経験主義は学力低下を招くとの批判が起きたこともあり，学力強化を重視する教育への転換がもたらされました。教育においても各教育機関の裁量に任せる方針から，文部省を中心とする中央集権システムへと統制が強められるようになります。その結果，それまであいまいだった「教科」の区分を全国統一的に認識し直す流れが生じました。

　小学校においては，廃止された自由研究をのぞく8教科が4つの領域に再編されました。ここでの4領域とは，国語・算数を中心とした「主として学習の技能を発展させるのに必要な教科」，社会・理科を含む「主として社会や自然についての問題解決の経験を発展させる教科」，音楽・図画工作・家庭科を含む「主として創造的要素を発展させる教科」，体育にあたる「主として健康の保持増進を助ける教科」です。これらの時間配当は，パーセンテージで設定され，効果的な授業を行うことが求められました。

　中学校の教科については，大きな再編はありませんでした。

▷1　「教科以外の活動」は，児童・生徒たち自身の手で計画され，組織され，実行され，かつ評価されねばならず，教師の指導は，最小限度にとどめるべきとされていた。

③ 高等教育の制定

1948年1月27日に高等学校設置基準が制定され，1951年版の学習指導要領から小・中学校の学習指導要領とは別に，高等学校の教育課程が加えられました。高等学校教育の主目標としては，①国家および社会の有為な形成者として必要な資質を養うこと，②一般的な教養を高め，専門的な技術に習熟すること，③社会について広く深い理解と健全な批判力を養い，個性の確立に努めること，以上三つの点をとくに重視していました。

また，高等学校の学科は，「普通教育を主とする普通科」と「専門教育を主とする学科」に分けられました。「専門教育を主とする学科」は，農業・工業・商業・水産など職業教育に関する学科と，家庭・厚生・商船・外国語・音楽・美術など特定の普通科目を重点的に学習する学科に分類されていました。また，「普通教育を主とする普通科」か「専門教育を主とする学科」かにかかわらず，すべての生徒が，国語・社会・体育・数学・理科を履修すべきとされていました。1951年版の学習指導要領が示す高等学校の教育においては，将来の進路について関心を高める中学生の段階から一歩進めて，進路を自分の個性に応じて決定し，また，専門的な技術に習熟しなければならないものとして再編されていました。

④ 教科における生活単元学習

1951年当時の学校教育においては，ジョン・デューイ（Dewey, J.）の経験主義カリキュラムの色彩が濃くなっていました。子どもの生活体験を中心にしたカリキュラムが編成され，1951年版学習指導要領は「生活単元学習の学習指導要領」と後に呼ばれるほどでした。生活単元学習では，子どもたちの実際の生活経験や生活場面の中から学習を展開するという形式で，生活に密着した内容が多く見られます。図15.2.1は，大日本図書が発行した『さんすう』1ねん—1の「かわあそび」という単元です。当時の「解説と指導」書をみてみると，単元の目標には社会的目標と数学的目標が立てられています。社会的目標としては「季節に即した健康な遊びをする」，数学的目標としては「5までの数を合成分解して，数の構成について基礎的な学習をする」などが挙げられています。また，川の中の5人がだんだん遠くに行って深いところに入っていることから，「深い」「浅い」「遠い」「近い」等の言葉を，生活の中で正しく使えるようにすることも意図し，工夫されています。この教科書から，算数の教科から複数の領域にまたがった学習内容を同時に行うことが教育目標となっていることが窺えます。　　　　（趙　卿我）

▷2　4年以降の書名は『算数』。

▷3　教師用指導書。

▷4　大日本図書ホームページ（http://www.dainippon-tosho.co.jp/math_history/history/age01_el/index.html#main　2017年4月30日閲覧）

参考文献
梅根悟・海老原治善・中野光編著『資料　日本教育実践史4』三省堂，1979年。

図15.2.1『さんすう』1ねん—1　かわあそび

出所：『さんすう　新版』大日本図書，1952年，20-21頁。

3　1958年版学習指導要領：逆コース・系統主義への転換

　戦後初の全面改訂──「試案」から「告示」へ

　1950年に朝鮮戦争が勃発し，1951年にはサンフランシスコ講和条約および日米安保条約が締結され，日本は事実上の再軍備化に向かうか否かが激しく議論されました。このような政治情勢は「逆コース」と呼ばれ，教育にも大きな影響を及ぼしました。一方で，教育界からも戦後新教育を「はいまわる経験主義」と批判し，基礎学力の低下を指摘する声も出てきていました。[41]さらに時代は高度経済成長へと突入し，科学技術向上の必要性が叫ばれました。このような流れの中で，1958年，学習指導要領は戦後初の全面改訂を迎えました。

　1958年版の学習指導要領の一番の特徴は，「試案」の文字が消えたことです。それまで学習指導要領は，教師たちが教育課程を編成するための「手引き」と説明され，そのため「試案」と明示されてきました。しかし1958年版は文部省「告示」として出され，学習指導要領は法的拘束力をもつ国家基準であるという解釈が強調されました。なお，1958年版からは「一般編」がなくなり，以後，小・中・高と別々の冊子で出されるようになりました。

　系統性重視

　次に大きな特徴は，教育課程編成の原理が，経験主義から系統主義に大きく転換したことです。[42]学習指導要領解説では，子どもの興味・関心・生活を主要な構成要素とした従来の経験主義の編成原理を改め，「原理，原則あるいは基本的なものをしっかり身につけていく」ことを重視する系統主義の教育課程編成原理へと方針を転換することが述べられました。

　教育課程編成における系統性の追求は，科学技術の向上を推進する必要から，とくに算数・数学科と理科においてなされました。たとえば算数の場合，従来は，「家」を素材に円柱の表面積の算出方法を学習するといったように，「生活の類型」から教育課程が構成されていました。それが否定され，今度は，数学の学問的体系にもとづいて系統的に教育課程を組み立てることが述べられました。

　他にも国語科や社会科など，すべての教科において系統性が強調されました。社会科は，小学校高学年から地理的分野と歴史的分野それぞれの系統性を重視すると述べられました。[43]ただし，系統を組み立てる根拠について十分に開かれた議論が展開されたとは言えない状況でした。そのため，系統性の内実の追究

▷1　矢川徳光『新教育への批判』刀江書院，1950年。また，広岡亮蔵が「牧歌的すぎる」と評したように，経験主義に立つ論者からも自己批判がなされた。広岡亮蔵「牧歌的なカリキュラムの自己批判」『カリキュラム』1950年3月号，12-17頁。さらには無着成恭編著『山びこ学校』（青銅社，1951年）が出版され，生活綴方が復興した。そこでは，子どもをとりまく厳しい現実と向かい合う「教育と実生活の結合」がめざされた。

▷2　Ⅳ-1，Ⅳ-2参照。

▷3　ただし，そこには日本人としての国民性を育成する意図があったことには注意しなければならない。歴史的分野については，日本史の学習に重点を置き，世界史，とくに近代史については深く立ち入らずにおおまかにつかむことが求められた。

は，1960年代以降，民間の研究団体などを通して積極的になされていくことになります。

3 特設「道徳の時間」

1958年版の学習指導要領から「道徳」の時間が特設され，教育課程は教科・特別教育活動・学校行事・道徳の4領域となりました。特設の理由は，道徳教育は「本来，学校の教育活動全体を通じて行うことを基本」としながら，各教科や特別活動で行われている道徳教育を「補充し，深化し，統合」するためであると説明されました。また，学校行事は「学校が計画し実施する教育活動」と説明され，子どもたちの自主的・自治的な活動よりも儀式的な側面が強調されました。教育現場や研究者からは，道徳教育の強化は「逆コース」の象徴であり，愛国心高揚の意図があると批判の声があがりました。

4 学力モデルの提案

中学校学習指導要領では，生徒の能力・適性・進路に応じた教育が提案されました。この背後には，経済成長を支える労働力の育成と人材の開発を求める産業界の要請がありました。1961年には，能力・適正などに応じて教育を受けさせる資料とすることを第一の目的として，全国の中学生に対して学力テストが悉皆調査で実施されました。一方で教育界内部では，戦後の経験主義教育によって基礎学力が低下したという調査結果が問題となっていました。この解釈や学力テストの是非をめぐって，学力をどのように定義するのか，学力が定義されたとして計測可能な学力はどの範囲かというテーマで，論争が展開されました。

広岡亮蔵は，中心に「思考態度・操作態度」を位置づける三層から成る学力モデルを提案しました。興味や関心といった「態度」が「知識」を支える力として根底にあるという考え方です。これに対して勝田守一は，すべての能力の基礎として認識能力を位置づけるモデル（図15.3.1）を示し，知識の組織的学習によって発達する認識能力を学力の主軸とする考え方を主張しました。これら二つの考え方は学力を定義する際に繰り返し出てきます。ただし，勝田が学力を，成果が計測可能なように組織された教育内容を学んで到達した能力と定義し，成果が計測可能なように教育内容を構造化・系統化する必要性を説いた点は，カリキュラム・マネジメントの必要性が主張される現在，重要となるでしょう。

（八田幸恵）

▷4 広岡は自身の学力モデルを何度か改訂しているが，態度を中核に位置づけるという点は一貫している。II-2 も参照。

▷5 勝田守一『能力と発達と学習』国土社，1964年。

▷6 他にも，知識と態度の関係把握については，知識を習熟することで態度が形成されるとする中内敏夫の「段階説」（中内敏夫『増補 学力と評価の理論』国土社，1976年）や，認識の形成過程と情意の形成過程を並行的にとらえる「京都モデル」（全国到達度評価研究会編著『だれでもできる到達度評価入門』あゆみ出版，1989年）がある。田中耕治『学力評価論入門』法政出版，1996年を参照。II-2 も参照。

（参考文献）
樋口とみ子「学力問題と学力論」田中耕治編著『戦後日本教育方法論史（上）』ミネルヴァ書房，2017年。

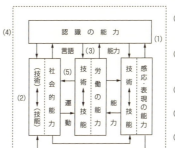

図15.3.1 勝田守一の能力モデル

出所：勝田，1964年。

1968年版学習指導要領：教育内容の現代化

高度経済成長と後期中等教育の多様化

　1960年を前後して，日本では所得倍増計画や高度経済成長を背景に，産業構造の変化や技術革新，マスコミの発達と浸透，国民の生活水準の向上など，社会の急激な変化が生じました。また国際的には，米ソの冷戦構造が長期化の様相をみせ，国際宇宙競争が過熱する中，ソビエトによる人工衛星の発射成功（1957年）は，アメリカの科学技術の遅れを国民に広く伝えるものとなりました。

　アメリカでは，この急激な社会変化や科学技術の遅れに対応し，科学者の養成に向けて教育課程の大規模な見直しが行われました。具体的には，現代科学の内容と方法による教育課程の再編成がなされました。この成果を，ブルーナー（Bruner, J. S.）がウッズホール会議で取りまとめ，『教育の過程』で提案した学問の構造や学問中心のカリキュラムの考え方は，世界に広く紹介されました。

　また，1963年には経済審議会答申において能力主義が提起された一方で，中央教育審議会答申「後期中等教育の拡充整備について」（1966年）では，後期中等教育の多様化政策が打ち出されました。そこでは，「教育施策として生徒の適性・能力・進路に対応するとともに，職種の専門的分化と新しい分野の人材需要に即応するように改善し，教育内容の多様化を図る」ことが掲げられ，答申の発表後には，職業科高校の学科が急速に細分化の傾向を強めていきました。

② 学習指導要領の特徴

　1968年改訂の学習指導要領では，①教育課程の基本構成が4領域から3領域（各教科・道徳・特別活動）へと変更され，②能力別指導の具体策（能力差に応じた指導や個性・能力・特性などによる振り分け）が記され，③科学技術を発達させ，日本の国際的地位を高めるために諸外国の動向を加味して，理数教科を中心に教育内容の現代化を進めることが中心的な指針として示されました。

　③に関連して，学習指導要領では科学や数学の新しい概念や方法が早期から導入されました。たとえば，算数・数学における集合や位相数学，確率といった概念や理科における探究の方法の教授が推進されました。具体的には，アメリカの「科学―プロセス・アプローチ（Science-A Process Approach）」で提起されたプロセス・スキルを理科の各分野に共通な科学の方法として取り入れるなど諸外国の学問中心の教育課程の成果に学びながら作成されていました。

▷1　Ⅲ-3 参照。

▷2　**学問の構造**
　学問領域における基本的な観念や概念を指す。詳細はⅢ-3 参照。

▷3　Ⅻ-5 参照。

▷4　民間教育研究団体を心とした教育内容の現代化についてはⅪ-5 参照。

▷5　学習指導要領では，小学校4年生の「数量関係（統計）」の目標として「集合に着目するなどして，資料を正しく分類整理する能力を伸ばす」ことが記されている。

▷6　**プロセス・スキル**
　「科学―プロセス・アプローチ」は，アメリカ科学振興協会（American Association for the Advancement of Science）が心理学者のガニエ（Gagné, R. M.）の理論をもとに作成した，科学的探究を中心に据えた小学校向けの科学の教育課程。そこでは，科学の方法として，観察や測定，分類をはじめとする13のスキルが提起された。

③ 算数の教科書における集合の具体的な教育内容

　このような集合や確率といった概念は，教科書でどのように扱われていたのでしょうか。図15.4.1と図15.4.2は，1971年に作成された当時の小学校の算数の教科書の一節です。小学校3年生（図15.4.1）では，じゃんけんの勝敗やだした手の種類によって全体と個の関係や，観点を決めて集合を類別するなど具体的な操作を通して集合の初歩を学びます。小学校4年生（図15.4.2）では，班員という集合から，小鳥の世話をする人やしない人といった観点で集合を類別するなどの操作を行う中で集合や要素などの言葉や，それを表す ｜｜ や⊂といった記号が導入され，これを用いて表現することを学ぶことがわかります。

　当時の学習指導要領では，小学校4年生で集合という概念がはじめて登場します。しかしこの教科書のように，集合の考え方はそれ以前の学年から具体的な操作を通してすでに導入されており，小学校4年生では，これまでの集合の学習を基盤に，それを抽象的な言葉や記号の操作を通して学ぶように工夫されています。ここからは螺旋型教育課程[7]の発想が影響を与えていることが窺えます。

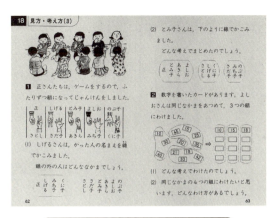

図15.4.1　小学校3年生の集合の指導

出所：秋月康夫ほか『小学校新算数3年2』大日本図書，1971年，62-63頁。

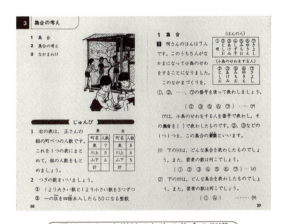

図15.4.2　小学校4年生の集合の指導

出所：秋月康夫ほか『小学校新算数4年1』大日本図書，1971年，38-39頁。

　また当時は，四角形の類別や同分母分数の集合を表現するために，この集合の概念が用いられるなど，幅広い領域に集合の概念が浸透していました[8]。

④ 学習指導要領に対する主な批判

　1968年改訂の学習指導要領は，現代の科学や数学の成果を取り入れ，系統性を重視した教育課程を編成することを志向していました。しかしながら，その系統化の議論が，理科や算数・数学といった学問体系の比較的はっきりしている教科にとどまっていた点に課題を残していました。また，アメリカの学問中心の教育課程や民間教育研究団体による教科内容の現代化の議論が，現代科学の成果に立脚して教育内容を精選し，新たな体系を創出したのに対し，学習指導要領では，そのような精選が不十分なままに新たな内容が付加されることで，学習時間が圧迫され，落ちこぼれや学力格差を生み出す要因となりました。

（大貫　守）

▷7　詳細は III-3 参照。

▷8　学習指導要領では，「集合の指導に関しては，数や図形の内容などを集合の観点に立って考察し，これらの概念をよりよく理解し，このような考え方をのばすように指導することが必要」だと記されている。

参考文献

　ヒース，R. W. 編，東洋訳『新カリキュラム』国土社，1965年。

　田中耕治・水原克敏・三石初雄・西岡加名恵『新しい時代の教育課程　第3版』有斐閣，2011年。

5 1977年版学習指導要領：ゆとり教育

1 学習指導要領の背景にある社会的な動向

1970年代は，高度経済成長が終わりをむかえ，発展の背後にあった公害問題など様々な社会の矛盾が表面化してきた時期だと言えるでしょう。これは，教育においても同様です。1973年には，高等学校の進学率が90％を超えるなど，多くの生徒が高等学校・大学への進学を希望するようになりました。一方で，1968年版学習指導要領で教育内容が高度化したことを背景に，「落ちこぼれ，落ちこぼし」問題や，4本足のにわとり問題に代表されるような「病める学力」問題が顕在化しました。校内暴力や不登校が社会問題となりつつあったのもこのころからです。世界的にも学校が子どもたちを支配・抑圧する装置となっていることが糾弾され，学校教育に起因する子どもたちの叫びを背景に，オルタナティブ・スクールに注目が集まるようにもなりました。

そうした中で，カリキュラム改革は，アメリカの動向を反映し「人間化」というキーワードで展開されました。カリキュラム開発については，1974年に文部省主催の国際セミナーが開かれ，そこで従来の「工学的アプローチ」（一般的目標を細かく分節化・定式化して，それに対応した教材や教授・学習過程を計画し，実施し，行動的目標に照らして評価を行う）と対比する形で「羅生門的アプローチ」（一般的な目標を分節化せずにそれを実現するための創造的な教授・学習活動を生み出し，一般的目標に照らして多様な視点から評価を行う）の可能性や現実性が提起されました。同じころ，民間からも，「教育課程改革試案」という「総合学習」を教科の一つとして位置づけたカリキュラムが提案され，「総合学習」という言葉や構想が広がりました。

2 中心的なテーマ（特徴）

1977年版学習指導要領では，自ら考え正しく判断できる力を持つ児童生徒の育成を重視しながら，次のようなねらいの達成がめざされました。それは，①人間性豊かな児童生徒を育てること，②ゆとりあるしかも充実した学校生活が送れるようにすること，③国民として必要とされる基礎的・基本的な内容を重視するとともに児童生徒の個性や能力に応じた教育が行われるようにすることの三つです。また，各学校が，創意を生かしてそれぞれの地域や児童生徒の実態に即して適切に教育を行えるように，学習指導要領の「弾力化」も図られました。

▷1　4本足のにわとり問題
　小学生の子どもたちが，少なからず，2本足ではなく4本足のにわとりを描いたことをめぐる問題。これをきっかけに，子どもたちの「病める学力」についての論争が巻き起こった。

▷2　Ⅲ-4参照。日本では，「きのくに子どもの村学園」などが有名である（Ⅷ-5，XV-7参照）。

▷3　Ⅲ-4参照。

▷4　詳しくは，Ⅳ-9や文部省『カリキュラム開発の課題──カリキュラム開発に関する国際セミナー報告書』大蔵省印刷局，1975年を参照。

▷5　日本教職員組合編『教育課程改革試案』一ツ橋書房，1976年。

▷6　板倉聖宣『科学と教育のために──板倉聖宣講演集』ほるぷ出版，1984年，遠山啓『たのしい数学・たのしい授業』遠山啓著作集数学教育論シリーズ10，太郎次郎社，1981年，安井俊夫『子どもが動く社会科──歴史の授業記録』地歴社，1982年など。

これらの方向性のもと，具体的には，年間の授業時数の削減や教育内容の「精選」が行われました。授業時数は，とくに小学校高学年および中学校で削減されました。教育内容については，たとえば，小学校算数では「集合」は削除され，「負の数」「立体図形の計量及び回転体」などは中学校へ移されました。一方で，授業時数の削減で生み出された時間が，学校裁量の時間として使えるようになり，これは「ゆとりの時間」とも呼ばれました。これにより，休み時間や給食時間の延長を含め教育活動にゆとりを持てるようにするとともに，学校の創意を生かした教育活動を行うことが期待されました。また，「弾力化」をはかるという点では，中学校で選択教科，高等学校で習熟度別の学級編成も導入されています。

この他にも，特徴としては，「国旗を掲揚し，国歌を斉唱させることが望ましい」と書かれたことがあります。じつは，第二次世界大戦後に公文書で，「君が代」ではなく「国歌」という言葉が使われたのはこれがはじめてでした。このため，これに対しては議論が巻き起こりました。アメリカの動向を反映した改訂でしたが，そこでめざされた「人間性」はきわめて日本的だったと言えるでしょう。

③ 典型的な具体例（実践事例）

当時の実践としては，わかる授業を批判して楽しい授業を追求する実践[6]，「落ちこぼれ」と呼ばれる子どもたちや校内暴力・不登校などに直面する子どもたちに真正面から取り組もうとする実践[7]，附属学校を中心とした「ゆとりの時間」に「自主研究」に取り組む実践[8]，総合学習としての公害学習の実践[9]などがあります。いずれも，子どもたちを「落ちこぼし」てきた従来の画一的な学びの反省に立つものです。たとえば，現在もよく知られる「百マス計算」は，当時「落ちこぼれ」を出さないことをめざして，兵庫県の教師であった岸本裕史によって生み出されました。「百マス計算」[10]は，図15.5.1のように，上段に並んだ数字と左列に並んだ数字とが交差するマスに計算結果を書き込むものです。時間を計って繰り返し行うことで，計算能力の向上とともに，自らへの誇りや「できた」という自信の回復もめざされました。

④ 主な批判

一般的には批判は多くなく肯定的に受け止められました。たとえば，『朝日新聞』[11]では，「この改訂が額面どおり実施されると，学校教育は変わるはず」と評価されました。ただし，同時に「入試の現状が改まらない限り，子供の学習負担は変わらない，という見方が多い」とも指摘されました。実際，学校で教えない分，受験競争が激化する中で塾に通う子どもが増え，乱塾の様相も見られました。また，内容の「精選」が十分ではなかったため，授業で取り上げる内容が過密状態になり，本来の趣旨とは裏腹に授業がスピードアップしたという声も聞かれました。

（奥村好美）

▷7 桐山京子『学校はぼくの生きがい——自殺，登校拒否をこえて』労働旬報社，1977年など。

▷8 お茶の水女子大学附属中学校教育研究会『「ゆとり」の教育実践——自主研究を中心として』第一法規出版，1982年など。

▷9 和井田清司「1970年代における総合学習の実践と理論——『教育課程改革試案』(1976)での総合学習の提起を中心に」臼井嘉一監修『戦後日本の教育実践——戦後教育史像の再構築をめざして』三恵社，2013年など。

▷10 岸本裕史『見える学力，見えない学力』大月書店，1981年。

▷11 1977年6月9日付朝刊の社説。

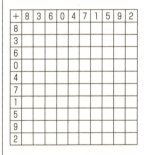

図15.5.1 加法基礎計算

出所：岸本，1981年。

参考文献
全米教育協会著，伊東博解説・訳『人間中心の教育課程』(*Curriculum for Seventies*, 1970)明治図書出版，1976年。

6 # 1989年版学習指導要領：
「新しい学力観」と生活科

 1 「新しい学力観」の登場

　1980年代，日本の人々の暮らしは物質的に豊かになった一方で，情報化，国際化，価値観の多様化，核家族化，高齢化など，社会の変化やそれに伴う問題が顕著になってきた時代でもありました。また，教育現場では，非行や校内暴力，いじめや体罰などの問題がより深刻になってきていました。このような時代を背景にして，1989年，学習指導要領が改訂されました。のちに「新しい学力観」と呼ばれることになる，自ら学ぶ意欲や思考力や判断力など高次の能力を重視して育成する学力観を反映していることが，この改訂の大きな特徴の一つです。

　1989年の学習指導要領改訂の基本方針は次の通りです。①豊かな心をもち，たくましく生きる人間の育成，②国民として必要とされる基礎的・基本的な内容の重視と個性を生かす教育の充実，③自ら学ぶ意欲と社会の変化に主体的に対応できる能力の育成，④国際理解を深め，日本の文化と伝統を尊重する態度の育成。この改訂を受け，のちに1991年に改訂された指導要録の観点別学習状況欄では，それまでの「知識・理解」ではなく「関心・意欲・態度」が第一の観点とされました。

 2 「生活科」の設置とその意義

　「新しい学力観」にもとづいた学習指導要領の最大の目玉は，小学校1・2年生の理科，社会を廃止し，新しく「生活科」を設置したことでした。戦後50年余を経てなされたこのような教科の改廃は，きわめてめずらしいことでした。

　生活科の目標は次のように定められています。「具体的な活動や体験を通して，自分と身近な社会や自然とのかかわりに関心を持ち，自分自身や自身の生活について考えさせるとともに，その過程において生活上必要な習慣や技能を身につけさせ，自立への基礎を養う」。

　このような「生活科」が導入される以前，すでに1977年の改訂前から，合科的な指導の必要性については以下の点から議論されてきました。学校教育における教科分立の指導は，子どもたちが知識や技能の羅列的な習得に終始し，現実の生活に生きて働くものとなっていないこと。また子どもの発達特性を考慮したとき，とくに低学年の子どもたちは活動と思考が未分化であるため，幼稚

▷1　中学を中等教育と位置づけ，中学校における選択制の拡大をはかった。また高等学校では，社会科が地理歴史科と公民科に再編成され，世界史が必修になった。さらに，道徳の強調から，日の丸，君が代の取り扱いが強化された。

▷2　ただし，観点別学習状況欄は絶対評価の方法が採用されたものの，評定欄はそれまでと同様の相対評価であった。

▷3　幼稚園教育要領と保育所保育指針に示される，教育（保育）内容のこと。「健康」「人間関係」「環境」「言葉」「表現」からなる。

園や保育所などにおける五つの「領域[注3]」から小学校の「教科」へのスムーズな移行が必要であること。最後に，今日の子どもたちの生活実態において，直接体験が不足していることです。

また，このころ小学校に入学した子どもたちが，授業中に座っていられない，教師の話を聞かない，子ども同士のけんかやトラブルが頻発するなど学校にうまく適応できない，いわゆる「小1プロブレム」も問題となっていました。このような要因から，低学年における合科的な指導の必要性が認識されるようになり，生活科の誕生となりました。

ところで，日本には生活科の源流とも言われる豊富な教育実践の蓄積があります。たとえば，奈良女子大学附属小学校では，「しごと」「けいこ」「なかよし」からなる独自のカリキュラム「奈良プラン」によって，ユニークな教育実践が行われています。その歴史は，大正自由教育の時代までさかのぼることができます[注4]。総合的な単元学習の形態をとる「しごと」では，子どもが現実の社会に生活する人々のすがたに直面することによって，彼らにとって切実かつ現実の問題が発達段階に応じて取り上げられ（問題解決学習），またそれを子どもたちが協同的な学習活動によって解決していくのです[注5]。

この新しい教科としての「生活科」は，1989年版の学習指導要領の目玉であるだけでなく，これまでの学校教育のカリキュラムや授業のあり方を問い直すものとしてとらえなければなりません。すなわち，これまでの教育において不十分であった①学校教育における体験の重視，②個性重視の教育，③家庭や地域とのかかわりを見直す，④授業の変革といった点において，その後の学習指導要領に新たな方向性を示すものとなりました[注6]。

③ 「総合的な学習の時間」導入への素地として

この生活科を中心とした1989年版の学習指導要領は，次の1998年版の学習指導要領改訂の方針の素地をつくることになります。つまり，低学年における生活科の新設は，総合的な学習の時間の導入への呼び水となったのです。生活科と総合的な学習の時間は，合科的で体験を重視した学習のあり方という共通点を持っており，後者は前者の延長線上にある教育活動ということができます。

一方で，生活科が教科であるのに対し，総合的な学習の時間は領域であるという相違点があります。教科である生活科には目標，内容ともに学習指導要領に示されており，他方，領域である総合的な学習の時間は，教科の枠組みを超えて，学校の創意工夫によってカリキュラムが編成されなければならないという大きな違いがあります。しかし，両者ともに既存の学問体系に依拠して教科内容を構成するものではなく，また指導方法において体験を重視し，学び方，生き方を学ぶという点において共通することから，両者は相互関係にあるといってよいでしょう。

（伊藤実歩子）

▷4 同校での現代の「しごと」実践に関しては，田中耕治編著『「総合学習」の可能性を問う──奈良女子大学文学部附属小学校の「しごと」実践に学ぶ』ミネルヴァ書房，1999年を参照。XV-2 も参照。

▷5 「しごと」のほかに独自のカリキュラムを形成している，「けいこ」は特定の目標に応じた分科的な学習形態を，「なかよし」は様々な集団による自治活動をその内容としている（天野正輝編著『総合的学習のカリキュラム創造』ミネルヴァ書房，1999年，148-150頁）。

▷6 のちに，2008年版の学習指導要領では，生活科の合科的で体験を中心とした学習は，生活科に限定するのではなく，全教科，領域にまたがるものとすることが強調された。小学校へ入学した子どもが幼稚園や保育所，認定こども園などの遊びや生活を通した学びと育ちを基礎として，主体的に自己を発揮し，新しい学校生活を創り出していくためのスタートカリキュラムの導入である。スタートカリキュラムでは，自立，成長，安心をキーワードに，生活科の合科的な指導を中心にして，幼児教育における5領域から小学校教育の教科学習（系統的な学習内容を，教科書を主たる教材としてする学習）への円滑な移行を，発達段階の連続性を踏まえて工夫することが求められている。XV-8 も参照。

（参考文献）

中野重人『生活科教育の理論と方法』東洋館出版社，1992年。

天野正輝編著『総合的学習のカリキュラム創造』ミネルヴァ書房，1999年。

7 1998年版学習指導要領：「生きる力」と「総合的な学習の時間」

 「生きる力」の登場

　1996年7月，中央教育審議会において答申「21世紀を展望した我が国の教育の在り方について――子供に『生きる力』と『ゆとり』を」で，新しい学校教育のあり方が提示されました。このタイトルにある「生きる力」とは，「自ら学び，自ら考え，主体的に判断し，行動し，よりよく問題を解決する資質や能力」「自らを律しつつ，他人とともに強調し，他人を思いやる心や感動する心など，豊かな人間性」「たくましく生きるための健康や体力」と定義されました。これを踏まえ，1998年の中央教育審議会の答申においては，改訂の基本方針として次の4点が示されました。①豊かな人間性や社会性，国際社会に生きる日本人としての自覚を育成すること，②自ら学び，自ら考える力を育成すること，③ゆとりのある教育活動を展開する中で，基礎基本の確実な定着を図り，個性を生かす教育を充実すること，④各学校が創意工夫を生かし特色ある教育，特色ある学校づくりを進めること。

　この答申を受けて改訂された学習指導要領では，①小学校第3学年以上に「総合的な学習の時間」の創設，②それに伴い，各教科の基礎・基本にもとづいた教育内容の削減（いわゆる3割削減），③完全学校週5日制などが大きな特徴とされました。

▷1　ゆとり教育政策は，教育の現代化カリキュラムを反省した1977年の学習指導要領改訂（XV-5参照）で打ち出されて以降，継続されていた方針であったが，1998年版の教育内容の3割削減や完全週5日制などをとくに指して「ゆとり教育」，あるいはそれで育った世代を「ゆとり教育世代」と呼ぶ場合がある。

 「総合的な学習の時間」の導入

　「総合的な学習の時間」は次のようなねらいを持っています。①自ら課題を見つけ，自ら学び，自ら考え，主体的に判断し，よりよく問題を解決する資質能力を育てること，②情報の集め方，調べ方，まとめ方，報告や発表・討論の仕方などの学び方やものの考え方を身につけること，③問題の解決や探究活動に主体的，創造的に取り組む態度を育成すること，④自己の生き方についての自覚を深めること。

　このような教科横断的，合科的な学習や，学び方を学ぶ学習が導入されたのは，環境，国際化，福祉，人権，情報など，既存の教科や学問の枠組みでは解決が困難な問題に直面する時代背景がありました。そのような時代にあって，分科主義の教育課程に総合化の方向性が打ち出されたことは，日本の教育課程の歴史の中でも画期的なことでした。しかし，日本には，上述のような社会の

表15.7.1　和光小学校の「総合学習」の事例

教科学習と総合学習の相互環流の例
　　四年生は「総合学習多摩川」に取り組む。学習の入り口は「魚とり大会」である。親の協力も得て，投網，お魚キラー（魚をとる道具）を駆使して一日多摩川で遊ぶ。夢中になって川遊びをする経験をもっていなかった子どもたちに少年期らしい喜びが生まれてくる。子どもたちは，魚とりに夢中になる。ときどき多摩川に出かけるようになる。
　　教室ではとってきた魚の飼育が始まる。大型水槽が六つも七つも並ぶ。一方「多摩川に住む魚」「鳥」「草花」「水質のよごれ」「多摩川でとれる化石」などの研究グループができる。子どもたちは今度は自分たちの課題をもって多摩川に行く。調査に行くのもハイキング気分である。
　　ところで，面白いことに調査の中間発表で，それぞれのグループの共通の「問題」にぶつかった。魚を研究していた子どもたちは，その場所に住む魚で水の質がわかることを聞き取ってくるし，鳥研究グループは釣り糸で足をなくした鳥を見つけてくる。多摩川の環境汚染の問題へとぶつかってきたのである。こうした総合学習の発展は，社会科や理科の教科学習への問題意識を高めずにおかない。…（後略）…

出所：丸木政臣・行田稔彦編著『和光小学校の総合学習の授業——つくる・育てる・調べ，考える子どもたち』民衆社，1990年，225-226頁。

問題に着目し，合科的で教科横断的な学習，問題解決学習の必要性を認識した実践の蓄積がありました。たとえば，東京都の私立和光小学校の「総合学習」（表15.7.1），長野県伊那市立伊那小学校の「総合学習」，和歌山県のきのくに子どもの村学園の実践などです。[2]

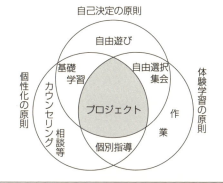

図15.7.1　きのくに子どもの村学園の活動形態

出所：丸山裕子「基地づくりから展望台まで」天野編著，1999年，166頁。

③ 学力低下論争

　新しい時代に向けて打ち出された1998年版学習指導要領でしたが，その全面実施前にすでに批判にさらされることとなりました。発端は，分数ができない大学生がいることを指摘した一冊の本からでした。[3]それは，教科の学習を軽視し，総合的な学習の時間を実施すれば，子どもたちの学力はますます低下するという主張でした。それに対して，学力は大きく低下していないが学力格差が拡大している，あるいは子どもたちの学習意欲が低下していることが問題であるといった主張もなされ，「学力低下」論争が起こりました。このような動向を受けて，文科省は，2002年1月に「学びのすすめ」アピールを出し，2003年[4]に学習指導要領の一部改正に至りました。「学びのすすめ」では，基礎的・基本的な知識の習得を促す「確かな学力」の重視を打ち出し，学習指導要領に示す各教科などの内容は，どの学校においても扱わなければならない「最低基準」であるとの見解が示されました。このことによって，習熟度別学習や少人数授業などが急速に学校現場に浸透しました。[5]

（伊藤実歩子）

▷2　きのくに子どもの村学園の学習形態は，生活のいろいろな問題に学習題材を求め，具体的な作業を中心とする活動である「プロジェクト」，算数に相当する「かず」や国語に相当する「ことば」を学習する「基礎学習」，手芸や木工，芸術，英会話などの活動を選択する「自由選択」の三つからなる（図15.7.1参照）（天野正輝編著『総合的学習のカリキュラム創造』ミネルヴァ書房，1999年，168-169頁）。[Ⅷ-5]も参照。また，和光小学校やきのくに子どもの村学園の具体的な教育実践に関しては，田中耕治編著『時代を拓いた教師たち』（2005年），『時代を拓いた教師たちⅡ』（2009年），日本標準も参照のこと。
▷3　岡部恒治・西村和雄・戸瀬信之編『分数ができない大学生』東洋経済新報社，1999年。
▷4　西村和雄らと文部科学省（当時）の寺脇研，教育社会学者の苅谷剛彦，教育方法学者の佐藤学などの論考が注目された。
▷5　また，「学びのすすめ」では，指導にあたっての重点などが5点にわたって具体的な方策として示された。①きめ細やかな指導で，基礎・基本や自ら学び自ら考える力を身に付ける。②発展的な学習で，一人一人の個性等に応じて子どもの力をより伸ばす。③学ぶことの楽しさを体験させ，学習意欲を高める。④学びの機会を充実し，学ぶ習慣を身に付ける。⑤確かな学力の向上のための特色ある学校づくりを推進する。

参考文献
　天野正輝『総合的学習のカリキュラム開発と評価』晃洋書房，2000年。

**8　2008年版学習指導要領：
「知識基盤社会」と「確かな学力」**

　「知識基盤社会」

　2000年代に入り，「ゆとり教育」の是非をめぐる教育論争がさらに加熱しました。その発端は，2004年，経済協力開発機構（OECD）が主催したPISA2003の結果が公表され，日本の生徒の「読解力」の低下が顕著になったことでした。PISAにおける「読解力」は，旧来の読み書き能力とは異なり，情報を活用して解釈したり熟考・評価したりする力を試すものです。2005年に，文部科学省が中心となって「読解力向上委員会」を組織し，PISA型「読解力」の向上に関する具体的な改善の取り組みを促す「読解力向上プログラム」を発足させました。2007年4月，悉皆調査としては第二次世界大戦後2度目である「全国学力・学習状況調査」が47年ぶりに実施されたこともその取り組みの一環でした。

　こうした流れの中，2008年版学習指導要領では，「知識基盤社会」における「生きる力」を育むことを基本方針としました。「知識基盤社会」とは，「新しい知識・情報・技術が政治・経済・文化をはじめ社会のあらゆる領域での活動の基盤として飛躍的に重要性を増す社会」であるとされています。¹

　また，「知識基盤社会」を担う子どもたちに必要な「生きる力」は，「基礎・基本を確実に身に付け，いかに社会が変化しようと，自ら課題を見つけ，自ら学び，自ら考え，主体的に判断し，行動し，よりよく問題を解決する資質や能力」を総合した「確かな学力」，「自らを律しつつ，他人とともに協調し，他人を思いやる心や感動する心など」の「豊かな人間性」，そして「たくましく生きる」ための「健康や体力」などであると定義されています。その具体的な教育課程の基準の方針は，以下の四つです。

①豊かな人間性や社会性，国際社会に生きる日本人としての自覚を育成すること

②自ら学び自ら考える力を育成すること

③ゆとりある教育活動の中での基礎・基本の確実な定着を図ること

④各学校の創意工夫による特色ある学校づくりを進めること

2　「確かな学力」の3要素と「キー・コンピテンシー」

　2007年に改正された学校教育法においては，生きる力と関連づけて，①「基礎的な知識及び技能」の習得，②「基礎的な知識・技能を活用して課題を解決

▷ 1　「知識基盤社会」の特徴として，2005年の中央教育審議会の「我が国の高等教育の将来像」という答申の中で，次のようなことが挙げられている。
　①知識には国境がなく，グローバル化が一層進む。
　②知識は日進月歩であり，競争と技術革新が絶え間なく生まれる。
　③知識の進展は旧来のパラダイムの転換を伴うことが多く，幅広い知識と柔軟な思考力に基づく判断が一層重要になる。
　④性別や年齢を問わず参画することが促進される。

するために必要な思考力，判断力，表現力」等，③「主体的に学習に取り組む態度」が学力の3要素として規定されました。そこでは，「ゆとり教育」の是正に向けて，「生きる力」の中核である「確かな学力」を育むために，活用する学習活動（活用型学習）を通して，基礎・基本的な知識・技能の育成（習得型学習）と自ら学び自ら考える力の育成（探究型学習）を総合的に実現することがめざされました。

　また，2008年の中央教育審議会答申では，「生きる力」はOECDが提案した「キー・コンピテンシー」という考え方を「先取していた」との見解が示されました。「キー・コンピテンシー」は，OECDが1997年に組織したDeSeCo（Definition and Selection of Competencies：Theoretical and Conceptual Foundations）という研究プロジェクトの中で定義づけられました。具体的には，①社会・文化的，技術的ツールを関連づけながら活用する力，②多様な社会グループにおける人間関係形成能力，③自立的に行動する能力，という三つのカテゴリーで構成されています。

③ 「思考力」「判断力」「表現力」の育成

　改訂の具体的な手立てについて，教育課程の基本的な枠組みの変更と教育内容の改善という二つの側面からとらえることができます。まず，教育課程の基本的な枠組みについては，①小・中学校では国語・社会・算数などの主要教科を中心に授業時数が増加したこと，②総合的な学習の時間に関しては，小・中学校においては週1コマ程度縮減し，高等学校においては弾力的な扱いが求められていること，③学校週5日制を維持しつつ，探究活動や体験活動等を行う場合には土曜日を活用すること，という3点が特徴的です。次に，教育内容に関する改善のポイントは，次の六つにまとめられます。①国語のみならず教科横断的に記録・説明・論述といった言語活動を充実させること，②科学技術の土台である理数教育を充実させること，③音楽科での唱歌・和楽器，保健体育科での武道などにより伝統や文化に関する教育を充実させること，④国際化への対応として小学校高学年から外国語活動を導入すること，⑤豊かな心や健やかな体をはぐくむために道徳教育・体験活動・体育を充実させること，⑥現代社会の課題に対応するために，教科等を横断して，情報モラル教育，環境教育，キャリア教育，食育や部活動に対する理解を深めることなどがあります。

　総じて，「確かな学力」の定着のため，教科外教育としての「総合的な学習の時間」を大幅に見直すとともに，教科教育の中でも「思考力」「判断力」「表現力」を育む「活用型学習」を一層重視するようになりました。学校現場において，教科と総合の双方を還流させながら物事の本質をとらえる見方・考え方を養うことが肝要になるでしょう。

　　　　　　　　　　　　　　　　　　　　　　　　　　　　（鄭　谷心）

▶2　中央教育審議会総会「幼稚園，小学校，中学校，高等学校及び特別支援学校の学習指導要領等の改善について（答申）」2008年1月17日。

▶3　ライチェン，D.S.・サルガニク，L.H.著，立田慶裕監訳『キー・コンピテンシー――国際標準の学力をめざして』明石書店，2006年。国立教育政策研究所編『生きるための知識と技能――OECD生徒の学習到達度（PISA）2006年国際結果報告』ぎょうせい，2006年。

（参考文献）

　水原克敏『学習指導要領は国民形成の設計書――その能力観と人間像の歴史的変遷』東北大学出版会，2010年。

　田中耕治・水原克敏・三石初雄・西岡加名恵『新しい時代の教育課程　第3版』有斐閣，2011年。

　松尾知明『教育課程・方法論――コンピテンシーを育てる授業デザイン』学文社，2014年。

　西岡加名恵編著『教職教養講座　第4巻　教育課程』協同出版，2017年。

9 2017年版学習指導要領：資質・能力ベースによる教育課程の一体改革

1 資質・能力ベースの一体改革の趣旨と背景

▷1　新学習指導要領では，態度主義や主体性・協働性が一面的に強調される傾向を是正すべく，教科の本質に迫る深い学びを構想する鍵として，「見方・考え方」という概念を提起している。中教審答申では，「見方・考え方」について，「各教科等で習得した概念（知識）を活用したり，身に付けた思考力を発揮させたりしながら，知識を相互に関連付けてより深く理解したり，情報を精査して考えを形成したり，問題を見いだ

　グローバル社会，知識基盤社会，成熟社会等と呼ばれ，個別化・流動化が加速する現代社会（ポスト近代社会）では，生活者，労働者，市民として，他者と協働しながら「正解のない問題」に対応する力や，生涯にわたって学び続ける力など，高度で汎用的な知的・社会的能力が必要とされています。こうした社会から学校への能力要求の変化を受け，2017年版学習指導要領では，内容知識（「何を学ぶか」）だけでなく，資質・能力（「何ができるようになるか」）も意識的に育成することがめざされています（資質・能力ベースの改革）。

　学習指導要領改訂の方向性をまとめた図15.9.1は，「社会に開かれた教育課程」の実現に向けて，「何を学ぶか」「どのように学ぶか」「何ができるようになるか」をトータルに改革しようという新学習指導要領の趣旨をよく表しています。2017年改訂では，アクティブ・ラーニング（主体的・対話的で深い学び）に注目が集まりがちですが，何のためのアクティブ・ラーニングかと言えば，それはコンピテンシーや資質，能力を育むためです。また，そういった資質・能力を評価するには，ペーパーテストだけでは不十分なので，多様な評価方法の工夫が提起され，とくに，知識・技能を活用して思考したり実践したりできるかどうかを，実際にやらせてみて評価するパフォーマンス評価が有効だということになります。さらに，これらの新しい取り組みを行うためには，教

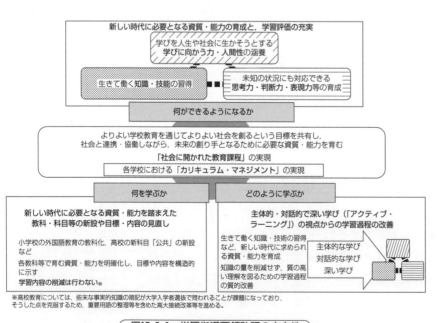

新しい時代に必要となる資質・能力の育成と，学習評価の充実

学びを人生や社会に生かそうとする
学びに向かう力・人間性の涵養

生きて働く知識・技能の習得

未知の状況にも対応できる
思考力・判断力・表現力等の育成

何ができるようになるか

よりよい学校教育を通じてよりよい社会を創るという目標を共有し，
社会と連携・協働しながら，未来の創り手となるために必要な資質・能力を育む
「社会に開かれた教育課程」の実現

各学校における「カリキュラム・マネジメント」の実現

何を学ぶか

新しい時代に必要となる資質・能力を踏まえた
教科・科目等の新設や目標・内容の見直し

小学校の外国語教育の教科化，高校の新科目「公共」の新設など
各教科等で育む資質・能力を明確化し，目標や内容を構造的に示す
学習内容の削減は行わない※

どのように学ぶか

主体的・対話的で深い学び（「アクティブ・ラーニング」）の視点からの学習過程の改善

生きて働く知識・技術の習得など，新しい時代に求められる資質・能力を育成
知識の量を削減せず，質の高い理解を図るための学習過程の質的改善

主体的な学び
対話的な学び
深い学び

※高校教育については，従来の事実的知識の暗記が大学入学者選抜で問われることが課題になっており，
そうした点を克服するため，重要用語の整理を含めた高大接続改革等を進める。

図15.9.1　学習指導要領改訂の方向性

出所：中央教育審議会「幼稚園，小学校，中学校，高等学校及び特別支援学校の学習指導要領等の改善及び必要な方策等について（答申）【概要】」http://www.mext.go.jp/b_menu/shingi/chukyo/chukyo0/toushin/1380731.htm（2017年12月11日閲覧）

師の力量形成や学校のチームとしての取り組みや人的・物的リソースの調達が必要となるため，カリキュラム・マネジメントが求められる，といった具合です。このように，2017年版学習指導要領は，資質・能力の育成に向けて，目標，指導，評価の一体改革を進めようとするものです。

② 2017年版学習指導要領の課題

　資質・能力ベースの改革をどう具体化するかという点に関して，資質・能力の三つの柱の提案を，学力の3要素で知識・技能以上に思考力・判断力・表現力や主体的態度を重視するものと捉えると，1990年代の「新しい学力観」がそうであったように，内容の学び深めとは無関係な関心・意欲・態度の重視と知識習得の軽視（態度主義）に陥りかねません。また，汎用的スキルの必要性が叫ばれる中で，思考する必然性のないところで思考スキルと思考ツールの直接的指導が行われることで，授業の形式化が危惧されます。さらに，コンピテンシーとして非認知的能力が含まれていることを過度に強調し，教科横断的なコミュニケーションや協働や自律性の育成の名の下に，どんな内容でも主体的に協力しながら学ぶ個人や学級をつくることに力点が置かれるなら，いわば教科指導の特別活動化が生じ，教科の学習（認識形成）が空洞化しかねません。「社会に開かれた教育課程」，いわば「真正の学習」をめざす方向で，教科横断的な視野で既存の教科学習のイメージにとらわれずに，対話的な学びと主体的な学びを，対象世界の理解と各教科の見方・考え方の育成に向かう深い学びと切り離さずに，統合的に追求していくことが求められます。

　また，学習指導要領改訂に伴い，小学校では3～6年で英語の授業が週1こま増え，プログラミング教育などが新たに盛り込まれるなど，学習内容と授業時間が増えます。しかも，主体的・対話的で深い学びの実施も求められる状況で，教師の授業準備や研修の機会も含めて，時間をどう確保しマネジメントするかが課題となっています。さらに，そもそも時間をかけて学び深めるべき内容を精選することも，現場レベルで対応せざるをえない状況です。

　制度的な枠組みが体系的に整備され，新しい学びへの精密な見取り図が示されても，最終的にそれが実現されるかどうかは，現場の教師たち一人一人の，教師集団としての力量いかんにかかっています。しかし，学校不信と教育万能主義が同居する中で，教師たちは多忙の中で仕事の手応えも得られず専門職としての誇りも失ってはいないでしょうか。学習指導要領を，教師や子どもたちを疲弊させるものでなく，子どもたちの学びの充実につなげる現場の創意工夫を生み出すきっかけとしていくためにも，各学校の自助努力とは別に，教師の労働環境の改善や学校や教職への信頼・尊敬の回復といった教育改革に向けての行政による条件整備は急務と言えます。

（石井英真）

して解決策を考えたり，思いや考えを基に創造したりする」学びの過程の中で，「"どのような視点で物事を捉え，どのような考え方で思考していくのか"という，物事を捉える視点や考え方も鍛えられていく」と述べている（33頁）。たとえば，数学的な見方・考え方であれば，「事象を，数量や図形及びそれらの関係などに着目して捉え，論理的，統合的・発展的に考えること」といった具合である。「見方・考え方」は，教科の内容知識と教科横断的な汎用スキルとをつなぐ，各教科に固有の現実（問題）把握の枠組み（眼鏡となる原理：見方）と対象世界（自然や社会など）との対話の様式（学び方や問題解決の方法論：考え方）ととらえることができる。

（参考文献）

　安彦忠彦『「コンピテンシー・ベース」を超える授業づくり』図書文化社，2014年。

　石井英真『今求められる学力と学びとは――コンピテンシー・ベースのカリキュラムの光と影』日本標準，2015年。

　石井英真『中教審「答申」を読み解く』日本標準，2017年。

　松下佳代・京都大学高等教育研究開発推進センター編『ディープ・アクティブラーニング』勁草書房，2015年。

　奈須正裕『「資質・能力」と学びのメカニズム』東洋館出版社，2017年。

　西岡加名恵『教科と総合学習のカリキュラム設計――パフォーマンス評価をどう活かすか』図書文化社，2016年。

1　中国のカリキュラム

 「応試教育」から「素質教育」へ

　世界の試験制度史の源流とされる「科挙」制度（605〜1905年）を編み出した中国ですが，近年，加熱していた受験偏重教育によってもたらされた弊害をいかに克服すべきかが，教育界に止まらず社会的にも大きな課題となりました。

　実際のところ，現代中国の教育課程改革はいくつかの波を経て現在に至っていると言われています。1949年に中華人民共和国が成立した当初，ソ連の教育制度と教育方法をそのまま導入し，科学中心主義の教材を用いていました。1958年，それまで難易度が高すぎると批判された教育内容の精選が行われました。とりわけ，生産労働が謳歌され，各地で普通教育と職業教育を並行させて多様な教育活動が行われました。しかし，教育改革における無秩序の問題が顕著化し，それを克服するために，1961年に教育部は基礎教育においてトップダウン式のカリキュラム編成と運営を採用し，国定制と検定制を融合するような教科書制度を打ち出しました[1]。

　一方，文化大革命時期（1966〜1976年）になると，それまで構築した教育システムがすべて否定され，革命路線に沿った教育課程の編成が求められるようになりました。また，「開門試験」という農村での調査の報告書を書かせる試験の形式が提唱され，実質的には正常な教育活動が行われていなかったのです。そんな混乱した局面を打破したのは，文革が終焉し，1978年に行われた全国統一試験でした[2]。これを機に，中国各地で受験熱が再燃しました。当時の受験競争は，小学校段階から，受験名門校化していた「重点学校」入学をめぐって激しくなっていました。

　このような受験偏重教育が「応試教育」という名で批判されるようになったのは，1990年代に入ったころでした。それから，「徳・知・体・美・労」の全面発達をめざした「素質教育」へ転換することが謳われるようになっています[3]。これが現在，中国のカリキュラム改革の基本路線となっています。

2　中央集権から地方分権へ，「教学大綱」から「課程標準」へ

　2001年6月に教育部によって公布された「基礎教育課程改革綱要」が現在，中国で進められている教育課程改革の拠り所となっています。同年7月に，従来の「課程計画」に代わる「義務教育課程設置実験方案」が示されました。こ

▷1　謝翌・馬雲鵬・張治平「新中国真的発生了八次課程改革嗎 Is it true that the curriculum reform has been really carried out for eight times in new China?」『教育研究 EDUCATIONAL RESEARCH』第2号，2013年。

▷2　中国共産党中央委員会「高等学校招生進行重大改革（重大な大学入試改革，ただ今進行中）」「人民日報」1978年4月6日付。

▷3　徐達・蔣長好主編『素質教育全書』経済日報出版社，1997年。素質教育に関してその概念規定を行い，さらに各地での典型例を紹介した1700頁弱に及ぶ大作である。

▷4　諏訪哲郎「序章　沸騰する中国における沸騰する教育と教育改革」諏訪哲郎・王智新・斎藤利彦編著『沸騰する中国の教育改革』東方書店，2008年，18-19頁。

れに伴い，従来の国によって決定された「教学大綱」を，地域や学校の実態に応じて弾力的運営が可能な「課程標準」へと移行しました。

分権化が進むにつれ，地方および学校が自主的に編成できるカリキュラムの時間数が，小中学校における総授業時間数の9.5％確保されており，各地方・各学校独自のカリキュラムと授業が成立しています。さらに，上からの改革だけではなく，それに連動する草の根の改革の動きが活発になり，教師の役割も従来の「カリキュラムの実行者」から「教材・カリキュラムの開発者」へと転換してきました。

また，それまでの「教学大綱」では，各科目の「教育目標」は知識と技能にかかわるものしか記述されていませんでした。それが「課程標準」になると，「知識と技能」のみならず「過程（プロセス）と方法」「感情・態度と価値観」といった観点からも「課程目標」の記述が行われるようになりました。これを受けて，評価の基準や方法も，「課程標準」に設定された新しい「課程目標」に準拠したものが求められるようになっています。

③ 「伝達中心教学」から「探究中心教学」へ

2010年，中国政府は「国家中長期教育改革と発展計画綱要（2010-2020年）」を公布し，今後の教育改革の方向性を示しました。そこには，素質教育の先進地区である上海市の成果と経験を活かし，「徳育優先」および「学習能力」「実践能力」「創造能力」を重視する資質・能力観がベースとなっています。また，教育システムの改革としては，①多様な選択ができる人材養成の理念の更新，②学びと思考の結合・知行統一・個に応じた教育からなる人材養成モデルの創造，③以上の理念と目標にもとづいた，総合的な資質評価ができるような教育の質的評価と人材評価制度の改革という三つの方針が打ち出されました。

なかでも，中国教育の発展性を象徴する上海市について，その教育発展レベルを2020年までに世界のトップレベルに到達させることを目標として掲げています。2009年と2012年のPISAで，上海市が連続して世界首位の成績を誇ったのは，中国政府の期待に添えたものであると言えます。上海市では，1980年代から独自のカリキュラム改革を進めており，その中でも従来の教師による「伝達中心教学」から児童生徒による「探究中心教学」への転換が注目されています。また，1999年に「上海市学生評価手帳」を独自に編成し，相対評価，到達度評価と自己評価を結合した評価方法を取り入れました。中国にとって今後の上海教育の取り組みにますます注目が集まる一方で，他の地域との教育格差の拡大をいかに解消すべきかが，直面する課題となるでしょう。

（鄭　谷心）

▷5　国務院「上海市中長期教育改革・発展計画綱要（2010-2020年）」「国家中長期教育改革・発展綱要（2010-2020年）」2010年，「付録」参照。

▷6　鄭谷心「上海におけるカリキュラムと評価改革の展開」田中耕治編著『グローバル化時代の教育評価改革──日本・アジア・欧米を結ぶ』日本標準，2016年，23-24頁。ここ三十数年にわたる上海市の教育改革をカリキュラム改革と評価改革の二側面から整理し，分析したもの。

＊中国の学校階梯図については以下のウェブサイトを参照のこと。文部科学省「諸外国の教育統計」平成28（2016）年版（http://www.mext.go.jp/b_menu/toukei/data/syogaikoku/1379305.htm　2018年1月23日閲覧）。

（参考文献）

小島麗逸・鄭新培『中国教育の発展と矛盾』御茶の水書房，2001年。

諏訪哲郎・王智新・斎藤利彦編著『沸騰する中国の教育改革』東方書店，2008年。

袁振国著，鄭谷心訳「中国の教育改革構想──これからの十年」辻本雅史・袁振国監修，南部宏孝・高峡編著『東アジア新時代の日本の教育──中国との対話』京都大学学術出版会，2012年。

水原克敏「中国」田中耕治・水原克敏・三石初雄・西岡加名恵編著『新しい時代の教育課程』有斐閣，2005年。

項純「中国における素質教育をめざす教育改革」田中耕治編著『グローバル化時代の教育評価改革──日本・アジア・欧米を結ぶ』日本標準，2016年。

韓国のカリキュラム

1 教育改革の展開

　現在（2017年）韓国では，これまでに経験したことのない教育課程（日本の学習指導要領に相当する）改革の「過度期」を迎えています。韓国の学校教育は，教育部[▷1]が教育政策を決定し，韓国教育課程評価院や韓国教育開発院[▷2]などで実質的な開発・改善を行っています。このような三つの機関が連携しながら教育改革が行われるようになったため，教育課程改訂のサイクルも4〜5年ごとになり，必要であれば随時改訂も可能になっています。これまで数回にわたる教育課程改訂の実施により，韓国の教育政策は然るべき形で定着してきました。第二次世界大戦後から「第7次教育課程（1997-2007年）」までは，10年ごとに教育課程が改訂されてきました。以後，「2007改訂教育課程（2009-2013年）」，「2009改訂教育課程（2011-2016年）」を経て，現在は，スローガンとして「文・理系統合型」を掲げている新しい「2015改訂教育課程（2017-2020年）」が，小学校1・2年生を中心に段階的に実施されているところです[▷3]。

2 「2015改訂教育課程」の特徴

　現行「2015改訂教育課程」では，学校教育を通して，すべての児童・生徒が人文，社会，科学技術に対する基礎リテラシーを高め，人文学的・科学技術的想像力を身につける，創意・融合型人材を養成する教育をめざしています。また，「2015改訂教育課程」の総論を確認すると，小・中・高等学校において教育が追求する人間像は，自主的な人，創意的な人，教養がある人，他者とともに生きる人であり，その下位のコンピテンシーとして，六つのキー・コンピテンシーを教育目標（表16.2.1）としています[▷4]。

　これは，OECD による国際学力調査 PISA がもつ学力概念であり，各国の教育政策に影響を与えている DeSeCo のキー・コンピテンシーをかなり意識して設定されていると考えられます。

▷1　日本の文部科学省に相当する。

▷2　日本の庁に相当する。

▷3　第6次教育課程，第7次教育課程，2007改訂教育課程の詳細については，以下の論文を参照のこと。
　趙卿我「韓国のパフォーマンス評価に関する政策の展開──科学の教育課程改革に焦点をあてて」『カリキュラム研究』第21号，2012年，71-84頁。

▷4　韓国では，キーコンピテンシーを「核心力量」と訳している。

表16.2.1　韓国におけるキー・コンピテンシーとその意味

キー・コンピテンシー	意味
自己管理コンピテンシー	アイデンティティや自信を持ち，自身の生き方や進路に必要な素質や能力を備え，自己主導的に生きる能力
知識情報処理コンピテンシー	問題を合理的に考え解決するために，多様な領域の知識や情報を活用する能力
創意的思考コンピテンシー	幅広い知識をもとに多様な専門分野の知識，技術，経験を融合的に活用し，新しいものを創出する能力
審美的感性コンピテンシー	人間に対する共感的理解と文化的感受性をもとに，生きることの価値を発見し，交流する能力
コミュニケーションコンピテンシー	様々な状況の中で自身の考えや心情を効果的に表現しながら，他者の意見を聞き，尊重する能力
共同体コンピテンシー	地域・国家・世界共同体の構成員として要求される価値観や態度を備え，共同体の発展に積極的に参加する能力

出所：韓国教育部「2015改訂教育課程」の総論より一部抜粋。

「2015改訂教育課程」の人間像とキー・コンピテンシーは，児童・生徒の未来を見据えた様々な重要な能力を備えることの提案であり，学校教育を通して実現していくための教育改革を方向づけるものとして必要であると考えられます。しかし，そうした能力を育成することで子ども一人ひとりの豊かな学びの実現ができるのか，また，子どもたちが将来どのような社会を築き，どうかかわっていくのかは，明らかに示されていないのが現状です。「2015改訂教育課程」の内容の特徴は，以下の三つにまとめることができます。

一つ目は，人文，社会，科学技術に関する基礎リテラシーとともに，人文学的想像力と科学技術の創意性の育成をめざしていることです[5]。とくに，高等教育では，文科・理科の区分がなくなり，共通科目として「統合社会」と「統合科学」などの共通科目が新設されています。これは，今までの教育改革とはいちじるしく異なるパラダイムの転換ではありますが，一方で，抜本的な見直しにはなっていないという否定的な声もあがっています。この改訂の背景には，これまでの文系・理系に両分化された教育課程編成により，基礎・基本的な学力に関して知識の偏重が見られたことへの反省があります。ところが，各教科の特質や異なる教科を融合する意味をどうとらえ，どのように構想し実践するのかが明確にされていないため，これからの課題として問われているところです。

二つ目は，授業改革や評価方法に関するさらなる改善が行われていることです。韓国において，パフォーマンス評価の概念が導入されたのは日本よりもかなり早く，1990年代初頭のことです。その後，具体化への様々な議論や取り組みを経て，1999年以降，教育政策として，パフォーマンス評価の実施・普及が推進されてきました。そのため，共同学習，討論，体験学習，プロジェクト授業など児童・生徒を中心とする参加型の授業がメインとなりました。ただし，教育現場レベルでの実践においては課題も残されています。今回の改訂ではパフォーマンス評価の比重の拡大に伴い，子どもの成長に合わせたフィードバックが実施される予定です。これは，子ども一人ひとりの学びにつながるプロセスや成長と発達過程そのものを記録し，個別評価を中心とするもので，子どもの手続き的知識の習得が重視されています[6]。

三つ目は，小学校において「安全教育」と「ソフトウェア教育」が新設されていることです。韓国では，修学旅行中のフェリーの転覆事故[7]があり，この事故をきっかけに児童・生徒の安全教育に対する関心が強まったことから，教育の最大の目標として認識されるようになりました。そこで，小学校の1・2年生の早い段階から「安全な生活」を教科として，災害や事故から自分の身を守ることに関して深く考える時間が週1時間設けられています。

また，中・高等学校で行われているICT教育の中に，小学校の5・6年生の段階からソフトウェア教育が追加され，21世紀のリテラシーである計算論的思考（computational thinking）教育に以前より力が入れられています。（趙　卿我）

▷5　つまり，各教科の固有な知識よりは，創造的思考力のある人材育成と教科融合教育という理想的な教育理念の実現をめざしている。

▷6　このような評価法は，教授・学習両方の過程にもなり，それを促進することにもつながっていくと考えられる。

▷7　韓国フェリー転覆事故（セウォル号沈没事故）は，2014年4月16日に韓国の大型旅客船の「セウォル（世越）」が，海上で転覆・沈没した事故である。この事故により修学旅行中の高校生が多数亡くなったため，2014年の10代の死因の第1位は運輸事故となった。

＊韓国の学校階梯図については以下のウェブサイトを参照のこと。文部科学省「諸外国の教育統計」平成28（2016）年版（http://www.mext.go.jp/b_menu/toukei/data/syogaikoku/1379305.htm　2018年1月23日閲覧）。

（参考文献）
韓国統計庁「Death rates for the 10 leading causes of death by age」2014年。（http://kostat.go.kr/portal/korea/index.action 2017年4月30日閲覧）

アメリカ合衆国のカリキュラム

 ## アメリカのスタンダード運動の展開

　従来，地方分権的な教育システムを続けてきたアメリカにおいても，1980年代以降，連邦，州レベルでの共通教育目標（「スタンダード（standard）」）が設定され，それにもとづいて教育や評価が行われています。1983年，アメリカの子どもたちの学力低下の危機を訴えた報告書『危機に立つ国家』が発表されたのをきっかけに，子どもたちに共通に身につけさせたい内容や能力を，連邦，州政府レベルでスタンダードとして定める作業が開始されました（「スタンダード運動（standards movement）」）。その際，州政府レベルのスタンダードの設定を支援するため，民間の各教科専門団体により，ナショナル・スタンダードも開発されました。1989年3月，NCTM（National Council of Teachers of Mathematics）によって開発された算数・数学科のスタンダードをモデルに，他教科においてもスタンダードの開発が本格的に始まります。この各教科のナショナル・スタンダードをもとに，各州でスタンダードとそれを軸にした教育システムが確立されていきました。

 ## アメリカのスタンダードの特徴

○ナショナル・スタンダードの発想

　ナショナル・スタンダードは，全国一律に実施すべき教育内容を定めたナショナル・カリキュラム（例：日本の学習指導要領）とは異なる性格のものである点をまず理解しておく必要があります。ラヴィッチ（Ravitch, D.）によると，元来，スタンダードという用語には，戦闘の際に再結集する点を示す旗印（モデル・範例）と，数量，重さ，程度，価値など品質の計量のきまり（尺度・物差し）という二つの意味があると言います。それゆえ，各教科の専門団体の開発したスタンダードには，各教科で教えるべき知識・技能の提案のみならず，これからの学校教育が追求すべき方向性（ヴィジョン）や，カリキュラムや評価の設計・実施方法の原則も明記されています。また，スタンダード開発に際し，各地域で広く公論を組織し，丁寧な合意形成が図られている点も見逃せません。

　スタンダードは，各地域が独自に設計するカリキュラム，授業，評価の方向性を示すモデルであり，教育システムの質を判定する規準なのです。そこには，各地域の教育の自律性を尊重し支援しようとする姿勢が見て取れます。

○スタンダード設定の方法論

　アメリカのスタンダードは，各教科の知識や技能（「何を」：内容スタンダード（content standards））のみならず，内容スタンダードに対する習熟の程度（「何をどのレベルで」）の表現（「パフォーマンス・スタンダード（performance standards）」）として記述されます。また，教科の知識内容とは別立てで，領域横断的，あるいは，教科横断的な思考スキルがスタンダードとして設定されています。さらに，それは，各学年段階に固有の認識レベルとして記述されています。つまり，スタンダードは，内容知と方法知の両方について，螺旋的で長期的な発達過程を表現するものになっているのです。

③　スタンダードにもとづく評価システムの展開と課題

　1980年代以降のスタンダード運動の展開の中で，州の統一テスト（「標準テスト（standardized test）」）の結果を，学区や学校への予算の配分，教職員の処遇，保護者による学校選択と結びつける改革が進められつつありました。そして，2002年の「一人の子どもも落ちこぼさない（No Child Left Behind：NCLB）」法により，より大きな強制力のもとにこうした動きは全米化することになり，学区や学校に対して，州のスタンダードにもとづくアカウンタビリティが厳しく求められるようになりました。こうして，標準テストが子どもや学校にとって大きな利害のからむ「ハイステイクス（high-stakes）」なテストとしての性格を強めるに伴って，学校間競争が激化し，授業がテスト準備に矮小化されたり，教育困難校や低学力の子どもたちの切り捨てが進行したりしています。

　2010年には，全米共通のスタンダードの確立をめざして，「州共通コアスタンダード（Common Core State Standards）」（以下，コモン・コア）が発表されました。それは，21世紀型の学びや高次の学力に焦点を合わせて，目標，カリキュラム，授業，評価，教員養成など，教育システムの総体を一体のものとしてデザインし直すことを企図しています。そして，高次の学力を重視するコモン・コアと整合性を持たせるために，標準テスト（客観テスト）に代えてパフォーマンス評価を中心に据えたアカウンタビリティ・システムの構築がめざされています。「大学とキャリアへのレディネス（college and career readiness）」という学校教育の包括的なゴール（出口）に向けて，K-16（幼稚園から大学まで）の教育の内容・方法・システムを一貫させようとしているわけです。

　こうしたコモン・コアに向けた改革については，NCLB法のもとで「テストにもとづく教育改革」に矮小化された「スタンダードにもとづく教育改革」に対して，1990年代に高次の学力やプロジェクト型学習を推進すべく，標準テストに依らないアカウンタビリティ・システムを模索しようとした先進的な州や学区の取り組みを全米レベルで展開させようとする意図も見て取ることができます。その一方で，パフォーマンス評価のハイステイクス化や標準化による，現場への管理・統制の強化も危惧されます。　　　　　（石井英真）

＊アメリカの学校階梯図については以下のウェブサイトを参照のこと。文部科学省「諸外国の教育統計」平成28（2016）年版（http://www.mext.go.jp/b_menu/toukei/data/syogaikoku/1379305.htm　2018年1月23日閲覧）。

（参考文献）
　石井英真『増補版　現代アメリカにおける学力形成論の展開——スタンダードに基づくカリキュラムの設計』東信堂，2015年。
　現代アメリカ教育研究会編『カリキュラム開発を目指すアメリカの挑戦』教育開発研究所，1998年。
　橋爪貞雄『2000年のアメリカ—教育戦略——その背景と批判』黎明書房，1992年。
　松尾知明『アメリカの現代教育改革——スタンダードとアカウンタビリティの光と影』東信堂，2010年。
　Ravitch, D., *National Standards in American Education : A Citizen's Guide*, Brookings Institution Press, 1995.

4 # イギリスのカリキュラム

 1 ## ナショナル・カリキュラムの登場

　イギリスでは，1988年に戦後二番目と呼ばれる大きな教育改革がサッチャー（Thatcher, M. H.）政権によって行われました。この改革の基本路線は，親の学校選択権を強め，競争原理の導入によって学校改善を試み，長年の懸案であった子どもたちの学力達成水準を引き上げようとするものでした。こうした改革の一案として導入されたのがナショナル・カリキュラムです。

　イギリスでは，それまでカリキュラムの編成は各地方の教育委員会や学校に委託されていたため，日本の学習指導要領のようなカリキュラムに関する国の統一基準は存在しませんでした。改革は，そうした状況のもとで曖昧にされてきた望まれる学力水準を明確にするため，ナショナル・カリキュラムを導入したのです。そして，定められた学力水準が達成されているかを確認するためにナショナル・テストの実施にも踏み切りました。

*イギリスの学校階梯図については以下のウェブサイトを参照のこと。文部科学省「諸外国の教育統計」平成28（2016）年版（http://www.mext.go.jp/b_menu/toukei/data/syogaikoku/1379305.htm　2018年1月23日閲覧）。

 2 ## 学習プログラムと到達目標

　1988年の改革から30年間に，ナショナル・カリキュラムやナショナル・テストは何度かの改訂を経てきましたが，就学期（5〜16歳）を四つのKS（キー・ステージ）に分け，KSごとに教える教科とその内容・目標を示すという大枠は変わっていません。ただし，教えられる教科は，改訂を重ねる中で少しずつ変わってきました。2017年の時点で設定されている教科は，表16.4.1のようになっています。

　各教科の具体的なカリキュラムは，2014年以前は，「学習プログラム（Programms of study）」と「到達目標（Attainment targets）」によって構成されていました。「学習プログラム」は，各教科で教えられなければならない内容やスキルを規定したもので，「到達目標」とは，「学習プログラム」を通

表16.4.1　イギリスのナショナル・カリキュラムの概要

		キー・ステージ1	キー・ステージ2	キー・ステージ3	キー・ステージ4
	学年 （年齢）	1-2 (5-7)	3-6 (7-11)	7-9 (11-14)	10-11 (14-16)
中核教科	英語	○	○	○	○
	数学	○	○	○	○
	科学	○	○	○	○
基礎教科	アートとデザイン	○	○	○	
	シティズンシップ			○	○
	コンピューター	○	○	○	○
	デザインと技術	○	○	○	
	外国語		○	○	
	地理	○	○	○	
	歴史	○	○	○	
	音楽	○	○	○	
	体育	○	○	○	
	宗教教育	○	○	○	○
	性教育			○	○

出所：Department for Education, 2014 をもとに作成。

じて子どもたちが獲得する能力を表したものでした。「到達目標」は全KSを貫く形で八つのレベルとそれ以上の例外的な優れたレベルによって表示され，そして，KSごとに到達させるべきレベルが，たとえばKS1ではレベル2というように設定されていました。つまり，イギリスのナショナル・カリキュラムは「学習プログラム」によって学習内容を示し，それが子どもたちに学力として獲得された状態，すなわち学習した結果として子どもたちが身につける能力を「到達目標」のレベル記述によって明示していたのです。

　2014年の改訂では，以上のようなカリキュラムの枠組みが変更されました。改訂版ナショナル・カリキュラムでは，「到達目標」として定められていたレベル記述はなくなり，「学習プログラム」と「到達目標」は一体化し，「必要基準（requirement）」として明示されることになりました。表16.4.2は，KS2の数学の数領域（加減法）における「必要基準」を示したものです。以前に比べると，数学において教えるべき内容と目標がより詳細に規定されています。イギリスのナショナル・カリキュラムは，教育目標と内容，学習評価の基準とをセットにすることで，より明確な教育実践の指針を示すものとなったのです。その一方で，こうしたカリキュラムには，教師の教育実践を縛り，実践の画一化をもたらすのではないかとの危惧も出されています。

③ コンピテンシーの育成と教科内容

　イギリスでは，日本よりも早く，2000年ごろからコンピテンシーと呼ばれる汎用的能力の育成を教育目標として掲げてきました。たとえば，2000年のナショナル・カリキュラムでは，キー・スキルとして「コミュニケーション」「数字の活用」「情報技術」「他者との協同」「問題解決」などが挙げられ，各教科においても，これらのスキルを育成することが重視されてきました。2014年の改訂においても「数学的基礎能力と数学」と「言語とリテラシー」が，各教科において育成すべきコンピテンシーとして示されています。

　しかしながら，2014年の改訂に向けて提出された2011年の専門委員会報告では，コンピテンシー育成という目標を継承しつつも，その育成を各教科の知識理解や技能の獲得と切り離して考えるべきではないと提言されました。そのため，新しいナショナル・カリキュラムでは，従来のように教科教育の目標をコンピテンシーの育成として規定するよりも，子どもたちが習得すべき教科内容をより詳細に規定する方向に変化しています。コンピテンシーを汎用的能力として育てるのか，それとも教科学習という文脈の中で育てる教科の学力ととらえるのか，イギリスのナショナル・カリキュラムの変遷は，資質・能力というコンピテンシー育成を目標として掲げ始めた日本の教育を考える上でも参考になるでしょう。

（二宮衆一）

表16.4.2　数学の数領域（加減法）における「必要基準」

- 3桁（3桁と1桁，3桁と何十，3桁と何百）の足し算と引き算の暗算ができる。
- 筆算を利用した3桁の足し算と引き算ができる。
- 逆算などを利用して，計算間違いがないかを判断できる。
- 数字や桁の位置情報などをもとに，虫食い算などの問題が解ける。

出所：Department for Education, *Mathematics programmes of study: key stages 1 and 2 — National curriculum in England —*, 2013, p. 19.

参考文献

　二宮衆一「諸外国における教育課程の現状——イギリス」山崎準二編『教育課程』学文社，2006年。

　鋒山泰弘「『育成すべき資質・能力』をめぐる論議とカリキュラム改革の課題——2014年イングランドのナショナルカリキュラムの改訂をめぐる論点」『日英教育研究フォーラム』第19巻，2015年。

　国立教育政策研究所『資質・能力を育成する教育課程の在り方に関する研究報告書2——諸外国の教育課程と学習活動』2016年。

　Department for Education, *The Framework for the National Curriculum: A report by the Expert Panel for the National Curriculum review*, 2011.

　Department for Education, *Mathematics programmes of study: Key Stages 1 and 2 — National Curriculum in England —*, 2013.

　Department for Education, *National Curriculum in England: Framework for Key Stages 1 to 4*, 2014.

5　オーストラリアのカリキュラム

▷1　6州2直轄区とは，ニュー・サウス・ウェールズ州（NSW），ビクトリア州（VIC），クイーンズランド州（QLD），南オーストラリア州（SA），西オーストラリア州（WA），タスマニア州（TAS），首都直轄区（ACT），北部準州（NT）である。

▷2　たとえば，木村裕『オーストラリアのグローバル教育の理論と実践──開発教育研究の継承と新たな展開』東信堂，2014年なども参照。

▷3　ACARA
Australian Curriculum, Assessment and Reporting Authority. ACARA は，ナショナル・カリキュラムや全国学力調査の開発と実施に加えて，学校教育に関する全国的なデータの収集，「私の学校（My School）」ウェブサイトや報告書（National Report on Schooling in Australia）を通した報告なども行っている。

▷4　ただし，その導入方法はすべての州・直轄区で必ずしも統一されているわけではない。たとえば南オーストラリア州ではレセプション（Reception）から第10学年までの児童生徒を対象とするカリキュラムとしてオーストラリアン・カリキュラムをそのまま採用しているのに対して，ビクトリア州や西オーストラリア州ではそれぞれ，オーストラリアン・カリキュラムを踏まえて，ビクトリアン・カリキュラム（Victorian Curriculum F-10）や西

1　近年のカリキュラム改革の動向

オーストラリア連邦は，6州2直轄区からなる国家です。オーストラリアでは1901年の建国以来，その憲法規定によって，学校教育に関しては各州・直轄区政府が責任を有してきました。そのため，歴史的に，各州・直轄区によって多様で独自性のある教育政策が展開されてきました。また，カリキュラム編成や授業づくりに関しては，各学校や各教師の裁量の幅が大きいという特徴を有してきました。

しかしながら，1989年のホバート宣言以降，1999年のアデレード宣言，2008年のメルボルン宣言と約10年ごとに教育に関する国家指針が発表され，それに沿った取り組みが進められるようになってきています。とくに，メルボルン宣言以降には「オーストラリア・カリキュラム評価報告機関（以下，ACARA）」を中心に，ナショナル・カリキュラムや全国学力調査の開発と実施など，全国的に統一的な取り組みを進めるための教育改革が展開されています。

2　オーストラリアン・カリキュラムの概要

メルボルン宣言では，「公正さと卓越性のいっそうの追求」とともに，すべての若者を「成功した学習者」「自信に満ちた創造的な個人」「活動的で知識ある市民」として育成することが教育の主要な目標として示されました。このメルボルン宣言で示された目標の達成をめざして開発されたのが，オーストラリアン・カリキュラム（Australian Curriculum）と呼ばれるナショナル・カリキュラムです。これは2013年前後より各州・直轄区に本格的に導入されてきました。

オーストラリアン・カリキュラムは，「学習領域（learning areas）」「汎用的能

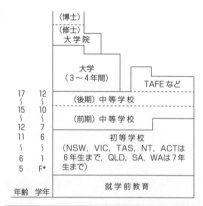

図16.5.1　オーストラリアの学校階梯図

（注）　*F（Foundation）は，州によって，Kindergarten や Reception などとも呼ばれる。
　　　　TAFE とは，Technical and Further Education（技術継続教育機関）の略称である。
　　　　後期中等学校卒業以降は個々人により入学時期や在学年数も様々なため，学年と年齢欄は省略した。

出所：ACARA, *National Report on Schooling in Australia 2014*, 2016, pp. 25-26.（http://www.acara.edu.au/docs/default-source/default-document-library/national-report-on-schooling-in-australia-2014.pdf　2017年6月20日閲覧），および，青木・佐藤編著，2014年，p. xv の「オーストラリアの学校系統図」を参考に作成。

力（general capabilities）」「学際的優先事項（cross-curriculum priorities）」の３次元からなるものとして構想されています。学習領域として設定されたのは，「英語」「算数・数学」「科学」「人文・社会科学」「芸術」「技術（Technologies）」「保健体育」「言語」の８領域です。汎用的能力としては，「リテラシー」「ニューメラシー（Numeracy）」「ICT 能力」「批判的・創造的思考」「個人的・社会的能力」「倫理的理解」「異文化理解」の七つが，学際的優先事項としては，「アボリジナルおよびトレス海峡島嶼民の歴史と文化」「アジア，およびオーストラリアとアジアとのかかわり」「持続可能性」の三つが挙げられています。なお，汎用的能力と学際的優先事項は，特定の学習領域のみで扱うのではなくすべての学習領域に埋め込むかたちでカリキュラムに位置づけ，学校教育全体を通して扱うことがめざされています。

③ 学校でのカリキュラム開発とその運用

　オーストラリアン・カリキュラムのウェブサイトでは，各学習領域で扱うべき具体的な知識や技能などを示しているほか，汎用的能力や学際的優先事項と関連づけた各学習領域の単元のアイデアなども提示しています。そのため，各学校では必要に応じてこれらも参考にしながら授業やカリキュラムを具体化したり，各学習内容にあてる時数や扱い方などを調整したりしています。このように，オーストラリアではナショナル・カリキュラムの導入後も，各学校の実情や教師の考えなどに応じて多様なカリキュラムの開発とその運用を行うことが可能な制度設計がなされていると言えます。

　ただし，オーストラリアン・カリキュラムと同じく ACARA によって実施されている全国学力調査では，学校ごとの結果（成績）が「私の学校（My School）」ウェブサイトなどを通じて公表されます。そのため，そこで優れた結果をだすことに対するプレッシャーを感じている学校もあるという実態も見られます。一定の学力保障を実現しつつ，各学校の独自性を活かしたカリキュラム開発やその運用を進めるための方途を，オーストラリアの例も参考にしながら模索することも求められると言えるでしょう。（木村　裕）

表16.5.1　初等・中等教育段階のカリキュラムの概要

学習領域	学習領域に含まれる科目（subjects）※第10学年まで		第11・12学年
英語	英語		各州・直轄区が定める後期中等教育修了資格と関連づけるかたちで，各州・直轄区によって，より細分化された科目が設定される。
算数・数学	算数・数学		
科学	科学		
人文・社会科学	F-6/7	人文・社会科学	
	7-10	歴史，地理，シティズンシップ，経済とビジネス	
芸術	ダンス，ドラマ，メディア芸術，音楽，視覚芸術		
技術	デザインと技術，デジタル技術		
保健体育	保健体育		
言語	中国語，イタリア語，日本語　など		

（注）　これらの科目の学習を行う際に，可能な範囲で，汎用的能力と学際的優先事項も位置づけてカリキュラムを編成するものとされている。
出所：オーストラリアン・カリキュラムのウェブサイト（http://www.australiancurriculum.edu.au/　2017年６月20日閲覧）などを参考に作成。

オーストラリアン・カリキュラム（Western Australian Curriculum）と呼ばれる州独自のカリキュラムを開発し，それにもとづく学校教育を進めている。

▷５　それらに加えて，選択科目として「職業学習」も設定されている。

▷６　オーストラリアン・カリキュラムのウェブサイト（http://www.australiancurriculum.edu.au/　2017年６月20日閲覧）

▷７　その詳細については，たとえば，木村裕「オーストラリアの教育改革における教育評価の取り組み」田中耕治編著『グローバル化時代の教育評価改革——日本・アジア・欧米を結ぶ』日本標準，2016年，40-51頁を参照。

▷８　「私の学校」ウェブサイト（https://myschool.edu.au/　2017年６月20日閲覧）

【参考文献】

　青木麻衣子・佐藤博志編著『新版　オーストラリア・ニュージーランドの教育——グローバル社会を生き抜く力の育成に向けて』東信堂，2014年。

　佐藤博志編著『オーストラリアの教育改革——21世紀型教育立国への挑戦』学文社，2011年。

※本項目は，主に，木村裕「多様性を意識したカリキュラム編成と授業づくり——オーストラリアのナショナル・カリキュラムと全国学力調査に焦点をあてて」伊井義人編著『多様性を活かす教育を考える七つのヒント——オーストラリア・カナダ・イギリス・シンガポールの教育事例から』共同文化社，2015年，18-35頁をもとに，情報の加筆修正を行うかたちで執筆した。

フランスのカリキュラム

 知識の伝達の重視からコンピテンシー（共通基礎）の育成へ

　フランスの学校は，基本的に３年制（２歳就学の場合は４年制）の保育学校，５年制の小学校，４年制の中学校，３年制の高等学校からなります。高等学校は，普通教育を行う普通科と，一般的な職業教育と普通教育を行う技術科と，専門的な職業教育と普通教育を行う職業科という三つのコースに分かれています。

　学校は知識を教授する知育中心の場であり，徳育は家庭や地域で行うという伝統があります。とくに中等教育では，教科の知識の体系を伝授する教養教育が行われてきました。生徒指導や保護者対応を行うのは，専門の職員です。

　このように授業では知識の伝達を重視するものの，評価では論述式が多く，知識を活用して表現することが求められます。活用力の形成は家庭に任されてきたので，困難を抱える家庭の子どもや移民の子どもが学業に失敗することが問題視されてきました。義務教育は６歳からの10年間ですが，小学校から落第がある課程主義のため，中学校で義務教育を終える人もいます。中学校４年生までに１回以上落第した生徒は1993年度には46％でした（2013年度は24％）。

　この落第や学力不振などの学業失敗をなくすため，基礎学力をすべての生徒に保障して学業で成功させることが，教育課程改革の目標とされてきました。

　そこで近年，コンピテンシー（compétence）にもとづいた教育が，義務教育全体で推進されています。コンピテンシーとは，複数の教科の知識や技能，態度を総合して，具体的な状況の課題を解決する力のことです。2005年の教育基本法では，義務教育段階で生徒全員が獲得すべき基礎学力として，「知識とコンピテンシーの共通基礎」（以下，共通基礎）が制定されました。評価で求められる知識の活用力の基礎を，すべての生徒に保障することがめざされたのです。

　しかしながら，共通基礎に対しては，コンピテンシーを高めるために知識を活用する活動が重視されるあまり，知識の習得が疎かになるといった批判が寄せられました。これを受けて，共通基礎は，2013年の教育基本法において，「知識・コンピテンシー・教養の共通基礎」に改められました。

　新しい共通基礎は，次の五つの領域（コンピテンシー）からなります。
　①思考し，コミュニケーションするための言語：フランス語や，外国語，数学・科学・情報の言語，芸術・身体の言語を活用して理解し，

＊フランスの学校階梯図については以下のウェブサイトも参照のこと。文部科学省「諸外国の教育統計」平成28（2016）年版（http://www.mext.go.jp/b_menu/toukei/data/syogaikoku/1379305.htm　2018年１月23日閲覧）。

15〜17歳	高等学校（リセ）普通科	高等学校技術科	高等学校職業科
11〜14歳	中学校（コレージュ）		
6〜10歳	小学校		
3(2)〜5歳	保育学校		

図16.6.1　フランスの学校階梯図

自己表現する力。

　②学ぶための方法とツール：学びの力。学習計画を立てたり，他の人と協力して計画を進めたり，資料や情報を入手・活用したり，学びを交流したりする力。

　③人格と市民の教育：市民として生きるための人格。権利・法律・規則の知識や，分別をもって思考・意見表明する力，他者の尊重，責任感，主体性など。

　④自然と技術のシステム：数学的・科学的・技術的教養の基礎。科学的探究方法や，観察・問題解決の力，技術製品を作る力，科学技術の影響の理解など。

　⑤世界観と人間活動：世界についての理解。社会に関する時間的・空間的な理解と，人間の文化的産物の解釈，現代社会に関する知識など。

② 共通基礎にもとづいた学習指導要領

　2016年度から，小・中学校で，新学習指導要領（教育課程の国の基準）が施行されています。共通基礎をすべての生徒が獲得できるよう，教科ごとの具体的な目標が示されています。具体的には，次の三つの特徴があります。

　一つ目は，小中連携の観点から，初等・中等段階にまたがって目標・内容が示されていることです。基礎学習期（小1～小3），強化学習期（小4～中1），深化学習期（中2～中4）という学習期ごとに，目標・内容が定められています。

　二つ目は，共通基礎の各領域（コンピテンシー）を各教科でどう育成するかが示されていることです。その際，一つのコンピテンシーは複数の教科で形成するとともに，一つの教科では複数のコンピテンシーを向上させるという方針がとられています。たとえば深化学習期では，①のコンピテンシーは9教科で伸ばします。他方，フランス語では，①と③，⑤のコンピテンシーを高めます。コンピテンシーを通教科的な視点で育むことが重視されています。

　三つ目は，生徒のニーズに合わせた学習支援や教科横断的演習を行うために，教科の時間とは別に，必修の補習の時間があることです。中1で週に3時間，中2～中4で週に4時間です。個に応じた学力向上が図られています。

③ 日本の教育課程への示唆

　日本の2017年版学習指導要領でも，フランスと同様，知識の伝達だけではなく，知識を活用して思考・表現・実践する資質・能力（コンピテンシーなど）の育成が謳われています。フランスの教育課程からは，次の2点が参考になります。

　一つ目は，コンピテンシー・ベースの教育の問題点も意識しながら改革を進めているところです。知識の伝達の軽視や，学力格差の拡大などの課題の克服がめざされてきました。二つ目は，コンピテンシーの育成と各教科の教育の関係を，フランスの学習指導要領で明示しているところです。　　　　　（細尾萌子）

▷1　フランスの小学校と中学校の教科編成
　外国語学習が小1からあり，第二外国語の学習が中2から始まる。
①基礎学習期（小1～小3）：フランス語，数学，外国語，体育・スポーツ，芸術，世界に問いかける（科学的・歴史的・地理的探究活動），道徳・公民。
②強化学習期（小4・小5）：フランス語，数学，外国語，体育・スポーツ，科学・テクノロジー，芸術，歴史・地理，道徳・公民。
　（中1）：フランス語，数学，外国語，体育・スポーツ，生命地球科学／テクノロジー／物理・化学，芸術，歴史・地理，道徳・公民。
③深化学習期（中2～中4）：フランス語，数学，第一外国語，第二外国語，体育・スポーツ，生命地球科学，テクノロジー，物理・化学，芸術，歴史・地理，道徳・公民。

（参考文献）
　中島さおり『哲学する子どもたち——バカロレアの国フランスの教育事情』河出書房新社，2016年。
　藤井佐知子「親と一緒に登校する学校——フランス」二宮皓編著『新版　世界の学校——教育制度から日常の学校風景まで』学事出版，2014年。
　フランス教育学会編『フランス教育の伝統と革新』大学教育出版，2009年。
　細尾萌子『フランスでは学力をどう評価してきたか——教養とコンピテンシーのあいだ』ミネルヴァ書房，2017年。

7 ドイツのカリキュラム

1 ドイツの学校制度とカリキュラム

　ドイツ連邦共和国（以下，ドイツ）は，16あるそれぞれの州が，教育・芸術・学問などの領域に関する政策を決定する権限を持っており，各州が独自にカリキュラムを定めることになっています。つまり，同じ学校種の同一学年であっても，州が異なれば，学習内容が同じであるとは限らないのです。

　ところで，ドイツの学校体系は日本の単線型に対して，複線型であることはよく知られています。一般的に，基礎学校（Grundschule，多くの州で 4 年制）を修了すると（10歳前後），基幹学校（Hauptschule），実科学校（Realschule），ギムナジウム（Gymasium）のいずれか，あるいはこれら三つの学校種を含み持つ総合学校（Gesamtschule）に進学します。

　加えて，ドイツの学校はこれまで，午前 8 時ごろから始まり，午後 1 時ごろ（途中に休憩を含む）には終了してしまう半日学校という形態であったことも特色と言えるでしょう。

2 PISA ショックと学力格差問題

　しかし，このようなドイツの学校教育が厳しい批判にさらされる事件が起こります。PISA の登場です。多数のノーベル賞受賞者や文学者などを輩出し，「教育大国」を自認してきたドイツが，PISA2000で OECD の平均を下回るという衝撃的な結果に終わったのです。順位のショックに加え，PISA 調査結果の分析から，ドイツ語を母語としない移民の子どもたちの低学力や，旧東ドイツ地域が旧西ドイツ地域に比べて低学力であることなどの格差が明らかになりました。これら一連の結果は PISA ショックと呼ばれ，ドイツの教育システムや子どもたちの学力低下が社会的な大問題になりました。

3 学力向上政策の導入——教育スタンダード

　このときに学力低下や学力格差の要因として批判の対象になったのが，上述したような州ごとに異なるカリキュラムの存在でした。これまでのように学習内容（インプット）を重視する教育ではなく，国レベルで教育の成果（アウトプット）の水準を規定する必要があるという主張がなされました。

　そこで，各州の教育大臣が集まり教育政策を調整する会議（Kultusminister-

▷1　ドイツの教育スタンダードの策定には，次のようなコンピテンシー概念が基盤となっている。コンピテンシーとは「ある問題を解決するために，個人が接続可能か，学習可能な認知的能力や技能であり，様々な状況における問題解決をうまく，責任をもって行うことのできる動機や意欲，社会性や能力」である。この定義は，ドイツの教育心理学者ヴァイネルト（Weinert F. E., 1930-2001）によるもので，彼は OECD の DeSeCo プロジェクトのキー・コンピテンシーの定義にも大きく関与した人物である。

▷2　2010年代以降，教育スタンダードの教育現場への導入（州によって形態や時期，科目などは異なる）と各種スタンダードテストの実施によって，学力の成果を測定し，それを教育政策の計画，改善にフィードバックする，いわゆる PDCA サイクルがドイツの教育において定着しつつある。また，このような改革とそのサイクルは，オーストリアやスイスのドイツ語圏や似たような教育制度を持つ中欧諸国にも見られる。

konferenz：以下，KMK）において，初等教育，前期中等教育の修了段階にいくつかの教科において全国共通の「教育スタンダード（Bildungsstandard）」を設定しました。KMK は教育スタンダードを，「ある一定の学年の児童・生徒が本質的な内容について獲得すべきコンピテンシーを確定したもの」としています。[91]

この教育スタンダードは，基礎学校修了段階（第４学年）ではドイツ語と算数，基幹学校等修了段階（第９学年）ではドイツ語，数学，外国語（英語またはフランス語），後期中等教育段階では先の教科に加え，生物，化学，物理で設定されました。教育スタンダードは，教科をいくつかの能力の領域に分け，それぞれの能力に対するいくつかの「○○する（ことができる）」といった記述で構成されます。各州はこの教育スタンダードに即してカリキュラムを改訂する作業を進めています。そして，定められた教育スタンダードに到達したかどうかは，PISA 等の国際学力調査や州ごとのスタンダード試験，州間学力比較調査などで測定されます。このように，PISA を契機にして，ドイツの学校教育におけるカリキュラムは標準化の方向へと向かっているのです。[92]

❹ PISA ショックからの回復と教育改革に対する批判

では，教育スタンダードの導入にはどのような効果があったのでしょうか。結論から言うと，ドイツの成績は少しずつ回復を見せています。具体的には，PISA2012において読解力，数学的リテラシー，科学的リテラシーいずれにおいても OECD 平均を上回りました。また経済格差による教育の不平等という点においても，まだ OECD 平均よりは高いものの，以前よりは改善されつつあります。[93] 成績の向上と学力格差の改善が見られるようになったと言えます。

もちろん，この改善の要因は教育スタンダード導入だけではなく，ほかの様々な改革との相乗効果です。たとえば，PISA ショック以降，半日学校から終日学校への改革に関する議論が盛んになりました。終日学校ではたんに授業時間を増やすということではなく，[94] 午後に宿題の支援や教科に関連したプログラムに移民の子どもたちを参加させるといったことが行われました。[95]

このように，PISA ショック以降，ドイツはこれまでとは大きく異なる教育のあり方を求めて大胆に改革を行ってきました。上述のように，移民など弱者への手厚い支援による学力向上など，日本においても見習うべきところもありますが，同時にこのような教育改革に対して批判の声もあがっています。教育スタンダードによる教育は，Bildung（人間形成）を重視してきたこれまでのドイツの教育内容を軽視している，そして，PISA やスタンダードテストに見られるような数値（エビデンス）ばかりを重視した教育になってしまうという批判です。[96]

（伊藤実歩子）

▷3 https://www.oecd.org/pisa/PISA-2015-Germany.pdf（2017年5月15日閲覧）

▷4 午後の部は，日本の学童保育のように，学級担任や教科担当の教師などではなく，別の指導員などがあてられる場合が多い。

▷5 伊藤亜希子『移民とドイツ社会をつなぐ教育支援──異文化間教育の視点から』九州大学出版会，2017年，56-57頁。

▷6 伊藤実歩子「『PISA 型教育改革』と Bildung」立教大学教育学科研究年報，第59号，2016年，15-23頁。

＊ドイツの学校階梯図については以下のウェブサイトを参照のこと。文部科学省「諸外国の教育統計」平成28（2016）年版（http://www.mext.go.jp/b_menu/toukei/data/syogaikoku/1379305.htm 2018年1月23日閲覧）。

（参考文献）

久田敏彦監修，ドイツ教授学研究会編『PISA 後の教育をどうとらえるか』八千代出版，2013年。

原田信之『ドイツの協同学習と汎用的能力の育成』あいり出版，2016年。

坂野慎二『統一ドイツ教育の多様性と質保証』東信堂，2017年。

8 フィンランドのカリキュラム

▷1 Sahlberg, P., *Finnish lessons: What can the world learn from educational change in Finland?*, Teachers College, Columbia University, 2011, pp. 21-25.
澤野由希子「北欧の教育改革（1）」坂野慎二・藤田晃之編著『海外の教育改革』放送大学教育振興会，2015年，120-123頁。

高い学力と平等性を誇る学校教育

2000年に始まった PISA で好成績を収めたために，フィンランドの教育は一躍世界中から脚光を浴びました。とくに注目されたのは，たんに成績が高かっただけではなく，平等性が高い点でした。つまり，成績下位グループの生徒の得点が他国よりも高く，また，得点が低い生徒の割合が他国に比べて低かったのです。この結果は，フィンランドが第二次世界大戦後，一貫して教育の質向上と教育機会の均等を最優先に取り組んできた成果と考えられています。

2 すべての子どものための，個に応じた教育

フィンランドでは，分岐型の学校体系を改革して，1970年代に9年間の義務教育を行う総合制の基礎学校（ペルスコウル（Peruskoulu））がつくられました。多様な子どもが同じ学校で，全員が学習を楽しみながら成果を上げられるように，三つの工夫がなされました[41]。①学習障害などにより特別支援が必要な子どもには，早い時期から適切な支援を行う。学校には特別支援教育が組み入れられ，特別支援の専門教育を受けた教師がすべての自治体と学校に配置されました。②すべての生徒が適切な進路選択がで

表16.8.1 授業時数配分に関する国の基準（2016年8月〜）

	1	2	3	4	5	6	7	8	9	合計
母語	14			18			10			42
A言語	………………				9		7			16
B言語	………………………………					2	4			6
算数・数学	6			15			11			32
環境	4			10			—			
生物・地理							7			31
物理・化学	\}1〜6年では「環境」の一環として教える						7			
健康教育							3			
宗教／倫理	2			5			3			10
歴史・社会	………………………					5	7			12
音楽	2			4			2			
美術	2			5			2			48
手工芸	4			5			2			
体育	4			9			7			
家庭科	………………………………………						3			3
芸術系選択科目	6						5			11
進路指導（キャリア教育）							2			2
選択科目	9									9
最小授業時間数	19	19	22	24	25	25	29	29	30	222
自由選択（A言語）	……………			(12)						(12)
自由選択（B言語）	………………………						3	(4)		(4)

(注) A言語及びB言語は，母語以外の言語教育に関する科目であり，いずれかに第二公用語を含むことが規定されている。
……の箇所については，カリキュラムに応じて，適切な学年で教えることができる。

出所：*Valtioneuvoston asetus perusopetuslaissa tarkoitetun opetuksen valtakunnallisista tavoitteista ja perusopetuksen tuntijaosta 422/2012.* 訳語は，渡邊あや「フィンランド」勝野頼彦研究代表『諸外国における教育課程の基準（改訂版）――近年の動向を踏まえて』（教育課程の編成に関する基礎的研究　報告書4）国立教育政策研究所，107頁。

きるように，キャリア・ガイダンスとカウンセリングを必修にするキャリア・ガイダンスの一環として，生徒全員が2週間の職場体験をすることになりました。③適切な教育機会と支援を与えられれば誰でも学ぶことができるという考えのもとで，多様な子どもそれぞれに応じた学習環境や，子どもたちが互いに学び合う学習方法が重視されました。また，こうした教育を行う教師教育の改革が行われました。教師の専門性の高さはPISAでの好成績の大きな要因として説明されています。

❸ カリキュラムの特徴

フィンランドでは，国が定める大まかなカリキュラムの基準にもとづいて，地方自治体や学校が詳細なカリキュラムを決めます。国は，教育全体の目的（「人として・社会の一員としての成長」「生きるために必要な知識と技能」「教育の機会均等の推進と生涯学習の基盤づくり」）の他，各教科について，教科全体の目標に加えて，複数の学年区分ごとに，①目標，②主な内容，③望ましい成果を規定しています。2016年8月に施行された国の基準には，表16.8.1のような教科があり，主に1-2年，3-6年，7-9年という学年区分に沿って，各教科の時間数が配分されています。いくつかの特徴を見ておきましょう。

○多様な言語教育

フィンランドの公用語は，フィンランド語とスウェーデン語の二つあり，両方の言語を義務教育で学びます。これに加えて外国語を一つ以上学ぶので，子どもたちは最低でも3言語を学習します。

○横断的なテーマ学習

教育課程基準には，教科横断的に扱うテーマが記されています。メディア教育，キャリア教育，国際教育・異文化間教育，市民性教育，環境教育などの現代的課題です。こうしたテーマは，時間を特設して行うのではなく，各教科の中で取り組むものとして設定されています。

（本所　恵）

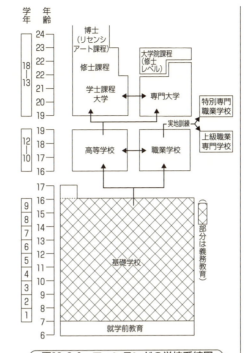

図16.8.1　フィンランドの学校系統図

出所：フィンランドの教育システム（http://www.oph.fi/english/education_system　2018年1月21日閲覧）などを参照して作成。

▷2　ペルスコウル修了後の進路には，高等学校か職業学校に進学するか，就職するかの三つの選択肢がある。5割強の生徒が高等学校へ，4割弱の生徒が職業高校へ進学している。

（参考文献）

庄井良信・中嶋博編著『フィンランドに学ぶ教育と学力（未来への学力と日本の教育3）』明石書店，2005年。

渡邊あや「高い学力と平等性を誇る学校──フィンランド」二宮皓編著『新版 世界の学校──教育制度から日常の学校風景まで』学事出版，2014年，40-47頁。

澤野由紀子「北欧諸国の学力政策──平等（equity）と質（quality）の保障を目指して」大桃敏行・上杉孝實・井ノ口淳三・植田健男編『教育改革の国際比較』ミネルヴァ書房，56-74頁。

福田誠治『格差をなくせば子どもの学力は伸びる──驚きのフィンランド教育』亜紀書房，2007年。

Finnish National Board of Education, "National Core Curriculum for Basic Education 2014," National Core Curriculum for Basic Education, 2016.

9 オランダのカリキュラム

1 「教育の自由」

　オランダの教育の特徴は，憲法で「教育の自由」が定められていることにあります。「教育の自由」とは，学校設立の自由，教育理念の自由，教育組織の自由に整理されます。まず，学校設立の自由とは，人口密度から算出された子どもの人数を最低限確保するなどの法の要件を満たせば，公立校と同様の予算を得て学校を設立できることを意味します。次に，教育理念の自由とは，そうして設立した学校で，カトリックやプロテスタント，イスラム教などの宗教理念や，イエナプラン，ダルトンプランなどのオルタナティブ教育の理念を採用しても構わないことを意味します。最後に，教育組織の自由とは，法の範囲内ではありますが，その学校の教育理念にもとづいて，何をどのように教えるかを決めることができることを意味します。また，憲法に明記されてはいませんが，学校選択の自由も認められています。これは，近年の教育の自由化の影響で実現された訳ではありません。「教育の自由」が憲法に定められたのは1848年，公立学校と私立学校が財政的に同等の扱いを受けるようになったのは1917年のことです。現在も初等学校の約7割は私立学校です。

2 カリキュラムの特徴

　図16.9.1は，オランダの学校階梯図です。日本の学校教育と異なる点を大きく二つ指摘できるでしょう。一つ目は，初等教育が4歳から始まっていることです。義務教育自体は5歳から始まりますが，多くの子どもが4歳から学校へ通い始めます。そのため，オランダの1，2年生は，日本の幼児にあたります。もう一つは，中等教育以降の教育が複線型になっていることです。複線型とは，オランダのように生徒の進路によって異なる中等教育学校へ通うような制度のことを言います。図16.9.1で言えば，将来大学へ進みたい生徒はVWO，高等職業教育を受けたい生徒はHAVOといったように，進路によって進む中等教育校が分かれます。ただし，それら複数をコースとして併設している中等教育校は多く，そこではコースの選択を遅らせることができます。

　カリキュラムの内容については，日本の学習指導要領のように厳密なナショナルカリキュラムはありません。ただし，初等学校で教えられる教科やその目標が定められています。教科としては，「オランダ語」「英語」「（一部地域のみ）

▷1　イエナプラン
　ドイツの教育学者ペーター・ペーターセン（Petersen, P.）がイエナ大学の附属学校で実践した教育改革案を起こりとするオルタナティブ教育の一種。

▷2　ダルトンプラン
　アメリカのヘレン・パーカースト（Parkhurst, H.）が創案し，マサチューセッツ州のダルトンという場所で実践したことを起こりとするオルタナティブ教育の一種。

▷3　オルタナティブ教育
　とは，伝統的な従来型の教育に対する批判意識から生まれた独自性を持つ教育のことであり，そのような教育を行う学校をオルタナティブ・スクールという。

▷4　Ⅳ-6 参照。

フリジア語」，「算数・数学」，総合的な学習である「人類と世界のオリエンテーション」，図工や音楽，言葉や身体を使った遊びなどを含む「芸術オリエンテーション」，「体育」があります。

　これらの教科では，「中核目標」という初等学校を終えるときまでに必要な知識や技能を示した目標が定められています。「中核目標」自体は強い拘束力を持つものではありませんが，初等学校最終学年で行われる全国学力テストである「中央最終試験」（国語と算数・数学が義務）や，各学年を通じて子どもたちがテストを受けることで子どもの成長を長期的にモニターしようとする「モニタリングシステム」があり，これらは「中核目標」に応じて作られていま

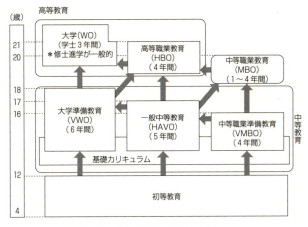

図16.9.1　オランダの学校階梯図

出所：オランダの教育システム（https://www.s-bb.nl/education/dutch-educational-system　2017年4月30日閲覧）などを参照し，簡略化して作成。

す。また，初等学校では，全授業時間をこれらの教育活動に使うわけではありません。時間に関しても学校裁量が大きく，独自の教育活動を行うことができます。次の事例もこうした時間をうまく活かしたものです。

❸　ピースフルスクール（vreedzame school）の事例

　ピースフルスクールプログラムとは，子どもたちに社会性や民主的な市民性を育てるために，ユトレヒト大学のミシャ・デ・ヴィンター（Micha de Winter）教授のもと，開発されました。ピースフルスクールプログラムを導入した学校には，大きく三つの特徴があります。一つ目は，週に一度のピースフル・レッスンと呼ばれる授業です。年間六つのブロック（①お互いにクラスの一員である（クラスの雰囲気形成），②自分たちで衝突を解決する，③お互いにわかり合う（コミュニケーション），④お互いに心を持っている（感情），⑤仲裁の仕方を学ぶ（責任），⑥私たちはみんな違う（多様性））に分かれています。このブロックは全学年同じです。子どもたちが，同じ内容のブロックを発達段階に合わせて，少しずつより深く学べるようにカリキュラムが組まれています。二つ目は，メディエーター（けんかの仲裁をする人）の育成です。ピースフルスクールでは，上級生である七・八年生のうち希望者が学外で研修を受け，メディエーターの資格を取ります。一般的には，学校で子どもたちがけんかをしていたら，先生が仲裁に入るでしょう。しかし，ピースフルスクールでは，まずけんかの当事者同士が仲直りをしようとし，次に上級生であるメディエーターが仲裁に入ります。三つ目は，こうした取り組みを地域を巻き込んで実施していることです。地域の方や保護者が研修を受けることもあります。学校裁量の時間を活かして，学校全体で保護者や地域と連携して特色を活かした教育を行えていることがわかるでしょう。

（奥村好美）

▷5　オランダのピースフルスクールについては，リヒテルズ直子『オランダの共生教育──学校が〈公共心〉を育てる』平凡社，2010年や奥村好美「オランダにおける市民性教育を通じた学校改善──ピースフルスクールプログラムに焦点を当てて」『教育目標・評価学会紀要』第26号，2016年12月，21-30頁などを参照されたい。

参考文献

　リヒテルズ直子『オランダの教育──多様性が一人ひとりの子供を育てる』平凡社，2004年。

国際バカロレア

▷1　国際バカロレア機構
「国際バカロレア（IB）の
教育とは」2014年6月。
▷2　近年のIB認定校急
増には，これ以外に，国策
や学校選択制における広告
塔として期待されることな
ど，国によって様々な事情
があるとされる（渡邉雅子
「国際バカロレアにみるグ
ローバル時代の教育内容と
社会化」『教育学研究』第81
巻第2号，2014年，40-50頁）。
▷3　開始年度を順に並べ
ると，DP（1968年），MYP
（1992年），PYP（1997年），
CP（2012年）となる。
▷4　芸術のグループにつ
いては，その他グループの
科目で代えることが可能。
▷5　EEは，履修科目に
関連した個人研究を行って
4000語（日本語なら8000
字）の学術論文にまとめる
というもの。TOKは，「知
る」というプロセスを学際
的な観点から探究すること
を通して多面的，批判的，
論理的な思考力を育成する
というもの。CASは教室
を出て体験的な学習を行い，
人間的成長と対人スキルの
発達を促すというもの。こ
れら三つはプログラムのコ
ア（中核）ともされている。
▷6　たとえば，科目「歴
史（ハイレベル）」の外部
評価では，解答時間5時間
にわたる世界共通試験が
80％，内部評価では学校教
師が採点する2200語（日本
語なら4400字）の歴史研究
が20％の比率で評価される。
なお，内部評価が適切に行
われているかどうかは

1　国際バカロレアとは

　国際バカロレア（IB：International Baccalaureate）は，もともと外交官や国際機関職員，駐在員等の子どもたちが，現地のインターナショナルスクール卒業後に，それぞれ母国へ戻って円滑に大学に入学できるよう，国際的に通用する大学入学資格を付与することをめざして開始された教育プログラムです。このため，国連の欧州本部のあるジュネーブで発足し，現在でもここに国際バカロレア機構（IBO）の本部が置かれています。IBはその名称からしばしばフランスのバカロレアと混同されがちですが，IBOは特定の国家や国連などの機関に属さない民間の非営利教育団体であり，教育プログラムの内容も資格としてもIBとフランスのバカロレアとはまったく別のものです。

　IBの教育理念は学習者中心の全人教育にあり，その使命は「多様な文化の理解と尊重の精神を通じて，よりよい，より平和な世界を築くことに貢献する，探究心，知識，思いやりに富んだ若者の育成を目的とする[1]」とされています。また，それを具体化した10の学習者像とは，Inquirers（探究する人），Knowledgeable（知識のある人），Thinkers（考える人），Communicators（コミュニケーションができる人），Principled（信念のある人），Open-minded（心を開く人），Caring（思いやりのある人），Risk-takers（挑戦する人），Balanced（バランスのとれた人），Reflective（振り返りができる人）とされています。

　IBの創設は1968年で，およそ50年の歴史を有していますが，近年になって世界的に脚光を浴び，認定校も国内外で急増しています。これは，このような理念や期待する学習者像が，現代において「生きる力」やOECDの「キー・コンピテンシー」などとの関連性も高いこと，またグローバル志向の中で国際的な大学入学資格として広く認められていることなどによるものです。とくに日本では，IBが国内の大学入試制度や教育方法の改革の契機として期待されています[2]。

2　どのような教育プログラムか

　IBには，年齢や志望に応じて次の四つのプログラムがあります。最初はDPから生まれ，徐々にプログラムを増やして現在の形になりました[3]。
(1)　PYP（Primary Years Programme：初等教育プログラム）　3〜12歳
(2)　MYP（Middle Years Programme：中等教育プログラム）　11〜16歳

(3)　DP（Diploma Programme：ディプロマ資格プログラム）16〜19歳

(4)　CP（Career-related Programme：キャリア関連プログラム）16〜19歳

　IB は PYP から DP（主に就職や職業学校を目指す生徒は CP）への一貫した教育プログラムですが，四つのプログラムは，個別に導入することもできます。なかでも，大学入学資格である「IB ディプロマ」を得ることができる DP の認定校が国内外ともにいちばん多くあります。

　DP では，言語と文学（母国語），言語習得（外国語），個人と社会（人文・社会科学系科目），理科，数学，芸術の 6 グループの中から 1 科目ずつ選択し，うち 3〜4 科目を上級レベル科目として各240時間，2〜3 科目を標準科目として 150時間学びます。大学での専攻を意識した高度な学習機会も与えつつ，科目を絞り込みすぎないように，深さと広さのバランスを取ることが意識されたカリキュラムとなっています。これに加えて，必修要件として課題論文（EE：Extended Essay），知の理論（TOK：Theory of Knowledge），創造性・活動・奉仕（CAS：Creativity / Action / Service）に取り組むことが求められます。

　評価は，IBO が行う世界共通試験を中心とした外部評価と，各学校が行うレポートやプレゼンテーションなどの内部評価を組み合わせて各科目で行われます。その総合点が原則24点以上（45点満点）で「IB ディプロマ」が得られます。

③　日本における展開と今後の課題

　これまで DP の授業や試験は英語・フランス語・スペイン語を用いて実施されていたため，日本の学校や教師にとっては言語の大きな壁がありました。そこで，文部科学省が IBO と協力して日本語でも実施可能な科目の開発を進めた結果，2015年から言語習得（外国語）以外のグループには，すべて日本語で学ぶことができる科目が配置され，指導の手引きなどの翻訳も次々と進んでいます。

　しかし，日本における IB の普及にはなおいくつもの課題が残っています。DP では大学の教養課程レベルとも言えるハードな学習が求められるのに対して，日本の大学の多くは「IB ディプロマ」を推薦・AO 入試の出願資格の一つとして認める程度にしか門戸を開いていません。一方，定員の多い一般入試に対しては，科目によっては学習指導要領との整合性の問題から，DP の学習内容では対応が困難な場合もあります。さらに，IBO に諸経費を支払ったり，少人数指導を行ったりするための教育コストの負担面での問題もあります。

　とはいえ，近年注目される主体的・対話的で深い学びの理論と実践において，IB には世界を舞台に長年磨いてきた実践知と理論があります。現行の日本の学校制度の中でも，IB から教育手法や評価方法などを学び，改善に活かすことのできるところは多くあります。IB へのアクセスが広がる今，日本の教師一人ひとりがどのように受容し，教育課程に馴染ませていくかが問われています。

（次橋秀樹）

▷7　PYP, MYP はどのような言語でも提供が可能である。

▷8　ただし，言語習得（外国語）のほかに 1 科目は，日本語のプログラムがあっても英語等で履修しなければならないとされる。

▷9　一方，たとえばアメリカの大学では，競争性の高い大学入学に有利に働くだけでなく，関連科目の大学の単位に組み換えることも行われるなど，IB での学びは高く評価される。

IBO によって評価の適正化（モデレーション）が行われる。

参考文献

　Peterson, A. D. C., *Schools Across Frontiers: The Story of the International Baccalaureate and the United World College* (2nd ed.), Chicago and Lasalle, Illinois：Open Court, 2003.

　福田誠治『国際バカロレアとこれからの大学入試』2015年，亜紀書房。

　岩崎久美子・大迫弘和編著『国際バカロレアの現在』ジアース教育新社，2017年。

　IBO ウェブサイト「Resources for schools in Japan」にある「指導の手引き」など各種資料。(http://www.ibo.org/about-the-ib/the-ib-by-region/ib-asia-pacific/information-for-schools-in-japan/　2017年 7 月17日閲覧)

　次橋秀樹「A.D.C. ピーターソンのカリキュラム構想に見る一般教育観──シックス・フォーム改革案から国際バカロレアへの連続性に注目して」『カリキュラム研究』第26号，2017年 3 月，1-13頁。

さくいん

執筆者紹介 （氏名／よみがな／生年／現職／主著／教育課程を学ぶ読者へのメッセージ） ＊執筆担当は本文末に明記

田中耕治 （たなか こうじ／1952年生まれ）

佛教大学教育学部教授
京都大学名誉教授
『よくわかる教育評価』（編著・ミネルヴァ書房）『よくわかる授業論』（編著・ミネルヴァ書房）
本書は，いつでも，どこでも，だれでもが利用できる，教育の入門書です。多くの人たちに読んでいただけることを心より期待しています。

赤沢早人 （あかざわ はやと／1977年生まれ）

奈良教育大学教育学部教授
『戦後日本教育方法論史（下）』（共著・ミネルヴァ書房）『新しい教育評価入門──人を育てる評価のために』（共著・有斐閣）
教室での教育実践と教育課程とを繋いで考えることができる力量と見識をともに磨き上げていきましょう。

赤沢真世 （あかざわ まさよ／1979年生まれ）

佛教大学教育学部准教授
『よくわかる授業論』（共著・ミネルヴァ書房）『戦後日本教育方法論史（下）』（共著・ミネルヴァ書房）
子どもが生き生きと学びを深められるようなカリキュラムを構想するために，これまでの様々な知見から，学んでいきましょう。

石井英真 （いしい てるまさ／1977年生まれ）

京都大学大学院教育学研究科准教授
『再増補版・現代アメリカにおける学力形成論の展開』（単著・東信堂）『授業づくりの深め方』（単著・ミネルヴァ書房）
未来像を描きにくい時代だからこそ，どんな知と経験を子どもたちに保障すべきかを，子どもたちと一緒に議論していきましょう。

伊藤実歩子 （いとう みほこ）

立教大学文学部教授
『戦間期オーストリアの学校改革』（単著・東信堂）『グローバル化時代の教育評価改革』（共著・日本標準）
カリキュラムを構想することが，子どもたちと私たちの生きるよりよい社会を構想することにつながっていると思いたいです。

遠藤貴広 （えんどう たかひろ／1977年生まれ）

福井大学教育・人文社会系部門准教授
『戦後日本教育方法論史（上）』（共著・ミネルヴァ書房）『〈新しい能力〉は教育を変えるか』（共著・ミネルヴァ書房）
新たな教育実践を展望するために，まずは既存のカリキュラムを丁寧に読み解いていきましょう。

大下卓司 （おおした たくじ／1984年生まれ）

神戸松蔭女子学院大学教育学科准教授
『教職教養講座 第7巻 特別活動と生徒指導』（共著・協同出版）『戦後日本教育方法論史（下）』（共著・ミネルヴァ書房）
時間割や検定教科書など，教育課程は身近に存在します。本書では多様なトピックから教育課程を学びます。

大貫 守 （おおぬき まもる／1990年生まれ）

愛知県立大学教育福祉学部准教授
『「資質・能力」を育てるパフォーマンス評価──アクティブ・ラーニングをどう充実させるか』（共著・明治図書出版）『教職教養講座 第4巻 教育課程』（共著・協同出版）
目の前の子どもたちがよりよい学びを実現する授業づくりや教育課程編成の在り方について一緒に考えてみましょう。

執筆者紹介 （氏名／よみがな／生年／現職／主著／教育課程を学ぶ読者へのメッセージ）　　＊執筆担当は本文末に明記

奥村好美 （おくむら　よしみ／1985年生まれ）

兵庫教育大学大学院学校教育研究科准教授
『〈教育の自由〉と学校評価——現代オランダの模索』（単著・京都大学学術出版会）『教職教養講座 第5巻 教育方法と授業の設計』（共著・協同出版）
カリキュラム編成が子どもたち，先生たち，学校に関わる人たちの願いがつまったものとなりますように。

川地亜弥子 （かわじ　あやこ／1974年生まれ）

神戸大学大学院人間発達環境学研究科准教授
『戦後日本教育方法論史（上）』（共著・ミネルヴァ書房）『特別活動と生活指導』（共著・協同出版）
子どもと共に楽しみながら，学校での生活をつくっていきましょう。

木村　裕 （きむら　ゆたか／1981年生まれ）

滋賀県立大学人間文化学部准教授
『オーストラリアのグローバル教育の理論と実践——開発教育研究の継承と新たな展開』（単著・東信堂）『環境教育学——社会的公正と存在の豊かさを求めて』（共著・法律文化社）
教育に関する理論や実践のおもしろさや奥深さ，可能性などについて，ともに探究していけると嬉しいです。

窪田知子 （くぼた　ともこ／1979年生まれ）

滋賀大学教育学部准教授
『時代を拓いた教師たち』（共著・日本標準）『よくわかる授業論』（共著・ミネルヴァ書房）
学校にはたくさんの色々な可能性があります。子どもとの日々の出会いを大切に，そして楽しんでください。

小山英恵 （こやま　はなえ）

東京学芸大学教育学部准教授
『フリッツ・イェーデの音楽教育——「生」と音楽の結びつくところ』（単著・京都大学学術出版会）『「資質・能力」を育てるパフォーマンス評価——アクティブ・ラーニングをどう充実させるか』（共著・明治図書出版）
自分達の手で未来の教育課程を創るのだという意気込みをもって，これまでの教育課程の議論を学んで下さい。

趙　卿我 （ちょう　ぎょんあ）

愛知教育大学教育学部准教授
『グローバル化時代の教育評価改革』（共著・日本標準）『パフォーマンス評価入門』（共訳・ミネルヴァ書房）
子ども一人ひとりが見せる知の多様な表現を基盤にした学びをめざして研究を進めていきましょう。

次橋秀樹 （つぎはし　ひでき／1975年生まれ）

京都芸術大学芸術学部講師
『「資質・能力」を育てるパフォーマンス評価——アクティブ・ラーニングをどう充実させるか』（共著・明治図書出版）
新しく見える流行も，過去にどこか類似した事例があるものです。ゆえに学ぶほど冷静に今と向き合えるはずです。

鄭　谷心 （てい　こくしん）

琉球大学教育学部准教授
『近代中国における国語教育改革——激動の時代に形成された資質・能力とは』（単著・日本標準）『学習評価的挑戦——表現性評価在学校中的応用（学習評価の挑戦——学校におけるパフォーマンス評価の応用）』（単訳・華東師範大学出版社）
教えと学びのシステムが常に進化を遂げているが，本質は変わらないでしょう。それを求め，日々探索中です。

執筆者紹介 （氏名／よみがな／生年／現職／主著／教育課程を学ぶ読者へのメッセージ）　＊執筆担当は本文末に明記

徳島祐彌 （とくしま　ゆうや/1991年生まれ）

兵庫教育大学教員養成・研修高度化センター助教
『「資質・能力」を育てるパフォーマンス評価——アクティブ・ラーニングをどう充実させるか』（共著・明治図書出版）
一緒に基礎から教育課程について学んでいきましょう。

徳永俊太 （とくなが　しゅんた/1980年生まれ）

京都教育大学大学院連合教職実践研究科准教授
『イタリアの歴史教育理論——歴史教育と歴史学をつなぐ「探究」』（単著・法律文化社）『戦後日本教育方法論史（下）』（共著・ミネルヴァ書房）
この本を読んで，教育に対する自分なりの問いを見つけていただければ幸いです。

中西修一朗 （なかにし　しゅういちろう/1990年生まれ）

大阪経済大学情報社会学部講師
『「資質・能力」を育てるパフォーマンス評価——アクティブ・ラーニングをどう充実させるか』（共著・明治図書出版）
自分ならどんな教育課程を編んで，どんな授業にするのかを想像しながら読んでください！

西岡加名恵 （にしおか　かなえ）

京都大学大学院教育学研究科教授
『教科と総合学習のカリキュラム設計——パフォーマンス評価をどう活かすか』（単著・図書文化社），『「資質・能力」を育てるパフォーマンス評価——アクティブ・ラーニングをどう充実させるか』（編著・明治図書出版）
教育課程には，こんな人を育てたい，という願いが込められています。皆さんの願いを考えてみてください。

二宮衆一 （にのみや　しゅういち/1974年生まれ）

和歌山大学教育学部准教授
『戦後日本教育方法論史（上）』（共著・ミネルヴァ書房）『グローバル化時代の教育評価改革——日本・アジア・欧米を結ぶ』（共著・日本標準）
日々の教育実践を振り返り，明日の教育実践を切り拓く一助となればと思います。

八田幸恵 （はった　さちえ/1980年生まれ）

大阪教育大学教育学部准教授
『教室における読みのカリキュラム設計』（単著・日本標準）
カリキュラムは一つひとつの教室で教師が主体的に判断して創り出されるものです。本書が教師の判断を支える教養のひとつになることができれば幸いです。

羽山裕子 （はやま　ゆうこ/1986年生まれ）

滋賀大学教育学部准教授
『グローバル化時代の教育評価改革——日本・アジア・欧米を結ぶ』（共著・日本標準）『アメリカの学習障害児教育——学校教育における支援提供のあり方を模索する』（単著・京都大学学術出版会）
学校には多様な子どもたちがいます。全員に豊かな経験を保障できるような教育課程を目指していきましょう。

樋口太郎 （ひぐち　たろう/1977年生まれ）

大阪経済大学経済学部准教授
『〈新しい能力〉は教育を変えるか』（共著・ミネルヴァ書房）『教職教養講座 第5巻 教育方法と授業の計画』（共著・協同出版）
何を教えるべきかについての価値の表明である教育課程を，時間的・空間的事実によって相対化しましょう。

執筆者紹介 （氏名／よみがな／生年／現職／主著／教育課程を学ぶ読者へのメッセージ）　＊執筆担当は本文末に明記

樋口とみ子（ひぐち　とみこ／1977年生まれ）

京都教育大学教職キャリア高度化センター教授
『グローバル化時代の教育評価改革』（共著・日本標準）『〈新しい能力〉は教育を変えるか』（共著・ミネルヴァ書房）
教育課程を検討することは，子どもたちの生活や社会のあり方を考えることとつながっているように思います。

福嶋祐貴（ふくしま　ゆうき／1990年生まれ）

京都教育大学連合教職実践研究科講師
『「資質・能力」を育てるパフォーマンス評価——アクティブ・ラーニングをどう充実させるか』（共著・明治図書出版）
『教職教養講座　第5巻　教育方法と授業の計画』（共著・協同出版）
先人の蓄積に学びながら，明日の教育課程の在り方＝明日の学校教育の在り方を考えていきましょう。

細尾萌子（ほそお　もえこ／1985年生まれ）

立命館大学文学部准教授
『フランスでは学力をどう評価してきたか——教養とコンピテンシーのあいだ』（単著・ミネルヴァ書房）『教育課程・教育評価』（共編著・ミネルヴァ書房）
教育課程を学ぶことは，子どもも教師も保護者も楽しく学び，成長できる学校づくりに直結すると思います。

本宮裕示郎（ほんぐう　ゆうじろう／1983年生まれ）

千里金蘭大学生活科学部児童教育学科助教
『「資質・能力」を育てるパフォーマンス評価——アクティブ・ラーニングをどう充実させるか』（共著・明治図書出版）
現在を生きる子どもたちのために，学校現場の豊かな過去に学び，教育実践の未来を創造していきましょう。

本所　恵（ほんじょ　めぐみ／1980年生まれ）

金沢大学人間社会研究域学校教育系准教授
『スウェーデンにおける高校の教育課程改革——専門性に結び付いた共通性の模索』（単著・新評論）『教育をよみとく——教育学的探究のすすめ』（共著・有斐閣）
多様なカリキュラムを学び世界を広げて，これからの教育を議論していきましょう。

森　枝美（もり　えみ）

京都橘大学発達教育学部准教授
『戦後日本教育方法論史（下）』（共著・ミネルヴァ書房）『時代を拓いた教師たち』（共著・日本標準）
先人たちが築いてきた教育の歴史，蓄積されてきた教育実践に学ぶことは，現在，そして未来の教育へとつながっていくと思います。

山本はるか（やまもと　はるか／1984年生まれ）

大阪成蹊大学教育学部講師
『アメリカの言語教育——多文化性の尊重と学力保障の両立を求めて』（単著・京都大学学術出版会）『戦後日本教育方法論史（下）』（共著・ミネルヴァ書房）
子どもたちと先生方の，今と未来につながるカリキュラムを，いっしょに考えていけたらと思っています。

渡辺貴裕（わたなべ　たかひろ／1977年生まれ）

東京学芸大学教職大学院准教授
『授業づくりの考え方』（単著・くろしお出版）『なってみる学び』（共著・時事通信出版局）
これからの社会に求められるのは○○だから，というだけでなく，どんな社会をつくりだしていきたいかを考えながら，教育課程について検討していきましょう。

やわらかアカデミズム・〈わかる〉シリーズ

よくわかる教育課程［第2版］

2009 年 9 月 15 日	初　版第 1 刷発行	〈検印省略〉
2016 年 11 月 30 日	初　版第 11 刷発行	
2018 年 2 月 28 日	第 2 版第 1 刷発行	
2022 年 1 月 20 日	第 2 版第 7 刷発行	定価はカバーに表示しています

編　者　　田　中　耕　治

発行者　　杉　田　啓　三

印刷者　　田　中　雅　博

発行所　株式会社　ミネルヴァ書房
〒607-8494　京都市山科区日ノ岡堤谷町 1
電話代表　(075) 581-5191
振替口座　01020-0-8076

創栄図書印刷・新生製本

ISBN978-4-623-08269-8
Printed in Japan

やわらかアカデミズム・〈わかる〉シリーズ